AF544347

EPF ESSAYS No. 02

EINGEWEIDE, PILLEN, FEMINISMUS

ELIZABETH A. WILSON

Herausgegeben von PETER SCHNEIDER.
Aus dem Amerikanischen übersetzt von HERWIG ENGELMANN

Titel der 2015 erschienenen Originalausgabe:
Elizabeth A. Wilson, *Gut Feminism*

This edition is published by arrangement with Duke University Press, Durham, NC.

Die 2021 in der Edition Patrick Frey, Zürich, erschienene deutsche Erstausgabe wurde für diese Neuausgabe überarbeitet.

EPF Essays/Edition Patrick Frey, Limmatstr. 268,
CH-8005 Zürich, www.editionpatrickfrey.com

Verlegerische Leitung: Patrick Frey und Andreas Koller
Lektorat und Korrektorat: Miriam Wiesel
Grafisches Konzept und Satz: Marietta Eugster Studio
Printed in Tallinn (EST)

Umschlagbild
© Marietta Eugster Studio und Dimitri Erhard

Vertrieb
Schweiz — AVA Verlagsauslieferung, CH-Affoltern am Albis, ava.ch
Deutschland, Österreich — GVA Gemeinsame Verlagsauslieferung, DE-Göttingen, gva-verlage.de

2. Auflage, 2023
ISBN 978-3-907236-36-9/eBook: ISBN 978-3-907236-37-6

INHALT

WAS SOLLEN WIR MIT DER BIOLOGIE ANFANGEN?

1.

Dieses Vorwort ist nicht dazu gedacht, einführend die wichtigsten Gedanken dieses Buches in einer kondensierten Fassung vorzustellen. Es will vielmehr einem Widerstand vorbeugen, welcher der Lektüre entgegenstehen könnte. Dabei geht es um die Rolle, die der Biologie (im weiteren Sinne inklusive etwa der Neurologie und der Pharmakologie) in psychoanalytischer oder feministischer (oder jedweder anderer sozialwissenschaftlicher) Argumentation zukommen darf. Oder anders gesagt: um den Vorwurf des Biologismus bzw. der Naturalisierung sozialer Verhältnisse.

Warum erscheint die Berufung auf die Natur, der Rekurs auf empirische biologische Daten so unausweichlich reaktionär? lautet die eine Frage; die andere: «Weshalb suchen wir» – trotz unzähliger philosophischer Abrechnungen mit der Unzulässigkeit, aus einem «Ist» ein «Sollen» abzuleiten – «weiter nach Werten in der Natur?»[1]

Lorraine Dastons Antwort auf diese Frage lautet: Weil uns die Natur mit einer wahren «Wunderkammer aller möglichen Ordnungen» versorgt: «Es ist schwierig – vielleicht unmöglich –, sich eine Ordnung vorzustellen, die nicht handgreiflich und prächtig im Schaukasten der Natur zu finden wäre.»[2] Die normative Kraft, welche von der Bestätigung sozialer Verhältnisse durch «natürliche» Ordnungen auszugehen scheint, ist in Wirklichkeit ausgesprochen schwach. Die Ordnung der Natur ist also nicht das, was aller «sozialer Konstruktion» vorgängig ist; sie ist selbst Teil der sozialen Konstruktion. Die Verdammung der Homosexualität als «widernatürlich» konnte in der Tat – «it's innate, stupid» – mit dem Verweis auf die unzähligen homosexuellen Akte unter Tieren und die Aufzucht von Pinguinküken durch schwule Paare politisch effektiver bekämpft werden als durch psychogenetische Theorien, die in der Regel mit Vorstellungen der Therapierbarkeit der Homosexualität einhergingen.

Es ist also nicht per se der «naturalistische Fehlschluss» (Moore), der die Biologie zu einer repressiven Macht werden lässt, sondern etwas anderes: eine bestimmte Vorstellung, *wie* die Natur über die Kultur herrscht bzw. wie man sich das Verhältnis von «nature» und «nurture» vorzustellen habe – ein Verhältnis, in dem die Natur letztlich das letzte Wort spricht. In ihrer Kritik von Texten Gayle Rubins zeigt Elizabeth A. Wilson, inwiefern der antibiologische Impetus feministischer Theorie einem juridischen Modell geschuldet ist, das zugleich – mit Foucault – kritisiert wird: Es gibt keine zunächst rein natürliche Libido, die es aus den Zwängen der Gesellschaft zu befreien gilt; Macht ist nicht einfach verbietend, sondern zugleich produktiv. Insofern ist Sexualität nicht der zu befreiende Gegensatz der Macht, sondern ihr historischem Wandel unterliegendes Produkt. Einerseits beruft sich Rubin auf Foucaults Ablehnung des Konzepts einer juridischen Unterdrückung der Sexualität. Andererseits wird nun «die Biologie» zu einer juridischen Macht, von der sich das Denken emanzipieren muss: «Biologisch zu denken heisst demnach, in Begriffen des Zwangs zu denken. Rubins Antibiologismus und ihr Bekenntnis zu einem Bild der Macht als einer unterdrückerischen Gewalt passen in dasselbe gedankliche Schema. Ihr Antibiologismus und ihr Unterdrückungsmodell nähren sich anscheinend wechselseitig und festigen in der Zusammenwirkung den Glauben, feministische Politik solle sich dem Sturz der juridisch-biologischen Macht verschreiben» (96 f.).

Diese Kritik, die Wilson formuliert, bedeutet jedoch nicht, die faktische Verwendung «der Biologie» als «letzte Autorität»,[3] als «gewachsenen Fels» (Freud) zu ignorieren. Die Soziobiologie, die «evolutionistische» Theorie von diesem und jenem,[4] Teile der Neurowissenschaften[5] produzieren in einem fort genug unfreiwillig komische Beispiele, in denen «die Natur» in die Position des obersten Berufungsgerichts eingesetzt wird: «… cases rest when they reach nature, whether led there by evidence or self-evidence».[6] Ihre Kritik bedeutet ebenso wenig, den Wert, den die Historisierung, Genealogisierung und Sozialisierung einer auf ewig festgeschriebenen Natur beimisst, geringzuschätzen. Sie deckt sich aber auch nicht mit dem Versuch Herbert Marcuses,[7] etwa in Freuds Biologismus das widerständige Theorieelement gegen den von ihm als seicht erachteten psychoanalytischen Kulturalismus auszumachen, welcher die Menschen allen Zumutungen kapitalistischer Vergesellschaftung ausliefert, ohne dagegen wenigstens theoretisch Einspruch erheben zu können.

2.

«Wir sind nie modern gewesen»: So lautet bekanntlich Bruno Latours[8] Diagnose der Moderne. Latour beschreibt, wie die «Verfassung der Moderne» Trennungen – etwa zwischen Politik und Wissenschaft, Natur und Gesellschaft – vorschreibt, welche in der Praxis der Moderne fortwährend unterlaufen werden. Die Moderne ist bevölkert von Mischwesen und geprägt durch Hybridisierungen; um sie zu verstehen, braucht es eine «holistische» Theorie, welche die Vermischung und wechselseitige Durchdringung der verschiedenen Sphären nicht leugnet, sondern thematisiert.

Einfacher gefordert als getan. Wenn wir von Psychosomatik sprechen oder vom Modell des «biopsychosozialen Dreiecks» ausgehen, so scheinen wir eine ganzheitliche Betrachtungsweise einzunehmen. Doch der Eindruck täuscht, denn wovon wir dann tatsächlich sprechen, sind «Einflüsse» der einen Sphäre (etwa der Psychischen) auf die andere (die Somatische). Hinter der «Ganzheitlichkeit» der Psychosomatik liegt die cartesianische Trennung von *res extensa* und *ego*. Die *res extensa* ist das vielfältige Reich des Empirischen, aber auch ebenjener Täuschungen, welche die Empirie für uns bereithält. Das *ego* wiederum ist das unerschütterliche Fundament aller Erkenntnis, als solches aber auch ein blasses und im Grunde leeres Gebilde. Descartes braucht den Beweis eines guten Gottes, um dieses leere Ego wieder mit konkreten – klaren und distinkten – Inhalten füllen zu können. Die Psychosomatik leidet wie jede «kritische Theorie» am cartesianischen Schema: Wie kommt die Welt ins Ich, wie wird die Psyche vergesellschaftet, wie dringt das Soziale ins Körperliche, wie beeinflusst die Seele den Körper, wie der Körper unser Bewusstsein? Die Art, wie das Aufgetrennte zusammengeführt wird, erinnert vor allem auf die je eine oder andere Weise an die Tatsache der verschiedenen Spaltungen. Man entscheidet sich entweder für einen merkwürdigen Psychismus, der auch das Materielle und Soziale beseelt, oder aber für eine Weltanschauung, innerhalb derer der Biologie oder Biochemie – beispielsweise in Form von pharmakologischen

«Wirkstoffen» – kausale Priorität gegenüber dem eingeräumt wird, auf das diese Wirk-Stoffe angeblich Einfluss haben. Wie eine übermächtige Billardkugel auf eine kleinere oder wie eine übermächtige Kraft auf eine (ver)formbare Masse – in diesem Fall den mehr oder minder grossen Rest des Sozialen oder des Psychischen.

Ganzheitlichkeit scheint entweder nur als esoterische Behauptung eines allumfassenden Zusammenhangs von Allem mit Allem zu haben zu sein oder als Ergebnis einer biologistischen Einheitswissenschaft des Sozialen und Psychischen. Diese – vielleicht überspitzt formulierte Alternative – bietet keine erfreuliche Perspektive.

3.

Elizabeth A. Wilsons *Eingeweide, Pillen, Feminismus* stützt sich auf eine Relektüre, die man in eben genanntem Sinn als ganzheitlich bezeichnen könnte, und zwar vor allem der Arbeiten Sándor Ferenczis und Melanie Kleins. Man kann wahrhaftig nicht behaupten, dass sie die Autor:innen neu für die Psychoanalyse entdeckt; indessen rehabilitiert sie ein «biologisches» Verständnis des Psychischen, das der epistemologischen Respektabilität der psychoanalytischen Theorie zuliebe bestenfalls metaphorische Beschreibung geduldet wird.

«Sich auf Freud einlassen», schreibt Wilson (100 f.), «heisst, die Theorie lieben. Sich auf Klein einlassen heisst, der Verführung durch

Tatsachen erliegen, die allzu roh (und … auch zu sehr biologisch) wirken.»[9] Man hat Melanie Klein «Animismus», eine ontologische Verwirrung von Belebtem und Unbelebtem, vorgeworfen – wobei ironischerweise oftmals das Unbelebte als das Biologische (weil Nicht-Psychische) betrachtet wird. Wilson meint «demgegenüber, dass ebendiese Verwirrung (falls es sich um solche handelt) zwischen lebendigen und unlebendigen Dingen, zwischen archaischen Zuständen und Erwachsenentheorien, zwischen Verdauung und Inkorporation uns Feministinnen als Vorbild für theoretische Auseinandersetzungen mit biologischen Daten dienen könnte. … Vor allem können wir uns dadurch unter Umständen von einer Politik lösen, die hauptsächlich einer Rhetorik der Fremdbestimmtheit (Biologie!) und des Aufstands gegen diese (Kultur!) verpflichtet ist. Wir könnten uns dann nach Theorien umsehen, die jene andere Logik der wechselseitigen Durchdringung für sich nutzen» (103 f.).

Rätsel, wie die Gesellschaft in die Psyche kommt oder wie der Körper und die Seele zusammenhängen, wie jener auf diese wirkt (und umgekehrt), wurden durch eine solche Betrachtungsweise nicht etwa gelöst. Sie stellen sich vielmehr nicht mehr. Wilson zeigt, dass der Begriff des «Konkretismus» auch als Kompliment verwendet werden kann.

4.

Immer wieder hat man Freud «Biologismus» vorgeworfen. Jürgen Habermas spricht diesbezüglich vom «szientistischen Selbstmissverständnis».[10] Insbesondere Freuds letzte triebtheoretische Spekulation über die Lebenstriebe und den Todestrieb als eine im Innern des Organischen wirkende stille Kraft, die zur Selbstzerstörung des Organismus führt, unterliegt diesem Vorwurf. In der Tat gehört «Jenseits des Lustprinzips»[11] nicht zu den Texten, welche eine nichtreduktionistische Art der Biologisierung der Psychoanalyse betreibt, wie sie Wilson vorschwebt. Eine andere, m. E. in ihrer Bedeutung bei weitem unterschätzte Arbeit lässt sich eher so lesen, wie dies Wilson mit Ferenczi und Klein vorführt: «Das ökonomische Problem des Masochismus».[12]

Während in «Jenseits des Lustprinzips» die klinische Beobachtung des Wiederholungszwangs allenfalls sehr locker mit der Spekulation über den Dualismus von Eros und Thanatos verknüpft ist, welche den Text schliesslich dominiert, so ist im «Ökonomischen Problem des Masochismus» das Verhältnis umgekehrt: Die psychoanalytische Erfahrung dominiert letztlich die Triebmythologie – ein, wie ich finde, freilich sehr fruchtbares Sado-Maso-Verhältnis.

Der zentrale Begriff, um den es geht, ist der der «Miterregung». Dies vorweg: Das Faszinierende und zugleich Beängstigende an diesem Konzept ist, dass es zeigt, wo die konventionellen inhaltlichen Zuschreibungen von Lust und Unlust nicht mehr greifen und wo Symptome nicht mehr (allein) als entstellte Inszenierungen eines Wunsch-Abwehr-Konflikts erscheinen. Lacanianisch könnte man auch sagen: Das Konzept der Miterregung unterspült den Gegensatz von Lust / Begehren auf der einen und Geniessen auf der anderen Seite durch eine genusshafte Unifizierung von Lust und Unlust.

Freud unterscheidet dreierlei Masochismen, die untereinander freilich verbunden seien: den erogenen, den femininen und den moralischen Masochismus.

Der «feminine Masochismus» sei «am wenigstens rätselhaft» (GW XIII, 374): «Wir kennen diese Art des Masochismus beim Manne (auf den ich mich aus Gründen des Materials hier beschränke) in zureichender Weise aus den Phantasien masochistischer [...] Personen ...» (374) Wie soll man sich einen femininen Masochismus, der am besten am Mann beobachtet werden kann, vorstellen? Es ist ein Masochismus, in welcher sich ein Mann in Situationen fantasiert, welche «die Person in eine für die Weiblichkeit charakteristische Situation versetzen, also Kastriertwerden, Koitiertwerden oder Gebären bedeuten». Also in Situationen, die für Frauen so selbstverständlich sind, dass sie nicht als Masochismus auffallen. Aus logischen Gründen müsste man diesem femininen Masochismus einen maskulinen Sadismus an die Seite stellen, welcher am einfachsten bei Frauen beobachtet werden kann, die sich in Situationen versetzen, welche besonders charakteristisch für Männlichkeit sind: Kastrieren, Koitieren und Kinder zeugen. Wie aber könnte der Masochismus der Frauen aussehen? Wäre er ein männlicher Masochismus, in welchem Frauen sich in Situationen fantasieren, in welcher sie wie ein Mann fungieren, der sich in typisch weibliche Situationen versetzt? Der «feminine Masochismus» ist nicht unbedingt *die* Rosine, die man aus diesem Text picken möchte.

Wir kommen zum «erogenen Masochismus»: Der erogene Masochismus liege auch den beiden anderen Formen des Masochismus zugrunde, er sei «biologisch und konstitutionell» zu begründen und «unverständlich, wenn man sich nicht zu einigen Annahmen über ganz dunkle Verhältnisse entschliesst» (374). Diese Annahmen über die ganz dunklen Verhältnisse sind natürlich der vier Jahre zuvor eingeführte Triebdualismus von Eros und Todestrieben. Die Erogenisierung der Unlustspannung wäre nunmehr ein Trick der Psyche, den Todestrieb zu binden, und zwar mithilfe der besagten «Miterregung», ein Terminus, der aufgrund seiner Erfahrungssättigung weit höher zu schätzen ist als die glättende Vorstellung eines psychischen Eros, der den biologischen Thanatos bändigen muss.

Der Terminus «Miterregung» ist eine Anleihe aus der Sinnesphysiologie. Bei Wilhelm Wundt steht er zum einen als ein Synonym für den Begriff der «Synästhesie» – für das Phänomen also, dass ein Subjekt infolge der Reizung eines Sinnesorgans Sinneseindrücke erlebt, die der Sphäre eines anderen Sinnesorgans zugehören. Das populärste Beispiel hierfür ist das «Farbenhören». Zum anderen meint «Miterregung» eine Sensation, die an einer Stelle der Haut als Folge der Reizung einer anderen Stelle empfunden wird und sich auszeichnet durch eine nur kurze Dauer sowie die Beimischung einer Schmerzqualität.[13]

Der grosse Mythos von Eros / Thanatos scheint also letztlich auf dem Fundament eines einfachen physiologischen Mechanismus, dem der «Miterregung», errichtet zu sein. Der letzte Triebdualismus entspringt einem ursprünglichen physiologischen Monismus.

Freuds Argumentation folgt zwei entgegengesetzten Tendenzen: der von Identifizierungen (libidinöse Miterregung = erogener Masochismus = Ursadismus = Todestrieb = Zustand vor der Legierung von Todes- und Lebenstrieben) und der einer Differenzierung (all das ist zwar irgendwie gleich, aber eben doch nicht völlig. Der erogene Masochismus ist zwar der Todestrieb, aber in seiner libidinös gebundenen Form). Doch sein Bemühen, Differenzen zu setzen, scheitert. So wie der Triebdualismus von Ich und Objekt, Selbsterhaltungs- und Sexualtrieben angesichts des Narzissmus im Monismus einer einheitlichen «Libido», mit der sowohl das Ich als auch das Objekt besetzt werden kann, zu versinken droht, so scheint sich hier der Gegensatz von Lebens- und Todestrieben in der Unspezifizität eines physiologischen Mechanismus zu verlieren, der jenseits des Lustprinzips angesiedelt ist und für die libidinöse Aufladung auch der Selbstzerstörung des Subjekts steht.

Das Konzept der Miterregung ist demjenigen der Anlehnung verwandt, radikalisiert es aber noch weiter. Zunächst ist da Freuds Feststellung der Konversion resp. Konvertierbarkeit einer jeden ein gewisses Mass überschreitenden Erregung in sexuelle Erregung: Das Phänomen der Miterregung garantiert die Möglichkeit der Umwandlung jedweder Unlust in Lust.

Unter welchen Bedingungen aber geschieht diese Umwandlung? Das ist das grosse Rätsel. Nicht der Todestrieb hat jedenfalls das letzte Wort, sondern die Fähigkeit des Subjekts, auch Unlustempfindung auf dem Wege der Miterregung in Lust zu verwandeln. Nichts ist primärer als dieser Mechanismus, der dem Psychischen noch vorgängig wirksam zu sein scheint. Die Differenzierung von Eros und Thanatos ist in dieser Perspektive ein qualitatives Aufspaltungsprodukt einer quantitativen Unlust-Lust-Identität. Die *Legierung* von Todes- und Lebenstrieben setzt deren Differenzierung voraus; doch das Neue der Libido, die das Wirken des Todestriebs bändigen soll, verliert sich bei näherem Hinsehen in der physiologisch immer schon vorgegebenen

Möglichkeit der Umwandlung von Unlust in Lust, der Tatsache, «daß vielleicht nichts Bedeutsameres im Organismus, was nicht seine Komponente zur Erregung des Sexualtriebes abzugeben hätte» (GW XIII, 375; ein Selbstzitat der «Drei Abhandlungen zur Sexualtheorie»), sei.

Entgegen seiner sonstigen Annahme, dass im psychischen Leben niemals etwas spurlos verschwindet, behauptet Freud, dass die «libidinöse Miterregung bei Schmerz- und Unlustspannung … ein infantiler Mechanismus» sei, «der späterhin versiegt» (375). Ist dies die Notbremse, die Freud an dieser Stelle zu ziehen sich genötigt sieht, um sein Eros-Thanatos-System zu retten, das sonst einfach im Konzept der Miterregung aufginge?

Am Anfang der Psyche ist nicht der Vielzeller mit seinem Todestrieb, in den die Libido fährt wie Gottes lebend- und konfliktspendender Atemhauch, sondern das Kind und der Erwachsene – am Anfang steht die Situation der «Urverführung», wie sie Laplanche beschreibt. Eine Verführung zum psychischen Leben. Diese Verführung verwandelt den Körper des Kindes in eine erogene Zone, eine Zone des Austauschs von Erregungen. «… eigentlich ist der ganze Körper eine solche erogene Zone», schreibt Freud im «Abriss der Psychoanalyse» (GW XVII, 73). Die Lust, welche die erogenen Zonen auszeichnet und sie voreinander abhebt, ist durch zweierlei Differenzen gekennzeichnet. Einerseits, wie

Leclaire schreibt,[14] die zeitliche Differenz «zwischen einem Mehr und einem Weniger an Spannung», andererseits die Differenz zwischen zwei Subjekten, von denen das eine das andere und das andere das eine «miterregen». Wenn die abgedroschene Metapher der «Einschreibung» einen Sinn hat, dann hier: in der Einschreibung der erogenen Zonen, die der Erwachsene unweigerlich vornimmt, wenn er im Dienste der Selbsterhaltung des Kindes zu seinem Verführer wird. «In der Körperpflege wird sie [die Mutter; P. S.] zur ersten Verführerin des Kindes», heisst der berühmte Satz im «Abriß» (GW XVII, 115). Und gewiss ist diese Verführung kein «gewaltloser» Akt, wie Freud sich anlässlich der Geburt seines Enkels Ernst von der Empirie überzeugen lässt:

> … meine Tochter … hat bereits Nahrung, aber der kleine Wurm trinkt noch nicht ordentlich. Sonderbar, daß auch diese lebenswichtigsten Instinkte so schwer erwachen! Ich habe immer geglaubt, die Rede des Mephistopheles zum Schüler «So nimmt ein Kind der Mutter Brust im Anfang widerwillig an» –, sei unrichtig. Es ist aber doch wahr, hoffentlich auch die Fortsetzung: «Doch bald ernährt es sich mit Lust.»
> Brief vom 16.3.1914 an Karl Abraham[15]

Die Lust, mit er es sich bald nähren wird, ist dann freilich nicht nur die Lust an der Sättigung, es ist ebenso eine daran angelehnte, eine dem Kind implantierte Lust, eine «miterregte», die sich in dem verselbstständigt, was Freud die Äusserungen der «infantilen Sexualität» nennt.

Man darf sich die Effekte solch unweigerlicher «Miterregung» – die wesentlich eine Erregung durch den Anderen ist[16] – nicht allzu harmlos denken. Denken wir an die Szene, in welcher der «Rattenmann» die Rattenfolter beschreibt – die Wiedergabe einer Erzählung, mit welcher der sadistische Hauptmann Freuds Patienten gewaltsam (mit)erregt hatte. Freud kommentiert diesen Bericht: «Bei allen wichtigeren Momenten der Erzählung merkt man an ihm einen sehr sonderbar zusammengesetzten Gesichtsausdruck, den ich nur als *Grausen vor seiner ihm selbst unbekannten Lust* auflösen kann» (GW VII, 392).

Was Freud mit der «Miterregung» zu fassen versucht, scheint eine Art «Unschärferelation» zwischen *psychischer Bedeutung* und *physiologischem Mechanismus*. A kann nicht nur für B stehen, weil beide assoziativ (sinnhaft, inhaltlich) miteinander verknüpft sind; es gibt auch die Möglichkeit einer bedeutungsmässig gar nicht mehr vermittelten Konversion von Unlust in Lust. Von hier aus eröffnet sich möglicherweise ein schwindelerregender und beängstigender Blick in das Funktionieren des Unbewussten, in dem die Gegensätze aufgehoben sind. Und zwar nicht, weil sie letztlich doch dasselbe bedeuten, sondern weil in diesem

Bereich Erregung gleich Erregung ist. Nicht nur die heute so beliebte Opposition von Täter und Opfer, sondern alle Bedeutungsdifferenzen, auf denen unser Denken beruht, werden von diesem Strudel (nicht des «Todestriebes», sondern) einer Ur-Sinnlosigkeit erfasst, für die es nur blosse Erregung gibt. Das «Jenseits des Lustprinzips», von dem der Masochismus zeugt, wäre dann eher ein Jenseits der Sprache und der Bedeutung, das Reich eines biopsychischen Monismus, den Freud immer wieder zu verdrängen sucht und der doch immer wieder «nachdrängt».

5.

Das «traumatische» Moment der «Miterregung» entsteht durch die Überwältigung in einem Zustand der Passivität – Passivität hinsichtlich der «unbekannten» Lust. Sowohl Masochismus als auch Sadismus wären in dieser Perspektive Versuche, die traumatische Miterregung zu binden. Auch die besonders bei Jugendlichen häufigen Selbstverletzungen (vor allem durch Schnitte und Verbrennungen) scheinen mir Versuche zu sein, einer traumatisch wirkenden «unbekannten Lust» Herr zu werden, in dem das Subjekt die einschneidende erogenisierende «Einschreibung» durch den Anderen durch den an sich selbst vorgenommenen Einschnitt ersetzt.

Kommen wir zum «moralischen Masochismus». Freud sagt, dass auch ihm letztlich der «erogene Masochismus» zugrunde liege.

Freuds Analyse des «ökonomischen Problems des Masochismus» stellt die gängige Ansicht infrage, dass die soziale Moral die Hemmung der asozialen Leidenschaften leistet. Indem sie als Funktion des Sadismus des Über-Ichs dem Masochismus des Ichs in die Hände spielt, wird sie selber Medium der Leidenschaft.

Und genau dies ist auch die Kritik, die Nietzsche an der christlichen Konzeption des Opfers äussert. Unter dem Titel «Moral der Opfertiere» schreibt er:

> «Sich begeistert hingeben», «sich selber zum Opfer bringen» – dieß sind die Stichworte eurer Moral, und ich glaube es gerne, daß ihr, wie ihr sagt, «es damit ehrlich meint»: nur kenne ich euch besser, als ihr euch kennt, wenn eure «Ehrlichkeit» mit einer solchen Moral Arm in Arm zu gehen vermag. Ihr seht von der Höhe derselben herab auf jene andere nüchterne Moral, welche Selbstbeherrschung, Strenge, Gehorsam fordert, ihr nennt sie wohl gar egoistisch, und gewiß! – ihr seid ehrlich gegen euch, wenn sie euch mißfällt, – sie muß euch mißfallen! Denn indem ihr euch begeistert hingebt und aus euch ein Opfer macht, genießt ihr jenen Rausch des Gedankens, nunmehr eins zu sein mit dem Mächtigen, sei es ein Gott oder ein Mensch, dem ihr euch weiht: ihr schwelgt in dem Gefühle seiner Macht, die eben wieder durch

ein Opfer bezeugt ist. In Wahrheit scheint ihr euch nur zu opfern, ihr wandelt euch vielmehr in Gedanken zu Göttern um und genießt euch als solche. Von diesem Genusse aus gerechnet, – wie schwach und arm dünkt euch jene «egoistische» Moral des Gehorsams, der Pflicht, der Vernünftigkeit: sie mißfällt euch, weil hier wirklich geopfert und hingegeben werden muß, ohne daß der Opferer sich in einen Gott verwandelt wähnt, wie ihr wähnt. Kurz, ihr wollt den Rausch und das Übermaaß, und jene von euch verachtete Moral hebt den Finger auf gegen Rausch und Übermaaß, – ich glaube euch wohl, daß sie euch Mißbehagen macht![17]

Mit demselben Tenor, aber ausgeweitet auf den Bereich des Säkularen, schreibt Nietzsche in der «Genealogie der Moral»:

> In dieser Sphäre, im Obligationen-Rechte also, hat die moralische Begriffswelt «Schuld», «Gewissen», «Pflicht», «Heiligkeit der Pflicht» ihren Entstehungsherd – ihr Anfang ist, wie der Anfang alles Großen auf Erden, gründlich und lange mit Blut begossen worden. Und dürfte man nicht hinzufügen, daß jene Welt im Grunde einen gewissen Geruch von Blut und Folter niemals wieder ganz eingebüßt habe? (selbst beim alten Kant nicht: der kategorische Imperativ riecht nach

> Grausamkeit …) Hier ebenfalls ist jene unheimliche und vielleicht unlösbar gewordne Ideen-Verhäkelung «Schuld und Leid» zuerst eingehäkelt worden. Nochmals gefragt: inwiefern kann Leiden eine Ausgleichung von «Schulden» sein? Insofern Leiden-machen im höchsten Grade wohltat, insofern der Geschädigte für den Nachteil, hinzugerechnet die Unlust über den Nachteil einen außerordentlichen Gegen-Genuß eintauschte: das Leiden-machen ein eigentliches Fest, etwas, das wie gesagt um so höher im Preise stand, je mehr es dem Range und der gesellschaftlichen Stellung des Gläubigers widersprach. Dies vermutungsweise gesprochen: denn solchen unterirdischen Dingen ist schwer auf den Grund zu sehn …[18]

Nietzsche erinnert hier an den Doppelsinn der «Passion», den Zusammenhang von Leiden und Leidenschaft, an die Lust zu leiden und die Lust, Leiden zu machen.

Die sadomasochistische Lust, zu deren Quelle die Moral selbst werden kann, beruht auf einer Lust am Exzess. Exzess ist eine quantitative, keine qualitative Angelegenheit. Sparsamkeit ist kein Geiz, sagt das Sprichwort; aber wir alle wissen, wie leicht sie in Geiz umschlagen kann. Sparsamkeit ist eine Tugend (oder doch wenigstens keine zu verachtende Maxime der Lebensklugheit), der Geiz eine der sieben Todsünden. Die anderen sechs sind der Neid, der Stolz, der Zorn, die Wolllust, die Völlerei und die Trägheit. Der seit der christlichen Antike und dem Mittelalter gängige Katalog der Todsünden ist eine Aufzählung von Lastern, bei denen das Sündhafte nicht vor allem in einer Neigung besteht, gegen bestimmte moralische Gebote oder Verbote zu verstossen, sondern in Verfehlungen gegen das rechte Mass. Sie sind Sünden der Übertreibung, Sünden des Tugend-Exzesses.

So verwandelt sich beim «rechtschaffensten» Michael Kohlhaas das Streben nach Gerechtigkeit in die zornige, narzisstische Raserei eines in seiner Ehre gekränkten Wutbürgers. «Das Rechtgefühl aber», schreibt Kleist, «machte ihn zum Räuber und Mörder», zu einem der «entsetzlichsten» Menschen seiner Zeit: «[...] die Welt würde sein Andenken haben segnen müssen, wenn er in einer Tugend nicht ausgeschweift hätte.»[19] Der Superlativ der Rechtschaffenheit schlägt um in den Superlativ der Entsetzlichkeit. In ihrer höchsten Steigerungsform werden beide ununterscheidbar.

Todsünden *verkörpern* sich in charakterlichen Idealtypen: *dem* Geizigen, *dem* Lüstling, *dem* Hochmütigen, *dem* Neider und so weiter. Es liegt im Wesen der Todsünde, Charakterpathologien hervorzubringen. Der Geizige ist dabei nicht nur übertrieben sparsam, er hat sein *ganzes* Leben der Maxime der Sparsamkeit unterworfen. So wie es zur Moral gehört, dass sie mit universalistischem Anspruch auftritt, so gehört die Totalisierung wesentlich zur Todsünde. Es fehlt ihr jedes Moment der Selbstdistanz oder der ironischen Brechung. Der Lüstling geht in seinem sexuellen Begehren vollständig auf; der Neider vergleicht sich nicht nur, um seinen Ehrgeiz anzustacheln, ist vielmehr auf eine Weise umzingelt von fremden Erfolgen und erschlagen vom Glück der anderen, dass er selber gar keinen anderen Ehrgeiz mehr hat, als das Scheitern und das Elend seiner Mitmenschen erleben zu dürfen. Und der Anorektiker hat sein ganzes Leben der Wonne des Nicht-Essens gewidmet.

Das Konzept der Todsünde bringt ein quantitatives Element in die Frage, was moralisch sei und was unmoralisch. Gesetz und Begehren sind somit nicht zwingend Antagonisten. In der Lust an der unbedingten Generalisierung verwischen Masochismus und Sadismus, und in der unbedingten Lust am System auch Vernunft und Wahn.

PETER SCHNEIDER

• 1 Lorraine Daston: *Gegen die Natur*, Berlin: Matthes & Seitz, 2018, S. 13.

• 2 Ebd., S. 86.

• 3 Vgl. Lorraine Daston und Fernando Vidal (Hg.): *The Moral Authority of Nature*, Chicago: University of Chicago Press, 2004.

• 4 Zur Kritik der Evolutionspsychologie vgl. z. B. Susan McKinnon: *Neo-Liberal Genetics. The Myths and Moral Tales of Evolutionary Psychology*, Chicago: Prickly Paradigm Press, 2005.

• 5 Vgl. dazu Felix Hasler: *Neuromythologie. Eine Streitschrift gegen die Deutungsmacht der Hirnforschung*, Bielefeld: Transcript, 2012.

• 6 Daston und Vidal 2004 (wie Anm. 3), S. 9.

• 7 Herbert Marcuse: *Triebstruktur und Gesellschaft*, Frankfurt am Main: Suhrkamp, 1965.

• 8 Bruno Latour: *Wir sind nie modern gewesen*, Frankfurt am Main: Suhrkamp, 2008.

• 9 Am 21. November 1926 schreibt Sigmund Freud an Max Eitingon: «Mit denen der Klein verglichen, sind ihre [Anna Freuds] Anschauungen konservativ, ja reaktionär zu nennen, aber es geht zu vermuten, dass sie recht hat.» *Briefwechsel 1906-1939, Sigmund Freud/Max Eitington, in zwei Bänden*, Tübingen: Edition Discord, 2004, Bd. 1, S. 487.

• 10 Jürgen Habermas: *Erkenntnis und Interesse*, Frankfurt am Main: Suhrkamp, 1968.

• 11 GW XIII.

• 12 Ebd.

• 13 Wilhelm Wundt: *Grundzüge der physiologischen Psychologie*, Bd. 1, 4. Aufl., Leipzig 1893, S. 140, 149 u. 517.

• 14 Serge Leclaire: *Der Psychoanalytische Prozeß. Versuch über das Unbewußte und den Aufbau einer buchstäblichen Ordnung*, Frankfurt am Main: Suhrkamp, 1975, S. 57.

• 15 *Sigmund Freud/Karl Abraham, Briefwechsel 1907–1925*, ungekürzte Ausgabe in zwei Bänden, hg. von Ernst Falzeder und Ludger M. Hermanns, Wien: Turia & Kant, 2010, Bd. 1, S. 362.

• 16 Dieser Aspekt der «Miterregung» kommt bei Freud einzig dort zum Ausdruck, wo er im Falle Doras von der «Miterregung» nach dem Belauschen des elterlichen Geschlechtsverkehrs spricht (GW V, 243). Im Grunde lässt sich «Der Witz und seine Beziehung zum Unbewußten» als eine Analyse der «Miterregung» im Sinne der Verführung lesen.

• 17 *Friedrich Nietzsche. Werke*, in fünf Bänden, hg. von Karl Schlechta, Frankfurt am Main: Ullstein, 1979, Werke 2, «Morgenröthe», 4. Buch, Aph. 215, S. 1163 f.

• 18 Ebd., Werke 3, «Genealogie der Moral», 2. Abh., 6 i, S. 806 f./252 f.

• 19 Heinrich von Kleist: *Michael Kohlhaas*, Internetausgabe. Version 02.03© 2003 Kleist-Archiv Sembdner, Heilbronn, S. 2 von 66 (online abrufbar: http://kleist.org/phocadownload/michaelkohlhaas.pdf).

DEPRESSION, BIOLOGIE, AGGRESSION

Zusammenhänge zwischen Darm und Depressionen sind in der westlichen Welt seit der griechischen Antike bekannt. Die Verfasser der hippokratischen Schriften bezeichneten Zustände der Schwermut, Hoffnungslosigkeit und Dumpfheit erstmals als «Melancholien», denn sie hielten solche Gemütslagen für eine Folge der Ansammlung von «schwarzer Galle» (Griechisch «melaina cholé»), einer von der Leber erzeugten Substanz, im Körper. Diesen Autoren wie auch den Medizinern der nachfolgenden zweitausend Jahre galt «Melancholie» als ein Verdauungssaft und eine Störung des emotionalen Gleichgewichts zugleich (Jackson 1985). Ein hippokratischer Aphorismus bringt die enge Verwandtschaft zwischen den beiden Auffassungen von Melancholie auf den Punkt: «Bei Melancholikern sollte das Gedärm *behandelt* werden.» Dass Verdauung und Gemüt eng zusammengehören, wie die Doppelbedeutung der Melancholie suggeriert, ist Gegenstand von *Eingeweide, Pillen, Feminismus*. Dieses Buch erkundet Wechselwirkungen zwischen inneren Organen und Bewusstseinszuständen, allerdings nicht in der Tradition der antiken Schriften, sondern eingebettet in ein zeitgenössisches Milieu, das Melancholie als ein Gewirr von Affekten, Vorstellungen, Nerventätigkeit, Erregungszuständen, gesellschaftlichen Einflüssen, Arzneien und Synapsen-Biochemie begreift.

Ich schlage hier keine neue Theorie der Depression vor, sondern will versuchen, aus Analysen deprimierter Gedärme und Gemüter einigen Gewinn für die feministische Theorie zu ziehen. Dabei geht es mir um zweierlei: Erstens will ich zeigen, dass es für die feministische Theorie von Vorteil wäre, wenn sie biologische Daten nutzte, um sich über bestimmte geistige und körperliche Verfassungen Gedanken zu machen. Könnte die feministische Theorie sich vielleicht allerhand begriffliches Neuland erschliessen, wenn sie weniger instinktiv antibiologisch eingestellt wäre? Zweitens scheint mir, dass feministisches Denken von der Bereitschaft profitieren könnte, sich mit der (galligen, cholerischen) Feindseligkeit unserer Politik auseinanderzusetzen. Es müsste sich dazu der Einsicht stellen, dass feministische Politik gezwungenermassen destruktiver sein könnte, als wir es bislang hinzunehmen bereit sind. Diese Einleitung umreisst einen Kontext, in dem sich feministische Theorie auf die Auseinandersetzung mit solchen schwierigen Fragen der Biologie und Aggression einlassen könnte.

In erster Linie behauptet dieses Buch, dass biologische Fakten für die feministische Theorie enorm hilfreich sein können – «hilfreich» im Sinne von «packend, umkrempelnd, herausfordernd». Alles begann 2003 mit einem Vortrag unter dem Titel «Gut Feminism» auf einer Tagung der Society for Literature and Science, in dem ich deutlich machen wollte, dass feministisches Denken aus den Ergebnissen biologischer und pharmakologischer Forschung ein besseres Verständnis der Depression gewinnen kann. Schon seit einiger Zeit war mir bewusst, welche Vorteile mit einer gründlicheren Rezeption wissenschaftlicher Forschungen auf den Gebieten der Biologie, der Entwicklung und der Kognition einhergehen können (E. A. Wilson 1998, 2004). Deutlich machen wollte ich daher, dass der Feminismus empirischen Daten über die pharmazeutische Behandlung von Depressionen nicht zwingend mit Misstrauen begegnen muss – dass solche Fakten durchaus auch ein Quell konzeptuellen und methodischen Scharfsinns sein können. Um das Jahr 2003 erweiterten mehrere feministische Ansätze in der Wissenschaftstheorie unsere Vorstellungen vom möglichen Umgang mit den Daten der Biologie. Basierend auf früheren, einflussreichen Ansätzen im Bereich feministischer Philosophie der Naturwissenschaften allgemein und der Biomedizin im Besonderen (z. B. von Ruth Bleier, Donna Haraway, Sandra Harding, Emily Martin) brachten Anne Fausto-Sterling und Evelyn Fox Keller mit ihren Büchern *Sexing the Body* (2000) und *Century of the Gene* (2000) einer grösseren Leserschaft den Gedanken nahe, dass die Biologie für Feministinnen ein Schauplatz wichtiger politischer und begrifflicher Auseinandersetzungen ist und dass feministische Analysen auf diesem Gebiet ein genaues Verständnis der Abläufe in der Natur voraussetzen. In weiterer Folge entstanden einige ebenso bedeutende wie fesselnde Monografien zu Feminismus, Geschlecht, Sexualität, Kapital, Biotechnologie und Biologie: *Liminal Lives* von Susan Squier (2004), *Tissue Economies* von Catherine Waldby und Robert Mitchell (2006), *Dolly Mixtures* von Sarah Franklin (2007), *Life as Surplus* von Melinda Cooper (2008), *HIV Interventions* von Marsha Rosengarten (2009), *Culturing Life* von Hannah Landecker (2010), *Brain Storm* von Rebecca Jordan-Young (2010), *Seizing the Means of Reproduction* von Michelle Murphy (2012) und *Sex Itself* von Sarah Richardson (2013) – um nur die bekanntesten Neuzugänge auf meinem Bücherregal während der letzten zehn Jahre zu nennen.

Mein Eintreten für einen Feminismus des Bauchgefühls hat weniger mit dieser immer umfangreicheren Literatur zu tun (obwohl diese mein eigenes Denken fortwährend bereichert). Es ist vor allem eine Reaktion auf weite Bereiche der feministischen Theorie, in denen die Biologie politisch wie theoretisch nach wie vor als allzu heisses Eisen gilt und Antibiologismus eine verbreitete, akzeptierte Grundhaltung ist. In diesem Buch geht es daher nicht so sehr um das, was feministische Theorie über die Biologie zu sagen hätte, sondern umgekehrt um die Frage, was die Biologie für feministisches Denken leisten – und aus diesem machen – könnte. Inwiefern könnten biologische Daten uns bei der Arbeit am theoretischen Fundament des Feminismus packen, umkrempeln oder herausfordern?

Eingeweide, Pillen, Feminismus geht von der Vermutung aus, dass die feministische Theorie trotz einer wachsenden Zahl feministischer wissenschaftstheoretischer Arbeiten nach wie vor ein Problem mit der Biologie hat. Ein gutes Beispiel dafür sind feministische Theorien des Körpers (die mich in meiner Ausbildung und weiteren Arbeit massgeblich geprägt haben). In den letzten 30 Jahren haben Feministinnen auf diesem Gebiet Bahnbrechendes geleistet. Sie haben dargelegt, wie Körper sich je nach kulturellen Kontexten und historischen Epochen voneinander unterscheiden, wie Ordnungen des Geschlechts, der Sexualität und der Rasse die Körper in bestimmten Hinsichten konstituieren, auch wie Körper durch biomedizinische und technische Neuerungen anders gestaltet werden. Trotz ihres expliziten Interesses am Körper setzt sich diese feministische Forschung jedoch nur ungern mit biologischen Daten auseinander, sondern beschränkt sich zumeist auf Methoden des Sozialkonstruktivismus, um herauszuarbeiten, wie kulturelle, gesellschaftliche, symbolische oder sprachliche Konditionierungen unsere Körper konditionieren und zu dem machen, was sie sind. Derart geneigte Theoretikerinnen sind oft nicht sehr neugierig auf Einzelheiten, die sich aus empirischen Befunden der Genetik, Neurophysiologie, Evolutionsbiologie, Pharmakologie oder Biochemie ergeben.

Das gilt selbst dort, wo die Biologie Gegenstand der Auseinandersetzung ist. So bietet Lynda Birke (2000) eine eingehende Gesamtschau der frühen feministischen Forschung über den Körper. Genau wie ich kritisiert sie, dass «der biologische Körper für einen grossen Teil der feministischen Theorie nur am Rande von Bedeutung ist. [...] Der Schwerpunkt unserer Theoriebildung lag auf der sozialen Konstruktion des Geschlechts. Der Körper kam darin so gut wie nicht vor.» (1 f.). Genau wie ich äussert Birke den Wunsch, ins Innere des Körpers, in «Blut und Eingeweide» sehen zu können (48). Dennoch – und obwohl sie nicht nur Neurophysiologie studiert hat, sondern auch «dem Feminismus die Biologie wiedergeben» will (175), geht Birke so gut wie jeder Erörterung empirischer Daten aus dem Weg und hält sich in ihrer Analyse fast nur mit geschlechtlich kodierten Erzählungen, Metaphern oder «tief eingravierten» Vorstellungen (41) im Wissen der Biologie auf. Diese Abneigung gegenüber biologischen Daten zieht sich durchs gesamte Spektrum feministischer

Theoriebildung. Sie verrät ein anhaltendes Unbehagen, was die Auseinandersetzung mit empirischen Befunden der Biologie angeht – als bedrohten diese die Fähigkeit feministischer Theoretikerinnen zum Entwurf stimmiger Konzepte und zu politischem Engagement.

Wenn es etwas gibt, das der feministischen Theorie auch nach jahrzehntelanger Forschung auf dem Gebiet der Lebenswissenschaften noch fehlt, so ist es ein Begriffswerkzeug zum Umgang mit der Biologie. In meinem Buch *Psychosomatic. Feminism and the Neurological Body* (2004) erörtere ich eingehend neurologische Daten (zum sogenannten schwulen Gehirn, zur Neurophysiologie des Errötens, zum peripheren Nervensystem und seiner Funktion in der Neurose) und bringe sie in einen Zusammenhang mit feministischen Körpertheorien. Ich ging dabei etwas voreilig davon aus, dass eine klare und detaillierte Erläuterung biologischer Sachverhalte allein schon ausreichen würde, um die feministische Theorie von ihrer Überzeugung abzubringen, dass Gesellschafts- und Diskursanalysen die bevorzugten und ertragreichsten Verfahren zur Auseinandersetzung mit Behauptungen der Biologie seien. Meine Einleitung zu *Psychosomatic* schliesst allzu optimistisch: «Dieses Buch geht von der Annahme aus, dass eine anhaltende und eingehende Befassung mit der Biologie die feministischen Theorien des Körpers einem Strukturwandel unterziehen wird – dass das Auseinanderlegen des Ineinandergreifens von Biochemie, Affekthaushalt und Beschaffenheit der inneren Organe uns neue Wege zum Verständnis des Körpers eröffnet. Aufmerksamkeit für neurologische Befunde [...] wird der feministischen Forschung helfen, sich aus der Abhängigkeit vom Sozialkonstruktivismus zu befreien und ein lebensnaheres, stärker im Einklang mit der Biologie stehendes Bild des Körpers zu gewinnen.» (Wilson 2004, 14). Nur am Rande erwähnt, aber nicht eingehender beschrieben habe ich in diesem Buch, wie entscheidend der Antibiologismus für die Durchsetzung der feministischen Theorie war und ist. Wir stehen vor einem wirkungsmächtigen Paradoxon: Einerseits beschränkt der Antibiologismus die feministische Theorie empfindlich, andererseits ist er eines ihrer Erfolgsrezepte. Selbst dort, wo er eine feministische Argumentation in ihren Spielräumen einengt, entfaltet er noch eine rhetorische Macht, die diese feministische Argumentation umso überzeugender wirken lässt. Weil feministische Theorie ihre Glaubwürdigkeit wesentlich auf einer Verweigerung gegenüber der Biologie begründet hat, kann sie ihren Antibiologismus jetzt nicht so einfach aufgeben. Die ersten beiden Kapitel in diesem Buch stellen sich diesem Dilemma ohne Umschweife. Sie beschreiben eine Tendenz, Neuerungen auf dem Gebiet der feministischen Theorie mit Antibiologismus zu schmücken, und erörtern, welche Folgen das für unsere Politik und unser Denken hat. Weil Antibiologismus für die Glaubwürdigkeit feministischer Theorie von so grosser Bedeutung war, läuft jeder Diskussionsbeitrag, der einen nicht-paranoiden Zugang zu Tatsachenbehauptungen der Biologie und Pharmakologie wählt, sehr wahrscheinlich angestammten und ehrwürdigen feministischen Überzeugungen zuwider. Ich gehe davon aus, dass *Eingeweide, Pillen, Feminismus* vielen Leserinnen hier und da als ein politischer Irrweg, als gefährlich oder moralisch fragwürdig erscheinen wird. Das Buch beschreitet diesen Weg und nimmt diese Gefahr auf sich, um dem Durcheinander von Antibiologismus und kritischem Scharfsinn, das so viele feministische Denkansätze kennzeichnet, auf den Grund zu gehen.

Im Zuge meiner Arbeit an diesem Buch trat ein weiteres Problem im Verhältnis zwischen feministischer Theorie und Biologie zutage. Mit dem Aufkommen der sogenannten neurowissenschaftlichen Wende in den kritischen Geistes- und Sozialwissenschaften vor etwa zehn Jahren (Fitzgerald und Callard 2014; Littlefield und Johnson 2012) gingen auch Feministinnen und andere kritische Theoretiker dazu über, Tatsachenbehauptungen der Biologie ernster zu nehmen – jedoch in einer Weise, die allzu grosse Leichtgläubigkeit hinsichtlich der Geltung neurowissenschaftlicher Daten verrät. Wir haben es hier mit der Kehrseite des Antibiologismus zu tun. Während auf der einen Seite viele

Feministinnen traditionsbedingt biologische Erkenntnisse voreilig verwerfen, schluckt diese neue Gattung neurologisch aufgeklärter Kritikerinnen sie unzerkaut hinunter: «Wir leben im Moment der neuronalen Befreiung.» (Malabou 2008, 8). In Untersuchungen von dieser Art gerät die Auseinandersetzung mit der Biologie häufig vom Gemetzel zur Hochzeit. *Eingeweide, Pillen, Feminismus* versteht sich als ein Beitrag zum Umgang mit dieser Schwierigkeit (erst zu wenig Auseinandersetzung mit der Biologie, dann zu grosse Verehrung der Biologie). Das Buch macht sich auf die Suche nach dem, was bisher in biologischen und pharmakologischen Theorien der Depression nur am Rand vorkommt und wofür der Psychoanalytiker Sándor Ferenczi die Bezeichnung «biologisches Unbewusstes» gewählt hat. Indem ich den Blick auf das periphere (unser Verdauungssystem umhüllende) enterische Nervensystem lenke, will ich zeigen, dass die Biologie beweglicher ist, als Feministinnen ahnen, und viel weniger deterministisch, als viele Neurokritiker zu wissen glauben. Insbesondere widerspricht das Buch der Vorstellung, neurologische Forschung habe nur mit dem Zentralnervensystem (Gehirn und Rückenmark) zu tun: «Neurologisch» ist nicht gleichbedeutend mit «zerebral». Mindestens in dieser Hinsicht haben sich die Neuro-Kritiker allzu leichtfertig der gängigen Meinung angepasst, dass sich alle Nerven, auf die es ankommt, über dem Hals befinden.

Stattdessen will ich zeigen, dass uns bestimmte biologische und pharmazeutische Fakten über die Depression helfen, uns Geist, Bewusstsein oder Beseeltheit nicht nur als eine Hervorbringung des Gehirns vorzustellen, sondern als das Wirken eines weitläufigeren Nervensystems, das sich bis in die Körperperipherie (und besonders in den Darm) erstreckt. Ich behaupte also nicht, dass der Darm einen Anteil an Beseeltheit und Bewusstsein hat, sondern dass er selbst ein Organ des Geistes ist: dass er Gedanken wälzt, hin und her überlegt, versteht.

Der Wunsch nach einem anderen Verständnis der Biologie war das erste und ausdrückliche Ziel von *Eingeweide, Pillen, Feminismus*. Diesem Problem wollte ich in meiner Forschung und Untersuchung vorrangig auf den Grund gehen. Das zweite Hauptanliegen dieses Buchs ergab sich erst mit der Zeit aus der wiederholten Präsentation, Überarbeitung und erneuten Vorstellung des Manuskripts. In den Anfangsphasen des Projekts hatte ich es nicht vorhergesehen, doch nun sah ich mich genötigt, darauf zu drängen, dass wir der Aggression (Galle) in der feministischen Theorie ihren angemessen Platz einräumen. Mehrere gedankliche Vorläufer dieser These kommen einem sofort in den Sinn (Feminismus und Zorn, Dekonstruktion, Klein'sche Psychoanalyse), doch die wichtigste Anregung für mich war die «Asozialitätsthese» aus der Queer-Theorie. In den späteren Phasen dieses Projekts lehrte ich die mittlerweile kanonischen Texte von Leo Bersani und Lee Edelman zum Thema. Ich musste dabei einer Neigung unter Studierenden entgegenarbeiten, Selbstzertrümmerung oder Negativität als eine apolitische, den inneren Zusammenhalt der Gesellschaft oder des Subjekts zersetzende Gewalt zu sehen. Bersani und Edelman reden keinem Lebensgefühl des Punk das Wort, das «versagen, verbocken, verkacken und Scheisse bauen» will (Halberstam 2006, 824), denn dieses Gefühl wendet sich nur an die dem Bewusstsein zugänglichen Teile des sozialen Gefüges und fasst Negativität allein in Begriffe des Aufruhrs und der Verweigerung einer Norm. Ein wichtiges pädagogisches Ziel in diesen Lehrveranstaltungen war es zu zeigen, dass Negativität immer schon Teil aller Gesellschaft und Subjektivität (und nicht diesen entgegengesetzt) ist (Berlant und Edelman 2013) und dass diese Einsicht weit reichende politische Folgen hat. Die queere Grundlagenarbeit auf diesem Gebiet ist tatsächlich nicht im mindesten asozial, denn aus ihr ergeben sich Theorien, die mit dem unausweichlichen Vorhandensein von Negativität im Sozialen und im Subjekt fertig werden können.

Der Gedanke, dass Negativität eben genau das ist, nämlich negativ, kann sich nur schwer durchsetzen. Während ich an dieser Einleitung schreibe (am Freitag, dem 13. Juni 2014) findet am Goldsmiths College, University of London, die eintägige, queer-feministische Veranstaltung

«Radical Negativity» statt (http://radicalnegativity.com). Schon im Ankündigungstext kommt ein weit verbreitetes Problem im Umgang mit Negativität und Aggression zum Ausdruck. Das Treffen wird auf seiner Webseite als «interdisziplinäre Tagung zur Frage der produktiven Möglichkeiten von negativen Seinszuständen» angekündigt, und in der weiteren Beschreibung ist von einer gemeinsamen Hoffnung die Rede, «negativen Zuständen ihren Wert zuzugestehen», um «das Potenzial neuer Möglichkeiten für Politik und Verbundenheit zu erschliessen». Entgegen dieser Vorstellung, dass sich das Negative produktiv verwerten, in sein Recht setzen, einbinden lässt, behauptet *Eingeweide, Pillen, Feminismus*, dass wir gerade solchen zerstörerischen und schädlichen Aspekten des Politischen mehr Aufmerksamkeit widmen müssen, die sich nicht für einen guten Zweck einspannen lassen. Kapitel 3 führt diesen Gedanken weiter aus. Ich zeige dort, dass Depression ein nach aussen hin aggressiveres Geschehen ist, als wir üblicherweise glauben (nicht nur eine gegen sich selbst gerichtete Aggression), aber auch, dass gerade diese nach aussen gerichtete Aggression oder Feindseligkeit ein Merkmal jeglichen politischen Handelns ist. Auf eine ganz wesentliche, unvermeidliche Art und Weise greift feministische Politik das an, was sie liebt, und fügt ihm Schaden zu. Die Konfrontation mit einer Negativität, die negativ bleibt, zieht sich als Leitfaden durch die Kapitel 4, 5 und 6, in denen ich einzelne Aspekte der Behandlung von Depressionen mit Antidepressiva untersuche. Feministische Politik erreicht dann am meisten, so meine Behauptung, wenn sie nicht das Zerstörerische in etwas Produktives umwandeln, sondern ihr eigenes schädigendes Potenzial zu ertragen lernt.

Was eigentlich ist die zeitgenössische Melancholie? Aus Wörterbüchern erfahren wir, dass die Bezeichnung von üblen Launen, Verdrossenheit und Zorn durch das Wort Melancholie, als würden sie durch die schwarze Galle ausgelöst, überholt ist. Unsere heutigen Melancholien sind eher molekularen als humoralen Ursprungs. Seit 1987 der Wirkstoff Fluoxetinhydrochlorid von der amerikanischen Gesundheitsbehörde Food and Drug Administration (FDA) unter dem Markennamen Prozac als Antidepressivum zugelassen wurde, sind die Melancholien in den Vereinigten Staaten und ihren pharmazeutischen Absatzmärkten nicht mehr dieselben wie zuvor. Sie sind häufiger und alltäglicher geworden, biochemischer, zerebraler und (paradoxerweise) besser behandelbar und refraktärer zugleich. Die Demografie der Depressionen weist seit Fluoxetin einige Konstanten auf: So werden diese öfter bei Frauen als bei Männern diagnostiziert, und weltweit sind Depressionen unter armen Menschen häufiger als unter den Reichen. Dennoch zeichnet sich die Melancholie insgesamt eher durch wandelbare Erscheinungsformen als durch eine

Reihe gleich bleibender Symptome aus. So waren die frühen psychoanalytischen Theorien der Melancholie eher auf bipolare Störungen ausgerichtet (zirkuläres Irresein), und man achtete mehr auf wiederkehrende Bedeutungsmuster in melancholischen Zuständen als in der zweiten, stärker von Arzneimitteln geprägten Hälfte des 20. Jahrhunderts. Die frühen Patientinnen und Patienten waren auf eigentümliche Arten niedergeschlagen: kannibalistisch, ambivalent, verloren (Abraham 1911; Freud 1917a). Mit der Einführung von Imipramin (dem 1950 synthetisierten, ersten trizyklischen Antidepressivum) und den darauf folgenden Überarbeitungen des Diagnostic and Statistical Manual of Mental Disorders (DSM) erfolgte die Abkehr von Freud und Hinwendung zu einer mehr biologischen Ätiologie. Depressionen begannen anders auszusehen und sich anders anzufühlen. Aufweis und Diagnose von Depressionen im medizinischen Umfeld erfuhren signifikante Veränderungen (Healy 1997), und in der Folge änderten sich auch die Formen und das Erleben unserer Depressionen. Obwohl biochemischer, waren diese späteren Depressionen zugleich weniger vegetativer (somatischer) Natur. Und seit Aaron Becks (1967) einflussreicher Kognitionstheorie der Depression nahmen Depressionen eine vergeistigte Färbung an, erschienen mithin als Folge verdrehter Gedanken, nicht so sehr durcheinandergeratener Gefühle oder Vorstellungen oder des Trieblebens.

Dieser Wandel ist nur der jüngste in einer langen Geschichte der Metamorphosen. In den Jahrhunderten davor war die Melancholie verschiedentlich Sünde, Wahnsinn oder Manie, ein Liebesleid, eine unstillbare Furcht, eine Stagnation des Blutes, ein Delirium des Gehirns, eine Affenliebe ohne Fieber, ein charakterliches Temperament oder eine Verfallserscheinung (Radden 2000). Robert Burtons berühmte *Anatomie der Melancholie* (1621/1989) findet nicht eine, sondern scheinbar unendlich viele Ursachen, Symptome und Formen melancholischer Verstimmung. Vieles von dem, was wir für selbstverständliche Merkmale der Depression halten, erweist sich als historisch variabel. So ist die Nähe von Frauen zu Depressionen eine relativ neue Entwicklung, nachdem Melancholie über sehr lange Zeit (von Aristoteles über Hamlet bis Churchill) als ein Merkmal männlichen Genies verstanden wurde (Schiesari 1992). Auch im Milieu der Gegenwart finden sich erhebliche Unterschiede, was das Erleben und die Behandlung von Depressionen angeht. So fand Arthur Kleinman kulturspezifische Verbindungen zwischen körperlichen Symptomen und Neurasthenie bzw. Depression in China (Kleinman 1986), und eines der am meisten industrialisierten Länder der Welt, nämlich Japan, erwies sich als auffällig verhalten in seiner Akzeptanz neuer antidepressiver Medikamente (Berger und Fukunishi 1996; Kirmayer 2002). Betrachtet man innergesellschaftliche Differenzierungen, so ergibt sich ein noch vielfältigeres Bild. So ist die Neigung zu schweren depressiven Störungen (nach den Kriterien des DSM) unter Nordamerikanern, Europäern oder Australiern ostasiatischer Herkunft geringer, obwohl diese Menschen mit grösserer Wahrscheinlichkeit Diskriminierung erfahren, einen geringeren Lebensstandard haben und medizinisch schlechter versorgt sind (Dutton 2009).

Die Melancholie nimmt also an keinem Ort und zu keiner Zeit nur eine einzige Form an. Ihre Wandelbarkeit ist entscheidend für meine Argumentation in *Eingeweide, Pillen, Feminismus*. Die konzeptuelle, politische und methodologische Ausrichtung dieser Untersuchung beruht auf der Annahme, dass Depression eine kontingente Erscheinung ist. Obwohl uns die Melancholie von der griechischen Antike bis in die Gegenwart begleitet hat, ist sie kein von einem unwandelbaren Körpersubstrat getragener, von historischen, kulturellen oder diskursiven Verschiebungen unbeeinträchtigter Zustand. Derartige Fundamente (die wir gern voreilig «biologische» nennen) gibt es in dieser Form schlicht und einfach nicht. Doch ebenso wenig ist die Melancholie nur eine Folge kultureller Trends, eine Modeerscheinung (oder ein fadenscheiniges ideologisches Konstrukt), die man durch scharfsichtige Kritik ohne weiteres auflösen könnte. Diese Untersuchung will deutlich machen, dass es unangemessen ist, sich der Sache in derartigen Entweder-Oder-Kategorien zu nähern (Ist Depression biologisch oder gesellschaftlich konstruiert? Entsteht Depression aus biochemischen Unausgewogenheiten oder historischen Ungerechtigkeiten?). Ein solcher Natur / Kultur-Streit unterstellt, dass es in den Substrata der Depression eine Aufspaltung gibt, als verhielten sich biochemische Verbindungen und kulturelle Institutionen zueinander wie Öl und Wasser. *Eingeweide, Pillen, Feminismus* wendet sich gegen ein Schubladendenken, das Natur und Kultur in irgendeiner Weise als Gegensätze begreift. Ich setze im Folgenden durchgehend voraus, dass Biologie und Kultur keine separaten, antagonistischen Gewalten sind, dass es keine politische Option zwischen biologischer und kultureller Determiniertheit gibt, dass auch die Annahme einer Wechselwirkung zwischen Biologie und Kultur (unter Beibehaltung ihrer Gegensätzlichkeit) nur unzureichende Antworten auf das Problem der Ätiologie gibt, dass sich eine Gewichtung biologischer oder kultureller Faktoren nicht im Einzelnen errechnen lässt, dass Biologie nicht gleichbedeutend mit Determinismus und das Soziale nicht gleichbedeutend mit Wandel ist. Ich verwende den Begriff «Kontingenz» hier (Barbara Herrnstein Smith [1988] folgend), um einen kaum artikulierbaren Zustand der Verflechtung von Natur und Kultur zu bezeichnen: eine Ko-Implikation, Ko-Evolution, Wechselseitigkeit, Intra-Aktion, systemische Dynamik, ein Eingebettetsein (dies Begriffe von feministischen Wissenschaftstheoretikerinnen, deren Arbeiten für die Thesen in diesem Buch grundlegend sind: Karen Barad [2007], Anne Fausto-Sterling, Cynthia Garcia Coll und Megan Lamarre [2012a, 2012b], Evelyn Fox Keller [2010], Susan Oyama [2000]).

Manche Kontingenzen der Melancholie überspannen einen Zeitraum von 2000 Jahren, andere haben sich erst nach bestimmten pharmazeutischen Eingriffen seit den 1950er-Jahren herausgebildet. In *Eingeweide, Pillen, Feminismus* geht es hauptsächlich um biologische und pharmazeutische Kontingenzen, die seit der Einführung von Fluoxetin aus den Depressionen das gemacht haben, was sie heute sind. Wenn Diagnose, Erfahrung und Behandlung von Depressionen eng miteinander verbunden sind (wenn also unser Reden über Depressionen, unsere Behandlungen, deren biologisches Kristallisieren und die Art und Weise, wie sie sich anfühlen, allesamt wechselseitig ko-impliziert sind), und wenn das Muster dieser Wechselseitigkeit in letzter Zeit einem Wandel unterliegt, so muss sich auch meine kritische Auffassung der pharmazeutischen Behandlung von Depressionen diesen neuen Umständen anpassen können. Insbesondere geht diese Untersuchung davon aus, dass die politische Position der Antipsychiatriebewegung, die zwischen der ersten Generation von Antidepressiva in den 1950er-Jahren und der Einführung der selektiven Serotonin-Wiederaufnahmehemmer

(SSRI) in den 1990er-Jahren aufkam, in der Regel nicht mehr zur heutigen Landschaft der Melancholie passt.

Aus mehreren Gründen überzeugt antipsychiatrische Politik heute weniger, als man erwarten würde. Zunächst hat die in den 1960er-Jahren in den Vereinigten Staaten, in Europa, Australien und Neuseeland begonnene Ent-Institutionalisierung psychiatrischer Patienten dazu geführt, dass heute sehr viel weniger Menschen in geschlossenen psychiatrischen Anstalten interniert sind (Fakhoury und Priebe 2002). Noch 1955 (als die ersten Antidepressiva und Neuroleptika auf den Markt kamen) wurden beispielsweise in den USA 559'000 Menschen in geschlossenen psychiatrischen Kliniken der öffentlichen Hand verwahrt. Bis 1971 sank diese Zahl auf 275'000 Menschen und bis 1994 noch einmal auf 72'000 (Bachrach 1976; Lamb 1998). Der politische Sturmlauf gegen das Irrenhaus, den Ronald D. Laing und andere so überzeugend geführt haben, verliert umso mehr an Bedeutung, je mehr stationäre Patienten zu ambulant behandelten werden. Seit Fluoxetin konnten Ansätze zu antipsychiatrischer Politik in der Behandlung von Depressionen immer weniger begeistern (z. B. Breggin und Breggin 1994; Cvetkovich 2012; Davis 2013; Griggers 1997, 1998), auch weil in den genannten Ländern die Entinstitutionalisierung weitgehend vollzogen ist und selbst bei schwer depressiven Patienten das Krankenhaus nicht mehr Schauplatz des depressiven Geschehens ist. Stattdessen sind Depressionen in vieler Hinsicht zu einem Teil des Alltags geworden. Es gibt Selbsthilfegruppen, Talkshows, Autobiografien, Ratgeberliteratur, Leitartikel, Lebensberichte, Blogs, soziale Medien, Konsumentenwerbung und vieles mehr zum Thema. Ein näheres Verständnis all dieser Erscheinungen ergibt sich nicht unmittelbar aus einer Kritik der Psychiatrie als Institution.

Zweitens liegt die Verschreibung von Antidepressiva heute nicht mehr allein in den Händen von psychiatrischen Fachärzten in Kliniken, sondern ist auf einen grösseren Kreis von Angehörigen der Heilberufe übergegangen. Beispielsweise wurden im Jahr 2000 in Australien 86 Prozent aller Antidepressiva von praktischen Ärzten ohne psychiatrische oder psychotherapeutische Facharztausbildung verschrieben (McManus u. a. 2003). In den Vereinigten Staaten dürfen je nach Bundesstaat mitunter auch Klinikpsychologen und Pflegekräfte Antidepressiva verschreiben (Shell 2001). Was immer man davon halten mag – es hat zur Folge, dass die Behandlung von Depressionen nicht länger der direkten Aufsicht psychiatrischer Fachkenntnis untersteht. Nur wenige der Quellen, auf die ich in diesem Buch Bezug nehme, sind psychiatrisch-fachärztlicher Herkunft. Stattdessen erörtert *Eingeweide, Pillen, Feminismus* vor allem psychologische und psychoanalytische Theorien der Depression sowie insbesondere deren Bezug zum Einsatz von

Arzneimitteln und zu biologischen Daten. Zwar bezieht die psychologische und psychoanalytische Forschung zunehmend biologische (zumeist neurologische) Erkenntnisse mit ein, doch ihr Schwerpunkt liegt dabei nicht auf biologischen Erklärungsansätzen für Depressionen, und sie sind auch nicht der für die Psychiatrie charakteristischen Auffassung der Depression als einer Krankheit verpflichtet. Infolgedessen sind biologische Daten in psychologischen und psychoanalytischen Theorien oft auch weniger abgetrennt von zwischenmenschlichem, innerseelischem, gesellschaftlichem, wirtschaftlichem oder historischem Geschehen. Sie sind deshalb auch gut aufgestellt für die Auseinandersetzung mit der Logik wechselseitiger Verwicklungen, der ich in diesem Buch nachgehe.

Es gibt noch einen dritten Grund dafür, dass die Antipsychiatriebewegung heute gegenüber der Vergangenheit an politischem Gewicht eingebüsst hat: die Tatsache, dass in Ländern ohne geschlossene Psychiatrien die Zahl derjenigen, die Antidepressiva einnehmen, enorm zugenommen hat. Nikolas Rose (2003) hat errechnet, dass die Verschreibungen von SSRI-Arzneien in den Vereinigten Staaten von 1990 bis 2000 um 1300 Prozent gestiegen sind. Mein Bauchgefühl sagt mit, dass hinter diesem Anstieg im Gebrauch von Antidepressiva weder eine böswillige Verschärfung psychiatrischer Manipulation noch ein wundersamer Sprung nach vorn in Sachen Arzneiwirksamkeit steht (Antidepressiva der neueren Generation sind klinisch ungefähr so wirksam wie die älteren MAOI und trizyklischen Medikamente). Was diese neuen Arzneimittel für Patienten und Ärzte vor allem akzeptabler gemacht hat, sind vor allem ihre geringeren unerwünschten Nebenwirkungen. Trizyklische Antidepressiva (wie Imipramin) können etliche belastende Nebenwirkungen entfalten (trockener Mund, Sehstörungen, Verstopfung, Schwindelgefühle, Schlaffheit, Gewichtszunahme), und MAOI-Antidepressiva erfordern die strikte Einhaltung einer Diät, da manche gängigen Nahrungsmittel (wie Hähnchen und Käse) tödliche Wechselwirkungen mit dem Wirkstoff auslösen können. Als Fluoxetin (Prozac) auf den amerikanischen Markt kam, ging das mit dem Versprechen von Symptomlinderungen bei nur geringfügigen Nebenwirkungen einher. Deshalb wurden SSRI-Präparate auch Menschen mit leichteren Formen von Depression verschrieben (d. h. bei der chronischen, erschöpfenden Missstimmung namens Dysthymie), die man davor nicht als schwerwiegend genug betrachtet hatte, um den Einsatz psychiatrischer Medizin und deren mögliche unerwünschte Nebenwirkungen in Kauf zu nehmen.

Es ist also unklar, ob der Druck von Konzernen oder biomedizinische Leiden die wesentliche Triebkraft hinter dem umfangreicheren Einsatz von Antidepressiva sind, und ebenso unklar, ob der Kampf gegen privatwirtschaftlich-biomedizinische Missbräuche (so wichtig er an und für sich ist) uns zu einem besseren Verständnis der Behandlung zeitgenössischer depressiver Zustände führt. Meine These ist, dass die Frage der Gewichtung politischer und biologischer Faktoren, wie sie die Antipsychiatriebewegung aufgeworfen hat, noch einmal ganz neu gestellt werden muss, falls sich zeigt, dass Änderungen in der Behandlung von Depressionen tatsächlich nicht, wie die Pharmaunternehmen gerne behaupten und auch Angehörige der Heilberufe wie Patienten gleichermassen glauben wollen, hauptsächlich aus der therapeutischen Wirkung eines Antidepressivums resultieren, sondern aus dessen sogenannten Nebenwirkungen. Die Nebenwirkungen eines Arzneimittels können nicht nur den Heilwirkungen, sondern auch den Institutionen und individuellen Behandlungsregimen zuwiderlaufen, die seine Wirksamkeit zu steuern versuchen. Aus diesem Grund befasst sich *Eingeweide, Pillen, Feminismus* auch eingehend mit der angeblich nur begleitenden oder unterstützenden Wirkung pharmazeutischer Eingriffe in den Körper. Die Kapitel 5 und 6 erörtern dies anhand des Einsatzes von Placebos und Antidepressiva in der Pädiatrie.

Mein Gefühl sagt mir, dass die Empörung, die hinter der Antipsychiatriebewegung steht, nicht mehr zur Lage der Dinge in Zeiten von Fluoxetin passt und dass diese Unstimmigkeit ausserordentlich lähmende Wirkung auf die feministische Kritik hat. Obwohl es seit Ende der 1960er-Jahre eine energische Frauenbewegung im Gesundheitswesen gibt (Morgan 2002) und während immer wieder scharfe Kritik etwa an Arzneimitteln wie Viagra geübt wird (Tiefer 2010), gibt es überraschend wenige Stellungnahmen zu Fluoxetin und verwandten Präparaten von feministischer Seite. Judith Kegan Gardiner (1995) stellt an den Beginn ihrer Rezension der Bücher *Listening to Prozac, Talking Back to Prozac* und *Prozac Nation* eine Anekdote, die diesen Zwiespalt zwischen der Beliebtheit pharmazeutischer Behandlungen einerseits und der Vorliebe für antipsychiatrische (sozialkonstruktivistische) Theorien der Depression andererseits verdeutlicht:

> Vor Kurzem besuchte ich eine interdisziplinäre feministische Tagung, die von einem sozialkonstruktivistischen Konsens bestimmt war und wissenschaftliche Forschung als «essenzialistisch» kritisierte, weil sie unterstellte, dass Geschlechtsmerkmale eine biologische Grundlage hätten. Während der Mahlzeiten und in den Kaffeepausen bekam ich jedoch eine ganz andere Geschichte zu hören. Mehrere der Frauen nahmen Prozac oder ähnliche Medikamente gegen Depressionen. Einige ihrer Kinder, die schwierig, «Schulversager» oder verhaltensauffällig waren, wurden ebenfalls medikamentös behandelt. In diesen

> beiläufigen Gesprächen ging es um Symptome, Nebeneffekte und Linderung. Unausgesprochen vorausgesetzt, aber nicht offen bekundet, wurde dabei die Auffassung, dass Charakter etwas biochemisch Beeinflussbares ist. [...] Der latente Widerspruch zwischen diesem Umgang mit Schwierigkeiten im Privaten und dem öffentlichen Bekenntnis zur Ideologie des Sozialkonstruktivismus kam nie zur Sprache. (Gardiner 1995, 501 f.)

Wie es scheint, haben sich unsere überzeugendsten Positionen zur Psychopolitik losgelöst von biologischen Tatsachen und – sofern wir Gardiners Erzählung Glauben schenken wollen – auch vom Lebensalltag entwickelt. Etwas überraschend ist, dass diese Unzulänglichkeit auch in der Kulturkritik der Depressionen und Verlusterlebnisse zutage tritt (obwohl gerade hier der allgegenwärtige Einsatz von Antidepressiva durchaus Anlass zu kritischen Einlassungen böte). Selbst wegbereitende Arbeiten zur Melancholie in den kritischen Geisteswissenschaften schweigen sich über das Problem des Gebrauchs und der Wirkung von Arzneimitteln weitgehend aus (z. B. Eng und Kazanjian 2003). *Eingeweide, Pillen, Feminismus* ist wesentlich aus dieser Schwierigkeit entstanden: Wie sich mit pharmazeutischen Daten zur Behandlung von Depressionen auseinandersetzen, ohne dabei entweder der Vorstellung zu erliegen, dass biomedizinische Forschung die hernach zu interpretierende Faktengrundlage bereitstellt, oder andererseits die Doxa des Sozialkonstruktivismus unablässig weiter herunterzuleiern? Mein Vorgehen hier ist, aktuelle biomedizinische Daten über die Depression aus Sicht der Körperperipherie – und insbesondere der Verdauung – zu deuten, also die Serotoninhypothese zur Depression aus der engen Beschränkung auf das Zentralnervensystem zu lösen und damit wahrscheinlich auch über die Grenzen ihrer Schlüssigkeit hinauszutreiben. Ich nehme biomedizinische Tatsachenbehauptungen ernst, verabsolutiere sie aber nicht und hole sie aus den Zonen bequemer Deutungshoheit heraus, die sie für gewöhnlich besetzen. Mein Ziel ist, die Körperperipherie als Substrat der Psyche heranzuziehen und die Isolation des Gehirns vom Körper, der Seele von der Chemie, der Neuronen von der Welt aufzuheben. Im Einklang mit (und sehr weitgehend auf Basis der Arbeit von) Karen Barad (2007) und Vicki Kirby (1997, 2011) gehe ich hier den Verstrickungen und Mustern nach, die Depressionszustände hervorbringen. In diesem Sinn streitet *Eingeweide, Pillen, Feminismus* nicht für ein Primat des Darms vor dem Hirn, für Medikamente anstelle von Gesprächen, für die Biologie im Gegensatz zur Kultur. Es ist eine Erkundung bemerkenswerter Intra-Aktionen von melancholischen und pharmazeutischen Geschehnissen im menschlichen Körper.

Hier zunächst ein Beispiel für die Art und Weise meiner Interpretation biologischer Daten in den folgenden Kapiteln: abdominelle Migräne. Schon der Name hat etwas von einer Katachrese – einem Bildbruch – insofern, als dieses ursprünglich nur vom Kopf her bekannte Leiden seinen Weg in den Darm gefunden hat. Oberaufsicht und Unterleib geraten durcheinander. Die klinische Charakteristik der Bauchmigräne ist etwas diffus. Am häufigsten tritt sie bei Kindern auf und äussert sich in akuten, lähmenden, bauchmittigen Schmerzen, die über Stunden oder sogar Tage anhalten können. Der Schmerz ist dumpf und nur ungefähr im Oberbauch oder in der Nabelgegend zu lokalisieren. Anfälle treten wiederholt auf. Die abdominelle Migräne wird heutzutage zu den funktionalen pädiatrischen gastrointestinalen Störungen gezählt, was bedeutet, dass diese Erkrankung (wie auch die Rumination im Säuglingsalter, das zyklische Erbrechen und der Reizdarm bei Kindern) keine bekannte organische Ursache hat (Rasquin-Weber u. a. 1999). Betroffene Kinder sehen meist totenbleich aus und verweigern die Nahrung. Manchmal weisen sie Symptome der klassischen Migräne auf (prodrome Aura, Kopfschmerzen, Lichtempfindlichkeit, Erbrechen). Zwischen den Anfällen ist das Kind gesund. Die Symptome gehen mit zunehmendem Alter meist zurück, und viele Kinder erholen sich nach einigen Jahren spontan, obwohl sie als Erwachsene später mitunter eine höhere Neigung zu Migräne entwickeln (Dignan, Abu-Arafeh und Russell 2001).

Erwartungsgemäss herrscht in der klinischen Literatur Uneinigkeit darüber, ob die abdominelle Migräne als psychogenes Leiden oder Folgeerscheinung biochemischer Störungen zu betrachten ist. Biologisch angelegte Studien stufen sie überwiegend als «Äquivalent einer Migräne» ein (Dignan, Abu-Arafeh und Russel 2001, 55), d. h. als klassische Kopfmigräne mit abweichenden Symptomen. Wie die klassische Migräne, so die Argumentation dieser Forscher, werden auch die abdominelle Migräne im Kindesalter und ihre Symptome durch eine Wechselwirkung von Gefässverengungen bzw. -erweiterungen und Unregelmässigkeiten in der Neurotransmission hervorgerufen. In dieser Literatur gilt die abdominelle Migräne als ein an die Körperperipherie verbannter Anfall im Gehirn. Demgegenüber behaupte ich in *Eingeweide, Pillen, Feminismus*, dass die Körperperipherie kein Ort der Verbannung (kein übel beleumdeter Randbereich, kein ödes Grenzland) ist, sondern ein Herd intensiven körperlichen, psychischen und gegebenenfalls auch pharmazeutischen Wirkens, von dem das Zentrum wesentlich abhängt. Daraus folgt zugleich, dass die Peripherie selbst zum Zentrum gehört; dass der Bauch untrennbar Bestandteil des Geistes ist.

Hin und wieder geben biologische Untersuchungen der abdominellen Migräne unwillkürlich einen Hinweis auf diese Verflechtung von Psyche und Soma, Kopf und Darm. So legen sich David

Symon und George Russell (1986) darauf fest, dass die abdominelle Migräne nicht fälschlich für ein Leiden seelischen Ursprungs gehalten werden sollte, und betrachten sie stattdessen als einen von andersartigen Bauchschmerzen im Kindesalter «mühelos unterscheidbaren, gesonderten Sachverhalt». Ihrer Ansicht nach ist die Bauchmigräne kopflastiger und weniger Bauchsache, als ihr Name vermuten lässt. Sie untermauern ihre These durch eine Untersuchung von Behandlungen der abdominellen Migräne bei Kindern. Zwanzig Kindern wurde dabei prophylaktisch über sechs Monate das Medikament Pizotifen gegeben, das normalerweise gegen Migräne eingesetzt wird: Bei 70 Prozent der Probanden gingen die Symptome vollständig zurück, verglichen mit 15 Prozent in einer Kontrollgruppe, die «nicht anders als durch Erklärungen und Ermutigungen behandelt wurde» (225). Symon und Russell kommen anhand dieser Daten zu dem Schluss, dass die abdominelle Migräne nicht so sehr psychisch bedingt ist (weil in diesem Fall die Linderung durch Erklärungen und Ermutigungen deutlicher anschlagen würde), sondern mehr der klassischen Migräne ähnelt, deren Ätiologie auf den Bereich oberhalb des Halses verweist.

Diese Daten sind ein überzeugendes Argument. Wie es scheint, ist die Ätiologie der abdominellen Migräne stark zugunsten der Biologie gewichtet. Aber schauen wir genauer hin. Welcher Art ist das Medikament, mit dem Symon und

Russell die Kinder behandelt haben? Pizotifen ist ein serotonerger Antagonist. Sein Einsatz in dieser Studie gründet auf der Überlegung, dass er die Funktion bestimmter Serotoninrezeptoren hemmt und so genau die Wirkung des Serotonins auf das Nervensystem unterbindet, die klassischen Migräneattacken (Gefässverengungen und -erweiterungen) vorausgeht. Symon und Russell sagen zwar nicht, wo genau im Körper die Wirkung des Pizotifen ansetzt, doch sie zitieren eine Reihe anerkannter Studien zur Einflussnahme des Medikaments auf die Kognition. In Verbindung mit ihrem Desinteresse am peripheren Nervensystem deutet das darauf hin, dass sie sich das nervliche Geschehen bei der Bauchmigräne als ein zentral (zerebral) gesteuertes vorstellen. Man könnte das (in Anlehnung an das Buch *Listening to Prozac*, Kramer 1993) als eine gewisse Pizotifenhörigkeit verstehen: Wenn Symptome durch die Behandlung mit einem Migränemittel zurückgehen, dann haben wir es in Wirklichkeit mit einer Kopfmigräne zu tun.

Allerdings lassen einige der Studien, auf die sich Symon und Russell zur Rechtfertigung ihrer Versuche mit Pizotifen berufen, eine weniger auf das Zentralnervensystem verengte Beschaffenheit der (Bauch- oder Kopf-)Migräne vermuten. Beispielsweise ermittelte eine dieser Untersuchungen (Hsu u. a. 1977) höhere Konzentrationen von Katecholaminen (vor allem Noradrenalin) im Blutplasma von Migränepatienten.

Noradrenalin wirkt im Nervensystem des Menschen als Botenstoff. In den Bahnen des medizinischen Diskurses kreist es daher zumeist als Beleg für Aktivitäten des Zentralnervensystems und bekräftigt den Ruf der Migräne, vom Gehirn auszugehen. Noradrenalin wird aber nicht nur in einer bestimmten Stammhirnregion (dem Locus coeruleus) als Reaktion auf Stress ausgeschüttet, um dann auf verschiedene andere Teile des Gehirns einzuwirken (Amygdala, Hippocampus, Neocortex), sondern – als Teil des körpereigenen Kampf-oder-Flucht-Reflexes – auch vom peripheren (sympathischen) Nervensystem und von den Adrenalindrüsen. Noradrenalin ist, mit anderen Worten, eine weitläufig in den zentralen und peripheren Nervensystemen des menschlichen Körpers erzeugte und verteilte Chemikalie. Erhöhte Konzentrationen von Noradrenalin im Plasma von Migränikern (es wird einer Vene im Arm entnommen) deutet also auf eine körperweite Neurotransmission bei Migräneanfällen hin.

Aus diesen Daten lässt sich also weder eine Vorherrschaft des zentralen Nervensystems über das periphere noch das Gegenteil ableiten. Die abdominelle Migräne ist ebenso wenig eine Abart der klassischen zerebralen Migräne, wie die klassische Migräne keine Abart der Schmerzen im Abdomen ist. In beiden Studien bleibt die Frage offen, wo genau die Migräne ihren Ausgang nimmt. Symon und Russell gehen ihr nicht weiter nach, und Hsu u. a. vertreiben die Migräne aus ihrer traditionellen Heimstatt im Schädelinneren (sie stellen sich eine umfassende Wechselwirkung von Migränewirkungen vor, die Plasma, Schlaf, Stress, Noradrenalin, Charakter, Somatisierungen, Nahrung, Essgewohnheiten und Erregungszustände umfassen). Meine Anregung lautet nun nicht, die Frage der Migräne und ihrer Wesensart ein- für allemal empirisch zu klären (stammt sie aus dem Kopf oder dem Darm?), sondern die Migräne als wesentlich offen und körperweit verteilt zu begreifen. Gerade weil sie sich unserer gewohnten Erwartung einer zentralen und verortbaren Biologie des Geistes entzieht, sollten wir die Migräne als lohnenden Gegenstand feministischer Theoriebildung begreifen.

Eine ältere Untersuchung (die psychische und möglicherweise depressive Seiten der Bauchmigräne direkter anspricht) macht deutlich, warum das begriffliche Herangehen hier so entscheidend ist. Farquhar (1956) fasst 112 Fälle von abdomineller Migräne bei Kindern zusammen und dokumentiert auch deren Gemütszustände während der Anfälle (was in der neueren Literatur oft unberücksichtigt bleibt): «Grübler», «Maniker», «Nervöse» (1084). Er sagt ausserdem, dass «der Zusammenhang zwischen Migräne und Störungen der Leberfunktion seit Langem anerkannt ist» (1084). Diese Feststellung erfolgt im Zusammenhang mit Migräne und Ernährungsweisen (fettreiche Nahrung kann bei den betroffenen Kindern die Bauchschmerzen verstärken) und liesse sich einfach als Nebenbemerkung zu Organfunktionen abtun. Doch die Leber taucht noch anderswo in Farquhars Artikel auf, nämlich im Zusammenhang mit einer der häufigsten Erscheinungsformen von abdomineller Migräne bei Kindern: Galligkeit. In diesem wie in anderen Texten wird «gallig» sogar als Synonym für die abdominelle Migräne verwendet («Anfälle von Galligkeit» [1082]). Doch dieser Begriff bezieht sich (wie der Körpersaft, von dem er sich etymologisch ableitet) zugleich auf einen Gemütszustand der Übellaunigkeit und Reizbarkeit. Galligkeit im Fall der abdominellen Migräne gehört sowohl zur Leber als auch zum Gemüt, ohne dass man sie nur der einen oder dem anderen zuordnen könnte. Ein Leiden und eine charakterliche Disposition fallen darin zusammen. Wie die Melancholie, ihre Schwester unter den Körpersäften, lenkt die Galligkeit unsere Aufmerksamkeit auf die Beseeltheit des Darms und das enterische Wesen des Gemüts.

In der abdominellen Migräne bündeln sich sämtliche Schwierigkeiten der feministischen Theorie im Umgang mit der Biologie. Die Interpretation biologischer Daten in der biomedizinischen Forschung trennt oft den Geist vom Körper, situiert den Geist allein im Gehirn und stellt sich folglich die Körperperipherie als psychisch unbelebt vor. Es ist auch nicht einfach zu sagen, wie man Galligkeit und Aggression gedanklich einordnen soll. Die folgenden drei

Kapitel gehen detailliert auf diese Schwierigkeiten ein. Sie vertreten die Auffassung, dass depressives Grübeln oder Ruminieren ebenso Bauchsache wie etwas Ideell-Geistiges ist, und sie spüren einige Zirkel der Feindseligkeit in der feministischen Politik auf. Ausgehend von diesen Analysen des Antibiologismus und der Aggression widmen sich die letzten drei Kapitel des Buchs der Wirksamkeit oder Wirkungslosigkeit von Antidepressiva. Sie beschreiben die Funktionsweise von SSRI in biologischen Begriffen und thematisieren einen der grundlegenden Widersprüche in kritischen Stellungnahmen zur pharmazeutischen Behandlung von Depressionen: die Behauptung, SSRI seien sowohl unwirksam (nicht besser als Placebos) als auch schädlich (besonders für Kinder und Jugendliche). Diese doppelte Problemstellung (Biologie und Aggression) bestimmt den Fortgang der Argumentation auf den folgenden Seiten. Bezüglich der Depression zeige ich, dass feministische Theorie die zeitgenössische Seelenlandschaft überzeugender erfassen könnte, wenn sie bereit wäre, sich eingehend mit der Biologie auseinanderzusetzen und ein schädigendes Potenzial hinzunehmen. Obwohl es in diesem Buch schwerpunktmässig um die pharmazeutische Behandlung der Depression geht, hoffe ich, dass die allgemeine Hinwendung zur Biologie und zur Feindseligkeit darüber hinaus anschlussfähig ist. Vorläufig gebe ich diesem Verfahren den Namen «Eingeweide, Pillen,

Feminismus» – und meine damit eine feministische Theorie, die innovativ und organisch zugleich denken könnte.

TEIL 1

FEMINISTISCHE THEORIE

KAPITEL 1

UNTERBAUCH

Beginnen wir mit einer klinischen Vignette zur Einstimmung auf den Zusammenhang zwischen Verdauung, Depression und feministischer Theorie. Das folgende Fragment stammt aus einem Buch von Darian Leader, einem Lacan'schen Psychoanalytiker in London, der ausserdem populärwissenschaftliche Bücher zu psychologischen Themen und gelegentlich Beiträge für die britische Tageszeitung *The Guardian* schreibt. Sein Buch über die Depression von 2008 beginnt mit dieser Skizze:

> Nachdem sie eine Verschreibung für eines der gebräuchlichsten Psychopharmaka erhalten und das Medikament aus ihrer Apotheke abgeholt hatte, öffnete eine junge Frau zu Hause die kleine Schachtel. Sie hatte eine gelbbraune, bis oben hin mit Kapseln ähnlich Vitamintabletten gefüllte Flasche erwartet. Stattdessen fand sie metallisch glänzende Durchdrückplättchen, auf denen jede

> einzelne Tablette von den anderen durch eine unverhältnismässig grosse, leere Folienfläche getrennt war. «Jede Pille liegt da in völliger Einsamkeit», sagte sie, «wie aus metallenen Hülsen halten sie Ausschau nach einander. Jede steckt in ihrem eigenen Gefängnis. Warum sind sie nicht alle gemeinsam in einer Schachtel, lose und frei?» Die Verpackungsweise der Tabletten verursachte ihr grosses Unbehagen. «Aufgereiht sind sie wie gehorsame kleine Soldaten – warum tanzt nicht wenigstens eine von ihnen aus der Reihe?» Ihr nächster Gedanke war, alle Tabletten auf einmal zu schlucken. Als ich sie fragte, warum, sagte sie: «Damit sie sich nicht mehr so einsam und eingesperrt fühlen.» (Leader 2008, 1)

Mehrere verschiedene Zugänge zu dieser Anekdote bieten sich an. Wir könnten der Identifikation der jungen Frau mit der Einsamkeit der Pillen nachgehen oder auch ihrer Fantasie, dass diese aus ihrer straff disziplinierten Existenz ausbrechen, ebenso ihrer Sehnsucht nach Arzneien in gelbbraunen Flaschen anstatt maschinell in Verpackungen für Massenware gepressten und schliesslich ihrer Erwartung, dass Antidepressiva und Vitamine einander irgendwie ähnlich sind.[1] Mit allen derartigen Deutungen würden wir uns auf vertrautem klinischen Terrain bewegen, wo sich die Assoziationen der jungen Frau nach einem anerkannten Regelwerk zum Umgang mit neurotischen Vorstellungen analysieren lassen. Oder wir könnten dem von Leader eingeschlagenen Weg folgen und uns für die umfassenderen kulturellen Bedeutungen der Anekdote interessieren: «Es bietet sich an, diese Beschreibung als Metapher für den Umgang unserer heutigen Gesellschaft mit der Depression zu sehen – dafür, dass das Innenleben der Leidenden nicht erkundet und stattdessen medikamentösen Lösungen der Vorzug gegeben wird.» (2). Wir könnten, anders gesagt, diese Geschichte als Sprungbrett nutzen, um uns gegen die mechanisierte, biologistische, marktgetriebene Behandlung von Depressionen zu wenden und (wie Leader) zu fordern, dass der Komplexität des unbewussten Seelenlebens mehr Aufmerksamkeit geschenkt wird.

Beide Herangehensweisen sind wichtig, aber mich interessiert an dieser Geschichte noch etwas anderes. Ich finde sehr auffällig, dass die Patientin sich vorstellte, die Pillen zu schlucken – und zwar alle auf einmal. Was der jungen Frau eigentlich vorschwebt, ist nicht eine der gelblichen Flaschen, in der sie die Tabletten zusammen aufheben könnte, sondern sie hat das Gefühl, dass deren Einsamkeit und Beengtheit nur gelindert würden, wenn sie sich in ihrem Magen befänden – als wüsste sie, dass ihre Verdauung und ihre Seelenwelt eng verbündet sind. Wäre es nicht möglich, dass sich darin mehr als nur eine Art von «Innenleben» niederschlägt?

Psychologische und psychoanalytische und psychiatrische Theorien der Depression setzen bei verzerrten Wahrnehmungen, unbewussten Antrieben oder neurochemischen Ungleichgewichten an, sprechen aber nur selten auf so direkte Art von körperlichen Abläufen. Ich habe diese Anekdote dem Kapitel vorangestellt, nicht weil ich sagen will, dass der Körper ein Träger der Depression, ein Substrat und eine Ursache kognitiver oder affektiver Fehlfunktionen sei. Vielmehr möchte ich den Stellenwert der Biologie in der einschlägigen Forschung überdenken und argumentiere daher im Folgenden, dass Vorstellung und Peristaltik (Schlucken) ein und desselben Ursprungs sind – dass unsere Eingeweide beseelt sind, dass sie «ruminieren» im Doppelsinn von «wiederkäuen» und «grübeln».

In diesen ersten drei Kapiteln möchte ich über die elementaren Vorgänge von Nahrungsaufnahme, Verdauung, Peristaltik und Erbrechen als Teil unseres Seelenlebens nachdenken und feministische Deutungen der Depression näher mit diesem Ernährungsgeschehen zusammenbringen. Darm, Feminismus und Depressionen in Gedanken zu verbinden fällt mir unter anderem auch schwer, weil anspruchsvolle feministische Theorie, die ein solches Vorhaben eigentlich mittragen könnte oder sollte, in der Regel auf Distanz zu unseren elementaren Körperfunktionen geht. Seltsamerweise dienen Essen und Hunger in der feministischen Theorie oft als Kontrast zu den kultivierteren kritischen und politischen Haltungen, die sie anstrebt. In diesem Kapitel konzentriere ich mich auf Gayle Rubins viel gelesene Texte über Geschlecht und Sexualität als Beispiele dafür, wie der Feminismus alles Körperliche von seinen theoretischen und politischen Kernanliegen abgerückt hat. Welche Folgen das für die feministische Theorie hat, versuche ich auf diesem Weg aufzuzeigen. Ausserdem mache ich unter Zuhilfenahme von Melanie Klein ein paar Vorschläge, wie eine Beseeltheit der inneren Organe zu denken wäre. In den beiden daran anschliessenden Kapiteln entfalte ich auf dieser Grundlage den Gedanken eines biologischen Unbewussten (Kapitel 2) und befasse mich mit dem Wesen psychischer und politischer Aggression (Kapitel 3).

Biologie – da war doch was

Gayle Rubins inzwischen kanonisierte Essays «The Traffic in Women» (1975) und «Thinking Sex» waren Wendepunkte in der feministischen Theorie. Judith Butler bestätigt in ihrem Interview mit Rubin von 1994, diese habe damit «die Methodologie für die feministische Theorie und später auch für die Lesbian- und Gay Studies geschaffen» (Rubin, zit. in: Butler 1994, 62). Ohne Zweifel hatte Rubins Werk erheblichen Einfluss auf die wichtigsten Theoretikerinnen des Geschlechts und der Sexualität in der Generation nach ihr, zu der auch Butler gehört. Wollten wir

Rubins Beiträge zur feministischen Theorie in die Form eines Axioms bringen, so könnten wir sagen, dass sie 1975 für eine Loslösung des körperlichen Geschlechts vom sozialen und 1984 für eine getrennte Untersuchung des sozialen Geschlechts und der Sexualität eintrat. Im Interview von 1994 widerspricht Rubin dem Eindruck, diese theoretischen und politischen Veränderungsimpulse seien von ihr selbst ausgegangen. Beide Aufsätze verdankten sich, wie sie sagt, schon bestehenden Anliegen in ihrem politischen und intellektuellen Umfeld: dem Fehlen einer angemessenen Analyse des Geschlechts im Marxismus (der 1970er-Jahre) und dem Aufkommen eines antisexuellen Feminismus (in den 1980ern). Ihre Aufsätze konnten die methodologische Tonlage nur ändern, weil sie einen Wandel im Denken auf den Punkt brachten, nach dem sich ihre feministischen Mitstreiterinnen bereits sehnten.

Rubin sagt in dem Interview von 1994 auch, dass es keine direkte Verbindungslinie zwischen «The Traffic in Women» und «Thinking Sex» gebe. Ihre politischen Interessen lagen 1984 einigermassen quer zu jenen, die sie noch 1975 motiviert hatten: «Ich war auf der Suche nach etwas anderem.» (67). Das bisweilen gespannte Verhältnis zwischen einer Politik des sozialen Geschlechts und einer Politik der Sexualität in der Folge von «Thinking Sex» (Halley 2004; Wiegman 2004) prägte tendenziell auch die Abgrenzungen zwischen den beiden Texten und ihren jeweiligen Verfechterinnen. In diesem Kapitel folge ich einem anderen Fluchtpunkt der Analyse – einem, der «The Traffic in Women» und «Thinking Sex» enger miteinander verbindet. Und es ist insbesondere Rubins eigene Ausrichtung an biologischen Erklärungen (oder eigentlich ihre Abwendung von biologischen Erklärungen), die mich hier interessiert. Ich behaupte im Folgenden, dass die beiden Texte bei allen Unterschieden von einer gemeinsamen Haltung geprägt sind, was das Verhältnis zu biologischen Substrata und ihrer Bedeutung für die Politik angeht. Beide Texte vertreten die Auffassung, Biologie habe kaum etwas mit Politik zu tun oder es seien jedenfalls keine konstruktiven Lehren aus ihr für die Politik zu ziehen. Ich wende mich Rubin zu, um der Frage nachzugehen, auf welchen Wegen die Biologie zum Unterbauch der feministischen Theorie geriet: wie es kam, dass sie ein muffig-feuchter, unehrenhafter Erklärmodus und zu einer Stätte politischer Anrüchigkeit wurde. Indem ich die Entfaltung des Antibiologismus in Rubins Texten genauer betrachte, hoffe ich die Basis dessen zu verbreitern, was heute als Theorie und feministische Avantgarde durchgehen kann.

Meine Argumentation fokussiert auf einige Behauptungen über das Körperliche und den Bauch in «Thinking Sex». Rubins Ansprüche an den Umgang mit biologischen Theorien der Sexualität entstehen aus dem Bemühen, ihre Texte (und die von Denkern wie Michel Foucault oder Jeffrey Weeks) als «Alternative zum Essenzialismus des Geschlechts» zu positionieren (Rubin 1984, 276). Sie zielt dabei insbesondere auf die Vorstellung, dass Geschlecht und Sexualität natürliche Formen (unwandelbare biologische oder psychologische Kategorien) und als solche dem sozialen Leben vorgängig sind. Vor allem ist Rubin daran gelegen, diese Auffassung von Geschlecht und Sexualität zu verwerfen. Sexualität, sagt sie «wird in und durch die Gesellschaft und Geschichte konstituiert, nicht biologisch geweiht» (276). Ihre darauf unmittelbar folgenden Sätze sind aufschlussreich: typisch für das angestrengte, in sich widersprüchliche Bemühen, politisch zu werden, indem man Soziales und Biologisches voneinander fernhält. Diese gesellschaftliche und historische Konstitution der Sexualität, so Rubin weiter,

> heisst nun nicht, dass natürliche Anlagen nicht Bedingung für die menschliche Sexualität wären. Es meint, dass diese menschliche Sexualität in rein biologischen Begriffen nicht zu verstehen ist. Menschliche Organismen mit menschlichen Gehirnen sind notwendig für menschliche Kulturen, aber keinerlei Untersuchung des Körpers oder seiner Teile kann die Beschaffenheit und Vielfalt menschlicher Sozialsysteme erklären. Der Hunger des Magens gibt uns keinerlei Hinweis auf die Feinheiten der Küche. Der Körper, das

> Hirn, die Geschlechtsteile und die Befähigung zur Sprache sind allesamt notwendig für die menschliche Sexualität. Aber sie bestimmen nicht ihre Inhalte, ihr Erleben oder ihre institutionellen Formen. (276)

In den Jahrzehnten nach dieser Verkündung ging Rubins politischer Gestus (Hinwendung zum Sozialen, Abwendung von der Natur) der feministischen Kritik in Fleisch und Blut über. Das Abschälen natürlicher Einflüsse von sozialen Strukturen wurde ihr zur Gewohnheit. Wo es fehlte, konnte man oft nur schwer erkennen, worauf ein Argument seinen Anspruch gründete, feministisch oder überhaupt politisch zu sein (Kipnis 2006).

Bei erstaunlich vielen zeitgenössischen feministischen Texten, die wenig bis nichts mit Biologie zu tun haben, fällt auf, wie sehr sie es sich zum Anliegen machen, biologische Erklärungen zu widerlegen. Ein biologiefeindliches Signal ist häufig die Zündung, die den theoretischen Motor in Gang bringt. Ein Beispiel dafür ist Janet Halleys (2006) Buch *Split Decisions*, ein anspruchsvoller und engagierter Beitrag zur feministischen Theorie, dessen Autorin ausdrücklich die Bedeutung von Rubins Werk für ihr eigenes anerkennt. «‹The Traffic in Women›», so Halley, «ist der *locus classicus* des grundlegenden feministischen Gedankens – ich stütze mich in diesem Buch weitgehend darauf, und dasselbe tun alle, die seither in dieser Tradition arbeiten –, dass biologisches Geschlecht und soziales Geschlecht auseinanderzuhalten sind. Rubin hat überzeugend gezeigt, dass ebendiese Unterscheidung dem Feminismus eine erstaunliche Bandbreite an neuen Deutungsmöglichkeiten an die Hand gibt.» (114 f.). Am Beginn von *Split Decisions* definiert Halley ihre Schlüsselbegriffe: Geschlecht (sex), soziales Geschlecht (gender), sexuelle Orientierung, Sexualität. Unter dem Geschlecht versteht sie «Penis oder Vagina, Hoden oder Eierstöcke, Testosteron oder Östrogen und so weiter» (24). Sie nennt dies «sex1», um es zu unterscheiden von «sex2», womit sie Ficken meint. Sex1 ist scharf umrissen anhand eindeutiger biologischer Merkmale: Organe und Chemikalien. In Abgrenzung davon definiert Halley das soziale Geschlecht (gender) als «alles andere» (24), was Männer und Frauen voneinander unterscheidet: ein «ganzes System von sozialen Bedeutungen» (24). Gemäss der Tradition, die mit «The Traffic in Women» begründet und mit «Thinking Sex» gefestigt wurde, umfasst Halleys Definition von «gender» erheblich mehr als die von «sex1». «Gender» ist ein umfangreiches, vielschichtiges semiotisches Gebilde, «sex1» dagegen dürr und leblos und ohne Belang für die einschlägige Politik. Entscheidend ist nun, dass Halley sich über das Wesen dieser natürlichen Monaden (Penis, Vagina, Hoden, Eierstöcke, Testosteron, Östrogen), die schon am Beginn ihrer Analyse stumm daliegen, im Rest ihres Buchs keine weiteren Gedanken mehr macht. Zwar sind ihre Thesen zu «sex2» (und zu den Querelen mit «gender») nicht undifferenziert von dieser antiorganischen Haltung abgeleitet oder darauf reduzierbar. Doch die Plausibilität und Legitimation ihrer Politik beruht zum Teil unzweifelhaft auf genau dieser Reduktion.

Die Bedeutung von Gayle Rubins Werk liegt also nicht darin, dass sie im Alleingang den feministischen Antibiologismus ins Leben gerufen hätte, sondern darin, dass sie ihn auf den Punkt brachte und still und heimlich in umfassendere, grundlegende, auch politisch dringliche Thesen über Gender und Sexualität einbettete. Im Einklang mit einer bestehenden politischen Erwartungshaltung bezüglich des Faktors Biologie konnten die Texte «The Traffic in Women» und «Thinking Sex» zu Gründungsmomenten des entscheidenden feministischen Gedankens werden, dass Biologie und Politik zu trennen seien. Während die in «Thinking Sex» aufgeworfenen politischen und theoretischen Fragen immer noch sehr umstritten sind, wurde jedoch die imposante Rhetorik, die solchen Argumenten zum Teil ihren Weg geebnet hat («keinerlei Untersuchung des Körpers oder seiner Teile kann die Beschaffenheit und Vielfalt menschlicher Sozialsysteme erklären» [Rubin 1984, 276]), bislang weniger gründlich auseinandergenommen. Als Folge enthalten viele darauf aufbauende feministische Theorien nach wie vor diesen zentralen Widerspruch: dass die Natur sowohl Entstehungsvoraussetzung als auch politisch unerheblich ist; dass sie für unsere politischen Anliegen nicht von Belang sein soll, zugleich aber gefährlich schwer auf ihnen lastet.

Seit einigen Jahren regt sich Widerspruch gegen die Forderung, die Natur ganz zu verwerfen. Zunehmend entsteht der Eindruck, dass der Antibiologismus, den der Feminismus mit der Muttermilch aufgesogen hat, inzwischen zu einem politischen und geistigen Gefängnis geworden ist. Nicht nur Feministinnen, die im Bereich der Wissenschaftstheorie, -geschichte oder -philosophie arbeiten, fühlen sich vom Antibiologismus der feministischen Theorie eingeengt. Es verbreitet sich auch der Eindruck, dass die feministische Theorie für alle Arten von Vorhaben auf verschiedenen Gebieten besser gerüstet wäre, wenn sie sich eingehender mit biologischen Detailfragen auseinandersetzte. So äussert sich Laura Kipnis aus Anlass des dreissigsten Jahrestags der Veröffentlichung von «The Traffic in Women» besorgt über die Art und Weise, in der der menschliche Körper vom Feminismus wahrgenommen wird: «Beim Wiederlesen dieses Textes hat es mich nachdenklich gestimmt, dass sein weitreichender Einfluss – auf ein ganzes Spektrum daran anknüpfender feministischer Arbeiten – es mehr oder weniger zu einem Tabubruch gemacht hat, Platituden von der Sorte ‹der Körper ist ein soziales Konstrukt› infrage zu stellen.» (437). Nun gibt es bestimmte anatomische Daten (etwa zum körperlichen Schmerz), von denen Kipnis meint, dass sie unter der Massgabe des Sozialkonstruktivismus leichtfertig verworfen wurden, und sie fragt, ob wir über diese Körpererfahrungen nicht vielleicht offener und weniger misstrauisch reden könnten. Und doch wiederholt Kipnis, noch während sie ihr Unbehagen über die Tabuisierung der Anatomie durch die feministische Politik äussert, dieselben überkommenen Vorbehalte gegenüber der Biologie. Auch sie hält den Stoff der Natur für etwas Unwandelbares: «Das Problem mit der Biologie ist, dass man sie kaum aufbringen kann, ohne gleich den Eindruck zu erwecken, dass man ihr in irgendeiner Weise beipflichtet… Bitte glaubt mir, dass ich mich nicht zu diesen Tatsachen der Anatomie bekennen will. Ich weiss nur einfach nicht weiter damit.» (435 f.). Bei Rubin wie bei Kipnis findet sich diese Angst vor der Biologie und ihrer Macht, das Politische zu prägen und zu beherrschen. Rubin will die Biologie aus dem Weg räumen, Kipnis will sie näher heranziehen, aber keine von beiden konnte sich bisher von der Fantasievorstellung lösen, der Stoff des Lebens sei souverän, unbeugsam, tyrannisch. Oder sind sich Rubin und Kipnis (und noch viele andere) etwa nicht einig darin, dass, wer sich auf die Biologie einlässt, unweigerlich in einer Sackgasse endet?

Dieses Buch bekennt sich zur Körpernatur. Es verbürgt sich für die Fähigkeit biologischer Substanz, komplexe Verbindungen einzugehen und verschiedenste Formen auszubilden. Es tritt für eine Biologie als uneinheitliches Wissen ein. Es widerspricht auch der (in geisteswissenschaftlicher Forschung zunehmend verbreiteten) überzogenen Vorstellung, die Biologie biete schlüssige Lösungen für ungeklärte Probleme der Psyche oder der Politik oder Gesellschaft an, und wendet sich gegen den Glauben, dass biologische Fakten interpretierenden Verfahren den Garaus machen (siehe auch das Fazit am Ende des Buchs). Was es stattdessen aufsucht, sind Systeme biologischer Überdeterminierung. Insbesondere geht das gegenwärtige Kapitel der Frage nach, wie die feministische Theorie hinsichtlich der Biologie in eine selbst gestellte Falle getappt ist. Wenn der Substanz des Lebens, wie ich behaupte, als solcher keine Orthodoxie eigen ist (wenn sie so pervers und widerspenstig wie jedes soziale, textliche, kulturelle, affektive, ökonomische, historische oder philosophische Gebilde sein kann): Warum haben wir Feministinnen uns dann so bereitwillig vom überkommenen Biologismus auf die Vorstellung dieser Substanz als einer vorherbestimmten, ewigen Materie festlegen lassen? Welchen begrifflich-gedanklichen Gegenwert (oder sekundären Mehrwert) hat uns das eingebracht? Und wie einfach wird es sein, künftig darauf zu verzichten? Ich arbeite mich nun zunächst durch einen kleinen Abschnitt aus «Thinking Sex», um eine Vorstellung von den theoretischen und politischen Folgen zu vermitteln, die Rubins Abneigung gegenüber den Lehren der Biologie hatte. Dabei interessiert mich insbesondere, welche Rolle der Bauch in ihren Versuchen spielt, der feministischen Theorie neue Wege vorzuzeichnen. Der Bauch steht dann auch im Mittelpunkt meines von Melanie Klein geprägten Zugangs zur biologischen Fantasie im letzten Teil des Kapitels.

Das Geschacher mit der Biologie

Rubins Behauptung von 1984, «die menschliche Sexualität ist in rein biologischen Begriffen allein nicht zu verstehen» (276), scheint mir unstrittig, solange wir den Schwerpunkt auf das Wort «rein» setzen. Ohne Zweifel ist Sexualität in rein biologischen Begriffen nicht zu verstehen. Allerdings ist auch überhaupt nichts sonst in rein biologischen Begriffen zu verstehen – schon gar nicht die Biologie oder ihr Gegenstand selbst. Die Arbeiten von feministischen Theoretikerinnen der Biologie wie Anne Fausto-Sterling, Evelyn Fox Keller und Donna Haraway konnten zeigen, dass ein Gen oder Neuron oder Hormon von Anfang an ein biologisch unreines Objekt ist. Es gibt, so die Genannten, keine Entitäten oder Ereignisse, die einen legitimen Anspruch darauf hätten, nur biologisch und nicht zugleich auch kulturell oder ökonomisch oder psychologisch oder historisch zu sein.[2]

Ein gutes Beispiel dafür ist Tryptophan. Tryptophan ist eine der essenziellen Aminosäuren und ein Baustein des Neurotransmitters Serotonin. Nach heutigem neurowissenschaftlichem Kenntnisstand ist Serotonin eine der Chemikalien, die das Gemüt beeinflussen. Ein verlässlicher Vorrat an Tryptophan gehört also zu den Dingen, die der Mensch für einen stetigen Serotoninpegel im Körper und daher auch für ein anhaltend heiteres Gemüt benötigt. Sollten wir aus diesen Behauptungen den Schluss ziehen, dass Tryptophan in rein biologischen Begriffen zu verstehen ist? Oder dass die Serotoninhypothese zur Depression eine rein biologische These sei? Beide Fragen kann man klar mit Nein beantworten: Tryptophan und Serotonin werden im Zuge einer umfangreichen, intra- und extrabiologischen Wechselwirkung gebildet. Weil Tryptophan eine essenzielle Aminosäure ist, also nicht vom menschlichen Körper aus dem Nichts erzeugt werden kann, muss dieser sie von ausserhalb beziehen. Tryptophan muss man essen. Bananen, Milch, Eier, Linsen, Nüsse, Sojabohnen, Thunfisch und Reis sind reich an Tryptophan. Eine Ernährung mit sehr geringen Mengen von Tryptophan hat zur Folge, dass die Betroffenen keine ausreichenden Mengen an Serotonin erzeugen können. In Verbindung mit anderen Einflüssen (Trauerfälle, kulturelle Schockerlebnisse, über Generationen weitergegebene Armut) können zu geringe Konzentrationen von Serotonin erhebliche negative

Auswirkungen auf das Wohlbefinden einzelner Menschen und ganzer Gruppen haben.

Man würde sich also verrechnen, wollte man Tryptophan für ein rein biologisches Objekt halten. Seine Wirksamkeit als gemütsregulierende Chemikalie beruht ja gerade auf Austauschprozessen über die Grenzen des Körpers hinaus, innerhalb von Kulturen wie auch zwischen belebten und unbelebten Objekten. Auf die Einnahme von Tryptophan folgt die Bildung des Serotonins, und auch dieser Vorgang ist um nichts weniger komplex (darüber mehr in Kapitel 4). Die Serotoninpegel im menschlichen Nervensystem stehen in engem Zusammenhang mit Tryptophan und über dieses auch mit dem Magen und der Ernährungsweise. In dieser entscheidenden Hinsicht ist Serotonin ein zwar biologisches, aber unrein durch Beziehungen zu anderen, ebenfalls wiederum unrein und relational hervorgebrachten Entitäten und Ereignissen zustande gekommenes Objekt. Die Biologie der Depression oder (um Rubins Thema wiederaufzunehmen) die Biologie der Sexualität sind immer schon gepanscht. Eine Konsequenz aus dieser Einsicht, die gleichwohl sehr viel weniger feministische Aufmerksamkeit erlangt hat, als sie verdiente, ist die, dass es umgekehrt auch keine geschlechtlichen Identitäten oder Verkörperungsweisen oder Küchen gibt, die glaubwürdig von sich behaupten könnten, rein kulturell und nicht auch biologisch zu sein. Unsere sozialen Objekte und Strukturen kristallisieren in Systemen wechselseitigen Bedingens und Bedingtseins aus, zu denen unter anderem auch Neuronen und Hormone und Gene gehören. Ebenso kristallisieren unsere Neuronen und Hormone und Gene zu biologischen Entitäten in Systemen der Wechselseitigkeit aus, zu denen auch soziale Objekte und Strukturen gehören. Alle Welten sind legiert. Kein Ding ist reinrassig.

Rubin ging es aber anscheinend weniger um die Frage, welche Art von (reiner oder unreiner) Biologie Eingang in unsere Theorien der Sexualität finden könnte. Vielmehr wollte sie unter den damaligen Umständen die Überzeugung bekräftigen, dass es in der feministischen Theorie überhaupt keine Biologie geben sollte. Diese politische Prämisse wurde um 1984 von so vielen Feministinnen geteilt, dass ihre Rechtfertigung kaum mehr als zweier Absätze bedurfte. Voller Überzeugung behauptet Rubin, biologische Substrate (in diesem Fall unsere Gehirne) könnten weder Inhalt noch Erlebnis noch institutionelle Form der Sexualität bestimmen. Entscheidend ist nun, dass sie diese Behauptung einfach hinstellt, ohne sie empirisch zu überprüfen. Sie beschäftigt sich mit keiner neurologischen Theorie der Sexualität. Die Leserin von «Thinking Sex» erfährt nicht, was uns neurowissenschaftliche Daten über die Beschaffenheit und Vielfalt menschlicher Nervensysteme verraten könnten. Dieses mangelnde Interesse an empirischen Belegen erscheint insofern seltsam bei Rubin, als es ihrem eigenen energischen Bekenntnis zuwiderläuft, Daten seien die Lebensader ernsthafter feministischer Forschung. Im Interview mit Butler 1994 bringt sie das wunderbar klar zur Sprache:

> Wir brauchen eine Debatte darüber, was heutzutage eigentlich mit «Theorie» gemeint ist und was als «Theorie» durchgeht. Ich würde mir eine weniger herablassende Einstellung gegenüber empirischer Forschung wünschen. Es gibt eine irritierende Neigung, jegliche Arbeit, die sich die Mühe der Auseinandersetzung mit Daten macht, geringschätzig oder verächtlich zu behandeln. [...] Es ist ein grosser Fehler, der Auseinandersetzung mit Daten von vornherein ganz aus dem Weg zu gehen, nur weil Daten unvollkommen sind. Mich empört, dass sich eine Haltung breitmacht, derzufolge es besser sei, statt Daten überhaupt keine Daten zu haben, oder dass die Befassung mit Daten eine minderwertige und unehrenhafte Tätigkeit sei. Ein Mangel an solider, gründlich recherchierter, sorgfältig beschreibender Forschung wird den Feminismus sowie die Gay- und Lesbian Studies schlussendlich ebenso ausbluten wie ein Mangel an rigoros begriffsgeleiteter Analyse. (Rubin, zit. in: Butler 1994, 92)

Während Feministinnen sich seither eingehend mit ethnografischen oder soziologischen oder historischen Daten befasst haben, um darauf neue Theorien von Geschlecht und Sexualität zu gründen, sind wir bislang weniger für die Nutzung von Daten aus den Naturwissenschaften zu begeistern. Diesen gegenüber waren wir bisher fast ohne jede Ausnahme misstrauisch. Um noch einmal auf *Split Decisions* zurückzukommen: Halley (2006) verwendet in ihrem Buch häufig Wendungen wie «vermeintlich irreduzible Tatsache» und «angebliche körperliche Unterschiede» zur Beschreibung konventioneller (dimorpher) Theorien des körperlichen Geschlechts (24). Ihre Verachtung für engführende, moralisch bewachte Bestimmungen des Geschlechts trifft auch die Biologie. Während ihr Hohn für die binäre Geschlechterordnung aber das gesamte Buch beherrscht und sie erheblichen Scharfsinn auf ihre mitreissende politische Argumentation verwendet, bleibt ihre Zurückweisung der Biologie drastisch verkürzt. Ebenso wortkarg wie schneidend stehen die Worte «vermeintlich» und «angeblich» hier für einen Konsens feministischen Argwohns gegenüber dem Wert biologischer Daten und Theorien.

Diese auseinanderstrebenden Tendenzen sind es, die mich vor allem interessieren: Ausweitung einer theoretisch scharfsinnigen feministischen Argumentation einerseits, radikal eingedampftes Interesse an den biologischen

Substraten andererseits. Hier ist meine Vermutung: Die feministische Theorie unterstellt bislang eine Natur, die weitgehend statisch und deren Erforschung nutzlos ist, weil sie sich so ihrer eigenen kritischen Raffinesse versichern will. Der zweite Teil meiner Behauptung hat es in sich. Ich behaupte, dass feministische Theorie die Biologie nicht einfach nur missversteht (Unverständnis oder Unkenntnis als solche wären banal genug). Sondern dieses Missverstehen und Zurückweisen der Biologie hatte die eigentümliche Wirkung, den Feminismus schlauer zu machen. Es war ein grosser Gewinn, indem es uns half, unsere Theorien zu schreiben und unsere Politik geltend zu machen. Das bedeutet, dass unsere theoretischen Neuerungen (wie die theoretischen Neuerungen aller anderen auch) sich im Kern einer uneingestandenen und wirksamen Zurückweisung verdanken. Deshalb ist es nicht meine Absicht, Rubin oder Halley so zu deuten, als seien sie einem Irrtum verfallen.

Das Widerlegen bigotter biologischer Theorien über Geschlecht und Sexualität war und ist auch weiterhin von grosser Bedeutung. Ich streite nicht für einen Feminismus, der sich dieser Widerlegung enthält, so als könnten gute Absichten und Besonnenheit allein das Problem aus der Welt schaffen. Die Verhältnisse sind komplizierter: Die Zurückweisung der Biologie hat uns zu dem gemacht, was wir sind, und sich in die DNA der feministischen Theorie eingeschleust.

Man kann sie sich nicht einfach wegwünschen, und selbst eine Kritik dieser Zurückweisung (wie die vorliegende) trägt in sich Spuren des Bedürfnisses, sich von biologischen Zwängen freizumachen. Diese vertrackten Verbindlichkeiten gegenüber dem Antibiologismus lassen sich nicht so einfach auflösen, insbesondere nicht durch einen schlichten Anti-Antibiologismus (z. B. eine gutgläubige, unkritische Hinnahme der Neurowissenschaften). Mein Eindruck ist, dass feministische Theorie in dem Mass, in dem sie sich eingehender mit biologischen Daten befasst, auch vor der Aufgabe steht, sich einer grundlegenden, allmählichen Selbstverwandlung zu unterziehen. Wohin diese Verwandlung führen wird, ist nicht klar – und gerade das gehört zu den Dingen, die es aus meiner Sicht zwingend erfordern, dass wir uns mit der Biologie auseinandersetzen.

Um dieses Problem anzupacken, könnten wir beispielsweise erkunden, wie der antibiologische Konsens Eingang in die feministische Theorie gefunden hat und wie er weiterhin beeinflusst, was wir uns unter guter feministischer Politik vorstellen. Zu diesem Zweck gehe ich nun der Argumentation von Rubin weiter nach. Den klarsten Ausdruck findet ihr Antibiologismus in der Aussage, «der Hunger des Magens gibt uns keinerlei Hinweise auf die Feinheiten der Küche» (Rubin 1984, 276). Ich nehme an, Rubin meint damit, dass physiologische Daten zum Hunger uns nichts über die Herstellung und Verdauung von Nahrung verraten. Kontraktionen der Magenwände, erhöhte Blutzuckerkonzentration, Verstoffwechlsung durch die Leber, Hormonkaskaden, Nerventätigkeit: All das sagt nichts, beweist nichts, erhellt nichts über die Rituale des Essens oder die Geschichte des Kochens. Dieselbe Behauptung stellt Rubin schon 1975 in «The Traffic in Women» auf, wo sie (Claude Lévi-Strauss folgend) schreibt, «Hunger ist Hunger, aber was als Nahrung gilt, ist kulturell bestimmt und errungen» (Rubin 1975, 165).

Zwei Folgewirkungen (mindestens zwei) ergeben sich aus derartigen Bekundungen. Zunächst wird hier der Austausch zwischen Natur und Kultur in der Vorstellung drastisch eingeschränkt, wenn nicht gänzlich unterbunden. Biologische Systeme und kulturelle Systeme erscheinen unabhängig voneinander und folgen hier nur ihren eigenen Binnenlogiken, sodass wir aus dem einen nichts über das andere erfahren. Das begriffliche Fundament dieser Unterscheidung wird in «The Traffic in Women» gelegt, wo Rubin das Geschlecht/Gender-System als eine recht einfache Natur/Kultur-Wechselwirkung beschreibt: «ein Reihe von Arrangements, vermittels derer eine Gesellschaft biologische Sexualität in Ergebnisse menschlicher Tätigkeit verwandelt» (159). Daraus folgt, dass die Natur in Rubins Sex/Gender-Schema ein passives Substrat ist («ein Rohmaterial», [165]), dem erst die

Kultur Leben einhaucht. Ebenso wird Verwandtschaft, ein Schlüsselbegriff in diesem Aufsatz, als «das Aufpfropfen kultureller Ordnung auf die Tatsachen der biologischen Fortpflanzung» (170 f.) beschrieben, und die Psychoanalyse erklärt demzufolge «die Wandlungen biologischer Sexualität von Individuen im Zuge ihrer Enkulturation» (189). Diese Vorstellung des Körperlichen als einer in sich regungslosen Materie wurde von feministischen Theoretikerinnen der Verkörperung in den 1980er- und 1990er-Jahren zwar infrage gestellt. Doch auch sie verfestigten meist nur unseren Argwohn, dass es sich bei der Biologie und ihrem Gegenstand um heimtückisches Material handle, während sie mit ihren Theorien zugleich «dem Körper» Leben einhauchten (Wilson 2004). Daher wohl auch das Gefühl von Kipnis, in eine Sackgasse geraten zu sein. Sie erkannte richtig, dass die Trennung von Natur und Politik nicht aufrechtzuerhalten ist. Das ändert aber nichts daran, dass die feministische Theorie in ihren kanonischen und überzeugendsten Formulierungen weiter die Kluft zwischen diesen Gebieten eher zementiert als zu überbrücken versucht. Wir müssen die Frage, inwieweit Einsichten in die Biologie vielleicht auch Einsichten in die Politik offenbaren könnten und umgekehrt, auf noch andere Art zu stellen lernen.

Zweitens ist Rubins Unterscheidung zwischen Magen und Küche nicht analytisch wertneutral, sondern sie folgt einem Gestus, der kulturellem Schaffen (dem Kochen) Komplexität zuweist, natürlichen Vorgängen (dem Hunger) dagegen Schlichtheit. Daraus ergibt sich nahezu zwingend, dass wir der Kultur den Vorzug vor der Natur geben werden, und diese Präferenz ist eng verzahnt mit einer Reihe anderer Kategorisierungen, die in der feministischen Theorie gängige Praxis sind. Die meisten von uns treiben ihr Geschäft mit dem Unterscheiden zwischen Dingen, die komplex, und solchen, die reduktiv sind, mit politisch aktuellen und überkommenen Dingen, mit theoretischen und empirischen. Und hat die feministische Theorie nicht gerade aus derart methodischen Unterscheidungen einen grossen Teil ihrer analytischen Schärfe gewonnen? Joseph Litvak (1997) hat eine überzeugende Deutung dieser Tendenz zum Gegenüberstellen des Raffinierten und des vulgär Eindeutigen vorgeschlagen. Er meint, dass es zwar dem Anschein nach oft mit der Behauptung einer sehr anspruchsvollen kritischen Position einhergeht, auf Distanz zum allzu Eindeutigen bedacht zu sein (insbesondere zur Vulgarität der Verdauungsprozesse), dass die Raffiniertheit aber tatsächlich eng an elementare körperliche Gelüste gebunden bleibt. Insbesondere akademische Theorien neigen sehr dazu, sich von elementaren körperlichen Vorgängen fernzuhalten: «Wenn wir über Raffiniertheit sprechen, müssen wir alle diese Bestimmungen – die kulinarische, die erotische, die sprachliche, die ökonomische – mit ins Spiel bringen. [Da es] in wissenschaftlichen Stellungnahmen eine gewisse Neigung zur Abstraktion gibt, fallen von allen Begriffen zuerst solche heraus, die direkter oder leibhafter sind, nicht die eher symbolischen oder sozialen.» (8). Von Rubins Texten kann man nun wirklich nicht behaupten, dass sie sich zu wenig für körperliche oder erotische Dinge interessierten. Aber ihnen fehlt tatsächlich das Interesse an körperlichen, für weniger kultiviert gehaltenen Vorgängen (am Hunger, am Kauen).

1975 verkündet Rubin in eher utopischer Tonlage, dass «eine wirklich gehaltvolle Analyse der Frauen [...] alles mit berücksichtigen muss» (209). Tatsächlich kam sie zwischen 1975 und 1984 aber dahin, die Biologie noch weniger zu berücksichtigen als zuvor. Ab 1984 begann zwar ein Wuchern immer neuer Sexualitäten (Transsexuelle, Fetischisten, Sadomasochisten, Transvestiten, Päderasten und Prostituierte: ein fröhlicher Einstand aller Sippen der Widernatürlichkeit), doch zugleich verengte sich der Spielraum einer wesentlich biologischen Politik oder auch politischen Biologie dramatisch. Noch 1975 hatte das Naturhafte in Rubins Argumentation einen überraschend hohen Stellenwert. 1984 ist davon kaum noch etwas übrig. Die Biologie dient nur noch dem niedrigen Zweck, jenen Bezirk abzugrenzen, von dem analytische Eleganz und politischer Scharfsinn sich weit entfernt haben. Seither ist dieser Antibiologismus zur Gewohnheit geworden und hüllt sich fast völlig in Schweigen.

Beispielsweise beschäftigt sich kein einziger der Aufsätze in einer Sondernummer der Zeitschrift GLQ aus Anlass des 25. Jahrestages der Publikation von «Thinking Sex» mit Rubins Thesen zur Biologie. Diese wird überhaupt nur ein einziges Mal erwähnt, nämlich in einer Rezension zu der Tagung, aus der die Beiträge hervorgegangen sind: «In ‹Thinking Sex› bezieht sich Rubin auf die Rasse in Analogie zum Geschlecht. Wie die Rasse erhalte die Sexualität ihr Leben und ihre Bedeutung durch Kultur und Geschichte, nicht durch die Biologie.» (Kunzel 2011, 161). Die beiläufige Art und Weise, in der hier alles Biologische abgekanzelt wird, sagt, wie die Tatsache, dass der Kern der Argumentation (Rasse ist wie Sexualität, aber keine von beiden ist wie die Natur) weder ausgeführt noch in irgendeiner Weise hinterfragt wird, viel über die Geltungskraft des Antibiologismus in weiten Teilen der zeitgenössischen feministischen Theorie.

Insgesamt ist also klar, dass sich die feministische Theorie im Einklang mit dem Antibiologismus entwickelt hat und dass die Raffiniertheit vieler feministischer Theorien in einer durchaus nicht nebensächlichen Art und Weise auf der Annahme beruht, alles, was die Biologie angeht, habe für unsere politischen Zwecke nur eine Randbedeutung. Zugleich (und ersichtlich im Widerspruch zu dieser Haltung) betrachtet feministische Theorie die Biologie oft als Bedrohung. Biologische Daten gelten als eine Gefahr für unsere Fortschritte in Politik und Theorie. «Es ist unmöglich, mit irgendeiner Klarheit über die Politik der Rasse oder des Geschlechts nachzudenken», meint Rubin (1984, 277), «solange beide als biologische Wesenheiten gedacht werden [...] Ähnlich erschliesst sich die Sexualität keiner politischen Analyse, solange sie vor allem für ein biologisches Phänomen gehalten wird.» Nach Rubin ist die Biologie ein Hindernis für die Politik: eine Tyrannin, die man stürzen, ein Zwang, den wir abschütteln müssen, um zu andersartigen Konfigurationen von Körper und Sexualität zu gelangen. In solchen Momenten verheddert sich Rubin in einer Art Unterdrückungshypothese: «Wenn die Repression, so wird uns erklärt, seit dem klassischen Zeitalter die grundlegende Art und Weise der Verbindung von Macht, Wissen und Sexualität geworden ist, dann kann man sich nur um einen beträchtlichen Preis von ihr befreien: Es braucht dazu nicht weniger als eine Überschreitung der Gesetze, eine Aufhebung der Verbote, einen Einbruch der Rede, eine Wiederherstellung der Lust im Wirklichen und eine vollkommen neue Ökonomie in den Mechanismen der Macht.» (Foucault 1978, 5). Möglicherweise gibt es in der feministischen Politik einen Gedankenstrang, in dem sich Antibiologismus und Unterdrückungshypothese verbinden oder der es zumindest wahrscheinlicher macht, dass beide in der Argumentation gepaart auftreten, sei es auch in verstummter Form. Beide enthalten das

Bekenntnis zum rechtlich geprägten Begriff einer Macht, die als ein souveräner, herrischer Quell von Autorität auftritt. In beiden Fällen steht die politische Forderung im Raum, dass wir uns zum Wohle aller gegen diese verderbliche Einflussnahme wenden.

Rubins Argumentation in «Thinking Sex» führt das beispielhaft vor, und ich frage mich, ob ihr Antibiologismus nicht einen Teil seiner Überzeugungskraft daraus bezieht, dass die Autorin konsequent einer Sicht von Sexualität als etwas Unterdrücktem anhängt. Während sie sich ausdrücklich auf Foucaults *Sexualität und Wahrheit. Der Wille zum Wissen* beruft, übergeht sie in den ersten Abschnitten von «Thinking Sex» Foucaults zunächst überraschende, ganz gegenteilige Behauptung, dass Sexualität gerade nicht von Verboten, sondern hauptsächlich durch ihre Verbreitung gesteuert wird. Rubin besteht dennoch auf ihrer Spielart der Unterdrückungshypothese, indem sie dokumentiert, wie abweichende Formen von Sexualität seit dem viktorianischen Zeitalter mächtigen Verboten unterstanden. «An den Folgen dieser grossen Paroxysmen der Moral im 19. Jahrhundert tragen wir noch heute schwer», schreibt Rubin. «Sie haben unsere Einstellungen zur Sexualität tief geprägt.» (268). Oder auch: «In den vergangenen sechs Jahren waren die Vereinigten Staaten und Kanada einer umfassenden sexuellen Unterdrückung ausgesetzt» (270); «neue erotische Zirkel und Gruppen, politische Bündnisse und Analysen wurden inmitten all der Unterdrückung gebildet» (275); «das Sprechen über Sex wird in Verschwiegenheit, Euphemismus und Indirektheit abgedrängt» (289).

In Rubins Text ist Politik rund um eine juridische (moralische) Macht konstituiert, die sich das Geschlechtsleben unterwirft. Von Foucault übernimmt Rubin nicht so sehr die Kritik repressiver Macht, als vielmehr seine angebliche Ablehnung biologischer Auffassungen von Sexualität. Foucault ist wichtig, so Rubin, weil er in einer neuen wissenschaftlichen Tradition steht, die sich das Geschlecht anders als in den Begriffen der Biologie vorstellt: «Foucault kritisiert die herkömmliche Auffassung von Sexualität als einer natürlichen Libido, die sich nach Lösung aus den Fesseln der Gesellschaft sehnt. Er sagt, dass Begierden keine von vornherein existierenden körperlichen Grössen sind, sondern durch historisch spezifische, soziale Praktiken konstituiert werden.» (276). Ungeachtet der Frage, ob Foucault tatsächlich eine so schroffe Gegenüberstellung von natürlichen Grundlagen und sozialen Praktiken vornimmt, wird aus diesen Sätzen deutlich, dass für Rubin selbst biologische Theorien der Sexualität gleichbedeutend mit repressiver Politik sind. Biologisch zu denken heisst demnach, in Begriffen des Zwangs zu denken. Rubins Antibiologismus und ihr Bekenntnis zu einem Bild der Macht als einer unterdrückerischen Gewalt passen in dasselbe gedankliche Schema. Ihr Antibiologismus und ihr Unterdrückungsmodell der Sexualität nähren sich anscheinend wechselseitig und verfestigen in der Zusammenwirkung den Glauben, feministische Politik solle sich dem Sturz der juridisch-biologischen Macht verschreiben.

In den späteren Kapiteln dieses Buchs will ich unter anderem zeigen, dass eine eingehende Betrachtung biologischer Theorien und Daten die Vorstellung vom Organgeschehen als einer Rechtsgewalt stark relativiert. Die Autorität der Natur hat nicht einen einzigen Ursprung (etwa im Gehirn), von dem sie in herrischer Weise ausgehe und den Rest des Körpers sowie in der Folge auch die soziale Welt und das Verhalten in ihr steuere. Vielmehr zeichnen biologische Daten oft sehr viel mehr ein Bild von Netzen der Affinität, innerhalb derer organische Entitäten ihre natürlichen Fähigkeiten in wechselseitigen, oft asymmetrischen Beziehungen zu anderen entfalten (dazu mehr in meiner Erörterung der «Amphimixis» im folgenden Kapitel). Die allermeisten Versuche in den Geistes- und Sozialwissenschaften, sich mit den Neurowissenschaften auseinanderzusetzen, scheinen mir wenig aussichtsreich, weil sie überkommene Vorstellungen von der Autorität der Natur unkritisch übernehmen und einfach nur eine solche juridisch gedachte Natur für humanistische Zwecke einspannen wollen. Wie leicht sich diese Art orthodoxer Gelehrigkeit unter Akademikerinnen und Akademikern aller

Art verbreiten konnte, ist ein Hinweis darauf, dass das Bild der juridischen Natur immer noch und insbesondere auf Menschen, deren Spezialisierung ausserhalb beider Sachgebiete liegt, erhebliche Faszination ausübt. Gegen die allgegenwärtige Logik einer gebieterischen Macht der Natur anzukommen und etwas anderes an ihre Stelle zu setzen, hat sich als sehr schwierig erwiesen – ebenso wie ein Umgang mit biologischen Daten, der nicht von der Forderung bestimmt ist, entweder dafür oder dagegen zu sein. Wenn feministische Theorie auch künftig ein Störfaktor bleiben will, wird sie enge und unbotmässige Schulterschlüsse mit biologischen Daten eingehen müssen. Wir brauchen derartige Bündnisse mit der Biologie auch, aber nicht nur in Hinblick auf die Depression. Denn sie rütteln weit darüber hinaus an politischen Gewissheiten und lassen uns zweifeln an dem, wofür oder wogegen wir zu sein glauben und wo wir eigentlich stehen, wenn wir politische Zeichen setzen.

Am Schluss von «The Traffic in Women» spekuliert Rubin über eine Zukunft ohne Anatomie: «Ich persönlich habe den Eindruck, dass die feministische Bewegung sich mehr erträumen muss als das Beseitigen der Unterdrückung von Frauen. Sie muss von der Beseitigung obligatorischer Sexualitäten und Geschlechterrollen träumen. Der Traum, der mich am meisten begeistert, ist der von einer androgynen und geschlechterlosen (aber nicht asexuellen) Gesellschaft, in der jemandes geschlechtliche Anatomie nichts besagt darüber, wer man ist, was man tut und mit wem man es wie treibt.» (204). Diesem seltsamen (und vergeblichen) Wunsch, sich der Anatomie zu entledigen, gehe ich im zweiten Kapitel detaillierter und mit Bezug auf die Arbeit von Sigmund Freud und Sándor Ferenczi nach. In Vorbereitung dieser umfangreicheren Erörterung wende ich mich nun dem Werk Melanie Kleins zu. Anhand ihrer Gedanken zum hungrigen Magen des Kleinkindes (sowie der rudimentären Wunschvorstellungen und natürlichen Vorgänge, die der Unterleib vermeintlich in sich birgt) beginne ich mit einer anderen Beschreibung dessen, was Anatomie für die feministische Theorie leisten kann.

Die Biologie der Wunschvorstellungen

Eine Möglichkeit, dem Vorwurf zu begegnen, dass der Feminismus erst durch seine Ablehnung der Biologie schlau geworden ist, wäre ein vermehrtes Interesse für die Trümmer, die unsere raffinierte feministische Theorie hinter sich gelassen hat: das Konkrete, das Einfache und Unmittelbare, das Schlichte. Welchen Wert könnten diese Überbleibsel für eine andere Art des Denkens haben? Mir scheint, dass nur wenige Autorinnen dieser Aufgabe besser gewachsen waren als Melanie Klein. Wer sonst führte uns eindrücklicher direkt in die Welt des Konkreten, Einfachen und Schlichten als Melanie Klein und die Kleinianer?[3]

Kritisch geschulten Leserinnen muss bei der ersten Begegnung mit Klein unter anderem auffallen, dass ihre Arbeit kaum den Eindruck erweckt, theoretisch zu sein. Verglichen mit dem eleganten Begriffsapparat, den Freuds Schriften darstellen, sind Kleins Texte weitaus phänomenologisch konkreter in ihren Beispielen und viel weniger auf theoretische Feinheiten aus. Weil Klein ihre besten Texte zumeist anhand einfacher analytischer Begriffspaare (Liebe und Hass, gut und schlecht, Introjektion und Projektion, Neid und Wiedergutmachung, Teil und Ganzes, Wunschvorstellung und Realität) gelungen sind, könnten die Deutungen klinischer Fallgeschichten, die den Kern von Kleins Werk ausmachen, bei der theoretisch gebildeten Leserin auf Vorbehalte stossen. Beispielsweise berichtet Klein, dass Patient X Durchfall bekam (von dem er fälschlich glaubte, er sei mit Blut vermischt), als sie in der Analyse seine Bandwurmfantasien erkundete. Ihre Auslegung dieses Symptoms wirkt verkürzt und drastisch: «Das ängstigte ihn sehr. Es bestätigte sein Gefühl, dass in seinem Inneren bedrohliche Prozesse am Werk waren. Dieses Gefühl gründete auf Fantasien, in denen er seine bösen vereinten Eltern in seinen Eingeweiden mit giftigen Exkreten angriff. Der Durchfall bedeutete für ihn giftige Exkrete und zugleich den bösen Penis seines Vaters. Das Blut, das er in seinen Fäkalien vermutete, symbolisierte mich.» (M. Klein 1935/1975, 273). Sich auf Freud einlassen heisst, die Theorie lieben. Sich auf Klein einlassen heisst, der Verführung durch Tatsachen erliegen, die allzu roh (und, wie wir noch sehen werden, auch zu sehr biologisch) wirken.[4]

Der Ton in Kleins klinischen und theoretischen Deutungen gab schon früh Anlass zur Sorge. Er war während der «Controversial Discussions» unter Angehörigen der britischen Psycho-Analytical Society von 1941 bis 1945 auch Gegenstand der Auseinandersetzung über Einzelheiten in Kleins Arbeit und deren Folgen für die klassische Freud'sche Psychoanalyse (King und Steiner 1991). Marjorie Brierley war diesbezüglich äusserst kritisch und warf Klein vor, die subjektive Stimme mit der wissenschaftlichen und Fantasie mit Physiologie zu verwechseln:

> Eine Weigerung, die Sprache des Patienten scharf von der Sprache der Wissenschaft abzugrenzen, ist keineswegs nur eine bloss sprachliche Unzulänglichkeit, sondern kann heillose Verwirrung oder Irrtümer in unserer Wahrnehmung tatsächlicher Vorgänge nach sich ziehen. Die unerlässliche Unterscheidung zwischen subjektiver und wissenschaftlicher Beschreibung wissenschaftlicher Ereignisse lässt sich auch am Beispiel eines körperlichen Schmerzes infolge physischer Stimulanz zeigen. Wenn ein Mann mit übersäuertem Magen einen sauren grünen Apfel isst, wird er wahrscheinlich Schmerzen

> erleiden. Er könnte von seinem Schmerz behaupten: «Dieser grüne Apfel brennt ein Loch in meinen Magen.» Dabei handelt es sich faktisch um eine Fantasievorstellung. Genau so fühlt sich das Geschehen in seinem Magen an. Doch was darin tatsächlich geschieht, wird erst in der Beschreibung des Physiologen genauer erkannt und dargelegt. (Brierley 1942, 108 f.)

Für Brierley verstand sich anscheinend von selbst, dass Fantasie und Körpernatur zwei ontologisch getrennte Bereiche seien und entsprechende Entscheidungen in der Wortwahl erforderten. Die «Unzulänglichkeit» bestand für sie darin, dass Klein sich weigerte, eine klare Grenze zwischen den natürlichen Tatsachen des Magens und einer Fantasievorstellung vom Magen und so auch zwischen den jeweiligen Sprachen zur Beschreibung beider zu ziehen. Nach Brierley macht es diese Unentwirrbarkeit schwierig, eine zuverlässige und respektable psychoanalytische Wissenschaft aufzubauen. Ein erheblicher Teil des Unmuts über Klein während der Streitgespräche rührte weniger von einem vermeintlichen Mangel an begrifflicher Klarheit als von der Einsicht her, dass es in ihrer Arbeit keine ontologische Klarheit, d. h. keine eindeutige Trennung zwischen Beseeltheit und körperlichen Vorgängen gibt und dass diese Herangehensweise eine Rufschädigung der Psychoanalyse nach sich ziehen könne

(J. Rose 1993). Wie soll irgendeine Wissenschaft ohne klar definierte Variablen arbeiten?

Ähnlich stiess sich Brierley daran, dass es Klein nicht gelang, das Fantasieren eines Kindes vom theoretischen Denken der Erwachsenen eindeutig zu trennen. «Sie ist so sehr eingestimmt auf das, was das Kind selbst glaubt, dass sie manchmal den Eindruck erweckt, ihre Theorie in die Begriffe dieses Kinderglaubens zu fassen.» (109). Kleins Theorie läuft Brierley zufolge Gefahr, in Animismus abzugleiten (unbelebten Objekten Lebendigkeit zu unterstellen). Dass Klein belebte und unbelebte Welten einander gegenseitig befruchten lässt, würde Brierley wahrscheinlich ebenso als einen Zug kindlichen Denkens verunglimpft haben.[5] Ich meine demgegenüber, dass ebendiese Verwirrung (falls es sich um solche handelt) zwischen lebendigen und unlebendigen Dingen, zwischen archaischen Zuständen und Erwachsenentheorien, zwischen Verdauung und Inkorporation uns Feministinnen als Vorbild für theoretische Auseinandersetzungen mit biologischen Daten dienen könnte. Wenn wir von der Annahme ausgehen, dass Geist und Darm sehr aufeinander achten und nicht indifferent zueinander sind, lassen sich unsere intuitiven politischen Neigungen (zur Kochkunst, wider den Bauch) vielleicht umformulieren. Vor allem können wir uns dadurch unter Umständen von einer Politik lösen, die hauptsächlich einer Rhetorik der Fremdbestimmtheit (Biologie!) und des

Aufstands gegen diese (Kultur!) verpflichtet ist. Wir könnten uns dann nach Theorien umzusehen, die jene andere Logik der wechselseitigen Durchdringung für sich nutzen.[6]

Eve Kosofsky Sedgwick (2007) hat bei Klein ein Potenzial entdeckt, uns aus den eingefahrenen kritisch-politischen Gewohnheiten herauszuführen. Sie nennt Kleins Werk «klobig» und meint das als Kompliment. Den Corpus der Klein'schen Schriften vergleicht sie mit einer Riesenpuppe, die sie sich selbst als kleines Mädchen gewünscht hat: «Ich brauchte [...] etwas mit ordentlich grossen, plastischen, beweglichen Gliedern, mit denen ich unbehindert und gefahrlos hantieren konnte, [...] bei dem die einzelnen beweglichen Teile nicht zu kompliziert oder zerbrechlich für den aktiven täglichen Umgang damit waren.» (627 f.). Dieser Aspekt von Kleins Werk war es, der Sedgwick einen anderen Pfad der gedanklichen Auseinandersetzung vorzeichnete: «Als jemand, dessen Bildung den Weg über Lévi-Strauss und die Dekonstruktion wie auch über die Psychoanalyse genommen hat, wo endlose Ketten interpretierender Ableitungen mit winzigsten Einzelheiten oder Differenzialen stehen und fallen, empfinde ich es als Bereicherung meiner Möglichkeiten, wie selbst abstruse Texte von Klein sich so unmittelbar dem Bauchgefühl erschliessen – oder eben nicht.» (628). Sedgwick sagt auch, dass die Welt der Melanie Klein im Vergleich zu der von Bildern und Vorstellungen durchsetzten Landschaft des Freud'schen Denkens eine Welt voller Dinge (Objekte) ist. Diesen Zug bei Klein nennt sie einen «schieren Animismus» (629), und auch das meint sie (im Widerspruch zu Brierley) als Kompliment.

Die Vorzüge dieses schieren Animismus kommen nirgendwo besser zur Geltung als in Kleins Beschreibung der Fantasie im frühesten Stadium der Kindheit. Fantasieren ist in diesem Alter gleichbedeutend mit körperlichen Zuständen. Insbesondere das Geschehen im Bauch des Säuglings und Kleinkindes ist ein wesentlicher Bestandteil von Kleins Theorie der Seele. Sie bejaht, was ohnehin selbstverständlich ist, nämlich dass das Kleinkind die Welt mit seinem gesamten Körper aufnimmt: «Das Kind atmet ein, nimmt mit seinen Augen, seinen Ohren, durch Berührung und so weiter alles auf.» (M. Klein 1936/1975, 291). Der Darm ist dennoch ein vorrangiger Sitz der kindlichen Fantasie. Während es in Freuds Theorie der Seele in der frühen Kindheit um die Bedeutung von Oberflächen und Öffnungen des Körpers (Mund und Anus) geht, dringt Klein weiter ins Leibesinnere bis zum Magen vor: «Die erste Genugtuung, die dem Kind von der Aussenwelt zuteil wird, ist die Befriedigung, gefüttert zu werden [...] Diese Genugtuung ist ein wesentlicher Bestandteil der kindlichen Sexualität und sogar deren erster Ausdruck. Lust wird auch erfahren, wenn der warme Strom der Milch durch die Kehle fliesst und den Magen füllt.» (290).[7]

Klein widerspricht der Auffassung, dieses Erlebnis sei autoerotisch oder narzisstisch in dem Sinn, dass das Kleinkind die Welt vergisst und sich zum Objekt seiner selbst macht. Die Antriebe des Kleinkindes kommen aus ihrer Sicht unzweifelhaft von innen heraus, aber nicht in der Art eines Solipsismus. Vielmehr befindet sich das Kleinkind in intensiven Wechselwirkungen mit inneren Objekten – mit Teilen der Welt und Teilen seines Körpers, wie auch mit Teilen anderer Menschen, die es durch Magen und Darm in sich aufgenommen hat. Vom ersten Moment an sind andere Dinge ein wesentlicher Teil von mir. Vom ersten Moment an bin ich unrein, relational, enterisch konstituiert.

In den «Controversial Discussions» umreisst Anna Freud die theoretischen und klinischen Unterschiede zwischen ihrer eigenen Arbeit und der von Klein in diesem Punkt deutlich: «Frau Klein zufolge beginnt der Objektbezug mit der Geburt oder kurz danach, während ich der Auffassung bin, dass es eine narzisstische und autoerotische Phase von mehrmonatiger Dauer gibt, die dem vorausgeht, was wir einen Objektbezug im eigentlichen Sinn nennen, wenngleich rudimentäre Objektbezüge sich schon in dieser ersten Lebensphase allmählich einstellen.» (in: King und Steiner 1991, 418 f.). Eine der wichtigsten Streitfragen unter vielen in dieser Debatte war die, wann Objektbezüge einsetzen. Nach Klein geschieht dies «fast unmittelbar von Geburt an»

(M. Klein 1936/1975, 290), Anna Freud zufolge erst einige Monate später. Mich interessiert weniger ein Schlichterspruch in dieser Frage als ihre Bedeutung für ein theoretisches Verständnis des Verhältnisses zwischen Körpernatur und Geist. Mir scheint, dass die Frage, wann Objektbezüge einsetzen, eine unausgesprochene Behauptung über die Natur des Körpers enthält: Welchen Stellenwert haben für uns körperliche Vorgänge, die mutmasslich in der Zeit vor den Objektbezügen (in der Gebärmutter, bei der Geburt, im Alter von sechs Monaten) stattfinden? Inwiefern ist der Trieb naturhaft, bevor er in Kontakt mit der Aussenwelt tritt? Die Suche nach einem Beginn der Objektrelationalität setzt voraus, dass es körperliche Prozesse (wie den Hunger) gibt, die noch nicht der Macht der Fantasie unterliegen – dass psychische Aktivität eine sekundäre Hervorbringung vorgängiger, (rein?) naturbedingter Reize ist. An diesem Punkt möchte ich Kleins Überlegungen zum Verhältnis von Fantasie und Bauch ein Stück weiter treiben, um die Vorstellung zu zerstreuen, es gebe einen Punkt in der Entwicklung, vor dem der Körper noch nicht beseelt ist.

Seele und Geist des Kindes entstehen aus fantasmatischen Beziehungen zu einverleibten Bruchstücken von anderen Menschen, Körperteilen und der Welt. Sind diese Objekte gut oder böse? Tun sie mir weh oder trösten sie mich? Will ich sie in mich aufnehmen oder ausspucken? Bindungen und Ablösungen, die erst später zutage treten (z. B. depressive Stimmungen), sind diesen frühen Bezügen des Säuglings zu den geschluckten Dingen abgenommen wie einer Urform. Der nagende Hunger im Magen des Säuglings ist bestimmend für die Struktur der Psyche und die spätere Bindungsfähigkeit, denn er gehört zu den allerersten Reizen, mit denen das Neugeborene umzugehen lernt. Die psychische Urgewalt eines leeren oder vollen Magens war auch der Grund dafür, dass Klein und ihre Anhänger zur Ansicht gelangten, Fantasie sei nahezu von Beginn an in uns am Werk. Das Nagen des Hungers im Inneren des Körpers wird empfunden wie ein Objekt, das mich verfolgt und in meinem Inneren ist – nicht in mir auf abstrakte Art (ein Gedanke in meinem Kopf), sondern als eine ganz unmittelbar in meinem Bauch befindliche Zerstörungskraft. So ist dieser Bauch konkret wie animistisch ein Ort sowohl guter als auch böser Objekte. Anders gesagt, der Bauch ist für ein Kleinkind psychisch lebendig. Unsere allererste Seele ist die Magen-Seele.

Susan Isaacs – eine von Kleins entschiedensten Fürsprecherinnen – behauptete, es sei aussichtslos, bei einem Säugling zwischen einer Fantasie und einem körperlichen Prozess unterscheiden zu wollen.[8] Unter Berufung auf Clifford Scott (auch er Kleinianer) schrieb sie (1948): «Die Art der Erwachsenen, Leib und Seele als zwei getrennte Erfahrungsbereiche zu betrachten, lässt sich mit Sicherheit nicht auf die Welt des Kleinkindes anwenden. Erwachsenen fällt es leichter, das Saugen an der Brust zu beobachten, als sich zu erinnern oder zu verstehen, was das Erlebnis des Saugens für ein Kind bedeutet, das keine Dichotomie von Körper und Leib und Seele kennt, sondern nur ein einziges, undifferenziertes Erleben des Saugens und Fantasierens.» (86). Irgendwann lernt das kleine Kind, zwischen Empfindung und Gefühl, Fantasie und Wirklichkeit, Innen und Aussen zu unterscheiden. Das Ineinandergreifen von Saugen-Empfinden-Fühlen-Fantasieren im Dasein wird «allmählich in verschiedene Erfahrungsbezirke differenziert: körperliche Bewegung, Empfindungen, Vorstellungen, Wissen und so weiter und so fort» (86), obwohl diese Ereignisse auch zu keinem späteren Zeitpunkt im Leben vollständig unabhängig voneinander ablaufen. Wissen ist auch Bewegung, Empfinden heisst auch, sich etwas vorzustellen. Hier scheinen wir uns dem zu nähern, was man das biologische Unbewusste nennen könnte: Substrate, die mitunter im selben Moment organisch und psychisch tätig sind (siehe Kapitel 2). Objektbezüge sind in der Kindheit zugleich organische Bezüge, doch auch spätere seelische Verfassungen sind stets unterfüttert von der archaischen Befähigung zum Saugen-Empfinden-Fühlen-Fantasieren. Isaacs meint damit gerade nicht, dass der anfangs rohe Hunger in einem darauffolgenden Schritt von der Psyche des Kindes weiter ausgearbeitet wird und dann Fantasien gebiert («Dieser Apfel brennt ein Loch in meinen

Magen»). Vielmehr ergibt sich aus ihrer Position, dass die Biologie des Hungers immer schon und stets ein beseeltes Geschehen ist: dass die Kontraktionen der Magenwände, die Veränderung des Blutzuckerspiegels, die Verstoffwechslung der Leber (von Rubin insgesamt, wie erwähnt, als unerheblich betrachtet) fantastisch lebendig sind, und das von Geburt an, bereits vor der Geburt, in der Vorgeschichte. Der Geist des Säuglings entsteht in der Auseinandersetzung mit diesen unbewussten körperlichen Seelenregungen.

Jacqueline Rose (1993) versäumte in einer ansonsten klugen Deutung von Kleins und Isaacs' Arbeit und beider Wert für die feministische Theorie die Gelegenheit, Biologie anders zu denken. Im Gegenteil geht sie schon ganz am Anfang daran, die Biologie aus ihrer Wiederaneignung Kleins zu entfernen. Ebenso wie Halley «sex1» beseitigt, um über das Geschlecht zu reflektieren, erklärt Rose: «Zuallererst wird deutlich, dass die Auffassung des Todesinstinkts oder -impulses im Werk von Klein keineswegs eine biologistische ist.» (148). Indem sie stattdessen einen solchen Biologismus Anna Freud zuweist, übergeht Rose den Stellenwert der Biologie bei Klein jedoch allzu rasch. Um Klein und ihre Richtung der Psychoanalyse gegen Kritiker zu verteidigen, die Kleins Werk als biologisch-reduktionistisch lesen, behauptet Rose, dass Negativität bei Klein nicht «biologisch vorherbestimmt» (169), sondern eine fantastische Subversion biologischer

Bestimmung sei. Die Gegenüberstellung einer biologischen Vorgegebenheit einerseits und einer Subversion der Natur (in einem zweiten Schritt, durch die Fantasie) andererseits möchte ich an dieser Stelle aufgeben. Stattdessen will ich hier ausgehend von Klein (und Ferenczi im nächsten Kapitel) den Gedanken entfalten, dass diese angebliche «Vorherbestimmtheit» in der und durch die Natur ein Hirngespinst ist. Es ist überflüssig, Klein gegen den Vorwurf eines biologischen Reduktionismus in Schutz zu nehmen, denn für Klein ist die Biologie immer schon (wenn man so will, in ihrer reduziertesten Form) eine fantasmatische Substanz.

Kleins Haltung zu Biologie und Fantasie bezog einen Grossteil ihrer Überzeugungskraft aus den phylogenetischen Hypothesen, die in den Anfangsjahren der Psychoanalyse weit verbreitet waren. Viele Analytiker der damaligen Zeit (Freudianer, Kleinianer, Jungianer) waren der Ansicht, dass ein bestimmter Teil der Fantasie körperlichen, uns aus Urzeiten vererbten Impulsen innewohne.[9] Beispielsweise entgegnete Isaacs auf einen Einwand von Kollegen, unbewusste Aggressionsfantasien (z. B. meine Mutter in der Luft zerreissen wollen) setzten voraus, dass das Kleinkind ein klares Verständnis davon habe, dass dieses Zerreissen in der Luft ein Töten bedeutet, oder dass es über direktes Erfahrungswissen von den Folgen solcher Aggression verfüge:

> Eine solche Auffassung ist in Wirklichkeit absurd. Sie übersieht den phylogenetischen Quell des Wissens – die Tatsache, dass solches Wissen den körperlichen Impulsen als Trägern des Instinkts, im Sinne des Instinkts eigen ist. Wenn Freud sagt, das Ziel oraler Liebe sei «das Sicheinverleiben oder Fressen, eine Art der Liebe, welche mit der Aufhebung der Sonderexistenz des Objekts vereinbar ist»: Meint er dann, dass das Kleinkind gesehen hat, wie Objekte verschlungen und zerstört werden, und dann zum Schluss kommt, dass es selbst das auch kann und es also auch tun will? Nein! Er meint eben, dass dieses Ziel, dieser Bezug zum Objekt, dem Wesen und der Richtung des Impulses und der auf ihn bezogenen Affekte eignet. (in: King und Steiner 1991, 451 f.)

In Momenten wie diesen, in denen es keine klare Scheidung zwischen dem einzelnen Geist und dem artgeschichtlichen Erbe, zwischen natürlichen Impulsen, Empfindungen, Affekten und Fantasien gibt, bewegen sich die Kleinianer hart an den Grenzen wissenschaftlicher Respektabilität. In den meisten Fällen sind sie vor diesem Abgrund zurückgeschreckt und haben sich eine orthodoxere epistemische Basis gesichert. Insbesondere die Forderungen einer Entwicklungserzählung (die Notwendigkeit zu erklären, wie aus dem Säugling psychisch ein Kind und dann ein

Erwachsener wird) hat meistens zur Folge, dass die rohe Natur des Saugens-Empfindens-Fühlens-Fantasierens gezähmt und daraus wiederum eine bedrückend altbackene Theorie der Psyche und ihres Verhältnisses zum körperlichen Substrat gebildet wird.

So wurde zum Beispiel behauptet, dass die Bauch-Seele an einem bestimmten Wendepunkt im Heranwachsen des Kleinkindes das Terrain dessen Abstraktionsfähigkeit überlässt. Robert Hinshelwood, der ursprüngliche Autor des angesehenen *Dictionary of Kleinian Thought*, nennt das mit einiger Übertreibung einen «glanzvollen Moment in der Lebensgeschichte jedes Menschen» (Hinshelwood 1991, 352). An diesem Wendepunkt ändere sich etwas grundsätzlich im Verhältnis zwischen Leib und Seele: «Fantasien von Körperinhalten ersetzen nun die eigentlichen primären Körperempfindungen.» (38). Metasomatische Fähigkeiten (über den Körper nachdenken, ihn sich vorstellen, in eine Affektdistanz zu ihm treten) werden also zu einem Teil des psychischen Apparats neben den elementaren Körperzuständen. Der Körper muss nicht mehr ausagieren, was nicht hinnehmbar ist: Er kann verstandesmässig erfasst und besprochen und umformuliert werden. Auch Lüste lassen sich von Urempfindungen zu gesellschaftlich lebbaren Handlungen umformen. In weiterer Folge gliedert Hinshelwood jedoch diese verschiedenen, einstweilen noch gemeinsam im Geist wohnenden psychosomatischen Zustände zu einer konventionellen Entwicklungshierarchie. Eine höhere symbolische und kognitive Kompetenz erhebt sich aus der Ursuppe und lässt diese hinter sich: «Von nun an tritt das Kleinkind in die soziale Welt der Symbole ein, in der Fantasien aus körperlosen und unstofflichen Objekten gemacht sind. Der Übergang vom konkret gefühlten Erleben eines in der unbewussten Fantasie gebildeten Objekts zum unkörperlichen, symbolischen Objekt ist ein wichtiger Schritt in der Entwicklung.» (38). Aus diesem Bild fällt leicht, wie Litvak uns in Erinnerung rufen würde, etwas heraus: die seelische Macht konkreter körperlicher Zustände. Hinshelwood neigt (wie andere) dazu, übergeordnete Fähigkeiten als losgelöst von ihrem Urgestein und dieses wiederum so aufzufassen, als ginge ihm jegliche Befähigung zur Fantasie ab.[10]

Hinshelwood zu lesen führt mich zurück zu Rubins Überzeugung, die Ablösung von der Körpernatur und Hinwendung zum Sozialen sei Inbegriff einer reiferen Haltung. In Hinshelwoods Entwicklungsschema wird Somatisierung meist als regressiv und kindlich gedeutet; Rubins Schematisierung zufolge ist unser körperliches Substrat das Allerletzte, worauf sich unsere Politik vernünftigerweise einlassen sollte. Ich bin mir aber nach wie vor sicher, dass eine Theorie der Bauch-Seele in wichtigen Punkten quer zu den überkommenen Denkweisen Hinshelwoods und

Rubins läge. Eine Fantasietheorie der Biologie scheint mir unverzichtbar für Feministinnen, die um wirkliche Befreiung aus der Umklammerung des biologischen Determinismus ringen und eine politische Auseinandersetzung in anderen Begriffen als juridischen Pro- und Antihaltungen suchen.

Zusammenfassung

In diesem Kapitel bin ich der Beseeltheit des organischen Innenlebens nachgegangen, um die feministische Auseinandersetzung mit der Biologie begrifflich anders zu fassen: als eine Art Splanchnologie (wissenschaftliche Untersuchung der Eingeweide). Ich sehe vorerst nicht, wie sich feministische Theorien ohne Weiteres und unmittelbar von einem Antibiologismus lösen können, auf dem bislang ein Grossteil ihres kritischen Scharfsinns beruht. Doch mit Sicherheit können sie sich – aus einer Position der Stärke heraus und voller Begeisterung – mit den Folgen dieses Antibiologismus auseinandersetzen. Anstatt den Biologismus vermeiden, entlarven oder ausmerzen zu wollen (was mir als Sisyphos-Aufgabe erschiene), gelingt es so womöglich, mehr Neugier für das zu entwickeln, was die antibiologische Politik bisher aussen vor gelassen hat: das Archaische, den Animismus, die rudimentäre Beseelung. Das hundert Jahre alte Nachschlagewerk *Gray's Anatomy* (Gray 1918) stellt fest: «Form und Lage des Magens können sich durch eigene Veränderung und das Einwirken der umliegenden inneren Organe so stark verändern, dass keine einzelne Form als typisch zu bezeichnen ist.» (1161). Der Bauch gelangt zu seiner Form durch das, was wir (aus der Welt) in uns aufgenommen haben, durch seine Nachbarn im Inneren (Leber, Zwerchfell, Darm, Nieren) und durch unsere Körperhaltung. Als Organ ist er anatomisch besonders begünstigt, das zu beinhalten, was zur Welt gehört, was eigenwillig und den Eingeweiden eigen ist. Er kann auch verdeutlichen, dass diese Abgrenzungen fortwährend niedergerissen, neu gezogen, verstoffwechselt, in den Kreislauf eingespeist, befestigt, ausgeschieden werden. Wenn wir diesen Bauch ausserdem als ein Klein'sches Organ verstehen, geraten herkömmliche Unterscheidungen zwischen Leib und Seele, Geist und Körper in ähnlicher Weise durcheinander, und so erscheinen vielleicht auch die Wünsche der von Leader am Beginn dieses Kapitels beschriebenen Patientin («Ihr nächster Gedanke war, alle Tabletten auf einmal zu schlucken») in einem anderen Licht: Wir erkennen dann, dass Gewahren, Aufnehmen, sich Sorgen zu den Urerrungenschaften unserer Eingeweide gehören. Das folgende Kapitel erläutert eine höchst spannende Theorie von der Tätigkeit dieser Substrate (Sándor Ferenczis Gedanken eines biologischen Unbewussten) und fragt, worum es eigentlich in Fällen geht, in denen das Schlucken fantastisch durcheinandergeraten ist.

• 1 In der englischen psychoanalytischen Theorie wird (anders als in der französischen oder amerikanischen) mit der Schreibweise «phantasy» statt «fantasy» eine Unterscheidung vorgenommen, der ich mich mit meiner «ph»-Schreibweise inhaltlich anschliesse. Spillius u. a. (2011) fassen diese begrifflichen bzw. länderspezifischen Unterschiede treffend zusammen: «Susan Isaacs schlägt vor, die Schreibweise ‹ph› für unbewusste Phantasie, die Schreibweise ‹f› für bewusste Fantasie zu wählen. Einige Analytiker sind diesem Vorschlag gefolgt, doch inzwischen verwenden in England die meisten die ‹ph›-Schreibweise gleichermassen für unbewusste wie bewusste Phantasien. Mindestens zum Teil hat das damit zu tun, dass man oft nicht mit Sicherheit sagen kann, ob die Fantasie eines Patienten unbewusst, insgeheim bewusst oder vollständig bewusst ist. Laplanche und Pontalis lehnen Isaacs' orthografische Unterscheidung mit der Begründung ab, dass sie gerade das tiefe Naheverhältnis zwischen bewussten Phantasien von Perversen, wahnhaften Ängsten paranoider bzw. unbewussten Fantasien hysterischer Patienten in Abrede stellt, auf das es Freud ankam. Noch grösser wird die Verwirrung im Sprachgebrauch durch die Tatsache, dass die meisten amerikanischen Analytiker die Schreibweise ‹f› für bewusste und unbewusste Phantasien verwenden.» (5). [Da diese orthografische Bedeutungsunterscheidung in der deutschsprachigen Psychoanalyse nicht gebräuchlich ist, hält sich die Übersetzung durchgehend an die Duden-Empfehlung «Fantasie»; d. Ü.]

• 2 Inzwischen gibt es umfangreiche und hinsichtlich ihrer politischen oder theoretischen Ansprüche auch vielfältige feministische Forschung zur Biologie (bzw. kritische Stellungnahmen zur Biologie ausgehend von feministischen Theorien des Körpers). Seit 2000 etwa Alaimo und Hekman 2012; Alaimo 2010; Birke 2000; Bluhm, Jacobson und Maiborn 2012; Chen 2012; Cooper 2008; Fausto-Sterling 2000 und 2012; Franklin 2007 und 2013; Giffney und Hird 2008; Grosz 2004 und 2005; Haraway 2007; Hekman 2010; Hird 2009; Jordan-Young 2010; Keller 2002 und 2010; Kirby 2011; Mol 2002; Mortimer-Sandilands und Erickson 2010; Richardson 2013; Roberts 2007; Rosengarten 2009; Waldby und Mitchell 2006.

• 3 Ausgezeichnete Einführungen in das Werk von Melanie Klein sind Hinshelwood, Robinson und Zarate 1997; Likierman 2001; J. Rose 1993; Segal 1979 sowie Spillius u. a. 2011.

• 4 Leo Bersani (1990) sieht in diesem Zusammenhang eine weiter gehende Nähe zwischen Klein und Freud als ich: «Klein schuf die radikalste — zugleich überzeugendste und am wenigsten plausible — Theorie der kindlichen Angst und Aggression in der Geschichte der Psychoanalyse. […] Ihre Szenarien kindlicher Gewalt mögen an den Haaren herbeigezogen wirken, doch sie beschreiben ebenso drastisch wie brillant die Folgen jener bereits von Freud mit der kindlichen Sexualität verbundenen zerstörerischen Begierden für unsere Objektbeziehungen.» (18 f.). Jacqueline Rose (1993) erinnert sich an Äusserungen bei einer Tagung von Wissenschaftlern und Ärzten, Klein sei «keine Theoretikerin im eigentlichen Sinn des Wortes» (139). Für sie stellt sich die Art und Weise Klein'schen Theoretisierens etwas anders dar: «Und wenn wir nun [diese] Bemerkung nicht so verstehen, dass sie Kleins Schaffen den Stellenwert einer Theorie überhaupt abspricht, sondern in dem Sinn, dass Klein eine Theorie *anderer Art* geschrieben hat, die sich schon aufgrund dessen, was sie theoretisch zu fassen versuchte, dem eigenen Anspruch gemäss nicht beschränken oder begrenzen konnte?» (139).

• 5 Nach Jean Piaget (1929) ist Animismus ein Merkmal der präoperationalen Stufe (2. bis 7. Lebensjahr). Seinem Modell zufolge handelt es sich beim Animismus um eine Denkweise, die ein Kind mit der Zeit überwindet, wenn es sich normal entwickelt.

• 6 So könnte die Frage: «Werden SSRI zu oft verschrieben?» Ansatzpunkt einer Untersuchung sein, inwieweit es sich bei einer Tablette um ein Verfahren der Einverleibung handelt, das sich mit verschiedenen psychisch-enterischen Verlustreaktionen verbindet (und diese auch hervorruft). Der weit verbreitete Einsatz von SSRI erscheint dann weniger als direkte psychiatrische Übergriffigkeit (Unterwerfung) und mehr als systemischer (in das Geschehen selbst verwickelter) Versuch, endemische Schwermut (mehr oder weniger erfolgreich) einzudämmen. Trotz der erheblichen wirtschaftlichen Interessen der Pharmakonzerne beherrschen diese nicht die Behandlung von Depressionen. Sie sind ebenso wenig Verursacher der übermässigen Anwendung, wie ihre Medikamente keine Allheilmittel gegen depressive Krankheitsbilder sind. Es gibt keine klaren Grenzen, die es uns ermöglichen, eine eindeutige politische Position zu beziehen oder genau zu wissen, wofür oder wogegen wir in Bezug auf SSRI sind. Mehr dazu in den Kapiteln 5 und 6.

• 7 Das Werk von Karl Abraham bildet eine wichtige Brücke zwischen der klassischen Freud'schen Position (orale und anale Stufen) und dem Verdauungsanimismus der Fantasie nach Klein. Abraham war selbst Kleins zweiter Analytiker und leistete wichtige Beiträge zur psychoanalytischen Theorie. Sein Frühwerk (1911) beeinflusste unmittelbar Freuds «Trauer und Melancholie». Das Spätwerk (1924) nimmt unverkennbar spätere Gedanken von Klein bezüglich der sadistischen Natur kindlichen Denkens vorweg. In seinem umfangreichen Aufsatz zu manisch-depressiven Zuständen vermittelt Abraham (1924) zwischen einer klassisch-freudianisch verstandenen Körpersymbolik («Manche Neurotische [reagieren] auf jeden Verlust — sei es ein Trauerfall, sei es eine materielle Einbuße — anal.... Je nach der unbewußten Einstellung zu dem Verlust, die entsprechend der Ambivalenz ihres Gefühlslebens natürlich auch wechseln kann, tritt Obstipation oder Diarrhoe auf.» [Abraham 1924/1971, 120]) und einer mehr fantasiegeleiteten

Auffassung der Eingeweide («Vorübergehend besteht nämlich eine offene Verbindung des Darmrohres (Enddarms) mit dem kaudalen Teil des Nervenrohres (Canalis neurentericus). Der Weg der Reizübertragung vom Darmrohr auf das Nervensystem ist damit gewissermaßen organisch vorgezeichnet.» [182]). Klein war vom plötzlichen, verfrühten Tod Abrahams im Jahr 1925 tief getroffen. Wenig später übersiedelte sie nach London und begann dort eine Erforschung der Fantasie, von der sie stets behauptete, sie stünde in direkter Tradition Freuds, während sie unverkennbar das von Abraham in Berlin Gelernte auszuarbeiten und zu vertiefen scheint.

• 8 Der Vortrag von Susan Isaacs über die Fantasie war der erste in dieser kontroversen Debatte. Er wurde in der ersten Hälfte des Jahres 1943 auf fünf Tagungen erörtert und 1948 publiziert. Meira Likierman (2001) stellt hierzu fest: «Im Zuge dieses ersten Vortrags und seiner Diskussion erkannte die Society, dass es aussichtslos war, die psychoanalytische Gültigkeit von Kleins Gedanken zur unbewussten Fantasie zu bestimmen. Man konnte sie weder in ihrer Gesamtheit verwerfen noch annehmen, und die Debatte zog sich ohne Einigung über vier Monate hin, bevor sie für den nächsten Vortrag und dessen Diskussion abgebrochen wurde.» (137). Isaacs' Aufsatz wurde zu einem Klassiker, und in der heutigen psychoanalytischen Literatur wird oft kaum noch zwischen Isaacs' Haltung zur Fantasie und der von Klein unterschieden (Spillius u. a. 2011). Jacqueline Rose bemerkt dazu hellsichtig, Isaacs verharre in der Schwebe eines «hybriden Raums der Identifikation [mit Klein], in dem Körper und Seelen einander zugleich als getrennt erkennen und zu nahe kommen» (145). Dieses Verhältnis (in dem Trennung und zu grosse Nähe paradoxerweise zugleich geschehen) meint, was ich in Hinblick auf Beseeltheit und Physiologie bei Klein hier ausloten will.

• 9 In der Einführung zur 23. seiner *Vorlesungen zur Einführung in die Psychoanalyse* bemerkt Freud unter dem Titel «Die Wege der Symptombildung»: «Woher rührt das Bedürfnis nach diesen Phantasien und das Material für sie? Über die Triebquellen kann wohl kein Zweifel sein, aber es ist zu erklären, daß jedesmal die nämlichen Phantasien mit demselben Inhalt geschaffen werden. Ich habe hier eine Antwort bereit, von der ich weiß, daß sie Ihnen gewagt erscheinen wird. Ich meine, diese *Urphantasien* — so möchte ich sie und gewiß noch einige andere nennen — sind phylogenetischer Besitz. Das Individuum greift in ihnen über sein eigenes Erleben hinaus in das Erleben der Vorzeit, wo sein eigenes Erleben allzu rudimentär geworden ist.» (Freud 1917b, GW XI, 386). Siehe hierzu die Erläuterungen von Steiner (1991, 243) zum Gebrauch der Phylogenese bei Isaacs und Klein.

• 10 The *New Dictionary of Kleinian Thought* (Spillius u. a. 2011) aktualisiert den kanonischen Text von Hinshelwood, indem er dessen Erläuterungen zum glanzvollen Moment in der Entwicklung des Kindes streicht, Hinshelwoods Auffassung der leib-seelischen

Entwicklung jedoch beibehält: «Die Entwicklung des Menschenkindes ist der Übergang von einer Welt der körperlichen Befriedigung zu einer Welt der Symbole und der symbolischen Befriedigung. Es findet ein stetiges Herauswachsen aus dem Körper und Eingehen in eine Symbolwelt statt.» (406).

Ähnlich schreibt Likierman (2001), eine andere hellsichtige und zuverlässige Interpretin: «Klein schafft eine Verbindung zwischen dem blinden, naturhaften Drang des jungen menschlichen Organismus und den erzählerischen, ideellen Begabungen, die aus ihm hervorgehen.» (139).

DAS BIOLOGISCHE UNBEWUSSTE

«Anatomie ist Schicksal» – immer noch ist dieses Diktum Freuds ein Schreckgespenst der feministischen Politik. Indem er biologisches Denken der schlimmsten Sorte mit einer problematischen Auffassung von Geschlecht und Sexualität zusammenpackte, wurde dieser Ausspruch Freuds zum Inbegriff jenes Biologismus, den feministische Theorien verurteilen. Dieses Kapitel erkundet, was «Anatomie» in gewissen Spielarten der Freud'schen Psychoanalyse bedeutet und welchen Einfluss diese andersartige Anatomie auf eine von vielen feministischen Theorien heute unausgesprochen bekräftigte Biopolitik ausgeübt hat. Einmal angenommen, an Freuds Urteil wäre weniger die Behauptung einer Prädestination falsch, als vielmehr die Annahme, die Anatomie sei so felsenfest und unverrückbar beschaffen, dass sie einen strengen Determinismus untermauert? Lässt sich Anatomie vielleicht so begreifen, dass dabei zwar der Anspruch unterlaufen wird, sie zur Eindämmung feministischer

Politik zu nutzen, aber nicht sie selbst als Ganze? Ausgehend von meinen Behauptungen im vorangegangenen Kapitel vertrete ich hier die Auffassung, dass unsere tatsächliche Anatomie genau jene Formbarkeit, Heterogenität, Reibung und Unvorhersehbarkeit aufweist, an denen feministische Theorien ihre helle Freude haben. Dieses Kapitel sucht und findet eine solche Anatomie im Werk eines der treuesten Schüler und zugleich provokantesten Kollegen von Freud: Sándor Ferenczi. Anhand von Ferenczi will ich deutlich machen, dass die Anatomie unbeständig genug ist, um vielfältige und paradoxe Lebensgeschicke hervorzubringen. Anstatt uns von der Anatomie abzuwenden, könnten wir uns auch eingehender mit ihr befassen, um dann festzustellen, welche ungeahnten Potenziale sie birgt. Meine Deutung beginnt dort, wo auch so viele andere feministische Arbeiten über den Körper ansetzen: bei Freud.

1893 veröffentlichte Freud einen kurzen fachwissenschaftlichen Aufsatz in den französischen *Archives de neurologie*. Diesen Text («Quelques considérations pour une étude comparative des paralysies motrices organiques et hystériques») hatte er schon viele Jahre zuvor entworfen, vermutlich 1888 nach seinem Studienaufenthalt an der Salpêtrière bei Jean-Martin Charcot. Warum der Aufsatz fünf Jahre lang unveröffentlicht blieb, ist nicht ganz klar. In der Zwischenzeit hatte Freud jedoch eine längere Zusammenarbeit mit Joseph Breuer begonnen, aus der unter anderem ein gemeinsamer Forschungsbericht zur Behandlung der Hysterie hervorging. Die ersten drei Abschnitte des Aufsatzes von 1893 sind vor allem von neurologischem Interesse. Der vierte und der fünfte Abschnitt müssen später und schon unter dem Eindruck der Arbeit mit Breuer entstanden sein. Die neueren Teile des Textes enthalten einen wesentlichen Grundgedanken über Hysterie und Anatomie. Insgesamt vereint der Aufsatz von 1893 zwei verschiedene Arten des Herangehens an den Körper: eine neurologische und eine psychologische. Der Text dokumentiert Freuds Übergehen von der einen (neurologischen) Betrachtungsweise zur anderen (psychologischen). Was hatte es mit diesem Übergang im Denken auf sich? Und warum ist er wichtig für Feministinnen mit einem Interesse an der Biologie?

Hysterische und organische Paralysen äussern sich nach Freud (1893a) klinisch in sehr verschiedenen Formen. Hysterische Paralysen sind berüchtigt für ihre Fähigkeit, organische Lähmungen nachzuahmen, doch tatsächlich unterscheiden sie sich von diesen in mehreren entscheidenden Punkten. So sind hysterische Paralysen über alle Massen heftig und zugleich in ihrer Ausbreitung klarer eingrenzbar als organisch bedingte. Von einer hysterischen Paralyse würde man daher erwarten, dass sie tiefer geht als eine organische, aber auf bestimmte Körperregionen beschränkt bleibt. Beispielsweise kann sie nur eine Hand, einen Schenkel oder eine Schulter betreffen, wogegen organisch bedingte Lähmungen häufig auch benachbarte Körperteile befallen. Hinzu kommt, dass hysterische Paralysen grundlegenden Gesetzmässigkeiten organisch bedingter widerstreiten. So können bei hysterischer Paralyse körpermittigere (proximale) Teile wie die Schulter oder der Oberschenkel stärker gelähmt sein als weiter aussen liegende (distale) wie eine Hand oder ein Fuss. Das ist bei einer organischen Paralyse nie der Fall.

Wie kommt es nun, dass hysterische Paralysen organische so täuschend echt nachahmen und zugleich in entscheidender Hinsicht von ihnen abweichen können? Und noch rätselhafter: Wie kann es sein, dass hysterische Paralysen unter Umständen noch weiter gehende körperliche Veränderungen bewirken als organisch bedingte? Um dieses klinische Rätsel zu lösen, brachte Freud (1893a) eine begriffliche Unterscheidung in Anschlag, die sich später als wegbereitend für feministische Theorien der Verkörperung erwies: Er löste den hysterischen Körper vom anatomischen. Organische Paralysen, so Freud, sind die Folge einer zugrunde liegenden körperlichen Läsion. Genauer gesagt, sie entsprechen den «Tatsachen der Anatomie, dem Bau des Nervensystems, der Verteilung seiner Gefäße [...]». (GW I, 47). Charcot hatte vermutet, dass auch hysterische Lähmungen die Folge von besonderen Läsionen seien, und diese als dynamische oder funktionale Läsionen bezeichnet. Freud bestritt nun diese Homologie und behauptete, es gebe bei der Hysterie keine anatomische Ursache. Vielmehr «muss die Läsion in hysterischen Paralysen voll und ganz unabhängig von der Anatomie des Nervensystems sein, da sich die Hysterie in ihren Paralysen und anderen Erscheinungsformen so verhält, als existiere die Anatomie nicht oder als habe sie keine Kenntnis von dieser.» (50). Die Hysterie scheint nichts zu wissen von der Anatomie des Körpers. Die Hysterie interessiert sich nicht für die tatsächlichen Gliederungen und Anlagen der Muskeln, Bänder, Nerven, Organe und Blutgefässe, für ihr Zusammen- und Auseinanderlaufen, ihre Verbindungen mit distalen Körperteilen oder für die Signale und Pfade, von denen sie abhängen, um ihre Aufgaben richtig erfüllen zu können. Vielmehr begreift die Hysterie «Organe nach dem gemeinen, volkstümlichen Verständnis ihrer Namen: Das Bein ist das Bein bis dort hinauf, wo es sich in die Hüfte einfügt, der Arm ist der Oberarm, so wie er sich unter der Kleidung abzeichnet.» (51). Die Hysterie ist eine Änderung des alltäglichen Körpers (wie er sich uns insbesondere durch haptische und andere Wahrnehmungsdaten mitteilt). Sie geht mit dem Körper in der Weise um, wie er uns umgangssprachlich vertraut ist – wie wir ihn uns vorstellen, ihn lieben oder verachten. Aus diesem Grund, so Freud, habe er nie eine hysterische

Hemianopsie beobachtet und werde auch nie eine antreffen. Denn die Hysterie «weiß nichts vom Sehnervenkreuz und bringt demzufolge auch keine Halbseitenblindheit hervor» (51).[1]

Auf Basis seiner frühen neurologischen Forschung und in Verbindung mit seiner psychotherapeutischen Behandlung neurotischer Patientinnen und Patienten gelangte Freud zu seiner Beschreibung der Konversionshysterie. Er behauptete, dass sie eine Umwandlung seelischer Spannungen in körperliche Symptome wie Lähmungen, Schmerz, Taubheitsgefühle oder, wie im berühmten Fall der Dora, nervösen Husten darstelle. Die Ablösung somatischer Symptome von anatomischen Bedingungen war grundlegend für sein Verständnis der Konversion – Organe, Gliedmassen und Nerven erfahren Verwandlung nach einer symbolischen oder kulturellen Logik und nicht gemäss den Diktaten der Anatomie. In seinem Aufsatz von 1893 benennt Freud diese Loslösung ausdrücklich. Er stellt sich die Konversion als einen gedanklichen Ablauf und somit als das Gegenteil einer körperlichen Verletzung vor. Er lädt zunächst dazu ein, sich mit ihm von der Ebene der Anatomie auf die der Vorstellungen zu begeben: «Psychologisch gesehen besteht die Paralyse des Arms darin, dass die Auffassung des Arms sich nicht mit den anderen Vorstellungen verbinden kann, die das Ich ausmachen, an dem der Körper der Person wesentlichen Anteil hat. Die Läsion wäre demnach das Außerkraftsetzen der assoziativen Zugänglichkeit der Vorstellung vom Arm. Der Arm verhält sich, als existierte er für das Spiel der gedanklichen Verbindungen nicht.» (52). Der entscheidende Gedanke besteht für Freud darin, dass in der Hysterie das «materielle Substrat» (d. h. der Kortex) keinen Schaden erlitten hat, die Vorstellungen vom Körper aber irgendeine Veränderung durchgemacht haben. Beispielsweise wurde die Vorstellung vom Arm mit einem grossen «Affektwert» belegt, und dies verhindert, dass der Arm irgendeine andere assoziative Anbindung an andere Vorstellungen oder Organe eingehen kann. Er wurde unter dem Druck dieses Affektwerts in der Vorstellung (dem Bewusstsein) entzogen und ist nun gelähmt. Aus der Lähmung befreien lässt er sich nur, wenn diese Affektlast von ihm genommen und die Vorstellung vom Arm erneut den «bewussten Assoziationen und Impulsen» zugänglich wird (53).

Dieses Modell der Hysterie und die darin zur Geltung kommende Präferenz Freuds für psychogene anstelle von neurologischen Herleitungen der Hysterie war von enormer Bedeutung für feministische Begriffe der Verkörperung. Dass psychische oder kulturelle Konflikte zu somatischen Ereignissen werden konnten, war ein Kerngedanke feministischer Theorien des Körpers in den 1980er- und 1990er-Jahren. Freuds Modell ermöglichte es Feministinnen, sich die körperliche Transformation als eine gedanklich und symbolisch ablaufende und ohne Bezugnahme auf natürliche Beschränkungen vorzustellen – den Körper zu denken, als existierte seine Anatomie nicht. In diesem Kapitel vertrete ich die These, dass ebendiese Dissoziation von Vorstellung und Körpernatur einer feministischen Kritik heute kaum noch dienlich ist. Weder habe ich vor, Freuds sehr überzeugende Beschreibung der Hysterie infrage zu stellen, noch will ich so verstanden werden, als liessen sich sämtliche feministischen Zurückweisungen der Biologie auf Freud zurückführen.[2] Vor allem aber versteht sich meine Kritik nicht als Absage an die Freud'sche Methodik. Im Gegenteil beginne ich eben darum bei Freud, weil seine Arbeit für ein dynamisches Denken der Biologie so wichtig ist (Wilson 2004). Allerdings widmet Freud aller unverletzten Körpernatur keine Aufmerksamkeit. Er sagt uns so gut wie nichts über die Natur des tagtäglichen, unablässigen, routinemässigen Ablaufs körpereigener Systeme (z. B. über ansteigende Konzentrationen von Biochemikalien, Stoffwechseltätigkeit, Synapsenkommunikation, Muskelkontraktionen), die doch an der Ausprägung hysterischer Symptome beteiligt sein müssen. Mit anderen Worten: Indem er auf eine Ätiologie ausgehend von anatomischen Schädigungen verzichtet, minimiert Freud die Bedeutung einer ganzen Reihe von materiellen Substraten für die Auslösung, Aufrechterhaltung und Behandlung von Konversionssymptomen.

Mein Anliegen geht dahin, gedankliche Konsequenzen des Freud'schen Modells für die zeitgenössische feministische Szene zu hinterfragen. Denn anscheinend hat sich die Vorstellung festgesetzt, dass die überzeugendsten analytischen Register für Betrachtungen des Körpers symbolische, kulturelle, ideelle oder soziale, aber keine biologischen seien, ausserdem dass politische oder theoretische Schulterschlüsse mit den biologischen Wissenschaften gefährlich und rückwärtsgewandt wären. Mich besorgt, dass wir so viel klüger und scharfsinniger geworden sind, was den Körper angeht, zugleich aber von der Anatomie keine Ahnung haben, und dass sich der Feminismus angesichts von biologischen Daten meist skeptisch oder gleichgültig anstatt einfallsreich, zupackend, begeistert, überrascht, enthusiastisch, belustigt oder erstaunt zeigt. Auch die jüngste Hinwendung zu biologischen und insbesondere neurologischen Daten in feministischen und kulturkritischen Theorien verkompliziert eher das Dilemma, als es aufzulösen. Wie ich am Schluss des Buchs weiter ausführe, findet sich in den Geistes- und Sozialwissenschaften oft eine Leichtgläubigkeit im Umgang mit biologischen Daten, als bestimmten solche Daten von vornherein die interpretierende Analyse oder die letztgültigen, eigentlichen Grenzen dessen, was wir uns vorstellen, klar machen und wünschen dürfen. Die neuen Gebräuche der Biologie sind zu schüchtern und unterwürfig und am Ende nichts als die Kehrseite der alten feministischen Verweigerung gegenüber der Biologie. Am Beispiel der Bulimie führt dieses Kapitel vor, dass biologische und pharmazeutische Daten unverzichtbar sind, wenn der Feminismus klüger und politisch wirksamer handeln will, dass aber die Nutzung dieser Daten sich exzentrisch gestalten und den Feminismus wie die Biologie gleichermassen aus den Angeln heben muss. Was die Körperanatomie (und besonders der Darm) in hysterischen wie nichthysterischen Zuständen wissen kann, gehört zu den wichtigsten Lehren aus den epidemischen Essstörungen, und eine Analyse der körperlichen Manifestationen von Bulimie kann uns helfen, das Leib-Seele-Verhältnis neu zu betrachten. Um einen Begriffsrahmen für diese Fragestellungen zu schaffen, wende ich mich nun einer ausserordentlich scharfsinnigen Weiterentwicklung der klassischen Freud'schen Theorie körperlicher Konversion zu: Sándor Ferenczis Versuch der Begründung eines biologischen Unbewussten.

Organisches Denken

In einem Brief an Ferenczi vom 22. Juli 1914 (Freud und Ferenczi 1996, Bd. II/1, 58) begründet Freud seine Verschiebung von dessen sommerlichem Besuch: «Unser heuriges Beisammensein habe ich auch nicht dem Wohlbehagen, sondern neuer Arbeit geopfert, für die ich Geselligkeit nicht brauchen kann. Auch arbeite ich gerade mit Ihnen nicht leicht zusammen. Sie packen die Dinge anders an und sind darum oft anstrengend für mich.» Ferenczi anerkennt in seiner Antwort vom folgenden Tag, dass seine Art zu arbeiten für Freud bisweilen eine grosse Herausforderung ist:

> Daß ich «die Dinge anders anpacke» als Sie und daß Sie meinen Arbeitsplänen nicht ohne Anstrengung folgen können, weiß ich auch schon lange, dies ist die zweite Quelle, aus der meine Arbeitsunfähigkeit fließt; sagt mir doch mein Verstand, daß gerade die Art die richtige ist, wie Sie die Sachen anpacken; und doch kann ich meiner Phantasie nicht verbieten, ihre eigenen Wege (vielleicht Abwege?) zu gehen. Das Resultat ist: eine Menge von Ideen, die nie zur Tat werden. Wenn ich den Mut hätte, unbekümmert um Ihre Arbeitsmethode und Arbeitsrichtung meine Ideen und Erfahrungen einfach niederzuschreiben, wäre ich ein fruchtbarer Schriftsteller, und schließlich würden sich doch unzählige Berührungspunkte zwischen meinen Ergebnissen und den Ihrigen ergeben. (59)

Der umfangreiche Briefwechsel zwischen Ferenczi und Freud ist über weite Strecken eine peinigende Lektüre, denn der etwa 17 Jahre jüngere Ferenczi zeigt sich darin andauernd hin- und hergerissen zwischen seiner Bewunderung für

Freud und dem eigenen Wunsch, die Psychoanalyse auf unbekanntes, wildes Gelände zu führen sowie Freud über die Grenzen seiner Toleranz hinauszutreiben. Als Ferenczi 1932, ein Jahr vor seinem Tod, schlussendlich den Mut aufbrachte, seine Sicht der Dinge in einem klinischen Tagebuch festzuhalten, entstand eine erstaunliche Sammlung von Hypothesen, klinischen Fragmenten, experimentellen Behandlungstechniken und – zum Ende hin – eine ebenso berührende wie hellsichtige Darlegung seiner grundsätzlichen Vorbehalte gegenüber Freud und dessen Schule (Ferenczi 1988). Zu diesem Zeitpunkt waren der geistige Austausch und die berufliche Verbindung zwischen den beiden allerdings schon mehr oder weniger abgerissen. Der Druck, den Ferenczi auf Freud und die Psychoanalyse ausübte, war für alle Beteiligten unerträglich gross geworden.[3]

Gegen Ende seines Lebens trieb Ferenczi die Frage um, wie man ein Trauma mit Mitteln der Analyse behandeln konnte. Seine Besorgnis war, dass das übliche, von Neutralität und Zurückhaltung geprägte analytische Herangehen bei traumatisierten Patientinnen und Patienten im besten Fall wirkungslos bleiben musste. Das vermehrte Interesse an Ferenczi in der klinischen Literatur der Gegenwart konzentriert sich dementsprechend auf seine Arbeit mit Traumata und seine Weiterentwicklung der Analysetechnik (insbesondere auf seinen eher intersubjektiven Umgang mit Übertragung und Gegenübertragung).[4]

Doch es gibt noch andere wichtige Unterschiede zwischen Ferenczi und Freud, die einen Vergleich lohnen und dennoch weit weniger umfassend besprochen worden sind: Ferenczi interessierte sich mehr für biologische Erklärungen als Freud. Während Freud komplizierte psychologische (vorstellungsbezogene) Deutungen der Konversion entwickelte, begeisterte sich Ferenczi zunehmend für das Material der Biologie als solches: Lässt sich der Mechanismus der hysterischen Konversion nicht auch in biologischen Begriffen erklären? Was sagt uns eine hysterische Konversion nicht nur über die Psyche, sondern auch über die Beschaffenheit des körperlichen Substrats? In der Fallgeschichte des Rattenmanns erörtert Freud den für die hysterische Konversion kennzeichnenden «Sprung aus dem Seelischen in die somatische Innervation [...] den wir mit unserem Begreifen doch niemals mitmachen können» (Freud 1909b, GW VII, 382). Schon früh setzte Ferenczi es sich deshalb zum Ziel, die Konversion anhand der körperlichen Verwandlungen besser verständlich zu machen. Seine Versuche in diese Richtung könnten sich für Feministinnen, die ihre Theorien in einen dynamischeren Bezug zu biologischen Daten und Theorien bringen wollen, als ausserordentlich lehrreich erweisen. Im Folgenden skizziere ich Ferenczis Überlegungen zur Beschaffenheit der Biologie – darüber, was der Körper in Zuständen extremer psychischer Belastung von sich erfährt und wie eine Zusammenführung von Biologie und Psychoanalyse (die Ferenczi schliesslich Bioanalyse oder Tiefenbiologie nannte) Voraussetzung für ein Verständnis nicht nur hysterischer Zustände, sondern jeglichen körperlichen Substrats überhaupt ist.

An den Beginn eines wichtigen Aufsatzes von 1919 über die hysterische Konversion stellt Ferenczi ein Nietzsche-Zitat aus dem Zarathustra: «Ihr habt den Weg vom Wurme zum Menschen gemacht, und vieles ist in euch noch Wurm.» (Ferenczi 1919). Ausser mit diesem Autor, den Freud bekanntlich nie gelesen zu haben behauptete, rückt er der klassischen Freud'schen Lehre noch mit zwei weiteren gezielten Provokationen zu Leibe: (1) einer Auseinandersetzung mit der Psychose und (2) Fragen nach der Phylogenese der menschlichen Psyche (der wurmartigen, regressiven Natur des Seelenlebens). Es waren unterschiedliche Auffassungen über die Behandlung von Psychosen und Traumata, die in Ferenczis letzten Lebensjahren zu dem grossen Zerwürfnis mit Freud führte. Diese Differenzen zwischen den beiden wurden weder auf persönlicher noch auf analytischer Ebene beigelegt, sodass die Spaltung zwischen klassischer und eher relationaler oder intersubjektiver Behandlungstechnik die Praxis der Psychoanalyse bis heute bestimmt. Was die Phylogenese anbelangte, gab es jedoch einen sehr viel engeren und begeisterten Meinungsaustausch zwischen Ferenczi und Freud.[5]

Dennoch bekundete Ferenczi seine Hinwendung zur Biologie Freud gegenüber nur sehr zögerlich. Vor 1919 bekräftigte er in diesem Zusammenhang stets, dass sein Interesse daran nicht als Illoyalität gegenüber der Psychoanalyse zu werten sei. «Ich verrannte mich in biologische Probleme und finde den Rückweg zur Psychologie nicht. Zum Glück weiß ich, daß ich auf Irrwegen bin, und hoffe – unter Zurücklassung des meisten biologischen Trains – endlich doch im sicheren Hafen der Psychoanalyse zu landen.» (Ferenczi und Freud 1996, 106). Und erneut, einige Monate später:

> Es erwies sich als unumgänglich notwendig, daß ich für meine Hypothesen auch biologische Stützen suche, darum mußte ich Embryologisches, Zoologisches und Vergleichend-Physiologisches lesen. Ich bin mit dieser Lektüre noch nicht zu Ende – sogar mitten drin in der «experimentellen Befruchtungskunde». Ich will aber nicht vor Ihnen erscheinen, bevor ich aus der Biologie emporgetaucht und wieder zu den Gesichtspunkten der [Psychoanalyse] zurückgekehrt bin. (Zu ihrer Beruhigung sage ich aber gleich, daß ich diesen Abstecher immer nur als Mittel zum Zweck auffaßte.) Ich hoffe, daß ich gegen Ende d. M. wieder ganz zu Hause (bei der Psychoanalyse) bin und ungestört durch anderweitige Ablenkungen

> Ihren neuen Erkenntnissen lauschen kann. (Ferenczi und Freud 1996, 121 f.)

Um 1919 rang Ferenczi seit mehreren Jahren um einen Ausgleich zwischen seinen biologischen Spekulationen und der klassischen Freud'schen Analyse. Einerseits anerkannte er die grundlegende These Freuds, dass hysterische Konversionen eine Folge unbewusster, im Körper zum Ausdruck gelangender Wünsche seien. Andererseits hielt er es für nötig, den im Körper ablaufenden Mechanismus der Hysterie umfassender aufzuklären: «Trotzdem glaube ich, daß es bei aller Befriedigung über das [in der Metapsychologie der hysterischen Neurose] Erreichte zweckmäßig ist, auf die Lücken unseres Wissens auf diesem Gebiete hinzuweisen. Der rätselhafte ‹Sprung vom Seelischen ins Körperliche› (Freud) im Konversionssystem ist immer noch ein Rätsel.» (Ferenczi 1972, Bd. 1, 130).

Um seine Betrachtung der Konversion auf eine Untergruppe körperlicher Störungen einzugrenzen, wählt Ferenczi (1919) nicht Paralysen, sondern Verdauungsleiden. Der Globus hystericus (Kloss im Hals) beispielsweise ist eines der häufigsten hysterischen Symptome im Verdauungstrakt. Ferenczi scheint hier aber weniger an Deutungen solcher Symptome interessiert (er handelt sie beiläufig als «unbewußte fellatorische, cunnilingistische, koprophagische etc. Phantasien» ab [132]) als an der materiellen Veränderung, die in der Kehle vor sich geht: «Die Kranken selbst reden von einem Knödel, der ihnen im Hals steckte, und wir haben allen Grund zu glauben, daß durch entsprechende Kontraktionen der Rings- und Längsmuskulatur des Schlundes nicht nur die Paraesthesie eines Fremdkörpers, sondern eine Art Fremdkörper, ein Knödel, wirklich zustande gebracht wird.» (132 f.).[6] Ebendies gelte auch für die Anorexia nervosa, das hysterische Erbrechen, sowie für Irritationen des Magens und des Darms. Nach Ferenczi erfordern diese Symptome eine Erklärung des Konversionsmechanismus, die sich enger an die Körpersubstanz von Magen, Darm oder Speiseröhre hält. Eine gesonderte Bezeichnung für dieses Geschehen fehlt ihm noch. Er nennt es «Materialisierung».

> Aus dem vollen Gelingen entgegen gehender Analyse einer Patientin und aus ähnlichen früheren und gleichzeitigen Beobachtungen entstand der Plan einer Arbeit über «hysterische Materialisierungsphänomene», besonders im Tractus gastrointestinalis; eine ungebrochene Linie vom Globus hystericus (Fellationsphantasien) über das Luftschlucken (Magen), dann zu meinem erwähnten Fall, in dem sich die Patientin nach Wunsch einen Penis in die Vagina und ein Kind in die Gedärme eskamotieren konnte, schließlich einen schönen Fall von rektaler «Materialisation» des drinsteckenden Penis bei einem

> Manne. (Alles mit Hilfe von Kunststücken an der Darmmuskulatur.) (Ferenczi und Freud 1996, 114)

Ferenczi gibt gleich zu, dass sein Gebrauch des Begriffs Paraesthesie im Zusammenhang mit hysterischen Symptomen ungerechtfertigt ist. Schliesslich handelt es sich dabei nicht um falsche Wahrnehmungen oder Halluzinationen aufseiten der Patientinnen und Patienten, sondern es hat tatsächlich eine materielle Veränderung stattgefunden.[7] Die gesteigerte Fähigkeit zur Einbildung von Klumpen in der Kehle oder sogar einem Kind aus den Inhalten des Magens oder einem Penis aus Fäkalmaterie kann man so verstehen, dass Verdichtung, Verschiebung, Konnotation, Wiederholung oder Identifikation sich nicht auf das Reich der Vorstellungen (Träume, Fehlleistungen usw.) eingrenzen lassen. Sie sind zum Teil auch in der Natur von Körperorganen, Gefässen und Nervenfasern angelegt. Die Muskeltätigkeit des Darms ist nicht die eines passiven Substrats, das auf belebendes Einwirken des Unbewussten angewiesen ist, sondern die eines eigennützigen Maklers im psychosomatischen Geschehen.

Dass die Mitwirkung des körperlichen Substrats unverzichtbar ist, führt Ferenczi zu einer grundlegenden Umformulierung der Metapsychologie hysterischer Konversionen. Materialisierungen sind keine Folge eines Sprungs aus dem Seelischen ins Somatische, sondern entstehen aus der Regression in einen vor-seelischen Zustand. Die Hysterie materialisiert die im Substrat des Körpers von Natur aus vorhandenen protopsychischen (ontogenetischen und phylogenetischen) Anlagen. Mit «ontogenen Tendenzen» meint Ferenczi den Wunsch, in die Gebärmutter (auf den Stand eines Fötus oder Embryos) zurückzukehren, «d. h. die Wiederherstellung der See-Existenz im feuchten, nahrungsreichen Körperinneren der Mutter» (Ferenczi 1924/1972, 364). Phylogene Tendenzen sind der tiefe Wunsch aller Geschöpfe nach Rückkehr ins Wasser (die thalassale Strebung). Wie der einzelne Mensch durch das Trauma der Geburt seien Festlandarten insgesamt traumatisiert von ihrer Vertreibung aus dem Wasser infolge des Rückgangs der Urmeere. In diesem Sinn sind ontogenetische und phylogenetische Ereignisse auch gleichursprünglich. «Wie denn, dachten wir uns, wenn die ganze Mutterleibsexistenz der höheren Säugetiere nur eine Wiederholung der Existenzform jener Fischzeit wäre und die Geburt selbst nichts anderes, als die individuelle Rekapitulation der großen Katastrophe, die so viele Tiere und ganz sicher auch unsere tierischen Vorfahren beim Eintrocknen der Meere zwang, sich dem Landleben anzupassen, vor allem auf die Atmung durch Kiemen zu verzichten und sich Luftatmungsorgane zuzulegen.» (358). Ferenczi vermutet, dass diese ontogenetischen und phylogenetischen Strebungen (oder Antriebe) in aller lebenden Substanz latent wirken und in bestimmten psychopathischen Zuständen am deutlichsten zum Vorschein kommen. Anschaulich beschrieben ist das psychosomatische Substrat, das ihm vorschwebte, in seinem klinischen Tagebuch:

> Anorganische und organische Substanz ist ein fest organisierter Energieverband, so fest organisiert, daß er auch von starken Störungsreizen nicht berührt wird, d. h. keine Motive mehr zur Änderung empfindet. Substanzen sind sozusagen in ihrer Stärke und Solidität so selbstsicher, daß an ihnen die gewöhnlichen Außenweltvorgänge vorüber gehen, ohne sie zum Eingreifen zu bewegen oder auch ihnen Interesse zuzuwenden. Doch gleichwie sehr starke Außenkräfte auch festkonsolidierte Substanzen sprengen, sogar Atome zur Explosion bringen können, wobei natürlich die Notwendigkeit einer neuen Gleichgewichtssehnsucht sich einstellt, so scheint es bei Menschen unter Umständen dazu zu kommen, daß die (organische, vielleicht auch anorganische) Substanz ihre seit Unzeiten nicht mehr gebrauchte psychische Qualität wiedererhält. Mit anderen Worten, die Fähigkeit zum Bewegtwerden durch andere Motive, d. h. der Psychismus, lebt auch in den Substanzen virtuell weiter, ist aber unter normalen Verhältnissen inaktiv, kann

> aber unter gewissen abnormen Verhältnissen wieder aufleben. Der Mensch ist ein Organismus mit gesonderten Organen für die notwendigen psychischen Funktionen (Nerven- und Geistesarbeit). In Momenten großer Not, denen das psychische System nicht gewachsen ist, oder bei gewaltsamer Zerstörung jener (nervösen und psychischen) Organe oder Funktionen, erwachen also uralte psychische Kräfte und sie sind es, die die gestörte Situation zu bewältigen suchen. In Momenten, in denen das psychische System versagt, beginnt der Organismus zu denken. (Ferenczi 1932/1988, 44)

Ferenczis Betrachtungen von Zuständen höchster seelischer Not unterfüttern eine Theorie des Leibes, die in wesentlichen Punkten von Freuds Vorstellung des hysterisierten Körpers abweicht. In dem obigen Auszug aus seinem klinischen Tagebuch unterscheidet Ferenczi offenkundig zweierlei Arten psychosomatischer Organisation. Erstens anerkennt er das Psyche-Soma-Verhältnis, das unter normalen Bedingungen obwaltet («Nerven- und Geistesarbeit» und «ein fest organisierter Energieverband, so fest organisiert, daß er auch von starken Störungsreizen nicht berührt wird»). Krankhafte Störungen dieser inneren Ordnung sind nach den Grundsätzen der klassischen Freud'schen Analyse behandelbar, nämlich durch die Deutung von

Vorstellungsinhalten, als gebe es keine Anatomie. Dieser Körper ist neurotisch veranlagt, symbolgesteuert und analysierbar.

Zweitens beschreibt Ferenczi eine Organisation von Psyche und Soma, in der seelische Urkräfte zutage treten, nachdem die normalen psychischen Strukturen durch traumatisches Einwirken gewaltsam zerstört worden sind («Der Organismus beginnt zu denken»). In diesem Fall erweist sich die organische Substanz als in sich urpsychisch («Bewegtwerden durch andere Motive»). Die psychische Organisation ist in einen Zustand zurückgefallen, in dem (wie in der phylogenetischen und ontogenetischen Urgeschichte) eine Unterscheidung zwischen Körpermaterie und Antrieb oder Vernunftüberlegung nicht mehr möglich ist. Der psychotische Zerfall infolge schwerer Traumata offenbart Ferenczi ein Urgestein des Organdenkens. Es sind solche Extremzustände, die ihm den Schlüssel zu den Mechanismen der Materialisierungen in klassisch-Freud'schen Hysterien an die Hand geben: «Ist die psychisch schlafende Substanz rigid, das Nerven- und psychische System dagegen von flüssiger Anpassungsfähigkeit, so könnte man den hysterisch reagierenden Körper als halbflüssig bezeichnen, d. h. als Substanz, deren frühere Rigidität und Uniformität teilweise wieder in adaptationsbereiten Psychismus aufgelöst wurde. Solche ‹Halbstoffe› hätten dann das sonderbar oder gar wunderbar Anmutende, gleichzeitig

Körper und Geist zu sein, d. h. in den Veränderungen ihrer Struktur oder Funktion Wünsche, Lust-Unlust-Gefühle, wohl auch komplizierte Gedanken, auszudrücken (Organsprache).» (Ferenczi 1988, 46).

Am Schluss seines Aufsatzes von 1919 über die hysterische Konversion hält Ferenczi fest, dass das überkommene physiologische Wissen über Mensch und Tier der erschöpfendsten Lehrbücher nicht ausreichen wird, wenn es darum geht, die Biologie der hysterischen Materialisierung einem Verständnis zu erschliessen. Dieses Wissen stellt sich die Organe allein in Begriffen ihrer Nützlichkeit für die Erhaltung des Lebens vor. Stattdessen müsse die Biologie, so Ferenczi, andersherum angegangen werden, d. h. aus der Richtung der Psychoanalyse. Erforschte man das Körpersubstrat dynamisch, so liesse sich die für das traditionelle biologische Wissen charakteristische, übermässige Befassung mit der Nützlichkeit (Rationalität) der Organe durch eine genauere Beschreibung ihrer Befähigung zu Lust und Zerstörung, zum Wunschausdruck und zu anspruchsvollem Denken ersetzen. Mein Ansinnen ist hier nicht, Vorstellungen vom «Denken» und «Antrieb» im üblichen (auf die Kognition verengten) Sinn unmittelbar auf körperliche Gefilde zu übertragen. Vielmehr geht es mir darum, unsere gewohnten Auffassungen dieser Begriffe ihrer vermeintlichen Natürlichkeit und Selbstverständlichkeit zu berauben, indem ich sie in die

Nähe der hysterischen Materialisierung rücke. Das Denken eines Organismus, dessen kognitive, rationale, symbolisierende Strukturen zerstört wurden, kann uns als Anstoss dienen, Wesen und Natur des Denkens überhaupt zu hinterfragen. Auch das Einbetten von Antrieb oder Überlegung in die Körpersubstanz ist eine Art, Kausalverhältnisse über eng gefasste mechanistische Definitionen organischen Einwirkens hinaus zu verfolgen.

In seinem Buch *Thalassa* von 1924 nennt Ferenczi diesen Ansatz eine «Bioanalyse» oder «Tiefenbiologie». Was ein anderes Verständnis der Biologie angeht, ist *Thalassa* vielleicht Ferenczis grösste Leistung, doch das Buch wurde kaum gelesen. Womöglich liegt das daran, dass potenziellen Lesern bisher nicht genügend begriffliche Werkzeuge zur Verfügung stehen, um in biologischen Hypothesen mehr zu sehen als vollkommen reduktionistische Realitätsbehauptungen. Mechthild Zeul (1998) hat als eine der wenigen unter denjenigen, die Ferenczis Werk rezipiert haben, sich auch mit *Thalassa* auseinandergesetzt, doch ihre Deutung wirft Ferenczis Bioanalyse mit dem «biologischen Konkretismus» zusammen (219). Ich behaupte, dass Ferenczis Werk (wie auch das von Klein) diesem biologischen Konkretismus erst wunderbares Leben einhaucht, dass die Bioanalyse ein Versuch ist, der konventionellen, zweidimensionalen («flachen») biologischen Wissenschaft Tiefe und Dynamik zu verleihen, damit es nicht mehr möglich ist, eine biologische Hypothese wie selbstverständlich mit einem vordergründigen Reduktionismus gleichzusetzen.

Für mich geht es bei diesem Unterschied zwischen einem Freud'schen Sprung und einer Regression nach Ferenczi nicht um die Frage, ob Hysterie eine Vorwärtsbewegung (Sprung) oder Rückwärtsbewegung (Regression), ein höherer oder ein niedriger, komplexer oder primitiver Seelenzustand ist. Vielmehr interessiert mich, wie die Vorstellung eines Sprungs zugleich die einer Kluft zwischen Mens und Soma (einer räumlichen Trennung zwischen einem psychischen und einem körperlichen Ereignis, die von der hysterischen Konversion auf rätselhafte Weise überbrückt wird) mitbedingt; und umgekehrt, wie Ferenczis Begriff der Regression seelische Ereignisse (der Gegenwart, der Lebensgeschichte eines Individuums, der Vorgeschichte) in den Kern der organischen Substanz zurückverlegt. Unzweifelhaft führt Ferenczi anderswo in seinem Werk die Trennung zwischen Psyche und Soma wieder ein. So verfolgt er das Problem einer Disjunktion zwischen Vorstellung und (antreibendem) Substrat auch dort noch weiter, wo er bereits auf seine Umformulierung der Konversion als einer Regression zusteuert: «Beim Materialisierungsphänomen hingegen scheint es sich um eine noch tiefer zurückgreifende Regression zu handeln. Der unbewusste und bewusstseinsunfähige Wunsch begnügt sich hier nicht mit der sensorischen Erregung des psychischen Wahrnehmungsorgans, sondern überspringt auf die unbewusste Motilität.» (Ferenczi 1919, 138). Diese verworrene Mischung aus Treue zur Freud'schen Lehre und Experimenten an den Grenzen der psychoanalytischen Theorie und Technik prägt den Grossteil von Ferenczis Werk (wie auch das von Melanie Klein). Ich behaupte nicht, dass Ferenczi den gedanklichen Fallen gänzlich entging, in die Freud getappt ist, sondern will nur zeigen, wie sich diese beiden bedeutenden Denker der Psychoanalyse an einem ontologischen Rätsel abarbeiteten, das uns alle bis heute verwirrt.

In den 1930er-Jahren hatte das Wesen des Organischen für die traditionellen psychoanalytischen Theorien der Hysterie kaum noch irgendeine Bedeutung. Deren Schwerpunkt lag mittlerweile auf Verdrehungen der Vorstellung, die einzelne Körperfunktionen in Beschlag nehmen. Der Körper war von einem symbiotischen Verbündeten des Unbewussten zu dessen Werkzeug geworden, und kaum jemand unterzog sich noch der gedanklichen Mühe, nach der biologischen Substanz als solcher zu fragen. Zunehmend betrachtete man das Organische gemäss der flachen Topologie konventionellen biologischen Wissens, obgleich Freud und andere zugleich die seltsamen Launen des hysterischen Körpers erkundeten und dabei auch bestimmte Aspekte des Körperlichen als wesentlich für die psychische Struktur erachteten. In diesem Sinn unterscheidet die klassische Psychoanalyse häufig (wenn auch nur implizit) zwischen dem Körperlichen und dem Organismus, wobei Ersteres diejenige Körpersubstanz meint, die von der Psyche beeinflussbar ist, Letzteres den biologischen Rest, der unerreichbar für solchen Einfluss oder immun gegen ihn bleibt. Die psychosomatischen Behandlungen, die in den 1920er-Jahren aus der Psychoanalyse hervorgingen, machten diese Konnotation der Freud'schen Metapsychologie deutlich: Ziel von psychosomatisch arbeitenden Ärzten wie Georg Grodeck, Felix Deutsch oder Franz Alexander war es, das betroffene Organ (z. B. Leber, Nieren, Magen) aus seiner Verstrickung mit der Psyche zu lösen. Beispielsweise erklärte Deutsch (ein Zeitgenosse von Ferenczi und Freud und ausserdem Freuds Leibarzt) organische Probleme für unerheblich im Zusammenhang mit psychoanalytisch ansetzenden Behandlungen: «Das Wiederauftreten organischer Symptome während der Analyse wird den Analytiker nicht überraschen, denn er betrachtet sie nicht als Verschlechterungen in dem Wissen, dass die analytische Behandlung am Ende den Organausdruck des Konflikts erübrigen muss. Das eigentlich Entscheidende ist, die psychosomatischen Bindungen zu lösen, sozusagen die Organe von ihrer psychischen Besetzung zu reinigen und dafür zu sorgen, dass ihre Funktion nicht von zu starken libidinalen Kräften beeinträchtigt wird.» (Deutsch 1927/1964, 53). Ferenczi hatte demgegenüber ein anderes Verständnis vom Bezug zwischen Organen und Analyse. Hinter dem, was er die Fassade konventioneller biologischer Beschreibungen nennt, gibt es für ihn ein biologisches Unbewusstes. Dieses biologische Unbewusste ist Antrieb aller organischen Tätigkeit. «In gewissen Ausnahmezuständen (Schlaf, Genitalität, organische Krankheit)» überwältigen phylogenetische und ontogenetische Fähigkeiten, die insgesamt das biologische Unbewusste ausmachen, «mit ihren archaischen Tendenzen die oberflächlichen Lebensbetätigungen ebenso, wie in den Neurosen und Psychosen das normale Bewußtsein von psychologischen Archaismen überflutet wird.» (Ferenczi 1924, 138). Ferenczi sah keine Möglichkeit, Organe von ihrer psychischen Besetzung zu reinigen, ähnlich wie es auch unmöglich ist, bewusste Kognitionsvorgänge von der Einflussnahme des Unbewussten zu reinigen.

Ferenczi zufolge sollte sich die Untersuchung organischer Phänomene an irgendeinem Punkt mit einer Theorie des biologischen Unbewussten verbinden. Denn es sind zwar nicht alle biologischen Substrate hysterisiert, doch der biologischen Substanz insgesamt ist ansatzweise (Motivation, Überlegung) ein psychisches Agens angeboren. Ebenso wie Freud anhand der Hysterie die neurotische / fantastische Natur der normal funktionierenden Psyche aufdeckte, enthüllt Ferenczi anhand der Materialisierung die plastische Natur alles organischen Substrats

(«Ich glaube nun nicht, dass es sich hier um Vorgänge handelt, die nur für die Hysterie gelten, sonst aber bedeutungslos sind oder überhaupt fehlten» [Ferenczi 1919, 1]). Damit gibt er Feministinnen, die sich das biologische Substrat nicht als Urgestein, sondern als einen von vielen Schauplätzen vorstellen wollen, ein nützliches Schema an die Hand.

Leider gab und gibt es in der feministischen Theorie demgegenüber eine (meist unerkannte) Neigung, die problematische Unterscheidung zwischen dem Körperlichen und Organischen fortzuführen. Problematisch daran ist nicht nur, dass dadurch die Verkörperung bevorzugt auf dem Umweg über eine Analyse des Gesellschaftlichen, der Vorstellungen oder des Symbolschaffens und unter Verzicht auf biologische Daten erschlossen wurde (siehe hierzu die Einleitung und Kapitel 1). Das allein könnte einfach auch eine Folge der Tatsache sein, dass bisher nur wenige Feministinnen in den Naturwissenschaften tätig sind, und liesse sich durch vermehrtes Interesse an der Biologie korrigieren. Doch darüber hinaus zeichnen viele feministische Theorien das Bild eines untiefen organischen Bereichs irgendwo anders und ausserhalb, anscheinend um der Politik, die ihnen näher liegt, mehr Gewicht oder Verve zu verleihen. Das – für theoretisch langweilig und politisch gefährlich gehaltene – Organische wird verbannt an die Ränder einschlägiger Texte (z. B. von Rubin) und soll nur noch die darin aufgestellten Behauptungen über die Verkörperung stützen.

Ferenczi weist uns einen möglichen Weg aus dieser Sackgasse. In seiner Betrachtung ist das Biologische eine fremde Materie und versiert in Verhaltensweisen (Regressionen, Perversionen, Strangulierungen, Verdichtungen, Verschiebungen), die man üblicherweise allein nichtbiologischen Systemen zuschreiben würde. Seine Biologie ist nicht das platte (souveräne, herrische, juridische) Substrat, als das sie in vielen feministischen oder neuro-humanwissenschaftlichen Argumentationen erscheint. Sie erschliesst sich kaum der konventionellen Empirie und Politik. Offenkundig versteht die Hysterie mehr vom Körper als das, was Wahrnehmungsdaten und haptische Eindrücke darüber sagen. Hysterie agiert ausserdem ein Wissen des biologischen Unbewussten aus, also derjenigen ontogenetischen und phylogenetischen Impulse, die die Substrate des Körpers motivieren. Eine Konversion ist ein unmittelbares und intimes psychosomatisches Ereignis. Sie ist kein in den Bereich des Körperlichen verschobener Zusammenprall unvereinbarer Vorstellungen, und auch kein Ausdrücken, Darstellen oder Symbolisieren eines anderswo entsprungenen seelischen Konflikts. Um eine Definition der Hysterie vom Beginn dieses Kapitels wieder aufzunehmen: Die hysterische Konversion verweist nicht auf etwas, das sich jenseits des organischen Körpers befindet. Sie ist im Gegenteil eine Art Schrift des Körpers (Kirby 1997) und veranschaulicht als solche die dynamische Natur aller organischen Materie.

Antiperistaltik

Marya Hornbacher war neun Jahre alt, als sie begann, sich selbst zum Erbrechen zu bringen. Im Alter von 15 Jahren kamen zu dieser Gewohnheit noch Phasen der Magersucht und Drogenmissbrauch. Zu dieser Zeit, berichtete sie, «ass ich so gut wie nichts. Reis, kleine Stückchen Fisch. Ich perfektionierte die Kunst des geräuschlosen Kotzens: kein Raushusten, kein Würgen, einfach vorbeugen und das Essen mit Willenskraft wieder hervorholen.» (Hornbacher 1998, 97). Hornbachers Bericht über ihre unspezifische Essstörung veranschaulicht die chaotische Art und Weise zeitgenössischer Materialisierungen in der Verdauung. Sie treten oft in Verbindung mit anderen auf (Bulimie und/oder Anorexie und/oder Esssucht). Erschwert werden sie häufig durch andere Belastungssymptome (Ängste, Depressionen, Persönlichkeitsstörung, Drogenmissbrauch). Festgestellt werden sie weit öfter bei Frauen als bei Männern, und dem gängigen küchenpsychologischen Gerede zufolge soll in ihnen «ein Problem mit der Kontrolle» zum Ausdruck kommen. Die Willensstärke von Menschen mit Essstörungen wird immer wieder bemerkt, und auch Hornbacher beschreibt sie als ein Merkmal ihres gewohnheitsmässigen Erbrechens («das Essen mit Willenskraft wieder herausholen»). Doch es ist längst nicht sicher, ob der bulimische Kraftakt gewohnheitsmässigen Erbrechens allein dem Vorstellungsvermögen (einem Willen, der den Verdauungstrakt aus der Ferne beherrscht) zugeschrieben werden kann. Was wäre wohl eine Ferenczi'sche Sicht auf dieses «willkürliche» Handeln? Welche feministischen Deutungen des Leib-Seele-Verhältnisses lassen sich aus Daten gewinnen, die aus der pharmazeutischen Behandlung von Essstörungen stammen?

Die Befähigung, sich mit blossem Willen zu übergeben, wird in der Bulimie häufig ausgebildet. Das DSM-5 führt sie an, als handle es sich dabei um eine Selbstverständlichkeit: «Betroffene entwickeln in der Regel einige Fertigkeit darin, sich zum Erbrechen zu bringen, und können schliesslich nach Belieben erbrechen.» (APA 2013, 346).[8] Gerald Russell (der 1979 erstmals Diagnosekriterien für Bulimia nervosa erstellte) beschreibt zwei Formen dieser Fähigkeit: Patientin 1, der das Erbrechen keinerlei Mühe mehr bereitete («Ich musste einfach nur daran denken. Ich musste mir keine Finger in den Hals stecken. Ich drückte auf meinen Magen, und schon übergab ich mich» [Russell 1990, 19]), und Patientin 2, die sich anfangs zum Erbrechen bringt, indem sie sich Finger in den Hals steckt, «in späteren Jahren aber einfach etwas Flüssigkeit zu sich nahm und sich über die Toilette beugte, so dass ‹alles auf einmal wieder herauskam›» (20). Paul Robinson und Letizia Grossi schrieben 1986 in einem Brief an die Zeitschrift *Lancet*, dass der Würgereflex bei der Bulimie möglicherweise herabgesetzt ist:

> In Untersuchungen der gastrischen Entleerung und des ösophagealen Drucks bei Patienten mit Bulimia nervosa baten wir diese wie auch Probanden der Kontrollgruppe, sich durch Mund oder Nase den Schlauch einer Magensonde einführen zu lassen. Vier Teilnehmern der Kontrollgruppe (darunter uns selbst) war dieser Vorgang unangenehm. Er dauerte zehn bis fünfzehn Minuten und war von Würgen und Tränensekretion begleitet. Bei einer Person der Kontrollgruppe liess sich der Schlauch ohne Schwierigkeiten einführen. Wir gingen vorsichtig auf die Patientinnen zu und baten sie, sich auf die erwartbaren Symptome vorzubereiten. Zu unserer Überraschung hatten sechs von sieben keine Mühe damit, den Schlauch zu schlucken. Es gelang ihnen innerhalb von Sekunden ohne Anzeichen von Beklemmung. Bei diesen Patientinnen liess sich der Würgereflex auch nicht durch Reizung der Rachengegend hervorrufen. Eine Probandin, bei der während der Einführung des Schlauchs ein Würgereflex auftrat, war zwar Bulimiepatientin, hatte sich aber seit drei Jahren nicht mehr übergeben. (221)

Wenn man dieses Phänomen mit der Umprägung einer Reflexhandlung erklärt, bedeutet das zugleich, sich auf Ferenczis Grundfrage einzulassen. Ist der Würgereflex eine einfache mechanische, von psychischen Antrieben oder verstandesmässigem Einwirken losgelöste Handlung? Bedeutet seine Trennung von höheren Hirnregionen (also auch von der bewussten, kognitiven Verarbeitung), dass es sich um kein psychisches Geschehen handelt? Was ist Prägung überhaupt? Mir scheint, dass sich der Würgereflex als eine nur scheinbar urinstinktive Körpertätigkeit sehr gut eignet, um daran Überlegungen zur organischen Natur von Essstörungen zu knüpfen. Wenn wir einmal von der vorrangigen Beschäftigung mit den Vorstellungswelten und kulturellen Ordnungen absehen, die ein derartiges Symptom mit hervorbringen, versetzt uns das in die Lage, die Launen des Organdenkens zu beobachten. Russells zweite Patientin, die Flüssigkeit einnimmt, um das Erbrechen herbeizuführen, pervertiert nicht einfach nur den normalen Ablauf der Peristaltik. Ebenso vollzieht sie nicht bloss mechanisch die Umprogrammierung eines fest verkabelten (platten) Nervenreizgeschehens. Vielmehr ist das weiche Gewebe in ihrem Rachen (so auch bei den bulimischen Patientinnen von Robinson und Grossi und bei Hornbacher) empfänglich für mehrere verschiedene ontogenetische und phylogenetische Möglichkeiten geworden (also für das, was Ferenczi das biologische Unbewusste nennt).

Die alten Standardwerke zur Anatomie vermitteln uns etwas von der Urnatur des Rachensubstrats. *Gray's Anatomy* beschreibt es als «Öffnung, die Mund und Schlund verbindet» (Gray 1918, 1137). Der Rachenraum geht an seinem oberen Ende in Mund, Nasenhöhle und Gehörgang über, am unteren Ende in die Speiseröhre. Darüber hinaus ist der Rachenraum «der embryologische Ursprung mehrerer wichtiger Organe bei Wirbeltieren. Beispielsweise wird der Atemapparat (Kiementaschen bei Fischen und Lungen bei Landtieren) in diesem Bereich gebildet [...] Beim Menschen ist der Rachenraum insbesondere auch als Sprechwerkzeug von grosser Bedeutung.» (Lagassé 2000, o. S.). Der hintere Rachen ist ein Relais verschiedener organischer Funktionen (Nahrungsaufnahme, Atmung, Stimmbildung, Gehör, Geruchssinn) sowie ontogenetischer und phylogenetischer Impulse. Sehr viel mehr als der vordere Mund oder auch die unterhalb ansetzende Speiseröhre selbst ist der Rachen eine Stelle, an der sich die Wechselwirkung zwischen den Organen leicht manifestieren kann.

Ferenczi hat derartige Wechselwirkungen zwischen Organen an einem anderen überdeterminierten Körperteil skizziert. In *Thalassa* stellt er die These auf, dass Darmausgang und Harntrakt in funktionaler Hinsicht eng aneinander gekoppelt seien: «Ich denke, [dass] die ausübenden Organe der Urethalbetätigung vom Analen, die der Analbetätigung vom Urethalen entscheidend beeinflußt werden, wobei die Blase vom Mastdarm etwas Zurückhaltung, der Mastdarm von der Blase etwas Freigiebigkeit lernt, wissenschaftlicher gesprochen: durch eine Amphimixis beider Erotismen, bei der die urethale Erotik anale, die anale Erotik urethale Beimengungen bekommt.» (Ferenczi 1924, Bd. II, 327). Das Rektum gibt seine Zurückhaltung an die Blase weiter; die Blase ihre Freigiebigkeit an das Rektum. Ohne diesen Austausch zwischen den Organen wäre der Darm hoffnungslos verstopft und der Harntrakt inkontinent. Die Amphimixis ist keine sekundäre Perversion platter Körpersubstanz, sondern das eigentliche Mittel, das diesen Organen ihr naturgemässes Funktionieren überhaupt erst ermöglicht. Die anal-urethale gegenseitige Durchdringung greift auch auf den Kopulationsakt über, sodass die Genitalien (für Ferenczi in diesem Fall der Penis) seine natürliche Funktion (die Ejakulation) durch amphimiktischen Austausch mit Harnblase und Darm erwirbt. «Das Genitale wäre dann nicht mehr der unvergleichliche, einzigartige Zauberstab, dem Erotismen von allen Organen des Körpers zuströmen, sondern die genitale Amphimixis wäre nur ein Sonderfall unter vielen, in denen solche Verquickungen zustande kommen.» (Ferenczi 1924, Bd. II, 327).

Ebenso nehmen am anderen Ende des Verdauungstrakts die verschiedenen Organe für Nahrungsaufnahme, Ausstoss, Empfindung und

Ausdruck Anleihen beieinander – in diesem Fall unter dem Druck krankhafter Entwicklungen. Bei Russells Patientinnen hat sich die Würgefunktion des Schlundes vom Rachen einiges geliehen und ist mehr ein Schlucken geworden, nur dass aus der Ingestion ein Erbrechen und nicht der Beginn eines Verdauungsvorgangs wurde. Die organische Amphimixis gerät hier zugleich intensiver und chaotischer als in Ferenczis Fall von Blase, Rektum und Genitalien. Eine genauere Untersuchung irgendeines einzelnen Falles von Bulimie würde ohne Zweifel einen Verkehr unbewusster Strebungen zwischen den Verdauungsorganen und ihren Nachbarn sowie zwischen den Registern der Onto- und Phylogenese ergeben. «Ist aber einmal die Aufmerksamkeit auf [das biologische Unbewusste] hingelenkt, so wird es gewiß gelingen, in gewissen Ausnahmezuständen der Ernährung, z. B. in deren Pathologie, das deutlichere Aktivwerden gewöhnlich versteckter Regressionstendenzen zu erkennen. In ähnlicher Weise würde man etwa hinter dem Symptom des Erbrechens nicht nur die manifest wirkenden Ursachen sehen, sondern auch Regressionstendenzen zu einer embryonalen und phylogenen Urzeit, wo Peristaltik und Antiperistaltik von derselben Verdauungsröhre geleistet wurde (Urmund).» (Ferenczi 1924, Bd. II, 392).

Je länger die Bulimie anhält, desto ausgeprägter und routinierter wird dieses Organdenken. Wie Hornbachers Erinnerungen deutlich machen, sind Phasen der Esssucht und des Erbrechens in der chronischen Bulimie oft nicht mehr direkt an bedeutsame, analysierbare Ereignisse in der Innen- oder Aussenwelt der Patientin gebunden. Essattacken und Erbrechen können zu Zwängen werden, weshalb manche Autoren die Bulimie auch als Suchtstörung einstufen. Haben sich Essattacken und Erbrechen einmal funktional verselbstständigt, so ist es äusserst schwierig, die Bulimie noch zu behandeln: Der Organismus selbst übernimmt das Denken. Verzweiflung, Zorn, Not, Niedergeschlagenheit, Trost und Bindung sind nun vorrangig organischer Natur. Auf kognitiv angelegte Behandlungsformen oder Bewusstseinsarbeit können sie kaum noch ansprechen.

Wegen der bulimischen Fertigkeiten des Rachens sollten wir unsere Aufmerksamkeit nicht nur auf die Verhaltensabsicht (den Willen), auf kulturelle Einflüsse, die höheren Kortexzentren oder Mechanismen unbewusster Vorstellung lenken, sondern im Sinne Ferenczis auch auf die Tätigkeit der Verdauungsorgane. Die Launen der Nahrungseinnahme und des Erbrechens sind organisch durchgespieltes, komplexes Denken: Mit Essattacken und Selbstentleerungen unternimmt das Körpersubstrat eigene Versuche des Infragestellens, Auflösens, Beherrschens, Berechnens, Schützens und Zerstörens.

Chronische Bulimie lässt sich unter anderem auch mit Antidepressiva behandeln. Seit den 1970er-Jahren wissen wir, dass verschiedene stimmungsaufhellende Medikamente (trizyklische Antidepressiva, MAOI und SSRI) die Essanfälle und das zwanghafte Erbrechen bulimischer Patientinnen erheblich lindern können. Doppelblinde, placebokontrollierte klinische Studien über einigermassen kurze Zeiträume (sechs bis 16 Wochen) haben gezeigt, dass solche Anfälle erheblich zurückgehen (wenn auch meist nicht ganz aufhören), sobald die Patientinnen mit Antidepressiva behandelt werden: «Im Durchschnitt verminderte sich die Häufigkeit von Essattacken studienübergreifend um 22 bis 91 Prozent, wobei der Rückgang in den meisten Fällen im Bereich zwischen 50 und 70 Prozent lag. Die Abstinenzraten nach dem Ende der Behandlung betrugen zwischen 0 und 68 Prozent bei einem Durchschnitt von 24 Prozent.» (Mitchell u. a. 2001, 298).[9] Harrison Pope und James Hudson (1986) erhoben in ihrer Bewertung von Arzneimitteltherapien bei Bulimie die Wirksamkeit sehr vieler verschiedener thymoleptischer (gemütsstabilisierender) Präparate wie Lithiumkarbonat, Phenytoin (ein Antikonvulsivum) und sogar Metamphetamin. Erste Versuche, die Wirkung der meisten dieser Medikamente einzuschätzen, brachten keine eindeutigen Ergebnisse.

Am Ende erwiesen sich Antidepressiva als zuverlässigste Behandlung der Bulimie.

Was ich dabei für meine Zwecke aufgreifen möchte, ist die Tatsache, dass unklar bleibt, warum eigentlich Antidepressiva bei Bulimie so gut anschlagen. In der Fachliteratur gibt es keine Übereinstimmung, wie man sich den Zusammenhang zwischen Gemütsstimmung und Esssucht vorstellen soll. Zwei Denkrichtungen haben sich unter all den Mutmassungen darüber ausgebildet. Die eine (vertreten z. B. von Pope und Hudson 1986) geht anhand der Daten davon aus, dass es sich bei der Bulimie in Wirklichkeit um eine Gemütsstörung handle, dass sie eine Spielart der Depression sei und eine zielführende Behandlung der Depression auch die Symptome der Bulimie abklingen lasse. Dass die Depression eine häufig auftretende Nebenerkrankung der Bulimie ist, spricht für diese These. Allerdings scheint sie bei Bulimiepatientinnen von etwas anderer Art zu sein als die gängigsten schweren Depressionen. So treten die für viele Depressionen kennzeichnenden täglichen Stimmungsschwankungen, das verminderte Lustempfinden, die Reizbarkeit und Konzentrationsschwierigkeiten bei bulimischen Patientinnen anscheinend nicht auf, selbst wenn diese depressive Gemütsregungen aufweisen und selbstmordgefährdet sind (Russell 1979). Hinzu kommt, dass Depressionen bei Bulimie schwer zu diagnostizieren sind, da der Zyklus von Esssucht und Erbrechen gängige körperliche Merkmale der Depression wie Gewichtszunahme oder -verlust, verminderte Energie und Störungen der Magen-Darm-Funktion verbirgt oder als Kennzeichen unzuverlässig macht. Eine zweite Erklärung für die wirksame Linderung von Bulimie-Symptomen durch Antidepressiva ist, dass diese Arzneien unabhängig von ihrer stimmungsaufhellenden Wirkung unmittelbar den Appetit beeinflussen. Aus den Daten geht hervor, das Fluoxetinhydrochlorid Ess- und Brechanfälle unabhängig davon lindert, ob die Patientinnen an Depressionen leiden, und dies spricht für die Vermutung, dass der Wirkstoff direkt auf die Sättigungsmechanismen im Gehirn zielt (z. B. Goldstein u. a. 1995; Leibowitz 1990). Diesem Ansatz zufolge ist die Bulimie zuerst und vor allem eine Pathologie des Essens, zu der sich dann eine Depression gesellen kann, aber nicht muss.

Auch nach mehr als 30 Jahren klinischer Forschung zu Bulimie und Antidepressiva gibt es noch keine eindeutige biomedizinische Ätiologie der Bulimie: Lösen Depressionen Bulimie aus? Oder sind es krankhafte Veränderungen der Sättigungsmechanismen im Gehirn, die unregelmässiges Essen, extremes Fasten und schliesslich wechselnde Anfälle von Esssucht und Erbrechen auslösen – und zwar unabhängig von Gemütsstimmungen? Diese ätiologischen Auseinandersetzungen in der Literatur nötigen uns gleich mehrere Abgrenzungen auf: erst Depression, dann Essattacken; entweder Sättigungsempfinden oder Gemüt; das Gehirn, nicht die Verdauung. Wie ich mit Ferenczi zu zeigen versuche, sind solche Boole'schen Entweder-Oder zwischen Organen und zwischen Psyche und Soma jedoch nur im Rahmen einer konventionellen (platten) biologischen Ökonomie verständlich. Mir scheint, dass das Fehlen eines eindeutig nachvollziehbaren Verlaufs von einer Ursache zu einer Wirkung, von einem Organ zum anderen oder vom Psychischen zum Körperlichen und wieder zurück nicht auf einen Mangel an schlüssigen Daten, sondern auf das Wirken eines sich darin manifestierenden biologischen Unbewussten hinweisen. Vielleicht ist die Veränderungsanfälligkeit von Nahrungsaufnahme und Gemütsstimmung – beider Tendenz, sich unter dem Einfluss bestimmter Arzneimittel einander anzugleichen oder voneinander zu entkoppeln – Hinweis auf eine ontologische Ordnung, die sich mit der Organvernunft nicht verträgt. Wie so oft in der heutigen biomedizinischen Fachliteratur dominiert das Bemühen um eine klare Abgrenzung von Ursachen und Wirkungen (was bewirkt was?), als wären Kausalitäten singuläre, für sich stehende Geschehnisse. Die engen Grenzen eines solchen Herangehens an biologische Erklärungen hat schon Ferenczi klar gesehen:

> Die Flächenhaftigkeit der Ansichten brachte es mit sich, daß man sich in der Naturwissenschaft meist mit einer einseitigen Auffassung

> der Lebenserscheinungen begnügte. Auch die Psychoanalyse war noch vor nicht langer Zeit der Ansicht, daß es ein Vorrecht des Psychischen sei, daß seine Elemente, und zwar ein- und dasselbe Element, gleichzeitig in mehrere genetisch verschiedene Kausalreihen eingeschaltet sein können. Die Analyse bezeichnete diesen Tatbestand mit dem Begriff der Überdeterminierung jedes psychischen Aktes, als direkte Konsequenz der Mehrdimensionalität des Psychischen. Gleichwie zur Bestimmung eines Punktes im Raum mindestens drei Koordinaten notwendig sind, ist also auch die Erklärung einer psychischen und, wie wir nun meinen, auch einer naturwissenschaftlichen Tatsache durch die Einreihung in eine linienförmige Verkettung oder in eine flächenhafte Verflechtung nicht genügend determiniert, wenn nicht auch seine Beziehungen zu einer dritten Dimension festgestellt sind. (Ferenczi 1924, Bd. II, 390 f.)

Essattacken und Erbrechen bei der Bulimie und deren Linderung durch das Verabreichen von Antidepressiva lassen sich nur erklären, wenn man zumindest eine Verbindung zum Organdenken und zu den amphimiktischen Neigungen der beteiligten Substrata zieht – also ein dynamischeres Schema von Verdauung, Atmung, Antiperistaltik, Neurotransmission und Gemütsstimmung zur Verfügung hat.

Nicht ein fehlendes Muster in den klinischen Daten drängt sich mir hier auf, sondern die Bekräftigung von Ferenczis Hypothese eines protopsychischen Substrats, das zu differenziertem, vorstellungsgeleitetem Handeln fähig ist (ein Kloss im Hals, ein Kind im Magen, ein Penis im Rektum). Unsere Eingeweide sind manchmal zornig, manchmal haben sie Depressionen, dann wieder sind sie im höchsten Mass selbstzerstörerisch. Unter der Belastung durch schweres Fasten bestimmen diese Neigungen mitunter das Verhalten des Darms zur Welt. In solchen Momenten ist jede radikale Trennung zwischen Magen und Gemüt, zwischen Erbrechen und Wut eine künstliche. Hier gebietet sich eine Klärung, was genau mit «radikal» (zur Wurzel gehörig, grundlegend, wesentlich, ursprünglich, primär) gemeint ist: Ich behaupte nicht, dass die Organe voneinander ununterscheidbar oder Psyche und Soma ein und dasselbe wären. Sondern ich meine, dass es keine ursprüngliche Abgrenzung zwischen diesen Entitäten geben kann, weil sie sich immer schon gemeinsam und in wechselseitiger Verstrickung miteinander entwickelt haben. Deshalb ist auch der routinemässige kritische Einwand, die Bulimie lasse sich ätiologisch auf eine Interaktion (Geist + Körper) zurückführen, für meine Zwecke hier unzulänglich. Der Logik einer Interaktion, Hinzufügung oder Ergänzung liegt die Auffassung zugrunde, dass die Entitäten, um die es geht, zuvor voneinander losgelöst sind und dann hinsichtlich bestimmter Krankheitsbilder in Bezug zueinander gebracht werden können (Barad 2007; Kirbi 2011; Oyama 2000). Ich behaupte demgegenüber, dass Antidepressiva die Bulimie lindern, gerade weil es keinen radikalen (ursprünglichen) Unterschied zwischen Körpersubstanz und Gemüt gibt. Das Gemüt tritt nicht sekundär den Eingeweiden hinzu, um auf diese Art ihr reibungsloses Funktionieren zu stören, sondern die Stimmungen des Gemüts gehören wie die Verdauung zu den Ereignissen, denen enterische Substrate von Natur aus zuneigen. Manfred Fichter und Karl Pirke (1990) deuten eine derartige psychosomatische Struktur an, wenn sie in einer Erörterung der endokrinen Dysfunktion bei Bulimia nervosa zu dem Schluss kommen, dass es helfen könnte, nicht nur über Essstörungen als Symptome von Depressionen, sondern auch über Depressionen als Abarten von Ernährungsstörungen nachzudenken.

Die klinischen Daten über Bulimie und Antidepressiva lassen auf einen umfassenden Austausch zwischen den Organen des Körpers sowie zwischen Verdauung und Gemüt schliessen, der sich nicht auf eine platte Logik biologischer Materie herunterbrechen lässt. Mit Sicherheit überschreiten die Begriffe der Amphimixis, des biologischen Unbewussten, der Materialisierungen und des Organdenkens die Grenzen seriöser biologischer Theorie, aber sie tun dies ohne Inanspruchnahme antibiologischer Fundamente.

Ferenczis Provokationen lassen sich in Verbindung mit neueren empirischen Untersuchungen so verstehen, dass die Depression ein körperweit, ein biologisch verteiltes Phänomen ist, das sich nicht allein ausgehend vom Zentralnervensystem oder in Begriffen kognitiver Verzerrung erklären lässt. Beispielsweise wirkt Fluoxetinhydrochlorid nicht nur zentral (etwa auf die Serotonin-Leitungsbahnen im Hypothalamus, die mutmasslich das Essverhalten steuern) und kognitiv (um negatives Denken umzulenken), sondern auch peripher, also auf die Verdauung. Der allergrösste Teil des körpereigenen Serotonins (ungefähr 95 Prozent) findet sich in den komplizierten Nervennetzen des Darms (Wilson 2004). Obwohl diese Tatsache in der psychiatrischen Fachliteratur meist keine Erwähnung findet, lässt sich der Bauch (d. h. der Magen und die daran anschliessenden Verdauungsorgane sowie deren jeweilige Formen von Organdenken) durch serotonerge Behandlungen durchaus beruhigen (oder bisweilen erregen). Antidepressiva wirken also nicht allein auf das Gemüt, indem sie Einfluss auf das Gehirn nehmen. Sie beleben auch direkt die Viszera – und lindern im Fall der Bulimie eine Not, die hier mehr enterischen als zerebralen Charakters ist. Dass die Bulimie auf Behandlungen mit Antidepressiva anspricht, ist ein entscheidender Datenbestand, der ein Licht auf die psychische Tätigkeit des Magen-Darm-Trakts und damit auch auf die Fantasiebegabung ihres Verdauens und «Zergrübelns» hinweist.

Zusammenfassung

Die Kapitel 4, 5 und 6 erläutern Einzelheiten der serotonergen Tätigkeit im Körper (Pharmakokinetik und Übertragung; das Wirken von Placebos; Arzneimittel und Selbstmordneigung). Geprägt vom hier vorgestellten Denken Ferenczis erörtern sie anhand pharmazeutischer Daten zur Depression die Vergeistigung der Eingeweide und die elementare Leiblichkeit biochemischer Wirkung. Zuvor führt das nun folgende dritte Kapitel die hier begonnene Kritik der feministischen Theorie weiter. Denn die feministische Theorie hat nicht nur Schwierigkeiten im Umgang mit biologischen Daten, sondern auch eine weit verbreitete Abneigung dagegen, Aggression als wesentlichen Bestandteil des Depressionsgeschehens und unerlässliche Komponente politischen Handelns anzuerkennen. Welcher Art sind die Feindseligkeiten, Aggressionen und Animositäten, die feministische Politik überhaupt möglich machen? Können wir uns an die Vorstellung heranwagen, dass Aggression nicht einfach nur ein schädigendes Verhalten anderer, sondern auch eine unverzichtbare Voraussetzung für jegliches feministisches Engagement sein könnte?

KAPITEL 2 — ENDNOTEN

• 1 Hemianopsie ist Blindheit in einer Hälfte des Gesichtsfeldes (nicht Blindheit auf dem rechten oder linken Auge, sondern Halbseitenblindheit rechts oder links oder auch beider Augen). Sie entsteht meist durch eine Schädigung der Sehnerven, die Bildinformation von der Netzhaut zum Gehirn übertragen. Durch die Sehnervenkreuzung verlaufen Sehbahnen von der inneren (nasenseitigen) Hälfte jeder Netzhaut zur jeweils gegenüberliegenden Gehirnhälfte. Infolgedessen werden Objekte in der rechten Hälfte des Gesichtsfeldes zur linken Gehirnhälfte projiziert. Deshalb könnten Läsionen der Sehbahn einen Ausfall des halben Gesichtsfeldes bewirken. Die Halbseitenblindheit entsteht manchmal auch durch Schädigungen des Kortex. Freuds Argumentation ist in beiden Fällen dieselbe: «Wir haben es bei den hysterischen Paralysen wie bei Anästhesien usw. […] mit der gemeinen, volkstümlichen Auffassung der Organe und des Körpers allgemein zu tun. Diese Auffassung gründet auf keinem tieferen Verständnis der Neuroanatomie, sondern auf unseren haptischen und vor allem unseren visuellen Wahrnehmungen. Wenn sie das Wesen der hysterischen Paralyse bestimmt, muss diese sich naturgemäß als unwissend und frei von jeglichem Verständnis der Anatomie des Nervensystems zeigen.» (1893a, 52). Die Hysterie weiss nichts von der Struktur der Sehnerven oder des Kortex und kann daher auch keine Simulation einer Schädigung dieser Körperteile erzeugen. Hysterie kann nur auf die Alltagserfahrung des Sehens wirken (also auf das integrierte, rechtsseitig dominierte Gesichtsfeld) und allenfalls völlige Blindheit auf einem oder beiden Augen erzeugen.

• 2 Susan Bordo (1993) nennt Marx bspw. in *Unbearable Weight* als die Autorität, die «sich den Körper nicht mehr nur als biologischen, sondern auch als historischen Kampfplatz» (33) vorstellte. Gayle Rubin (1975) argumentierte in ihrem enorm einflussreichen Aufsatz «The Traffic in Women» unter Hinweis auf Freud und Marx und Lévi-Strauss weitgehend deckungsgleich.

• 3 Die vielleicht bedrückendste Folge des persönlichen Bruchs zwischen Freud und Ferenczi war die Rufschädigung, die Ferenczi dadurch nach seinem Tod in der englischsprachigen Welt erlitt (Bonomi 1998). Ernest Jones etwa schreibt in seiner Freud-Biografie, Ferenczi sei zwar der «brillanteste» Angehörige des engeren Kreises um Freud und diesem auch «persönlich am nächsten», sowie ein «begabter Analytiker» gewesen (Jones 1955, 178), jedoch auch geistig verwirrt: «Gegen Ende seines Lebens zeigten sich bei ihm psychotische Züge, die unter anderem dadurch zum Ausdruck kamen, dass er sich von Freud und seinen Lehren abwandte. Die Saat einer zerrüttenden, über so lange Zeit unkenntlichen Psychose war am Ende aufgegangen.» (Jones 1957, 47). Jones zeichnete dieses entstellte Bild vom Verhältnis zwischen Ferenczi und Freud in einer Zeit, als weder Ferenczis klinisches Tagebuch noch der Briefwechsel zwischen den beiden öffentlich zugänglich waren. Aus Ferenczis Enttäuschung und Wut über Freud machte er eine Psychose, und seine psychischen Symptome (wie eine Paranoia) als Folge von Nervenschäden in den Wochen vor seinem Tod wertete er als Hinweis auf eine seit Langem gärende geistige Labilität. Unmittelbar nach Ferenczis Tod zog Jones (mit Freuds Zustimmung) Ferenczis mittlerweile berühmten, auf dem Internationalen Psychoanalytischen Kongress in Wiesbaden von 1932 gehaltenen Vortrag «Sprachverwirrung zwischen dem Erwachsenen und dem Kind» aus dem Verkehr.

Er versuchte auch später noch, die Veröffentlichung von Ferenczis Werk auf Englisch zu behindern (Balint 1988; Jones und Freud 2002, 720–722). Da Ferenczis Ansehen dadurch empfindlich gelitten hatte, erschien sein klinisches Tagebuch erst 1988 auf Englisch, die Briefe in den Jahren 1992–2000 (Dupont 1988).

• 4 Vgl. Aron und Harris 1993; Haynal 2002; Rachmann 1997; Rentoul 2010; Rudnytsky, Bókai und Giampieri-Deutsch 2000; Stanton 1991; Szekacs-Weisz und Keve 2012, ausserdem Sondernummern zu Ferenczi: *Contemporary Psychoanalysis* 24 (1988), *Psychoanalytic Inquiry* 17, Nr. 4 (1997), *International Forum of Psychoanalysis* 7, Nr. 4 (1998), *American Journal of Psychoanalysis* 49, Nr. 4 (1999), *Group* 23, Nr. 3–4 (1999), *Journal of Analytical Psychology* 48, Nr. 4 (2003), *American Imago* 66, Nr. 4 (2009) und *Psychoanalytic Perspectives* 7, Nr. 1 (2010). Inzwischen wird Ferenczi verschiedentlich als bedeutender Schöpfer von Ideen und Techniken gewürdigt, die später zur Objekttheorie führten (Klein wurde zuerst von Ferenczi analysiert), aber auch (über Clara Thompson und Michael Balint, die beide ebenfalls von Ferenczi analysiert wurden) zur Psychologie des Selbst und zu zeitgenössischen Richtungen der interpersonalen und relationalen Psychoanalyse. An der New School for Social Research in New York gibt es ein Sándor Ferenczi Research Center. Auch in der nicht klinischen, wissenschaftlichen Literatur auf Basis psychoanalytischer Theorien regt sich zunehmend Interesse an Ferenczi (z. B. Thurschwell 1999).

• 5 In den Jahren davor (1916–1918) hatten Freud und Ferenczi erwogen, gemeinsam ein Buch über Lamarck zu schreiben: [Die Lamarck-Idee] «ist zwischen Ferenczi und mir entstanden, aber keiner von uns hat jetzt Zeit und Stimmung, sie auszuführen. Die Absicht ist, L. ganz auf unseren Boden zu stellen und zu zeigen, dass sein ‹Bedürfnis›, welches die Organe schafft und umschafft, nichts anderes ist als die Macht der unbewußten Vorstellung über den eigenen Körper, wovon wir die Reste bei der Hysterie sehen, kurz die ‹Allmacht der Gedanken›.» (Freud an Abraham, Freud und Abraham 2010, 325F, Bd. 2, 569). Dazu kam es nie, doch finden sich Spuren dieses Vorhabens in der späteren Arbeit beider Männer. Ferenczis Beschreibung der regressiven Tendenz zu vorangegangenen ontogenetischen und phylogenetischen Stadien bekräftigt ausdrücklich die Nähe zu Lamarck (Ferenczi 1924, Bd. II). Auch Freud ging allen anders lautenden biologischen Theorien und Daten aus dem Weg, um bis zum Ende seines Lebens an Lamarcks Doktrin vererbbarer Eigenschaften festzuhalten. («Unsere Sachlage wird allerdings durch die gegenwärtige Einstellung der biologischen Wissenschaft erschwert, die von der Vererbung erworbener Eigenschaften auf die Nachkommen nichts wissen will. Aber wir gestehen in aller Bescheidenheit, daß wir trotzdem diesen Faktor in der biologischen Entwicklung nicht entbehren können.» [Freud 1939, GW XVI, 207]. Wie sehr Freuds Denken von Lamarck geprägt war, wird vor allem in dem posthum veröffentlichten, metapsychologischen Aufsatz «Übersicht der Übertragungsneurosen» [hg. von Ilse Grubrich-Simitis, Frankfurt 1985] deutlich. Diese Neigung haben viele orthodoxe Interpreten als Peinlichkeit (Jones 1957; Sulloway 1979), einige raffinierte Leser der Psychoanalyse jedoch als anregend empfunden (Thurschwell 1999). Wie seine Begeisterung für okkulte Phänomene (die ihn ebenso mit Ferenczi verband) erschwert Freuds Bekenntnis zu Lamarck die Beantwortung der Frage, was eigentlich den Kern der klassischen Freud'schen Psychoanalyse ausmacht (oder ausmachen sollte). Ferenczis Interesse an Lamarck erscheint dagegen eher im Einklang mit seinen gedanklichen Wegen und seiner Behandlungspraxis (Thurschwell 1999). Doch traten zwischen Freud und Ferenczi auch Abweichungen im Forschungsinteresse zutage, und das mag ein Grund dafür gewesen sein, dass das Buch über Lamarck am Ende nie geschrieben wurde.

• 6 Ähnlich gibt Ferenczi 1923 in einer Korrespondenz mit der *Internationalen Zeitschrift für Psychoanalyse* folgende klinische Anekdote aus Bernheims Buch *Hypnotisme, Suggestion, Psychothérapie* wieder: «Als ich [Bernheim] Schüler bei Herrn Sédillot war, wurde dieser Meister seines Fachs zur Untersuchung eines Kranken gerufen, der keinerlei feste Nahrung zu schlucken vermochte. Er ertastete im oberen Bereich der Speiseröhre, hinter dem Schildknorpel, ein Hindernis, auf dessen Höhe der Nahrungskloß aufgehalten und dann wieder hervorgewürgt wurde. Als er den Finger so tief wie möglich in den Rachen schob, spürte er einen Tumor und beschrieb diesen als fasrigen Polypen, der in den Bereich der Speiseröhre ausbuchtete. Zwei ausgewiesene Chirurgen vollführten nach ihm die Abtastuntersuchung und bestätigten ohne Zögern das Vorhandensein des Tumors in der von Sédillot beschriebenen Art. Ein Speiseröhrenschnitt wurde durchgeführt. Man fand jedoch auf dieser Höhe keinerlei Gewebeveränderung.» (Ferenczi 1923, Bd. II, 133).

• 7 Parästhesie im heutigen Sprachgebrauch bezeichnet ein abnormes Gefühl des Brennens oder Kribbelns meist in den Händen, Armen, Beinen oder Füssen, manchmal aber auch in anderen Teilen des Körpers.

• 8 Bulimia nervosa wurde im DSM-III (1980) als eigenes Krankheitsbild von der Anorexia nervosa unterschieden. Diagnostiziert wird sie in der Regel, wenn die folgenden drei Kriterien erfüllt sind: unkontrolliertes In-sich-hinein-Stopfen grosser Mengen von Nahrung; kompensierendes Verhalten, um diese aus dem Körper zu entfernen (z. B. Erbrechen, Missbrauch von Abführmitteln, übermässiger Sport); übertriebene Sorge um das Aussehen und Körpergewicht. Das DSM-5 führt an, dass viele Bulimiepatientinnen und -patienten zu Kompensationsmassnahmen (z. B. Abführmitteln) greifen, um der Gewichtszunahme durch die Völlerei entgegenzuwirken. Ich befasse mich hier hauptsächlich mit dem Erbrechen, doch es gibt mehrere andere Formen bulimischen Verhaltens im oberen Verdauungstrakt (z. B. Kauen und Ausspucken der Nahrung, anstatt sie zu schlucken;

Nahrung hervorwürgen und sie erneut schlucken. Siehe hierzu die Erörterung des Ruminierens in Kapitel 3).

• 9 Essanfälle werden gewöhnlich durch Patientenberichte erfasst, und die meisten Probandinnen und Probanden werden auch einem ganzen Arsenal psychometrischer Tests unterzogen, um den Schweregrad der Depression und der Bulimie zu ermitteln. Eine repräsentative Auswahl dieser umfangreichen Literatur umfasst etwa Agras u. a. 1987; Bacaltchuck und Hay 2003; Capasso, Petrella und Milano 2009; Fluoxetine Bulimia Nervosa Research Group 1992; Goldstein u. a. 1995; Goldstein u. a. 1999; Hughes u. a. 1986; Leombruni u. a. 2001; Pope u. a. 1983; Shapiro u. a. 2007; Zhu und Walsh 2002. Ein Teil dieser Forschung, insbesondere im Zusammenhang mit der Wirksamkeit von Fluoxetinhydrochlorid, stammt von Wissenschaftlerinnen und Wissenschaftlern, die von Eli Lilly, dem Hersteller von Fluoxetin (Prozac) in den USA, angestellt oder bezahlt wurden. Prozac ist das einzige von der amerikanischen FDA für die Behandlung von Bulimie zugelassene SSRI-Antidepressivum (obwohl andere SSRI zulassungsüberschreitend ebenfalls dafür verschrieben werden).

BITTERE MELANCHOLIE

Depression wird traditionell als Reaktion auf – oder einen Ausdruck von – Verlust aufgefasst [...] Eine Feindseligkeit, die als Reaktion auf einen Verlust eigentlich nach aussen gerichtet werden sollte oder könnte, wendet sich stattdessen nach innen, gegen das eigene Selbst.

PHYLLIS CHESLER,
Women and Madness

Eine der geläufigsten Erklärungen der Depression lautet, es handle sich um einen nach innen gerichteten Zorn. Eine Aggression, Feindseligkeit, Empörung oder Wut, die sich anderen gegenüber äussern sollte, wird erstickt und gegen sich selbst gelenkt. Beliebt ist diese Erklärung insbesondere, wenn es um Depressionen bei Frauen geht. Phyllis Chesler schreibt in ihrem viel gelesenen Buch *Women and Madness*, «‹Depression› und nicht ‹Aggression› ist die weibliche Reaktion auf Enttäuschung oder Verlust» (1972, 42). Weil Frauen mit grösserer Wahrscheinlichkeit emotionale oder ökonomische Verluste erleiden als Männer und weil diese Verluste, so Chesler, unzureichende gesellschaftliche Anerkennung oder Wiedergutmachung erfahren, nehme der Zorn der Frauen manchmal die Form einer inneren Vergiftung durch Selbstvorwürfe, Hoffnungslosigkeit und Schuldgefühle an. Aus diesem Grund sei die Wahrscheinlichkeit, dass eine Frau auf eine depressive Erkrankung diagnostiziert wird, zwei bis drei Mal so hoch wie bei einem Mann.[1]

Diese Vermutung einer nach innen gerichteten Wesensart der Depression wird gewöhnlich Freud zugeschrieben. In seinem Standardwerk «Trauer und Melancholie» behauptet er, ein verlorenes Objekt werde von der Libido nie vollständig aufgegeben. In Fällen von Melancholie werde die zuvor an das Objekt gebundene Libido ins Ich zurückgenommen, und das löse einen inneren Prozess aus, in dessen Verlauf sich das Ich mit dem abhanden gekommenen Objekt identifiziert: «Der Schatten des Objekts fiel so auf das Ich.» (Freud 1917a). Von da an findet sich die Innenwelt der Melancholikerin auf ganz neue Art vom verlorenen/geliebten Objekt durchstimmt. Insbesondere weil die ursprüngliche Bindung an das Objekt wahrscheinlich ambivalent war (das Objekt wurde geliebt und gehasst zugleich), verstärkt die Melancholie nicht nur den Kummer, sondern auch den gegenüber dem Objekt gefühlten Hass. Diese Ambivalenz ist keine Folge des Verlustes, sondern das Umfeld, in dem melancholische Verluste stattfinden. Die Melancholikerin hasst das geliebte Objekt bereits vor dessen Verlust. Dieses komplizierte Zusammenwirken emotionalen und unbewussten Geschehens gerät dann in späteren Kommentaren zur verknappten Hypothese des nach innen gerichteten Zorns. Ein Lehrbuch der Psychologie von Ann Kring, Sheri Johnson, Gerald Davison und John Niele (2010) fasst Freuds Schilderung etwa folgendermassen zusammen: «Freud war der Überzeugung, dass der Trauernde unbewusst grollt, weil er zurückgelassen wurde, und zürnt dem Verstorbenen für seinen erlittenen Verlust […] Der Zorn des Trauernden gegenüber dem Verstorbenen richtet sich nach innen und entwickelt sich zu anhaltenden Selbstvorwürfen und Depressionen. Nach dieser Auffassung lässt sich die Depression als eine gegen sich selbst gerichtete Wut beschreiben.» (231).[2]

Diese Darstellungen in der Nachfolge Freuds weisen mehrere Vereinfachungen und Unklarheiten auf. So gibt es eine Tendenz, Sadismus als Wut zu betrachten, obwohl beide in psychologischer Hinsicht nicht identisch sind. Auch wird die vorrangige Bedeutung des Hasses im Seelenleben häufig unterschätzt oder ganz übersehen. Der Sadismus findet sich (als privater Selbsthass) in den melancholischen Charakter gezwängt, und so bleibt die Art, in der das Selbst seine Feindseligkeit gegen andere richtet, unzureichend erkundet.[3] In diesem Kapitel betrachte ich das

Verhältnis von Depression und Feindseligkeit eingehender und erläutere, warum es für die feministische Theorie wichtig ist, sich die Depression als eine nach aussen gerichtete Aggression vorzustellen. Ich behaupte, dass die gängige Hypothese von der nach innen gerichteten Wut die Depression viel weniger nach einem Sadismus gegenüber anderen und viel mehr nach einem in sich gekehrten Selbsthass aussehen lässt, als Freud (und Karl Abraham, sein Mitarbeiter auf dem Gebiet der Depression) es beabsichtigten.

Viele feministische und kritische Stellungnahmen zum Verlust gründen zum einen auf Freuds Theorie der Melancholie, zum anderen auf der Denkfigur einer Wendung nach innen (z. B. Butler 1997). Doch an die Wechselhaftigkeit destruktiver melancholischer Gefühle und Handlungen, die sich gegen die Welt richten, trauen sie sich nicht heran (Balsam 2007). Ein grosses Problem dieser Wahrnehmung ist der Stellenwert, den die Ambivalenz (Liebe und Hass) darin einnimmt. David Eng und David Kazanjian (2003) beispielsweise behaupten, Ambivalenz sei die Folge eines Verlustes: «Melancholie entsteht aus dem Unvermögen, den Kummer und die Ambivalenzen aufzulösen, die vom Verlust des geliebten Objekts, Orts oder Ideals ausgelöst werden.» (3). Eng und Kazanjian zufolge wird Ambivalenz vom Verlust hervorgerufen und ist nicht (wie Freud behauptet) gerade die Voraussetzung dafür, dass jeglicher Verlust melancholischen Charakter annehmen kann. Sie betrachten die Feindseligkeit als hervorgerufen, nicht als von vornherein vorhanden. In ihrer Deutung werden Hass und Sadismus zu (möglicherweise vernünftigen) Reaktionen auf eine Enttäuschung, einen Todesfall oder Ungerechtigkeit und sind nicht die (irrationalen und destruktiven) Dispositionen, die von Beginn an unseren Umgang mit der Welt prägen. Diese Einordnung ambivalenter Gefühle mag nebensächlich erscheinen, doch sie prägt eine politische Denkrichtung, in der die Vorgängigkeit unserer eigenen inneren Feindseligkeit abgeleugnet wird, und sie weckt die Erwartung, dass Sadismus gegenüber Objekten, Orten und Idealen, die uns lieb und teuer sind, vermieden oder ganz ausgemerzt werden kann. Ich werde der Frage nachgehen, wie sich feministische Politik anders aufstellen könnte, wenn wir stattdessen von der Annahme ausgingen, dass Verlust nicht einfach nur etwas ist, das der Melancholikerin widerfährt, sondern vielmehr etwas, das die Melancholie notwendigerweise, hämischerweise bewerkstelligt (indem sie Bande zerreisst, Objekte angreift). Wenn Aggression und Zerstörung nun aber durchgängig Bestandteil des depressiven Geschehens sind: Wie verhält sich die feministische Theorie zu dieser bitteren Tatsache?

Ebendiese Bitterkeit ist bereits in der Geschichte und Etymologie der Melancholie enthalten: schwarze Galle. Dieser Hinweis lenkt mein Interesse an der depressiven Feindseligkeit auf die inneren, die Verdauungsorgane (anstatt beispielsweise auf geschlechterspezifische Unterschiede bei Depressionen).[4] Inzwischen sollte auch deutlich geworden sein, dass die Biologie, die mir vorschwebt, kein plattes, souveränes Substrat darstellt. Sondern ich interessiere mich für körperliches Geschehen, das die Existenz eines biologischen Unbewussten verrät – für eine Körpernatur, die sich möglicherweise in einem trostlosen und destruktiven Verhältnis zu sich selbst und der Welt befindet. Dieses Anliegen stufe ich als feministisch ein, weil es überkommene Auffassungen des Leib-Seele-Verhältnisses an ihre Grenzen treibt: Können Eingeweide beseelt sein? Können biologische Substrate melancholisch, aggressiv, verbittert sein? Vor allem scheint mir, dass die feministische Theorie ihren Spielraum zur Auseinandersetzung mit dem gegenwärtigen psychopharmazeutischen Milieu (das Gegenstand der letzten drei Kapitel in diesem Buch ist) vergrössern kann, wenn sie einsieht, dass unserer Körpernatur eine konstitutive bittere Feindseligkeit eigen ist

Seit Eve Kosovsky Sedgwicks einflussreichem Aufsatz (1997) über paranoide Lesarten wird das Überführen der Theorie in einen (nicht bitteren) Modus der Wiedergutmachung mit grosser Begeisterung betrieben. Es gab eine Tendenz (sowohl bei Sedgwick selbst als auch bei ihren Interpretinnen), paranoides Lesen auf der Seite der Aggression und wiedergutmachendes Lesen auf der Seite des Trostes, der Affirmation, der Verbesserung der Verhältnisse oder Rekonstruktion eines nachhaltigen Lebens zu sehen (Berland und Edelman 2013; Hanson 2011; Love 2010; Wiegman 2014). Das hält das begriffliche und das politische Feld dann jedoch allzu gefällig auseinander. Problematisch daran scheint mir nicht nur, dass so jegliche Lesart (beginnend mit Sedgwicks eigener) wahlweise als paranoid oder wiedergutmachend gelten kann – sondern vor allem die Tendenz, Wiedergutmachung nicht aggressiv darzustellen.[5] In diesem Kapitel gehe ich von der Annahme aus, dass Forderungen nach einem wiedergutmachenden Interpretationsansatz nicht zugleich solche nach einer Abschaffung böser Objekte oder Feindseligkeiten sein können (siehe auch das Fazit am Ende des Buchs). Wiedergutmachung im Sinne Melanie Kleins will den Schaden reparieren, der durch unsere Angriffe auf Objekte entstanden ist. Wiedergutmachung kann konkretes Handeln in der Welt bedeuten, aber eher noch läuft sie in der Fantasie ab. Ob solche Akte der Wiedergutmachung jemals Erfolg haben, wissen wir nicht. Wahrscheinlicher ist, dass sie unvollständig, zwanghaft oder flüchtig bleiben und dass gewisse Formen des Wiedergutmachens den Objekten noch mehr Schaden zufügen (Spillius u. a. 2011). Wie Esther Sánchez-Pardo (2003) bemerkt: «Wiedergutmachung und Integration bleiben Teilerfolge und gelingen nie vollständig. Sie bringen unterschiedliche Arten des Umgangs mit Schäden hervor.» (133). Wesentlich ist, dass die Wiedergutmachung bei den beschädigten Objekten ansetzt. Sie ist nicht der Versuch, den Sadismus als solchen aus der Welt zu schaffen. Dementsprechend würde ich behaupten, dass Gesten der Wiedergutmachung zuerst und vor allem die Einsicht erfordern, dass sadistische Angriffe unumgänglich sind, dass sie von mir ausgehen können, und dass sich zwar der Grad ihrer Bösartigkeit herunterregulieren, sie sich als solche aber nicht ausmerzen lassen: dass wir nicht mehr hoffen können, als «ein relatives Gleichgewicht zwischen Liebe und Hass zu erlangen» (M. Klein 1940/1975, 351). Anderen zu schaden ist eine unausweichliche Folge des Lebens in Beziehung mit anderen. Wenn wir uns auch gezwungen sehen, den von uns angerichteten Schaden zu reparieren, so geschieht dies doch ohne die Aussicht auf endgültige Schadlosigkeit oder Erlösung von unserer Schuld. «Das Vereinigen von Äusserem und Innerem, Liebe und Hass, realen und imaginären Objekten geht so vor sich, dass jeder Schritt der Vereinigung zu einer neuerlichen Aufspaltung der Imagos führt.» (M. Klein 1935/1975, 288).[6]

Das Wesen angriffiger, sadistischer Impulse sowie die Schwierigkeit, mit ihnen zu leben (und politische Ränkespiele zu treiben), wurden bisher in feministischen Theorien der Depression (oder der Wiedergutmachung) nicht hinreichend beachtet. Mir geht es hier nicht darum, eine spezifisch feministische Feindseligkeit zu erfinden, denn die Qualifikation einer «Feindseligkeit» als «feministisch» würde fast unausweichlich so aufgefasst, als liesse sich die Aggression schliesslich und endlich zum Guten wenden. Stattdessen will ich hier die Neugier auf eine depressive Feindseligkeit wecken, die kein anderes Ansinnen und keine andere innere Stossrichtung hat als das Zerstören der von der Depressiven geliebten Objekte. Es geht mir darum, dass die Anerkennung (und in gewissem Mass vielleicht auch Wertschätzung) sadistischer Destruktivität ein notwendiger Teil jeder feministischen Beschreibung melancholischen Geschehens sein muss.

Unstillbarer Sadismus

... weil alles Herabsetzende, was [Melancholiker] von sich aussagen, im Grunde von einem anderen gesagt wird.

SIGMUND FREUD,
«Trauer und Melancholie»

Beginnen wir mit einer Rekapitulation der auffälligsten Merkmale einer Melancholie nach Freuds Beschreibung. Welche Rolle spielt der Sadismus bei der Ausprägung einer depressiven Haltung? Und vor allem: Wie sehr bleibt die Feindseligkeit, von der Freud sagt, dass sie eine entscheidende Komponente der melancholischen Reaktion bildet, im Innenleben gefangen? Zum Ende dieses Abschnitts hin werde ich diese Überlegungen in die Richtung einer Betrachtung des Verdauungsapparats umlenken.

Zuallererst fällt auf, so Freud, dass die Melancholie (Depression) eine andere Art des Umgehens mit einem Verlust ist als die Trauer.[7] Trauer und Melancholie ähneln einander insofern, als beide schmerzhaft sind und mit einem drastisch verminderten Interesse an der Aussenwelt, aber auch stark eingeschränkter Liebes- und Bindungsfähigkeit einhergehen. Was die Melancholie von der Trauer unterscheidet und Letztere als krankhafte Reaktion ausweist, ist eine Herabsetzung des Selbstgefühls (wie sie in Trauerzuständen nicht auftritt). Die Melancholikerin hasst sich selbst: «Bei der Trauer ist die Welt arm und leer geworden, bei der Melancholie ist es das Ich selbst. Der Kranke schildert uns sein Ich als nichtswürdig, leistungsunfähig und moralisch verwerflich, er macht sich Vorwürfe, beschimpft sich und erwartet Ausstossung und Strafe.» (Freud 1917a, GW X, 431). Anscheinend geriet diese eröffnende Beschreibung der Melancholie durch Freud in ihrer Übernahme zur Hypothese, die Depression sei ein nach innen gerichteter Zorn. Doch Freuds Erklärung dafür, warum die Melancholikerin sich selbst hasst, fördert einen sehr viel komplexeren (und überzeugenderen) Zusammenhang zutage als die blosse Behauptung einer gegen sich selbst gerichteten

Wut. Freuds entscheidende Einsicht lautet, dass die Selbstvorwürfe des Melancholikers keine zutreffenden Einschätzungen tatsächlicher moralischer Unzulänglichkeiten sind, sondern dass er bei genauerer Betrachtung eigentlich nicht sich selbst, sondern jemand anderem Vorhaltungen macht. «Hört man die mannigfachen Selbstanklagen des Melancholikers geduldig an, so kann man sich endlich des Eindruckes nicht erwehren, dass die stärksten unter ihnen zur eigenen Person oft sehr wenig passen, aber mit geringfügigen Modifikationen einer anderen Person anzupassen sind, die der Kranke liebt, geliebt hat oder lieben sollte.» (Freud 1917a, GW X, 434). Wir müssen unsere Aufmerksamkeit also zunächst dem performativen Wesen depressiver Selbstäusserungen zuwenden. Wenn Selbstherabsetzungen nicht einfach nur einen Ist-Zustand beschreiben (Ich bin wertlos): Was leisten sie dann? Wer ist am Ende das eigentliche Ziel melancholischer Selbstverachtung?

Zum einen stellt Freud nun fest, dass Anklagen gegen andere auf das Ich umgelenkt wurden. Zum anderen sagt er klar, dass die Feindseligkeit in diesem Manöver nicht auf das Innenleben der Patienten beschränkt bleibt. «Sie sind weit davon entfernt, gegen ihre Umgebung die Demut und Unterwürfigkeit zu bezeugen, die allein so unwürdigen Personen geziemen würde, sie sind vielmehr im höchsten Grade quälerisch, immer wie gekränkt und als ob ihnen ein grosses Unrecht widerfahren wäre. Dies ist alles nur möglich, weil die Reaktionen ihres Benehmens noch von der seelischen Konstellation der Auflehnung ausgehen...» (Freud 1917a, GW X, 434). Die Aggression der Melancholie ist keine in sich einbehaltene, sondern richtet sich auch gegen andere. Die Melancholikerin befindet sich in einer Auflehnung. Doch mit einiger Wahrscheinlichkeit klagt sie nicht in heldenhafter Manier (über Missstände, die man beseitigen, oder unterdrückerische Ordnungen, die man aushebeln und stürzen sollte). Es handelt sich bei ihrem Zustand nicht um einen Widerstand, wie ihn einige frühe feministische Autorinnen im Zusammenhang mit der Hysterie vor Augen hatten («Dora scheint mir diejenige zu sein, die sich gegen das System auflehnt... Und dieses Mädchen – wie alle Hysterikerinnen der Fähigkeit beraubt, ihre Wahrnehmung direkt in Worte zu fassen [...] war dennoch stark genug, sich mitzuteilen» [Cixous und Clément 1985, 285]). Vielmehr lehnt sich die Melancholikerin ebenso zielgerichtet wie destruktiv gegen das Objekt auf, das sie liebt: «Der Verlust des Liebesobjekts ist ein ausgezeichneter Anlass, um die Ambivalenz der Liebesbeziehungen zur Geltung und zum Vorschein zu bringen.» (Freud 1917a, GW X, 437). Der Selbsthass der Depression ist ein unbewusster Hass auf jemand anderen und in Nuancen die Ausbildung einer sadistischen Einstellung dieser Person gegenüber.

Es gibt einen feinen, aber alles entscheidenden Unterschied zwischen der Annahme eines nach innen gerichteten Zorns und einer hasserfüllten Ambivalenz in der Melancholie. Im ersten Fall findet der Zorn keinen Ausdruck in der Welt. Er ist blockiert, umgedreht und zersetzt sich selbst. Diese Abfolge der Ereignisse impliziert die Vermutung, dass Zorn nicht länger eine zersetzende Wirkung auf das Ich hätte, wenn er nur (etwa in Form von Militanz in der Öffentlichkeit) zum Ausdruck gebracht würde. Das entspricht einem früheren Stand von Freuds Arbeit aus der Zeit seiner Erforschung der Hysterie. Mit Joseph Breuer war Freud der Auffassung, dass ein Verfahren der Abreaktion (emotionalen Katharse) Symptome der Hysterie lindern könne: «Wir fanden nämlich, anfangs zu unserer grössten Überraschung, dass die einzelnen hysterischen Symptome sogleich und ohne Wiederkehr verschwanden, wenn es gelungen war, die Erinnerung an den veranlassenden Vorgang zu voller Helligkeit zu erwecken, damit auch den begleitenden Affekt wachzurufen, und wenn dann der Kranke den Vorgang in möglichst ausführlicher Weise schilderte und dem Affekt Worte gab. [...] Unsere psychotherapeutische Methode [...] hebt die Wirksamkeit der ursprünglich nicht abreagierten Vorstellung dadurch auf, dass sie dem eingeklemmten Affekte derselben den Ablauf durch die Rede gestattet [...]» (Freud 1893b, GW I, 86, 97). Mit zunehmender Ausarbeitung seiner

Theorie des Unbewussten behauptete Freud ab 1900 jedoch nicht mehr, dass Symptome durch Abreaktion zum Verschwinden gebracht werden können. Sein Verständnis der Dynamik seelischen Leidens wurde komplexer und die Politik der Depression im Einklang hiermit verstrickter (Liebe und Hass, Aggression und Schmerz, Innen und Aussen). In der Melancholie wird Feindseligkeit nicht nur nicht abgewürgt, sondern sie hat im Gegenteil ein Ziel gefunden: «Es pflegt [...] den Kranken noch zu gelingen, auf dem Umwege über die Selbstbestrafung Rache an den ursprünglichen Objekten zu nehmen und ihre Lieben durch Vermittlung des Krankseins zu quälen, nachdem sie sich in die Krankheit begeben haben, um ihnen ihre Feindseligkeit nicht direkt zeigen zu müssen.» (Freud 1917a, GW X, 438). Die Aggression gegen die eigene Person zu richten beendet nicht den Sadismus gegenüber anderen.[8] Wenn ich meine Feindseligkeit gegen mich selbst wende, heisst das nicht, dass ich meinem Gegenüber ihre Wirkung erspare. Vielmehr wandle ich diese Wirkungen verschiedentlich um – in Formen, die schwerer zu erkennen als die offene Aggression und indirekter, deswegen aber nicht weniger sadistisch sind. Eng (2000) treibt das Wenden der Aggression gegen sich selbst zu weit (wenn er schreibt, die Melancholie «verwandelt sämtliche möglichen Anklagen gegen das geliebte Objekt in Selbstvorwürfe» [meine Hervorhebung, 1276]), denn das macht aus der Melancholie ein geschlossenes System («eine Abwendung von der äusseren Welt der Gesellschaft zur Innenwelt der Psyche» [1276]). Mir scheint es wichtig zu betonen, dass die nach aussen gewendete Aggression ein unerlässlicher Bestandteil des Austauschs zwischen Ich und Welt ist und dass wir dieser Art des Weltbezugs in Theorien der Depression ihren Raum geben müssen.

In Erinnerung behalten müssen wir in diesem Zusammenhang auch, dass Melancholie nicht nur von schweren Verlusterfahrungen wie dem Tod eines Angehörigen oder der Zerstörung des eigenen Lebensumfelds ausgelöst werden kann, sondern auch von weniger unmittelbar gewaltsamen Eingriffen in unser Leben, etwa von Zurücksetzung, Vernachlässigung oder Enttäuschung. Derartige Umstände sind es, die aus der Melancholie eine Alltagserscheinung machen – eben jene gängige Dysphorie, die seit Fluoxetin von Pharmaunternehmen ausgebeutet wird. So kann sich die Feindseligkeit der Depression in Form kleiner Bruchstücke von Aggression (Dysthymie) im täglichen Leben verbreiten, ohne sich als Generalangriff auf den anderen zu äussern. Im einen wie im anderen Fall haben wir es nicht mehr mit einem rechtschaffenen (und bewussten), auf Abwege geratenen Zorn zu tun. Vielmehr sind melancholische Reaktionen auf Verluste oft böswillig und fallen meist so aus, dass man sie unmöglich mögen kann. Die Depressive sehnt sich erbärmlich verzweifelt nach Nähe und gefällt sich zugleich in der Zerstörung der Objekte ihrer Sehnsucht. «Die unzweifelhaft genussreiche Selbstquälerei der Melancholie bedeutet [...] die Befriedigung von sadistischen und Hasstendenzen, die einem Objekt gelten [...]» (Freud 1917a, GW X, 438). Eben dieser ungeniessbare Aspekt der Melancholie fehlt aber, wie ich im Folgenden zeigen werde, in feministischen Bestandsaufnahmen von Depression und Melancholie.

Zuvor will ich meine Behauptung zur Aggression in der Melancholie noch etwas näher an die Biologie heranführen. «Sadistische und Hasstendenzen» in der Melancholie, die «einem Objekt gelten und auf diesem Wege eine Wendung gegen die eigene Person erfahren haben», materialisieren sich oft im Darm. Freud war schon Jahrzehnte zuvor eine Verbindung zwischen Darm und Depressionen aufgefallen. In einem Textentwurf zur Melancholie von 1892 weist er auf die enge Beziehung zwischen Gemüts- und Essstörungen hin: «Die der Melancholie parallele Eßneurose ist die Anorexie. Die berühmte Anorexia nervosa der jungen Mädchen scheint mir (nach guter Beobachtung) eine Melancholie bei unterentwickelter Sexualität zu sein.» (Freud 1892/1999, 97). Freud erkannte eine Affinität zwischen Magersucht und Melancholie, aber noch war er nicht zu einer differenzierteren Erörterung der für diese beiden Störungen konstitutiven Aggression gelangt. Melancholie ist schmerzhaft, in diesem Entwurf aber noch nicht feindselig. Es war Freuds Kollege Karl

Abraham, der als Erster die Aufmerksamkeit der Psychoanalyse auf die Bedeutung des Sadismus in depressiven Krankheitsbildern lenkte. «Es handelt sich hier um Individuen mit einem ins Unbewußte verdrängten unersättlichen Sadismus, der sich gegen alle und alles richten möchte.» (Abraham 1911/1971, Bd. II, 153). Abraham erkannte ausserdem die enge Verbindung zwischen Melancholie und Problemen mit der Ernährung, in der viel Feindseligkeit steckte. «Hier möchte ich vor allem darauf hinweisen», schrieb er,

> daß manche Neurotische auf jeden Verlust – sei es ein Trauerfall, sei es eine materielle Einbuße – anal reagieren. Je nach der unbewußten Einstellung zu dem Verlust, die entsprechend der Ambivalenz des Gefühlslebens natürlich auch wechseln kann, tritt Obstipation oder Diarrhoe auf. Der Verlust wird also mit Hilfe der uns bekannten «Organsprache» abgewehrt oder bekräftigt. Die Nachricht vom Tode eines nahen Angehörigen löst bei manchen Menschen ein heftig drängendes Gefühl im Darm aus, so als ob der ganze Darm hinausdränge oder als ob sich im Innern etwas losrisse und auf analem Wege abgehen wolle.... Wir müssen... in diesem Verhalten eine vom Unbewußten festgehaltene archaische Form der Trauer erblicken. (Abraham 1924/1971, Bd. II, 120 f.)

Abraham nannte diesen gewaltigen Druck im Darm eine «Organsprache». Schon vor ihm hatte Freud mit diesem Wort hypochondrische Anfälle bezeichnet. In seinem Aufsatz über das Unbewusste berichtet er von einer Patientin von Victor Tausk, die nach einem Liebesstreit in die Klinik gebracht wurde und klagte, ihre Augen seien verdreht. Sie behauptete, ihr Liebhaber sei «‹[...] ein Heuchler, ein *Augenverdreher*, er hat ihr die Augen verdreht, jetzt hat sie verdrehte Augen, es sind nicht mehr ihre Augen, sie sieht die Welt jetzt mit anderen Augen.› [. . .] In Übereinstimmung mit Tausk hebe ich aus diesem Beispiel hervor, daß die Beziehung zum Organ (zum Auge) sich zur Vertretung des ganzen Inhaltes [ihrer Gedanken] aufgeworfen hat. Die schizophrene Rede hat hier einen hypochondrischen Zug, sie ist Organsprache geworden.» (Freud, Das Unbewußte, 1915, GW X, 296 f.). Nach Freud stehen die Körperorgane hier als «Vertretung» für den Inhalt ihrer Vorstellungen. Obwohl Freud anderswo die körperlichen Zustände von Neurotikerinnen differenziert beschreibt, folgt er hier einer ziemlich konventionellen Auffassung des Leib-Seele-Verhältnisses. Es gibt eine klare Unterscheidung zwischen der Natur der Organe und der Tätigkeit des Geistes. Organe können Träger von Gedanken sein, aber selbst keine Gedanken ausbilden. Es kommt den Augen der Patientin zu, Täuschung oder Verdrehung zu vergegenständlichen, doch laut Freud und Tausk findet sich der

Mechanismus ihres Leidens in gedanklichen oder affektiven Verrenkungen des Unbewussten. Der Geist handelt, die Organe folgen. Demgegenüber liegt mir daran, die Bedeutung der Organsprache zu erweitern, um die wechselseitige Verstrickung von Psyche und Soma ebenso herauszuarbeiten wie die beseelte Natur biologischer Substrate.

Könnten wir uns dazu die Organsprache als eine Form der körperlichen Artikulation im Sinn von J. L. Austin (1962) denken? Vielleicht ist diese Organsprache eine Performativität des Körpers – und spielt Ereignisse durch, die sie dem Anschein nach nur symbolisiert? Das würde bedeuten, dass unsere Eingeweide die Uraufgabe des Trauerns für uns übernehmen. Verstopfung und Durchfall wären dann keine Tätigkeiten, die einen Kummer bloss begleiten, und es wäre ebenso sinnlos, sie als konstatierende Akte (Richtig- oder Falsch-Aussagen) zu bezeichnen. Vielmehr wären die ungestümen Reaktionen des Darms (das sich Verkrampfen oder destruktive Loslassen) enterisch bewerkstelligte Formen des Trauerns. Insbesondere die Tätigkeit des Darms (ein gewaltiger Druck, als würden die gesamten Eingeweide ausgeschieden) stellt eine aggressive Art von Körpertrauer dar, die sich gegen das Ich, aber auch zum verlorenen/geliebten, fantastischen/physischen, inneren/äusseren, einverleibten/zerkauten Objekt hin wenden kann. Der – nunmehr fantastisch physisch ausgebrochene – Hass der Melancholikerin auf das Objekt nimmt die Form einer gewaltsamen enterischen Zurückweisung an, indem das Objekt fortgerissen und über den Anus ausgestossen wird. Wie man mit Ferenczi sagen könnte, schwingen sich infolge grosser wie kleiner Erschütterungen die Verdauungsorgane zu einem Denken, einer Klage und Zerstörung auf.

Ähnlich berichtet Abraham (1924) vom Fall eines jungen Melancholikers, der «einem Zwang [unterlag], seinen Darmschliessmuskel zu kontrahieren. Das Symptom erwies sich als mehrfach determiniert», nämlich in seiner «Bedeutung im Sinne eines krampfhaften Festhaltens an seinem Darminhalt» und an dem, «was ihm aufs neue verloren zu gehen drohte. Eine andere Determinierung... ist die passiv-homosexuelle Einstellung zum Vater.» (Abraham 1924/1971, Bd. II, 135). Mich irritiert daran nicht so sehr die vielleicht allzu reduzierte Deutung (auf anales Einbehalten und den negativen Ödipuskomplex), sondern das Beschränken der Überdeterminierung auf den Bereich der Vorstellung. Übereinstimmend mit der (damaligen wie heutigen) psychoanalytischen Orthodoxie betrachtet Abraham die Tätigkeit des analen Schliessmuskels als Manifestation von Verwirrungen, die sich eigentlich anderswo, nämlich auf seelischem Gebiet, abspielen. Ihm zufolge sind eigentlich die gedanklichen Verrenkungen des Unbewussten überdeterminiert, und der zusammengekrampfte Schliessmuskel ist nur ein Speicher für dieses Geschehen in der Fantasie. Nach konventioneller psychosomatischer Deutung hat die Tätigkeit des Schliessmuskels mit Seelen- oder Geisteszuständen nur sekundär, d. h. nur unter dem bestimmenden Einfluss neurotischer Gedankenbildung zu tun. Ich dagegen suche eine Möglichkeit, mir die Schliessmuskeln (und Darmwände) als Ursprünge von etwas Seelisch-Geistigem und nicht nur als Mittel zum Ausdruck von Gefühlen vorzustellen. Wäre es nicht denkbar (nämlich wenn wir uns von der flachen Topografie der konventionellen Biologie entfernen und einer Körperfantasie annähern), dass es sich beim zwanghaften Zusammenziehen des Schliessmuskels um eine psycho-enterische Tätigkeit handelt? Etwa indem der Objektverlust unmittelbar hier, vom Schliessmuskel selbst, empfunden und verarbeitet wird?

Ich nutze hier Abraham und Freud und Ferenczi und Klein als Belege für meine Behauptung, dass Körpernatur und Fantasie in depressiven Zuständen gleichursprünglich sind. Ausserdem will ich betonen, dass Neigungen zu Sadismus und Hass unerlässlicher Bestandteil all dessen sind, was sich psychosomatisch mit all seinen Verwicklungen in uns abspielt. Auch diesbezüglich erweist sich Abraham (1924) als hilfreich, indem er den sadistischen Charakter vieler enterischer Impulse festhält. Die der Melancholie zugrunde liegende Ambivalenz (Liebe und Hass) speist sich aus sadistischen, oralen und analen Bezugnahmen auf Objekte: «Auf der Stufe der beißenden Mundtätigkeit wird das Objekt einverleibt und erleidet dabei das Schicksal der Vernichtung… Folgt das Kind den Reizen des Objektes, so gerät es zugleich in die Gefahr, ja in die Notwendigkeit, das Objekt zu vernichten.» (Abraham 1924/1971, Bd. II, 141). Der Verlust eines Objekts ist auf der Fantasieebene ebenso wie im Darm ein Erlebnis von Feindseligkeit: «Die Beseitigung oder der Verlust eines Objektes kann also vom Unbewußten sowohl als sadistischer Vorgang der Vernichtung wie als analer Vorgang der Ausstoßung betrachtet werden.» (Abraham 1924/1971, Bd. II, 122). Wie Melanie Klein (1935/1975) sagt, hat Einverleibung absolut nichts Gutmütiges an sich. Ein Objekt in sich aufzunehmen – und sei es ein geliebtes – bringt sein Verschlingen und Schädigen mit sich. Sowohl bei Abraham als auch bei Klein bleibt offen, ob das Objekt fantastischer oder enterischer Natur ist. Der grundlegende Unterschied zwischen Einverleibung und Zerkauen wird infrage gestellt. Wie ich im ersten Kapitel schreibe, war diese Unklarheit für Kleins Kritiker ein Anlass zur Sorge. Sie stiessen sich beispielsweise daran, dass Klein nicht eindeutig zwischen einem körperlichen Reiz und einer Fantasie trennte.[9] Für meine Zwecke ist diese Uneindeutigkeit besonders lehrreich, was das psychosomatische Fundament melancholischer Zustände angeht, denn sie zeigt, dass sich Darmtätigkeit und beseelte Reaktion nicht endgültig voneinander abgrenzen lassen. So beisst der Säugling (das Kind, der

Jugendliche oder Erwachsene) nicht, um einen bereits bestehenden Sadismus zum Ausdruck zu bringen, sondern das Beissen ist ein von Gesichts- und Kiefermuskeln artikulierter Sadismus. Ähnlich sind die körperlichen Befähigungen des Darms zum Einbehalten und Ausstossen unter anderem auch biosadistische Formen von Kontrolle und Zerstörung.

Mit Unterstützung der genannten frühen psychoanalytischen Denker möchte ich nun behaupten, dass es sich bei den Tätigkeiten des Darms um Objektbezüge handelt – nicht einfach nur um die äusserliche Darstellung von Objektbezügen der Fantasie oder gar nur (und noch konservativer) um einen körperlichen Träger für Objektbeziehungen. Wenn Ferenczi und Isaacs mit ihrer Vermutung recht haben, dass die Vorstellung eine seit Urzeiten im Körpersubstrat angelegte Fähigkeit ist, müssen Routinetätigkeiten des Verdauungsapparats (Einnahme, Verstoffwechslung, Peristaltik, Ausscheidung) auch die Folgen eines Verlustes psychisch gewahren. Und wenn sich nach Klein Fantasie und Sadismus nicht trennen lassen, sind Vorgänge der Einnahme, Verstoffwechslung, Peristaltik und Ausscheidung zwangsläufig nicht nur innere Angelegenheiten, sondern auch Handlungen, die die Welt angreifen.[10] Anhand des folgenden aussergewöhnlichen Beispiels möchte ich zeigen, wie weitgehend der Darm manchmal in die Arbeit von Einverleibung und Ausscheidung einbezogen werden kann. Diese Forschungsergebnisse entziehen sich konventionellen Deutungen, denen zufolge Fehlfunktionen des Darms entweder körperliche Gebrechen (Krankheiten) oder eine sekundäre Manifestation geistig-seelischer Störungen (funktionaler oder hypochondrischer Art) sein müssen. Zugleich treten hier auch Tendenzen des Sadismus und Hasses stärker in den Vordergrund. An die Erörterung des Meryzismus knüpft sich die Frage, inwieweit ein Verständnis derartiger biologischer/feindseliger Tendenzen die feministische Theorie und Politik stärker als bisher machen kann.

Der Meryzismus

> Was nun folgt, ist Spekulation, oft weitausholende Spekulation, die ein jeder nach seiner besonderen Einstellung würdigen oder vernachlässigen wird. Im weiteren ein Versuch zur konsequenten Ausbeutung einer Idee, aus Neugierde, wohin dies führen wird.
>
> SIGMUND FREUD,
> *Jenseits des Lustprinzips*

Meryzismus ist das wiederholte Heraufwürgen, Wiederkauen und erneute Schlucken von Nahrung. Das DSM-5 nennt den Meryzismus eine «Ruminationsstörung» und führt ihn unter den Ernährungs- und Essstörungen an: «Zuvor geschluckte, mitunter teilweise verdaute Nahrung wird ohne erkennbare Übelkeit, unwillkürliches Würgen oder Ekelerscheinungen zurück in den Mund befördert. Dort wird die Nahrung entweder noch einmal gekaut und dann ausgespuckt oder erneut geschluckt.» (APA 2013, 332). Bei Kleinkindern kann diese Störung bedrohlich werden, wenn sie infolge der Mangelernährung nicht gedeihen, und am Ende bis zum Tod führen. Mit welcher Art von feindlicher Organsprache haben wir es hier zu tun?

Berichte über den Meryzismus finden sich in der englischsprachigen Fachliteratur des gesamten 20. Jahrhunderts (Brockbank 1907; Cameron 1925; Franco u. a. 1993; Geffen 1966; Wood und Astley 1952), und aus den Quellen wissen wir, dass die Geschichte dieser Störung mindestens bis in die Zeit von Aristoteles zurückreicht (Parry-Jones 1994). Wie bei der Melancholie sind die genaue Ausprägung und die Parameter der Störung unklar. Auch haben sie sich, wie es scheint, mit der Zeit verändert. So behauptet das DSM-IV-TR (APA 2000), die Ruminationsstörung trete selten und am häufigsten bei Kleinkindern auf, sie sei bei Erwachsenen in der Regel von geistiger Zurückgebliebenheit begleitet und bei Männern eventuell häufiger als bei Frauen. Andere Studien haben inzwischen gezeigt, dass der Meryzismus auch bei Jugendlichen und Erwachsenen ohne Einschränkungen der Persönlichkeitsentwicklung vorkommt und mehr Erwachsene betroffen sein könnten als bisher angenommen. Aus weiteren

Untersuchungen geht hervor, dass es tatsächlich mehr weibliche als männliche Betroffene gibt (obwohl die Fallzahlen in den meisten Berichten so niedrig sind, dass sich daraus kein klares Bild einer Geschlechterdifferenz ablesen lässt). Das neuere DSM-5 behauptet mit Rücksicht darauf keinen Geschlechterunterschied mehr und hält fest, dass die Ruminationsstörung über die gesamte Lebensdauer eines Menschen auftreten kann. Zu diesen Unsicherheiten kommt, dass niemand weiss, wie das Heraufwürgen der Nahrung genau funktioniert (welche Muskelgruppen beteiligt sind). Es ist jedenfalls kein Erbrechen und könnte dem Vorgang des Rülpsens ähnlicher sein (Khan u. a. 2000; O'Brien, Bruce und Camelleri 1995; Olden 2001). Die Ruminationsstörung wird deshalb auch unter den funktionalen gastrointestinalen Störungen aufgeführt, deren Mechanismen noch unerforscht sind. Die Rom-III-Kriterien für die Diagnose gastrointestinaler Störungen führen Kriterien ähnlich denen im DSM-5 an. Sie fügen hinzu, dass das Heraufwürgen mühelos vonstatten geht und beim Kind ausbleibt, wenn dieses schläft oder im Kontakt mit anderen Menschen ist. Dass es während des Alleinseins auftritt, erschwert die Beobachtung: «Solche Beobachtung erfordert Zeit, Geduld und Heimlichkeit, da die Rumination mitunter unterbrochen wird, sobald das Kleinkind den Beobachter bemerkt.» (Milla u. a. 2006, 694).

Letzterer Hinweis – dass das Ruminieren sehr feinfühlig auf zwischenmenschliche Beziehungen reagiert – bildet den Schlüssel zu der Behauptung, die ich im Folgenden aufstellen möchte. Während nämlich die Symptome von einem zum anderen Fall erheblich abweichen, scheint es zwei in empirischen und klinischen Berichten durchgängig festgehaltene Merkmale des Meryzismus bei Kleinkindern zu geben: (1) dass er Lust bereitet und (2) dass er innerhalb der Eltern-Kind-Dyade auftritt (und hier auch seine Heilung erfährt). So bemerkte der Arzt H. C. Cameron 1925, dass das Ruminieren im Kleinkind ein Gefühl von «Seligkeit» hervorrufe (875):

> Nachdem er seine Mahlzeit völlig normal zu sich genommen hat, liegt der Säugling meist für einige Zeit still da. Dann beginnen bestimmte zielgerichtete Bewegungen, von denen die Unterleibsmuskulatur in eine Abfolge heftiger Kontraktionen versetzt wird – der Kopf wird zurückgeworfen und der Mund geöffnet, die Zunge ein wenig herausgestreckt und von einer Seite zur anderen so gekrümmt, dass sie an ihrer Unterseite eine löffelartige Einbuchtung bildet. Nach einer unterschiedlich langen Zeit anhaltender Mühen, die manchmal von Grunzlauten oder Wimmern begleitet sind, worin der Unmut über das Ausbleiben des erwarteten Ergebnis seinen Ausdruck findet, zeigt sich

> mit jeder weiteren Kontraktion der Unterleibsmuskeln vorübergehend Milch an der Rachenwand, und die Flüssigkeitssäule wird durch die gedehnte Speiseröhre nach oben gedrückt. Mitunter wird der vorderste Teil der Milchsäule wiederholt und für kurze Zeit sichtbar, bevor er wieder dem Blick entschwindet, sobald der Druck nachlässt. Eine erfolgreiche Kontraktion schiebt schliesslich eine grosse Menge Milch in den Mund. Der Säugling liegt mit einem Ausdruck höchster Befriedigung im Gesicht da, spürt die heraufgewürgte Milch und unterzieht sie ausgiebigen Saug- und Kaubewegungen. (Cameron 1925, 875)

Je mehr sich die zeitgenössische medizinische und psychiatrische Fachliteratur mit der biometrischen Erfassung des Ruminierens und mit den platten Kognitions- und Verhaltensmustern der Störung beschäftigt, umso seltener werden derart genaue Beschreibungen. Doch selbst in das DSM, das heute allgemein als geläutert von seinem freudianischen Einschlag gilt, hat sich die Beobachtung der lustbetonten Natur des Ruminierens bei Säuglingen eingeschlichen. Kleinstkinder mit dieser Störung, heisst es, «können den Eindruck erwecken, dass sie aus dieser Tätigkeit eine Befriedigung gewinnen» (APA 2013, 332).[11] Mir kommt es hier darauf an, dass das Heraufwürgen anscheinend nicht einfach nur lustvoll ist, sondern lustvoll in einer Weise, die der gewöhnlichen Funktion unserer Verdauung zuwiderläuft. Während das Schlucken von Milch, wie Freud bekanntlich sagte, leicht als befriedigend erfahren werden kann, gilt das antiperistaltische Heraufholen von Nahrung meist als gewaltsam, quälend und bitteren Geschmacks. Im Fall des Meryzismus bei Kindern oder auch Erwachsenen gilt das anscheinend nicht. Eine der ersten Beschreibungen des Meryzismus bei Erwachsenen hält fest, der Patient habe das heraufbeförderte Material als «süsser denn Honig und einen herrlichen Genuss» bezeichnet (Brockbank 1907, 424). Zuwider läuft dieses Verhalten anscheinend auch dem, was Freud den lebenserhaltenden Instinkt genannt hätte, und es findet wohl gerade in dieser Auflehnung seine besondere Erfüllung.

Der zwischenmenschliche Aspekt der Rumination weist eine ähnliche (befriedigend-widerwärtige) Struktur auf. Die klinische Literatur konzentriert sich hier weitgehend auf die Bedeutung hinreichender mütterlicher Fürsorge. Kevin Olden (2001) beispielsweise sagt rundheraus, dass «Kinder mit dem infantilen Ruminationssyndrom oft auch Symptome aufweisen, die bei schwerwiegenden Defiziten der Mutterbindung auftreten» (351), und auch nach dem Rom-III-Konsens handelt es sich um eine dyadisch konstituierte Störung: «Der emotionale und sensorische Mangel, der die Rumination auslöst, kann bei den erkrankten Kleinkindern aus einem Umfeld herrühren, das den normalen Umgang mit ihnen verhindert (z. B. in neonatalen Intensivstationen). Ebenso auftreten kann er bei ansonsten gesunden Kindern, deren Mütter keine emotionale Bindung zu ihnen aufbauen. Dies kann sich in mütterlichem Verhalten äussern, das von augenscheinlicher Vernachlässigung bis hin zu sklavischer Aufmerksamkeit reicht, doch in jedem Fall fehlt die Freude daran, das Kind in die Arme zu nehmen.» (Hyman u. a. 2006, 1521). Ich vermute, dass die dyadische Natur der Eltern-Kind-Beziehung auf mehr als nur elterlichem Wohlwollen beruht, dass sie dynamischer ist (und emotional mehr auf Gegenseitigkeit beruht), als es in diesen Zeilen anklingt. Vielleicht wäre es allzu einfach, aus den klinischen Berichten zu schliessen, dass nur die mütterliche Zuwendungsbereitschaft wiederhergestellt werden muss (indem die Mutter wieder Freude daran hat, ihr Kind zu halten), damit die Dyade wieder gegenseitiges Wohlwollen transportiert. Manfred Menking u. a. (1969) etwa berichten von einem «ausgemergelten, chronisch kranken, dehydrierten Säugling» (802), dessen Rumination auf eine gestörte Bindungsfähigkeit der Mutter zurückgeführt wurde: «Sie sorgte für das Kind in einer passiven, mechanischen Art und Weise, mit ausdruckslosem Gesicht und ohne erkennbaren Wunsch, es zu umarmen oder zu küssen [...] Das Stillen wurde ebenso mechanisch vollzogen, ging sehr oft zu schnell, und die Mutter achtete dabei wenig darauf, sich dem Tempo des Kindes anzupassen. Dieses wirkte angespannt und verkrampft, es weinte und spuckte wiederholt.» (803 f.). Das Wohlbefinden des Säuglings verbesserte sich schlagartig, sobald die eindringliche medizinische Untersuchung beendet war und der Versuch gemacht wurde, ihn gefühlsbetonter zu umsorgen: «Die Schwestern nahmen das Kind oft zu sich, lächelten es an, sprachen und spielten in den Wachzeiten kontinuierlich mit ihm.» (804). Sobald er hinreichend umsorgt war, zeigte sich der Säugling als Inbegriff des Frohsinns: «Er reagierte bereitwillig, war fröhlich und bezaubernd.» (804).

Ein ausreichend gutes Verhältnis zwischen Säugling und Bezugsperson ist jedoch nicht so einseitig bestimmbar, sondern ein Prozess anhaltender gegenseitiger Störung und Reparatur. Der hoch angesehene Kinder- und Entwicklungspsychologe Edward Tronick sagt, dass erfolgreiche Mutter-Kind-Dyaden in Abständen von wenigen Sekunden zwischen Dissonanz und Einstimmung aufeinander schwanken: «Unabhängig vom Alter des Kindes in dessen erstem Lebensjahr spielt sich die Koordination zu weniger als 30 Prozent der Zeit in der direkten Interaktion von Angesicht zu Angesicht ab, und alle drei bis fünf Sekunden kommt es zu einem Wechsel zwischen koordinierten zu unkoordinierten Momenten … [eine gut funktionierende Interaktion] wechselt häufig von positiv und beidseitig aufeinander eingestimmten Zuständen zu affektiv negativen, unkoordinierten Zuständen und wieder zurück.» (Tronick 1989, 116). Offene Ablehnung durch die Mutter verheisst eindeutig nichts Gutes für die Beziehung zum Kind, doch das bedeutet nicht, dass ausreichend gute Fürsorge frei von negativen Gefühlen auf beiden Seiten wäre. Wie es scheint, sind mit negativen Affekten beladene, unkoordinierte Zustände für Kind und Mutter ebenso wichtig wie affektiv positive, aufeinander eingestimmte. Zwar stärken die negativen Phasen nicht die Bindung – das wäre ein Widerspruch in sich. Doch der wie immer geartete Versuch, Aggression anzuerkennen und zu verstoffwechseln, ist unverzichtbar Teil des Austauschs, der die Bindung hervorbringt. Die Fähigkeit, zu hassen und das Gehasstwerden auszuhalten, ist entscheidend für ein gesundes Seelenleben (Bion 1959; Winnicott 1949). Noch anders gesagt, ist Bindung nicht gleichbedeutend mit Gemochtwerden.

Dass eine Mutter (mehr oder weniger unbewusst) ihr Kind ablehnen, abstossend finden, fürchten oder hassen könnte, wird niemanden überraschen, der mit feministischer Theorie oder Politik der letzten Jahrzehnte vertraut ist.[12] Erstaunlicher in der heutigen Zeit scheint mir das Fehlen einer Theorie der Negativität aufseiten des Säuglings. Im Fallbericht von Menking entsteht beispielsweise der Eindruck, dass sich die Feindseligkeit des Kindes einfach legt («seine emotionale Disposition veränderte sich auffällig»

[Menking u. a. 1969, 804]), als sei Liebenswürdigkeit die wahre Natur des Jungen. Worin besteht tatsächlich der Beitrag des Kindes zu der Ruminationsbeziehung mit seiner Mutter? Kann nicht auch von ihm eine Feindseligkeit ausgehen, die das Verhältnis zur Mutter prägt? Vielleicht erleidet ein ruminierender Säugling nicht immer nur Verlusterlebnisse, und vielleicht ist sein Verhalten auch nicht immer nur kompensierend oder selbstbezogen (im platten Kognitions- und Verhaltensvokabular der Psychiatrie das so genannte «selbststimulierende Verhalten» [Hyman u. a. 2006, 695]). Vielleicht attackiert das Kind auch und gerade die Person, die ihm am nächsten steht («auf jegliche Handhabe reagierte er mit so wütendem und unangenehm abschreckendem Weinen, dass sich die Fürsorge bald auf die unerlässliche Arbeit des Fütterns und Waschens beschränkte» [Menking u. a. 1969, 803]). Und wenn der Säugling nun seine Mutter hasst, bevor er sich selbst hasst? Ist Hass nicht eigentlich eine der Formen, mit denen sich Abgrenzungen zwischen ihm und seiner Mutter herstellen und aufrechterhalten lassen? Gefährdet ein Säugling, indem er nicht gedeiht, vielleicht nicht nur sich selbst, sondern ist er darüberhinaus eine (entzückende) Aggression gegen seine Mutter?

Meine Vermutung ist, dass das Ruminieren beim Säugling eine besondere, vom Verdauungstrakt bewerkstelligte Negativität darstellt, die sich gegen die Fürsorgebeziehung selbst richtet. Das ruminierende Kind spielt Fort-Da mit seiner Nahrung oder Mutter. In «Jenseits des Lustprinzips», einer bemerkenswerten (und weit hergeholten) Schilderung der Uragression, auf die sich viele von Melanie Kleins späteren Beiträgen stützten, erzählt Freud die Geschichte vom Lieblingsspiel seines (ansonsten wohlerzogenen) Enkels:

> Dieses brave Kind zeigte nun die gelegentlich störende Gewohnheit, alle kleinen Gegenstände, deren es habhaft wurde, weit weg von sich in eine Zimmerecke, unter ein Bett usw. zu schleudern, so daß das Zusammensuchen seines Spielzeuges oft keine leichte Arbeit war. Dabei brachte es mit dem Ausdruck von Interesse und Befriedigung ein lautes, langgezogenes o-o-o-o hervor, das nach dem übereinstimmenden Urteil der Mutter und des Beobachters keine Interjektion war, sondern «fort» bedeutete. Ich merkte endlich, daß das ein Spiel sei und daß das Kind alle seine Spielsachen nur dazu benütze, mit ihnen «fortsein» zu spielen. Eines Tages machte ich dann die Beobachtung, die meine Auffassung bestätigte. Das Kind hatte eine Holzspule, die mit einem Bindfaden umwickelt war. Es fiel ihm nie ein, sie zum Beispiel am Boden hinter sich herzuziehen, also Wagen mit ihr zu spielen, sondern es warf die am Faden gehaltene Spule mit großem Geschick über den Rand seines

> verhängten Bettchens, so daß sie darin verschwand, sagte dazu sein bedeutungsvolles o-o-o-o und zog dann die Spule am Faden wieder aus dem Bett heraus, begrüßte aber deren Erscheinen jetzt mit einem freudigen «Da». Das war also das komplette Spiel, Verschwinden und Wiederkommen, wovon man zumeist nur den ersten Akt zu sehen bekam, und dieser wurde für sich allein unermüdlich als Spiel wiederholt, obwohl die größere Lust unzweifelhaft dem zweiten Akt anhing. (Freud 1920, GW XIII, 12)

Dieser Wiederholungszwang belegt nach Freud eine unbewusste Tendenz (einen «dämonischen Zug… im Erleben» [Freud 1920, GW XIII, 20]), der dem Lustprinzip zuwiderläuft und sich sogar gegen das Leben selbst wendet: den Todestrieb. Freud zufolge erschliesst sich die Funktion des Spiels nicht unmittelbar. Die Holzspule symbolisiere ohne Zweifel die Mutter des Kindes, doch warum sollte dieses, da ihm doch die Abwesenheit der Mutter ein quälendes Erlebnis sein musste, das Verschwinden der Mutter unablässig wiederholen? Und warum bereitete ihm gerade der erste Teil («fort») ein so besonderes Vergnügen? Zunächst sieht es so aus, als nehme das Kind eine aktive Haltung zu einer Situation (dem Verschwinden seiner Mutter) ein, in der es normalerweise passiv und oft von Verlustgefühlen überwältigt ist. Doch Freud sagt, dass es hier nicht um eine Abreaktion / Katharsis von unangenehmen Gefühlen geht, sondern dass der Junge sich an seiner Mutter rächt. Das Spiel dient dem Kind nicht dazu, seinen Groll auszudrücken, um so – wie man heute sagen würde – darüber hinwegzukommen. Vielmehr besteht sein Vergnügen an dem Spiel gerade darin, dass er in seiner Aggression schwelgen, sie wiederholen und auskosten kann. In dem Spiel klingen Neigungen an, die sich dem bewussten Erleben entziehen und auch über das Ziel der Lust hinausgreifen. Es sind Urimpulse der Aggression, denen jegliches Interesse am Guten abgeht.

Die Rumination ist ein Fort-Da-Spiel. Sie beinhaltet die zwanghafte Wiederholung eines Ereignisses, das eigentlich ekelhaft sein sollte, das sich gegen das Leben und die Fähigkeit zum Wachstum richtet. Ich behaupte nicht, dass der Säugling seinen Verdauungsapparat einsetzt, um den Todestrieb auszuagieren, sondern dass der – schon rein physisch den Muskeln und Drüsen der Verdauung vergleichbare – Todestrieb sich durch den Meryzismus ebenso gut zur Geltung bringen kann wie durch eine Holzspule.[13] Eine mögliche viszerale Reaktion auf Systeme der Fürsorge wäre, so etwas wie eine ätzende Befriedigung daraus zu beziehen, dass man diese Beziehung selbst attackiert. Der Meryzismus verstärkt eine bereits in unseren Eingeweiden angelegte «organische Elastizität» (Freud), die sich nach der Mutter streckt, um sie zurückzuweisen oder wegzuwerfen. Das ist kein heldenhaftes Unterfangen: Es ist bitter, feindselig und kann tödlich ausgehen. Der Schlund verschlingt und verwirft und einverleibt von Neuem. Er richtet Schaden an und versucht eine Reparatur und nährt sich von seiner Rache. Klinische Eingriffe in Fällen von Meryzismus, die sich zu einer schweren Störung entwickelt haben, können helfen, um eine hinreichende Fürsorgebeziehung wiederherzustellen, aber diese grundlegende kindliche Bitterkeit beseitigen können sie nicht.

Überschwängliche Melancholie

Wie sehr muss ich hassen, bevor ihr mich seht?

KEN CORBETT, «Melancholia and the Violent Regulation of Gender Variance»

Nicht nur hängen wir an Dingen, die uns schaden (Berlant 2011), sondern wir versuchen auch, Dinge kaputt zu machen, an denen wir hängen. Ich vertrete hier die Auffassung, dass die Politik der Depression von grösserer Aufmerksamkeit für die Feindseligkeit, die wir selbst in uns erzeugen und gegen unsere geliebten Objekte, Ideale oder Orte richten, nur gewinnen könnte. Zwar wurde in letzter Zeit Feindseligkeit gegenüber bestimmten Personengruppen (Frauen, Menschen nichtweisser Hautfarbe, Queere und Perverse, Arme, Aussenseiter, Eigenbrötler und Abartige aller Arten) eingehend ans Licht gebracht, doch welchen Anteil wir selbst an der Neigung zu Sadismus und Hass gegenüber diesen Objekten – die wir lieben, mit denen wir uns identifizieren oder zusammenarbeiten, denen wir uns vielleicht sexuell, ökonomisch oder politisch verbunden fühlen – haben, ist nach wie vor theoretisch nicht hinlänglich erfasst.

Es gab mehrere kritische Darstellungen negativer oder feindseliger Gefühle und ihrer Bedeutung für eine Politik der Depression, doch sie alle weichen einer umfassenden Auseinandersetzung mit den Folgen von solchen Aggressionen aus, die sich gegen ein Liebesobjekt wenden. Beispielsweise hat Douglas Crimp (2002) vorgeschlagen, dass der politische Umgang mit Aids um die Einsicht bereichert werden könnte, dass «bestimmte Formen des Elends selbstverschuldet» seien (149), und Ann Cvetkovich (2007) zog aus den ersten zehn Jahren des Aids-Aktivismus den Schluss, bestimmte negative Gefühle könnten «eine positive Ressource für politisches Handeln und nicht dessen Gegenteil» sein (460). Doch andererseits betrachtet Crimp – darin der gesellschaftskritischen Überzeugung von der nach innen gerichteten Aggression verpflichtet – Destruktivität primär in Begriffen des Masochismus, nicht des Sadismus. Ausserdem zieht er klare Grenzen, wenn es um die Frage geht, wer oder was zum Ziel unserer destruktiven Impulse werden darf: Wann immer wir unsere Wut (militant) nach aussen richten, scheint sie bei ihm ein unzweifelhaft böses Objekt zu treffen (nämlich die gesellschaftlichen Strukturen, die HIV-Infizierten oder Aidskranken «selbst die Schuld an ihrem Leiden gaben, sie lächerlich gemacht, ausgegrenzt und verhöhnt haben» [146], ihnen angemessene Gesundheitsversorgung, Unterkunft und Arbeit verwehrt haben). In Crimps Sicht der Dinge steht die nach aussen gerichtete Feindseligkeit stets auf festem moralischem Boden. Sie ist eine Aggression für das Gute. Eben das nennen wir für gewöhnlich Politik. Solche Kritik nimmt Cvetkovich vorweg, indem sie betont, sie habe nicht vor, aus der Depression ein positives Erlebnis zu machen, sondern gerade das Negative der Depression politisch herauszustellen. Dennoch ist ihr Ziel, negative Gefühle zu «entpathologisieren» (461) und sie zur «Gemeinschaftsbildung» (460) einzuspannen, ein affirmatives Ansinnen. Beides kann zwar unter Umständen mit «Verzweiflung und Erschöpfung» einhergehen (467), aber dennoch handelt es sich um politische Anliegen, die dementsprechend Negativität auf den Wirkungskreis der Wiedergutmachung beschränken wollen. Durch ihre Aufwertung depressiver Gefühle nimmt Cvetkovich diesen ihre charakteristische, grundlegende Destruktivität und vergeht sich damit am Wesen der schlechten Gefühle, die wertzuschätzen sie vorgibt. Stattdessen will ich nun die aufgezeigte Unausweichlichkeit – dass Politik immer Feindseligkeit gegenüber den von uns geliebten Objekten mit bedingt – im nun folgenden, letzten Abschnitt des Kapitels näher beschreiben.

Judith Butlers Aufsatz über die Melancholie der Geschlechter – eine eingehende Deutung von Freuds «Trauer und Melancholie» – war prägend für diese Art der Depressionspolitik und darüber hinaus für feministische, politische, rassenkritische und klinische Theorien (z. B. Dimen und Goldner 2002; Eng 2000; McIvor 2012). Im Kern behauptet «Melancholy Gender / Refused Identification», die konventionellen Geschlechteridentitäten seien strukturell melancholisch. Ebenso wie verlorene Objekte in der Melancholie verinnerlicht und in das Ich aufgenommen werden, so Butler, erfahren auch verlorene sexuelle Bindungen der frühen Kindheit Einverleibung ins Ich und werden Teil der geschlechtlichen Identität. Erfolgreiche Weiblichkeit erfordere beispielsweise den Verzicht des Mädchens auf die gleichgeschlechtliche Bindung an die Mutter sowie die Annahme und Einübung einer heterosexuellen Einstellung. Infolge der Zwänge homophober Kultur- und Familienordnungen können die intensiven Bindungen des Mädchens an ihre Mutter nicht anerkannt, also auch nicht betrauert werden. Stattdessen werde die verlorene gleichgeschlechtliche Bindung in das Ich des kleinen Mädchens zurückgenommen, woraus sich der melancholische Kern heterosexueller Weiblichkeit bilde. Das Selbstgefühl des anständigen weiblichen Mädchens bleibt Butler zufolge deshalb von einem verworfenen gleichgeschlechtlichen Verlust überschattet.

Wenn die konventionelle Geschlechtsidentität einen melancholischen Bezug zu homosexuellen Bindungen unterhält, wie Butler behauptet, so müssen diese Bindungen zugleich auch einen Aggressionsbezug beinhalten. Die Geschlechtsidentität wäre demnach anfällig für eine melancholische (statt einfach nur trauernde) innere Ordnung, weil die Homosexualität vor ihrem Verlust gehasst wurde.[14] Butler interessiert sich wenig und nur insoweit für die Launen dieses vormelancholischen Hasses auf homosexuelle Bindungen, als sie ein kulturelles Milieu beschreibt, in dem homosexuelle Bindungen verboten und von den Mechanismen der Heteronormativität abgeleugnet werden. Der Gedanke, dass konventionelle Geschlechter das angreifen, was sie unbewusst lieben (und nicht einfach nur sich sehnlichst wünschen), stellt auf den ersten Blick keine Schwierigkeit für Butlers Untersuchungsrahmen dar, denn es geht darin um die Allgegenwart geschlechtlicher und sexueller Verbote. Problematischer wird ihre Abneigung, sich über sadistische Tendenzen und Hass Gedanken zu machen, wo es um das geht, was sie «schwule Melancholie» nennt (147). Schwule Melancholie meint anscheinend die entnervte Reaktion schwuler und lesbischer Individuen / Milieus auf homophobe Kräfte in der Kultur allgemein: «was die Zeitungen verallgemeinernd Depression nennen» (148). Ausgehend von einer Theorie der Abreaktion, die mit ihrer bisherigen Deutung

Freuds unvereinbar ist, behauptet Butler, diese Depression enthalte «Zorn, der sich in politischen Ausdruck übersetzen lässt» (147). Sie führt als Beispiel den *NAMES Project AIDS Memorial Quilt* an. Hier sind schmerzhafte Verlustgefühle nicht aus unbewussten Gründen (wegen der verlorenen Urbindung) unaussprechlich, sondern aufgrund kultureller (homophober) Verbote.

Im ersten Schritt lässt sich Butler von ihrem Begriff der schwulen Melancholie in ihrer Argumentation ziemlich holprig von einem Register des Unbewussten (Melancholie der Geschlechter) zu einem kulturellen bzw. Verhaltensregister *(AIDS Quilt)* überleiten, ohne jedoch der Frage nachzugehen, was dieser Registerwechsel an Konsequenzen mit sich bringt. Sie verletzt dadurch ein grundlegendes Axiom der psychoanalytischen Theorie: dass das Unbewusste ein eigengesetzliches Geschehen und nicht gemäss der Logik bewusster Verhaltensweisen, Kognitions- oder Gesellschaftsstrukturen zu verstehen ist (oder sich unmittelbar in diese übersetzen lässt). Der Verlust unbewusster Bindungen ist eine Tragödie ganz anderer Art als beispielsweise die unerträglichen Folgen des Aids-Sterbens für die amerikanische Schwulenszene in den 1980er- und 1990er-Jahren (eines der Ereignisse, die ausdrücklich den Hintergrund von Butlers Untersuchung bilden). Ähnlich unterscheidet sich das Abschneiden präödipaler homosexueller Bindungen wesentlich von kulturellen Sanktionen gegen die Ausbildung gleichgeschlechtlicher Bindungen in der Jugend und im Erwachsenenalter. Indem Butler von der Ebene des Unbewussten auf die des Verhaltens und der Kultur wechselt und sich so sehr auf den Zorn konzentriert, dass sie darüber den Sadismus ausblendet, verengt sie den Charakter der Homosexualität erheblich. Denn während das Geschlecht selbst in seinen starren, konventionalisierenden Formen noch ausgehend von Widersprüchen, Aggressionen, Heucheleien, Traurigkeit und Begierde kultiviert wird, erscheint die Homosexualität hier auf das Heroische reduziert. Ihre Traurigkeit entspringt keinem komplexen Kräftespiel zwischen Innen und Aussen, Liebe und Hass, sondern ist eher eine rührselige Reaktion auf grobe Behandlung durch andere. Schwule Melancholie tötet nicht das Ding, das sie liebt, sondern ist frömmelnd gefangen in «lebensbejahenden Einsprüchen gegen die grimmigen seelischen Folgen einer von der Kultur vereitelten und verbotenen Trauer» (148).

Sollte die schwule Melancholie jenseits der Logik strangulierter Affekte und öffentlicher Katharsen nicht auch einen Hass des geliebten und verlorenen Objekts mit umfassen? Butler nennt Heterosexualität eines der Objekte, dem in der Konstitution schwuler und lesbischer Identitäten abgeschworen werden kann, doch sie wechselt allzu unvermittelt von dieser Behauptung zu einer Politik, die hinsichtlich der Zurücksetzungen und Feindseligkeiten, die das Gesellschafts- und

Seelenleben regieren, alles besser machen könnte: «Uns alle macht der Druck solcher Regeln so viel zerbrechlicher, und wir werden umso beweglicher, je mehr Ambivalenz und Verlust zu einer Sprache finden, in der sie sich ausleben lassen.» (150). Lee Edelman (2004) erkennt viel genauer, welchen Stellenwert eine grundsätzliche Feindseligkeit gegenüber der Heterosexualität («dem Ponzi-Schema des Reproduktionsfuturismus» [4]) haben könnte. Mit seinem Ansatz lockert er den Zangengriff eines erschöpfenden Imperativs, der der Homosexualität das Abreagieren, Reparieren, Wiedergutmachen gebietet. Ähnliche Argumente kamen von Bersani (1987, 1990), dessen Lesart der Klein'schen Wiedergutmachung im Unterschied zu Butlers Deutung eine gänzlich andere Vorstellung davon vermittelt, wie politisch (und psychoanalytisch) vorzugehen wäre. Butlers Anmerkungen zu Klein (1998), die ungefähr zur gleichen Zeit erschienen wie ihre Theorie der Melancholie der Geschlechter, anerkennt nur hier und da den Stellenwert der Aggression («Aggression gegenüber der verlorenen Person weist auf eine Urambivalenz im Verhältnis zu anderen hin» [186]). Zumeist hält Butler die Klein'sche Aggression im um sich selbst kreisenden Mechanismus eines Überichs gefangen, dass das Ich ausschimpft, und auch wo sie sich mit der nach aussen gerichteten Aggression befasst, will sie diese in die Logik einer «eindringlichen» (186) Wiedergutmachung des Schadens an der

Welt zwingen, die «vereitelt» oder «erstickt» oder «bricht» (185). Butlers vorrangiges Anliegen ist die Frage, wie Hass das verlorene/geliebte/gehasste Objekt schützt, nicht beschädigt. Im Sinne Bersanis (1990) könnte man sagen, dass Butler sich mit ihrer Deutung von Klein im Einklang mit manchen späteren Entwicklungen der Klein'schen Theorie befindet, die Kleins frühe und sehr überzeugend vorgeführte Verschmelzung von Liebe und Aggression und Sex und Angst relativieren. In ihren eigenen späteren Texten, so Bersani, bekräftige Klein «Kultur als rastloses Mühen, das Leben ganz zu machen, eine von der Begierde angegriffene Welt zu heilen» (22).

Die politischen Absichten hinter diesem Streben nach Wiedergutmachung formulierte Butler (2006) deutlich in ihrer Untersuchung des öffentlichen Beschimpftwerdens. Sie brachte mit dieser Erörterung ihre vorangegangene Deutung der Melancholie der Geschlechter in die kontroversen Debatten über Transgeschlechtlichkeit und über den Einfluss ihrer eigenen Arbeit (zur Performativität des Geschlechts) auf das Transgender-Engagement und -Lebensgefühl ein. Anscheinend als Zuhörerin bei einer Slam-Poetry-Veranstaltung staunte Butler über die bisweilen «zornige», «unnachgiebige» und «hellsichtige» (68) vorgetragene Dichtung. Einige der Transgender-Sprecher:innen stritten für eine Geschlechterpolitik der konventionellen Art und ergingen sich – in einem Fall – auch in Aggressionen gegenüber

Butler selbst: «Es ist wichtig festzuhalten, dass viele Transsexuelle ganz entschieden an einem binären Geschlechtersystem ebenso wie an ihrem Recht und Bedürfnis festhielten, darin einen Platz zu finden. Das Gedicht einer Trans-Frau rezitierte deren Ärger über das Michigan Women's Music Festival, über verschiedene Diagnosebegriffe der Psychiatrie und über den Feminismus. Nachdem sie all diesen Institutionen mit einem wortwörtlichen ‹fickt euch› eine Absage erteilt hatte, fügte sie noch hinzu: ‹Fick dich, Judith Butler›.» (Butler 2006, 68).

Butler überträgt nun ihre Analyse der schwulen Melancholie auf diese Trans-Forderungen: Etwas ist verloren gegangen, und Verfahren, in denen man diesem Verlorenen nachtrauern könnte, sind von der Kultur geächtet. Wie zuvor spielt Butler Aggression herunter und macht daraus Zorn («eine derbe und hellsichtige Art zu reden» [72]). Sie bleibt fast ausschliesslich auf die nach innen gerichtete Natur dieses Zorns fixiert («die sich selbst beschneidende und zerfleischende Ansprache des Ichs an sich selbst» [78]). Und so wendet sich die von der Aggression in ihrer Hinwendung zur Öffentlichkeit gestiftete Beziehung zum Guten («trägt bei zu einer neuen gesellschaftlichen Realität» [72]). Ohne Zweifel wird einem schwummerig, wenn man sich unvermittelt selbst als Holzspule in einem Fort-Da-Spiel hin- und hergeworfen sieht, und es ist dann nicht einfach, die Kraft und Richtung der

Feindseligkeit im ersten Teil des Spiels (fort/fick dich) klar zu erkennen. Hier meine Vermutung: Vielleicht ist die von dieser eigentümlichen Trans-Politik entfaltete Aggression gegen das performative Geschlecht, das diese Politik zu lieben und zu brauchen vorgibt – eine grundsätzliche Infragestellung der Lebbarkeit dieses Geschlechts. «Judith Butler» hiesse dann: ein performatives Geschlecht, das man wegwerfen, zurückholen und hassen, wegwerfen, zurückholen und hassen kann. Diese Aggression – wie man hasst und gehasst wird – ist weit mehr als der Ausdruck einiger, «in Beziehung zu einander ausgesprochener und wiederholter [politischer] Konflikte» (80). Sie ist eine zerstörerische, für das Leben in Gesellschaft und die Psyche unverzichtbare Kraft. Als einen Anspruch auf Relationalität lässt sich «Fick dich, Judith Butler» dagegen nur innerhalb eines humanistischen Denkschemas verstehen, das alle Negativität am Ende den Kräften der Einbindung dienlich machen muss – das sich der Hoffnung überlässt, Destruktivität sei nur ein strangulierter Affekt, könne am Ende öffentlich zum Ausdruck gelangen und so seine sengende und verletzende Gewalt einbüssen. Diese Deutung (Butlers Deutung) nimmt Rache an der Rache, ist eine Aggression gegen die Aggression. Sie führt so eben den Mechanismus vor, zu dessen Anerkennung der Text sich auf inhaltlicher Ebene nicht entschliessen kann: dass Politik ein hasserfülltes Unternehmen ist.

Beschimpfung ist das eine, mörderische Gewalt etwas ganz anderes. Lawrence King war fünfzehn, als er 2008 von einem Mitschüler (Brandon McInerney) im Computerlabor einer kalifornischen High School erschossen wurde. King war ein Jugendlicher mit untypischem Sexualverhalten. Er erschien in der Schule des Öfteren geschminkt und in hochhackigen Schuhen. Wie es scheint, hatte er mit McInerney in den Wochen vor seinem Tod offen geflirtet. Der Mord wurde in den USA zu einem landesweiten Aufhänger für das Problem der Schikanen und der sexuell/geschlechtlich motivierten Gewalt an Schulen.[15] Ken Corbett (2009a), ein Psychoanalytiker und Theoretiker der Männlichkeit, erwähnt den Fall King – beiläufig – in einem Aufsatz über feminine Jungen («Bestrafungsakte wegen des Übertretens von Geschlechtergrenzen können extreme, sogar tödliche Formen annehmen» [356]). Der Text spricht sich für ein umfassenderes Verständnis – in Kliniken und anderswo – von Feminität in Jungen aus. Corbett legt insbesondere Wert darauf, den Fantasiecharakter der Geschlechtsidentität und entsprechenden Umgang mit dieser bei den betroffenen Jungen herauszuarbeiten. Ihnen wird gewöhnlich ein schwieriges Verhältnis zu Aggression unterstellt, da sie nach den Gesetzen konventioneller Männlichkeit nicht kampflustig genug seien: «Sie sind nicht so grobklotzig, wie sie sein sollten. Sie spüren zu viel.» (362). Und während man üblicherweise annimmt, dass ihre

Femininität der Schatten der Mutter sei (von der sie sich nicht abgelöst hätten), trifft Corbett bei ihnen häufiger auf eine melancholische Inkorporation von Vaterfiguren.

Gayle Salamon geht in ihrer Replik auf den Aufsatz von Corbett detailliert auf den Fall Lawrence King ein. Sie untersucht die Klage von Kings Eltern nicht nur gegen McInerney (und seine Eltern), sondern auch gegen verschiedene Personen und Institutionen, die der Klage zufolge King vor McInerneys Gewalttat hätte beschützen sollen (Schulvertreter und Beschäftigte der Krisenberatung und Unterkunft, in der King bis zu seinem Tod wohnte). Insbesondere lautete der Vorwurf gegenüber der Schule, dass sie Mittel und Wege hätte finden müssen, um zu verhindern, dass McInerney eine Waffe auf das Schulgelände mitbrachte, und dass sie Richtlinien zum Vorgehen bei derartigen Schikanen nicht eingehalten hätte (obwohl allgemein bekannt war, dass King dort Ziel von Hänseleien und körperlichen Übergriffen war). Überraschenderweise enthielt die Klage auch den Vorwurf, dass die Schule und die betreute Wohneinrichtung nichts getan hätten, um Kings transgeschlechtliche Neigungen zu unterbinden. Die Schule wäre demnach verpflichtet gewesen, dessen Verletzung der Kleidungsvorschriften zu ahnden («Es gibt Gründe für Kleidungsvorschriften. Gründe dafür, dass man nicht Jugendliche mit anderen Jugendlichen zusammenbringt, wo Schminken, hochhackige Schuhe oder sich Kleiden wie ein Mädchen im Spiel sind. Man wusste, dass andere Schüler auf diese Kleidung ablehnend reagieren… Dies trug erheblich zu Lawrence Kings gewaltsamem Tod bei.» [King v. McInerney 2009, 9]). Auch heisst es in der Klage, die Schule hätte Disziplinarmassnahmen gegen einen Lehrer ergreifen müssen, der King Frauenkleider zum Anziehen gab, sowie dass die Angestellten der betreuten Unterkunft Kings geschlechtliche Identifizierungen nicht gutheissen und ihm nicht «die finanziellen Mittel und den Personentransport zur Verfügung stellen» hätten dürfen, die ihn «in seinem todbringenden Verhalten bestärkten» (King v. McInerney 2009, 12).

Salamon (2009) sagt (zu recht), dass die Klage einen Teil der Verantwortung für die Aggressivität von den Schlägern und Schikanierern auf Kings sexuelle und geschlechtliche Grenzüberschreitungen abwälzt: «Es braucht schon eine ausnehmend verdrehte Logik, um King als den eigentlichen Ausgangspunkt in der Eskalation der Gewalt zu sehen, die mit seiner Ermordung endete.» (277). Unzweifelhaft hat die Logik der Sexualitäts- bzw. Geschlechtspanik, auf die sich die Klage beruft, eine lange und bedrückende Geschichte in den Vereinigten Staaten. Dieser Logik zufolge sind Homosexualität oder geschlechtlich untypisches Verhalten eine Form von Aggression, die mörderische Gegengewalt rechtfertigt. Aus diesem berechtigten Einwand Salamons sollte jedoch nicht automatisch die weiter gehende Behauptung folgen, Lawrence King könne selbst kein angriffiges Subjekt gewesen sein. Aus dem, was wir über sein Verhalten wissen, geht klar hervor, dass King nicht einfach nur ein freches Mundwerk hatte, sondern ein in sexueller und bisweilen auch körperlicher Weise durchaus provozierendes Verhalten an den Tag legte. In der Klage heisst es, es sei zu «Schubsen und Stossen zwischen Lawrence King und dem Beklagten Brandon McInerney in der Klasse gekommen» (meine Hervorhebung, King v. McInerney 2009, 6), und King habe sich «verbal ausfällig, ... und provozierend gegenüber anderen» gezeigt, sei «unberechenbar gewesen» und habe «den Unterricht gestört» (11). Naturgemäss interessiert sich Salamon nicht in erster Linie für Kings Verhalten, das wir – auch ohne den medizinischen Zugang Corbetts zum Innenleben seiner jungen männlichen Patienten – unschwer als das eines Jugendlichen mit schwerwiegenden familiären, emotionalen und sozialen Problemen erkennen können. Salamon beklagt die Tatsache, dass Kings Sexualität per se als Bedrohung wahrgenommen wird («homosexuelles Begehren ist schon als solches Grenzüberschreitung und Gewaltakt» [377]).

Um dieser angstbestimmten Denkfigur entgegenzutreten, schlägt Salamon uns folgende Interpretation des Geschehens vor: «Nachdem er monatelang schweigend die schwulenfeindlichen Beleidigungen, Hänseleien und

Gewaltandrohungen seiner Mitschüler ertragen hatte, begann Lawrence King anscheinend, auf diese Hänseleien und Drohungen zu reagieren, und zwar nicht, indem er diese erwiderte, sondern indem er mit Brandon flirtete.» (Salamon 2009, 377). Salamon legt sich Kings Sexualität als eine aggressionsfreie Komponente im Lauf der Ereignisse zurecht, die zu seinem Tod führten. Sie erreicht das, indem sie eine begriffliche Unterscheidung zwischen Sexualität (Kings Anmache) und Gewalt (Drohungen) einführt. Doch zunächst ist schon die Darstellung der Anmache (eines schwindelerregenden Gefechts) als harmloses Geplänkel allzu bieder geraten. Vor allem aber kann Salamon ihrer eigenen Linie nicht treu bleiben. Nur wenige Zeilen weiter schreibt sie: «Lawrences ‹Abfahren auf› Brandon bewirkt eine Reaktion, als handle es sich dabei um eine körperliche Bedrohung, […] obwohl diese Anmache doch als entwaffnender Umgang mit den Androhungen körperlicher Gewalt gemeint war, die Brandon wiederholt Lawrence zugefügt hatte.» (meine Hervorhebung, Salamon 2009, 378). Mir scheint, dass Jugendliche unter stetem psychischen Druck durch Schikanen und Drohungen viel eher mit «entwaffnenden» im Sinne von verstümmelnden Mitteln zurückschlagen als mit Charmeoffensiven, obwohl manche schwuchtelige Jungs (wie King vielleicht einer war) äusserst geschickt darin sind, beides miteinander zu verbinden. Jedenfalls gibt es anhand des

Quellenmaterials kaum gute Gründe, sich King als zurückhaltend in seinem Sexualverhalten oder in seinem Umgang mit Aggression vorzustellen. Zumindest aber scheint es mir wichtig, sich die Frage zu stellen, was wir über den Fall denken und schreiben und wie wir ihn einschätzen würden, wenn wir uns King als in irgendeiner Form aggressiv vorstellten und die Möglichkeit zuliessen, dass seine Aggression nicht ausschliesslich defensiv oder gegen sich selbst gerichtet war (obwohl sie es bei ihm wahrscheinlich in erheblichem Mass war), sondern sich als erbitterte Rache auch und gerade gegen ein Objekt wandte, das er andererseits durchaus liebte. Noch wichtiger scheint mir die Frage, welche Art Rache wir eigentlich an King nehmen, indem wir die Feindseligkeit, die er lebte, eingrenzen oder herunterspielen oder ganz übergehen. Machen wir ihn dadurch nicht kleiner und harmloser, als er war? Nehmen wir ihm so nicht gerade die Selbstausdehnung, die brüchige Existenzen wie er manchmal entfachen? Und verhalten wir uns darin nicht aggressiv gegenüber einem Jungen, von dem wir uns wünschen, wir hätten ihn besser schützen können?

Wir wären vielleicht geneigt zu sagen, dass dieser Junge eine schrille Persönlichkeit war. Und auch die Klageschrift stellt sein aufgesetztes Übertreten der Geschlechtergrenzen in den Vordergrund gegenüber seiner eigentlichen Sexualität. «Schrill» (flamboyant) war ein Wort, das in Medienberichten über King häufiger auftauchte (Salamon 2009), und es ist zugleich ein Wort, das in der Bedeutung von «tuckig» auch als Waffe der psychoanalytischen Theorie gegen feminine Jungen eingesetzt wurde. Tuckigkeit scheint auch etwas zu sein, das feminine Jungen und Männer als grelle und versengende Waffe gegen das Geschlecht als solches wenden. Lawrence King in hochhackigen Schuhen und mit Schminke im Gesicht vollführte möglicherweise etwas, das feministische Theorien über Melancholie und Geschlecht erst noch zur Sprache bringen müssen: die Unvermeidlichkeit von Aggression gegenüber einem Liebesobjekt. Ein fünfzehnjähriger, die Geschlechtergrenzen missachtender Junge kann auf so viele verschiedene Arten die Weiblichkeit (oder den Jungen) hassen, die er beide zugleich liebt und doch nicht haben kann, und er kann sich vielleicht auch ausgiebig weiden am Genuss dieses Hasses. Seine Wiedergutmachungsversuche in Bezug auf das Geschlecht sind zwangsläufig immer auch feindselige Handlungen. So lange wir nicht mehr über King wissen, können wir seine innere Gefühlslage nicht näher beschreiben. Mir geht es hier aber um etwas, das in seiner Bedeutung über den Fall King hinausgeht. Wenn es uns nicht gelingt, diese höchst feindlichen inneren Gewalten im Blick zu behalten, kippt unsere Politik unweigerlich um in eine Erlösungserwartung: Der Sadismus wird gezähmt, die Kultur wird bewahrt, die Politik schreitet voran zum

Guten. Zumindest für mich ist die uneingestandene Feindseligkeit, die zur Durchsetzung solcher politischer Fantasien erforderlich ist, das Bitterste und Deprimierendste an dem ganzen Geschehen überhaupt.

Zusammenfassung

Ich habe nicht vor, mich für eine feministische Theorie oder Politik einzusetzen, die niemandem weh tut. Wenn meine Behauptung stimmt, dass wir die antibiologischen Vorbehalte in der feministischen Theorie nicht einfach sich selbst überlassen können, weil sie fest in diese eingewirkt sind, so ist es ebenfalls unmöglich, die Politik von Antagonismus und Verletzung zu reinigen. Biologie und Aggression lassen sich vielleicht übergehen, aber nicht zahnlos machen. Was bedeutet das nun für unseren Umgang mit der pharmazeutischen Behandlung von Depressionen? Feministische Darstellungen der Depression haben bisher zumeist eine skeptische, distanzierte oder besorgte Haltung gegenüber der Wechselwirkung von Biochemie und Gemüt eingenommen und beispielsweise behauptet, dass die psychopharmazeutische Technik Depression verdingliche und verfestige. Entgegen dieser Tendenz geht der zweite Teil von *Eingeweide, Pillen, Feminismus* nun auf die Suche nach alldem, was in der Behandlung von Depressionen durch Arzneimittel nur so vor Leben strotzt: die chemische

Übertragung, die Verunreinigung von Medikament und Placebo, die geballte Schädigung und Heilung. Im nächsten Kapitel erläutere ich die wesentlichen Faktoren der mutmasslichen Wirkung von Antidepressiva im Körper und vertrete die Auffassung, dass in diesen biochemischen Therapien eine komplizierte Logik der Übertragung (im Doppelsinn von Transport und Beziehungsstiftung) am Werk ist. In den letzten beiden Kapiteln geht es um Bereiche, in denen die Sicht auf Antidepressiva von besonders scharfer, misstrauischer Kritik geprägt ist: Placebos und die Verstärkung von Selbstmordgedanken bei Kindern und Jugendlichen. Den Gang der Argumentation in diesen Kapiteln bestimmen Axiome, die ich hier aufgestellt habe: dass die Biologie fantastischer ist, als wir dachten, und dass feministische Theorie hasserfüllt ist in einer Weise, die den Umgang mit ihr erschwert.

KAPITEL 3—ENDNOTEN

• 1 Laut DSM treten Depressionen bei Frauen häufiger auf als bei Männern. Genauer heisst es, Frauen trügen ein 1,5 bis drei Mal so grosses Risiko einer schweren depressiven Störung wie Männer. Laut DSM-IV-TR bilden Frauen mit zwei bis drei Mal so hoher Wahrscheinlichkeit eine dysthymische Störung aus. Für diese Unterschiede werden verschiedene Gründe angeführt, darunter Unausgewogenheiten des Hormonhaushalts: So heisst es im DSM-IV-TR beispielsweise, «ein erheblicher Prozentsatz von Frauen berichtet von einer Verschlechterung der Symptome einer schweren depressiven Episode in den Tagen nach dem Einsetzen der Monatsblutungen» (APA 2000, 354). Vielleicht liegt der Unterschied auch an mangelhafter Anpassung in den Denkmustern. So behauptet Holen-Hoeksema (1990, 161), Frauen neigten eher zum «Grübeln» («Gedanken und Verhalten, die die Aufmerksamkeit der deprimierten Person immer wieder auf ihre Symptome und deren mögliche Ursachen und Folgen lenken»), und dies erhöhe die Wahrscheinlichkeit, dass sich die depressiven Stimmungen verstärken und verstetigen. Vielleicht geht es auch um soziale Ungerechtigkeit: «Biomedizinische und psychologische Theorien der Depression reissen diese aus dem Zusammenhang eines oft genug sozialen Problems. Sie legitimieren damit einfach das fachärztliche Eingreifen und leugnen zugleich die politischen, wirtschaftlichen und diskursiven Aspekte weiblicher Lebenserfahrung.» (Usher 2010, 15). Vielleicht liegt es an historischen und diskursiven Kräften: «Das historische Verschwinden der Kategorie männlicher Melancholie hat nur deren abgewertete und alltägliche Entsprechung übrig gelassen: die Depression, die [...] nunmehr als ‹Frauenleiden› gilt.» (Schiesari 1992, 95). Noch unübersichtlicher wird das Bild dadurch, dass Geschlechterdifferenzen im Kindheitsalter nicht in Erscheinung treten. Sie zeigen sich ab der frühen Jugend und von da an stabil bis ins Erwachsenen- und hohe Alter.

• 2 Die vermeintlich Freud'sche These, Depression sei ein nach innen gewendeter Zorn, hat sich in der psychologischen, feministischen und Ratgeber-Literatur weitgehend durchgesetzt. Beispiele dafür sind Frankel 1992, 39; Ingram 2009, 484; Nolen-Hoeksema 1990, 109; Salamon 2007, 151; Worell 2001, 145. In der psychologischen Fachliteratur finden sich unterschiedliche Ansichten zur Frage, ob depressive Patienten feindseliger oder weniger feindselig sind als nicht depressive Menschen. Ich bin dem hier nicht weiter nachgegangen, da dieser Literatur Definitionen von (bewusster, beschreibbarer) Wut und Feindseligkeit zugrunde liegen, die sich sehr vom psychoanalytischen Umgang mit (unbewussten, libidinalen) Aggressionen unterscheiden. Hinzu kommt, dass diese Literatur Depression und Aggression als voneinander zu unterscheidende seelische Ereignisse betrachtet (Depression also aggressiv sein kann, aber nicht muss), während ich davon ausgehe, dass Aggression ein wesentlicher Bestandteil von Depressionen ist — dass die Schwermut grundsätzlich Feindseligkeit beinhaltet.

• 3 Ich verwende die Bezeichnungen *Sadismus, Hass, Feindseligkeit* und *Aggression* hier austauschbar und in dem Sinn, dass die damit bezeichneten Gefühle unbewusst und also irrational, libidinös aufgeladen sind. Elizabeth Spillius, Jane Milton, Penelope Garvey, Cyril Couve und Deborah Steiner (2011) schreiben, dass Klein den Sadismus anfangs als eine Verschmelzung von Aggression und erotischen Fantasien definierte, die neuere klinische Literatur aber dazu neigt, den Begriff des Sadismus zu ent-libidinisieren. Demgegenüber ist Zorn ein Affekt und hat daher einen anderen Stellenwert im Verhältnis zu den Primärvorgängen. Silvan Tomkins (1991) meint, eine «zornige» Reaktion «könne nicht zugleich auch eine aggressive sein. Es gibt keine *zwingende* Verbindung zwischen Zorn und Aggression im Sinn einer direkten Reaktion. Das Kleinkind schlägt und strampelt unter Umständen wild mit den Armen und Beinen um sich, [...] doch es gibt keinen Beleg für ein angeborenes, koordiniertes Handeln mit dem Ziel, gegen den Auslöser des Zorns vorzugehen.» (115).

• 4 Wenn es um Geschlechterunterschiede bei der Depression geht, sind viele Komplikationen zu berücksichtigen. Laura Hirshbein (2009) argumentiert in einer differenzierten historischen Darstellung, dass das Geschlecht (unwillkürlich) in die zeitgenössischen psychiatrischen Begriffe der Depression, mit denen wir heute arbeiten, eingearbeitet wurde. «Zwei entscheidende Aspekte der Erforschung von Depressionen bestärkten in den 1970er- und 1980er-Jahren Psychiater in der Überzeugung, diese seien in erster Linie ein Frauenleiden. Erstens trachteten Forscher danach, die Probanden klinischer Studien möglichst homogen zu gruppieren, und beschränkten sich in diesem Sinn oft auf Patientinnen. Zweitens schlossen sie Merkmale aus der Diagnose von Depressionen aus, die vermehrt auf Männer zugetroffen hätten.» (99 f.). Hinzu kommt, wie Steve Epstein (2007) meint, dass die biomedizinische Erforschung von Geschlechterunterschieden dazu neigt, konventionelle Auffassungen des sozialen und kognitiven (und, so würde ich hinzufügen, auch des biologischen) Geschlechts zu bekräftigen. Anne Fausto-Sterling hat gezeigt, dass bei der Erforschung von Geschlechterdifferenzen besondere Sorgfalt in der Wahl der Methoden und im begrifflichen Herangehen erforderlich ist. «Um dynamische Zugänge zur Verkörperung und so auch zum Verhältnis zwischen dem Körper und dem Geschlecht sowie zu geschlechtlich kodierten gesellschaftlichen Milieus zu entwickeln, brauchen wir einen Ausgangspunkt und eine Theorie, die uns im Fortgang dieser Entwicklung als Leitfaden dienen kann [...]. Unser theoretisches Rüstzeug integriert Biologie und Kultur in einer Weise, die jenen Entstehungsprozess vorführen kann, durch den Gender ausgeprägt und aus dem heraus begreiflich wird, wie scheinbar körpergeschlechtliche Unterschiede der Gesundheit in Wirklichkeit einer dynamischen Integration von Biologie und Kultur geschuldet sind.» (Fausto-Sterling, Coll und Lamarre 2012a, 1684). Fausto-Sterling und ihre Kolleginnen arbeiten mit Systemmodellen von Entwicklung, die erklären sollen, wie Geschlechterdifferenzen im Verhalten kleiner Kinder zustande kommen. Ein ähnlich fein ausgearbeitetes Schema wäre erforderlich, um Geschlechterdifferenzen bei der Depression (die zumeist erst nach der Pubertät auftreten) zu hinterfragen. Bislang geht die Erforschung von geschlechtsspezifischen Abweichungen bei Depressionen davon aus, dass es sich beim Geschlecht um eine selbsterklärende Achse der Analyse handelt, und solcher Forschung liegt in der Regel auch ein Verständnis der Wechselwirkung von Erb- und Umweltfaktoren zugrunde, das orthodoxe Auffassungen der Leib-Seele-Spaltung bekräftigt (Oyama 2000). Etliche Forschungsvorhaben könnten sich aus einem anhaltenden, kritischen Interesse an Geschlechterdifferenzen bei der Depression ergeben (siehe z. B. die sorgfältige historische Analyse des Zusammenhangs von Geschlecht und Depression in Radden 2003 und Schiesari 1992), würden jedoch den Rahmen der vorliegenden Untersuchung sprengen.

• 5 Edelman hält in einer scharfsinnigen Deutung von Sedgwicks Text fest, dass Wiedergutmachung «eben die schizoiden Praktiken wiederholt, von denen Sedgwick sich lossagen will; gerade durch die Verkündung einer wesentlichen Verschiedenheit von der Paranoia sowie durch das Verwischen der Kluft zwischen der paranoiden Spaltung und ihrer eigenen Heilung versetzt sie sich ironischerweise in die Lage, die ‹Wiedergutmachung› zu veranstalten: nämlich jene Wiedergutmachung, die rückgängig macht, was wir nun als mörderische Spaltung der Reparativität erkennen können. Und dieses Rückabwickeln geschieht auf dem Weg ihrer eigenen Beteiligung an der Negativität, die sie anscheinend negiert.» (Berlant und Edelman 2013, 44).

• 6 Klein bezieht sich hier auf seelische Ereignisse beim Kleinstkind. Sie schreibt weiter: «Mit zunehmender Anpassung an die Aussenwelt [beim Heranwachsen des Kindes] findet diese Abspaltung auf Ebenen statt, die sich allmählich immer weiter der Realität annähern. Das setzt sich fort, bis die Liebe zu realen und internalisierten Objekten sowie das Vertrauen in sie gut gefestigt ist. In der Folge wird die Ambivalenz, die zum Teil ein Schutz vor dem eigenen Hass und vor den gehassten und furchterregenden Objekten ist, bei einem normalen Verlauf in unterschiedlichem Grad wieder zurückgehen.» (268). Angesichts des ineinander Verstricktseins von realen und internalisierten Objekten und der beherrschenden Kraft der Fantasie im System von Klein ist dieses Herangehen an die Realität (und die normale Entwicklung) unverkennbar asymptotisch. Abspaltung, Hass und Ambivalenz verringern sich an späteren Punkten der Entwicklung (bei sonst gleichbleibenden Bedingungen), lassen sich aber nicht ganz beseitigen. Kinder und Erwachsene werden in ihrem Verhalten zwar zahmer, behalten jedoch ihre Bösartigkeit in der Fantasie für immer.

• 7 Einige Interpretinnen treffen eine historische oder konzeptuelle Unterscheidung zwischen Melancholie und Depression (z. B. Radden 2003, 38 ff.; Salamon 2007, 151). Juliana Schiesari (1992) beispielsweise meint, dass «Melancholie und Depression *im Feld der Kultur* als geschlechtsspezifisch unterschiedlich konstituiert und legitimiert erkannt werden müssen. [...] Wenn derjenige, der einen Verlust erleidet, männlich ist, lässt sich der Verlust typischerweise zu Entstehungsbedingungen von dessen individualistischem und noch in anderer Hinsicht unerklärlichem ‹Genie› verklären. Hat eine Frau einen Verlust erlitten, so wird dieser zum kontingenten Umstand einer essenzialisierten und abgewerteten Depression. Eine Aufgabe für die feministische Analyse der Melancholie besteht gerade in der Ehrenrettung der Depression – darin, der Depression von Frauen den Wert und die Würde zu verleihen, die traditionell der Melancholie der Männer zukommt.» (93). Da meine Argumentation nicht primär auf den Zusammenhang von Geschlecht, Geschichte und Kultur zielt, mit dem sich Schiesaris hervorragende Analyse auseinandersetzt, verwende ich die Begriffe *Depression* und *Melancholie* hier und überall in diesem Buch gleichsinnig.

• 8 Das Argument wird in Kleins Werk sogar noch deutlicher, denn bei ihr besteht die innere seelische Landschaft zu grossen Teilen aus Objekten, die aus der Welt introjiziert wurden und ihren Fantasiebezug zu äusseren Objekten beibehalten: «Ängste, die sich auf die ‹äussere› Mutter […] beziehen, und solche mit Bezug zur ‹inneren› Mutter stehen in einer fortwährenden Wechselwirkung, und die Mittel, derer sich das Ich bedient, um mit diesen beiden Arten von Ängsten fertig zu werden, sind eng miteinander verbunden.
In der Vorstellung des Kindes ist die ‹innere› Mutter als deren Doppelgängerin an die ‹äussere› gebunden.» (M. Klein 1940/1975, 346). Die Unterscheidung zwischen Selbsthass und Hass auf andere erscheint in dieser Darstellung sehr viel verwickelter als bei Freud, auch wird die Unterteilung in gute und böse Objekte in gewinnbringender Weise komplexer gefasst. In beiden Fällen findet jedoch unverkennbar ein Verkehr der Feindseligkeit zwischen Selbst und (inneren/äusseren) anderen statt.
Sowohl Klein als auch Freud waren in ihren Gedanken über die Melancholie von Karl Abraham beeinflusst (1911), dem klar war, dass sich depressiver Hass gegen die Aussenwelt richtet: «Die Neigung zur feindseligen Einstellung auf die Außenwelt ist so groß, daß die Liebesfähigkeit aufs äußerste herabgemindert wird. Gleichzeitig aber wird der Zwangsneurotiker durch Verdrängung des Hasses (oder allgemeiner gesagt: der ursprünglich überwiegenden sadistischen Komponente seiner Libido) schwach und energielos.» (Abraham 1912/1971, Bd. II, 148).

• 9 Vgl. die Analyse der Bedeutung dieses Aspekts in Kleins Werk bei J. Rose (1993), insbesondere im Zusammenhang der kontroversen Debatte.

• 10 Etliche feministische und kritische Studien haben sich des Werks von Klein in überzeugender Art und Weise bedient. Siehe z. B. Eng und Han 2006 zum Thema der Wiedergutmachung zwischen den Rassen; Giffney 2008 zum Todestrieb beim Menschen; und Sánchez-Pardos (2003) umfassende Deutung Kleins zu den Themen Aggression, Geschlecht und Sexualität.
Die Anthologie von Lyndsey Stonebridge und John Phillips (1998) enthält Texte von Leo Bersani, Jacqueline Rose und Judith Butler, die für meine Argumentation in diesem Buch wichtig waren. Dennoch interessieren sich die meisten feministischen Anwendungen von Kleins Arbeit für deren Stellenwert im Zusammenhang mit Theorien des Geschlechts, der Sexualität und der Subjektivität. Mein Schwerpunkt liegt weniger auf Fragen der Identität oder Subjektivität als auf den für den Geist konstitutiven Körpersystemen sowie auf der Frage, inwieweit Klein entscheidende Anstösse zu einer Theorie der Biologie in Begriffen der Fantasie und Feindseligkeit geben kann.

• 11 Dass der Meryzismus bei Kleinkindern etwas von einem Vergnügen an sich hat, bemerken auch Clouse u. a. 1999 sowie Geffen 1966.

• 12 Ein Beispiel dafür ist Jane Gallops provozierende

Einleitung zu dem Buch *Thinking through the Body,* die grossen Einfluss auf die erste Welle feministischer Theorien des Körpers ausgeübt hat. Sie beginnt mit einem Auszug aus dem Buch *Of Woman Born* von Adrienne Rich: «‹Am 11. Juni 1974, dem ersten heissen Tag dieses Sommers, nahm die 38-jährige Joanne Michulski, Mutter von acht Kindern […] ein Fleischermesser und enthauptete und zerstückelte ihre beiden jüngsten Kinder auf dem penibel gepflegten Rasen hinter dem Vorstadthaus, in dem die Familie unweit von Chicago lebte.› […] Eine Mutter ermordet brutal die eigenen Säuglinge, das jüngste erst zwei Monate alt. Die Tat scheint unmenschlich, die Täterin ein Ungeheuer. Und doch sagt uns Rich, dass 1975 ‹jede Frau in diesem Zimmer, die selbst Kinder hatte, […] sich mit ihr identifizieren konnte›.» (Gallop 1988, 1 f.).

• 13 Julia Kristeva (1989) nennt den Meryzismus als eine von mehreren Manifestationen schwerwiegenden psychosomatischen Zerfalls in der frühen Kindheit. Er führe einen zur Annahme eines «Todestriebs in der Erscheinungsform einer biologischen und logischen Unfähigkeit, psychische Energien und Prägungen zu übermitteln, der Bewegungen und Bande zerstören würde» (17). Dieser Hinweis auf den Meryzismus hängt mit einer sehr interessanten Unterscheidung Kristevas zwischen zweierlei Melancholien zusammen: einerseits die klassische Freud'sche, von einem Verlust bzw. Todesfall hervorgerufene Melancholie, die feindseliger, kannibalischer Natur ist; andererseits eine von Narzissmus durchstimmte Melancholie, bei der sich das Individuum nicht wegen des Verlusts eines Objektes grämt, sondern aufgrund einer tiefen, leeren Traurigkeit: «Die davon betroffenen Menschen haben nicht das Gefühl, dass ihnen unrecht getan wurde, sondern dass sie unter einem grundlegenden Makel, einem angeborenen Mangel leiden. Ihr Kummer verhüllt kein Empfinden von Schuld oder Versündigung wegen insgeheim gehegter Rachepläne gegenüber einem ambivalenten Objekt. Ihre Traurigkeit wäre stattdessen eher der archaischste Ausdruck einer unsymbolisierbaren, unbenennbaren narzisstischen Wunde.» (12). Kristevas Interesse geht eher auf den Urmasochismus als auf den Sadismus oder eine nach aussen gerichtete Feindseligkeit, und sie begeistert sich am meisten für das diesbezügliche Denk- oder Sprachgeschehen, weshalb ich mich mit ihrem Werk hier nicht beschäftige. Auch stützt sie sich in ihrem Gebrauch neurologischer Daten ziemlich konventionell auf eine Trennung zwischen der biologischen und der ideellen Sphäre: «Und doch gibt es heute nichts, das es uns erlaubte, gleich welche Beziehung — ausser einem Sprung — zwischen dem biologischen Substrat und der Ebene der *Vorstellungen* zu knüpfen.» (39). Die Probleme einer solchen Haltung (eines Sprungs) wurden in diesen ersten drei Kapiteln ausführlich erläutert, und ich werde diese Argumente hier nicht mit Bezug auf Einzelheiten in Kristevas Werk wiederholen. Eine eingehendere Auseinandersetzung mit Kristeva könnte bei dem Gedanken ansetzen, dass die Idee eines narzisstischen Modus der Melancholie vielleicht nicht auf eine andere Form der Krankheit, sondern auf ein anderes Register melancholischen Handelns (z. B. das Sprechen der Organe) hinweist.

• 14 Vgl. die Beschreibung des präödipalen, möglicherweise zur Ausbildung geschlechtlicher Identität beitragenden Hasses auf die Mutter bei einem kleinen Mädchen in Freud 1931.

• 15 2011 bekannte sich McInerney des vorsätzlichen Totschlags schuldig und wurde zu 21 Jahren Haft verurteilt.

TEIL 2

ANTIDEPRESSIVA

DIE CHEMIE DER ÜBERTRAGUNG

… daß man den Neurotischen behandeln mag wie immer: er behandelt sich immer … mit Übertragungen.

SÁNDOR FERENCZI,
«Introjektion und Übertragung (1918)»

Ein Dauerthema in kritischen Stellungnahmen zur Depression ist seit der Einführung von Fluoxetin die Behauptung, Medikamente hätten einen zu grossen Stellenwert in der Behandlung von Depressionen eingenommen und gesprächsbasierte Therapieformen über die Massen verdrängt (Bell 2005; Fonagy 2010) – dass wir seither Depressionen kaum noch als gesellschaftlich, historisch oder ökonomisch bedingt zu sehen bereit seien (Cvetkovich 2012; Davis 2013; Leader 2008; Lewis 2006; N. Rose 2007; Trivelli 2014) und die medikamentöse Behandlung unverhältnismässig viele Frauen und sozial Benachteiligte treffe (Emmons 2010; Griggers 1997; Ussher 2010; Zita 1998), dass die

Pharmaindustrie gewöhnliche Traurigkeit pathologisiert und sowohl die Merkmale als auch die Verbreitung des Krankheitsbildes stark übertrieben habe (Elliott 2003; Gardner 2003; Healy 2004; Horwitz und Wakefield 2007). Bradley Lewis kann als ein typischer Vertreter dieses Argwohns gelten:

> Eine gravierende Folge von Fluoxetin war und ist, dass es einen neuen psychiatrisch-psychopharmakologischen Diskurs mit zutiefst konservativen politischen Auswüchsen genährt hat. Die neue Biopsychiatrie erörtert und kategorisiert Leid und Schmerz auf eine Weise, die seelische Komponenten der Depression – tiefe innere Sehnsüchte, Begierden und unerfüllte Wünsche – herunterspielt und deren gesellschaftliche Aspekte – Ungerechtigkeit, Mangel an Entfaltungsmöglichkeiten und sozialem Kapital, verwahrloste Infrastrukturen, Vorurteile im System – vollends aus dem Bewusstsein löscht. Doch nicht nur das: Dieselbe Biopsychiatrie umgibt zugleich den Beitrag von Naturwissenschaft und Pharmaindustrie zum Diskurs über die Depression mit einer Aura des Geheimnisvollen und Naturgesetzlichen, sodass es inzwischen kaum noch möglich ist, alternative Ansätze weiter zu verfolgen. (Lewis 2006, 133 f.)

Einigendes Element zwischen den verschiedenen Strängen der Kritik ist ein grundsätzliches Misstrauen gegenüber Psychopharmaka. Demnach steigern diese Tabletten unser Lebensglück, indem sie uns nötigen, täuschen, manipulieren, lenken, reterritorialisieren, subjektivieren und alle über einen Kamm scheren. Sie seien Teil einer «neuro-chemischen Umformung der Persönlichkeit» (N. Rose 2004, 122) und dementsprechend mit Vorsicht zu betrachten. Nur selten geht jemand so weit, ausdrücklich von der Einnahme verschriebener Antidepressiva abzuraten (z. B. Breggin und Breggin 1994), doch es besteht in der einschlägigen Literatur weitgehend Konsens darüber, dass derartige Medikamente so selten wie möglich verschrieben werden sollten – dass ihre weit verbreitete Anwendung schädlich und die Behauptungen ihrer Wirksamkeit unglaubwürdig seien.

Worauf genau zielt diese Kritik? Worin besteht die chemische Besonderheit der Antidepressiva, und welche Grundlage bietet dies für die Formulierung einer politischen Haltung zur pharmazeutischen Behandlung von Depressionen? Auffällig ist, dass die Kritik an der Biopsychiatrie Behauptungen über schwerwiegende seelische und kulturelle Folgeerscheinungen von Antidepressiva aufstellt, sich aber kaum für die Pharmakologie dieser Medikamente interessiert. Zugleich wird die Doxa, dass Psychopharmaka den Serotoninspiegel in den Synapsen des

Zentralnervensystems regulieren, in der Regel nicht angezweifelt, auch weil es meist an einem genaueren Verständnis der selektiven Serotonin-Wiederaufnahmehemmer (SSRI) und ihrer Wirkungsweise fehlt.[1] Die Kritik entzündet sich eher daran, wie SSRI beworben, vermarktet und verschrieben werden, als daran, wie der Körper sie aufnimmt, verteilt, verstoffwechselt und ausscheidet. Politisch brisant ist an den Antidepressiva anscheinend ihre kulturelle Verbreitung, nicht so sehr ihr biologischer Zyklus.[2]

Mit diesem kritischen Ansatz befasse ich mich im Folgenden, indem ich zunächst ausgehend vom Darm als einem wichtigen biologischen wie auch politischen Bezugspunkt die Verarbeitung von Antidepressiva im menschlichen Körper beschreibe. Besonders geht es mir dabei um die Pharmakokinetik der SSRI. Die Pharmakokinetik ist ein Zweig der Arzneimittelforschung. Sie untersucht den Weg, den ein Wirkstoff und seine Stoffwechselprodukte durch unseren Körper nehmen. Unterschieden wird sie gewöhnlich von der Pharmakodynamik, die sich mit der eigentlichen Wirkung eines Medikaments auf den Körper befasst: «Eine einfach zu handhabende Abgrenzung dieser beiden Begriffe für Laien wäre: Die Pharmakokinetik beschreibt, was der Körper mit einem Medikament macht, die Pharmakodynamik dagegen, was ein Medikament mit dem Körper macht.» (DeVane 2009, 181). Ausgehend von dieser Unterscheidung verlagere ich vorübergehend den Schwerpunkt der Untersuchung von der Pharmakodynamik der SSRI (d. h. von den Mechanismen ihrer Wirkung auf die Synapsen des Zentralnervensystems und auf unsere seelische Stimmung) auf die Frage, wie der Körper mit diesen Medikamenten umgeht: Wie werden sie eingenommen, aufgenommen, verteilt und ausgeschieden? Welche Art von Transport und Verarbeitung findet beim Verstoffwechseln eines Antidepressivums statt? Anstatt sämtliche pharmazeutische Wirkung der Tablette selbst zuzuschreiben (d. h. allem, was sie in Körper und Geist zum Besseren oder Schlechteren verändert), können wir uns ebenso gut ein weiter ausgreifendes Netz von Wechselwirkungen denken, in dem unter anderem der Körper (der Darm) erheblichen Einfluss darauf hat, wie das Medikament wirkt und welche Anstösse der Geist dadurch empfängt. Es geht mir um eine umfassendere Betrachtung biologischer Vorgänge, die erst dadurch zum Gegenstand feministischer Kritik am Einsatz von SSRI und darüber hinaus zu Ansatzpunkten für eine Politisierung von Antidepressiva werden können. Vor allem will ich die verengte Sicht der Kritik auf die Synapsen des Zentralnervensystems, wo SSRI angeblich am stärksten wirken, und den Geltungsbereich der sogenannten Serotoninhypothese erweitern, sodass beide künftig Darm, Leber und Blutkreislauf mit einbeziehen. Um in den eingeführten Begriffen zu reden: Mein Ziel ist, mithilfe der

Pharmakokinetik unsere kritische Aufmerksamkeit vom Zentrum (Gehirn) zur Peripherie (Darm) zu verlagern, denn die Neigung (in psychiatrischen wie auch in gesellschaftskritischen Texten), den Weg der SSRI durch den Körper auszusparen, verringert unangemessen die tatsächliche Bedeutung unserer Eingeweide für die Depression. Um auf Bradley Lewis' Einwände zurückzukommen: Mein Anspruch lautet, mithilfe der neuen Biopsychiatrie pharmazeutische Daten über die SSRI zu einem Sprungbrett (anstatt einem Hemmnis) für anders geartete Vorstellungen von Körper, Geist und Depression zu machen.

Pharmakokinetik

Der Verabreichungsweg bestimmt ganz wesentlich über Wirkungsbeginn und -dauer eines Arzneimittels.

LINDSAY DEVANE,
Principles of Pharmacokinetics and Pharmacodynamics

Beginnen wir mit einer ebenso banalen wie folgenreichen Tatsache rund um Antidepressiva: Sie werden oral verabreicht, d. h. als Tabletten hergestellt und geschluckt.[3] Die eigentliche Aufnahme des Medikaments durch den Körper erfolgt im Magen-Darm-Trakt, weshalb Verdauungsbeschwerden wie Übelkeit, verzögerte Magenentleerung oder Verstopfungen häufig auftretende Nebenwirkungen der Anwendung sind. Da sehr viele Medikamente oral eingenommen werden, ist der Umgang mit Reaktionen des Darms auf Medikamentengaben längst selbst zu einem wesentlichen Zweig der Arzneimittelforschung geworden. So existieren etliche Verfahren, mit denen man steuern kann, wo genau im Magen-Darm-Trakt das Medikament freigesetzt wird. Beispielsweise sind manche Tabletten so beschichtet, dass sie sich nicht im Magen (einem sauren Milieu), sondern im Darm (mit seinem höheren pH-Wert) auflösen. Oder sie schwimmen auf den Verdauungssäften und verbleiben auf diese Weise länger im Magen (Jantzen und Robinson 2002). Der Darm ist bei alldem meist nicht selbst Ziel des therapeutischen Eingriffs. Das Medikament wird also in einiger Entfernung von dort freigesetzt, wo es aktiv werden soll (Katzung 2012), und nimmt oft verschlungene Umwege bis zu seiner eigentlichen «Wirkstätte». Obwohl diese Pfade somit wesentliche Faktoren der Therapie darstellen, werden sie bei der Behandlung mit Psychopharmaka in der Regel übersehen. Genau diesen Verlauf durch die Peripherie unserer Eingeweide nehme ich zum Ausgangspunkt meiner eigenen Betrachtung.

Antidepressiva und ähnliche Medikamente zielen auf das Zentralnervensystem. Bevor ein SSRI zum Gehirn durchdringen kann, muss er das Darmlumen passieren. Bereits hier wird ein mehr oder weniger grosser Teil der Dosis durch Darmenzyme verstoffwechselt bzw. zerlegt (DeVane

2009). Hat der Wirkstoff die Darmschleimhaut durchdrungen, so wird er durch die Pfortader zur Leber transportiert, wo erneut Enzyme einen Teil metabolisieren. Diese ersten Aktivitäten von Darmschleimhaut und Leber, die dem Körper bereits einen erheblichen Prozentsatz des Arzneimittels auf dessen langem Weg zum Gehirn entziehen, nennt man «First-Pass-Clearance». Von der Leber aus verbreitet sich der verbleibende Anteil des Wirkstoffs über das Kreislaufsystem im Körper. Allerdings wandern SSRI im Blut überwiegend gebunden an Proteine (Albumine) und verlieren dadurch ihre pharmakologische Wirkung. Nur ein kleiner Teil des Medikaments bleibt ungebunden und kann wirksam werden (Ritschel und Kearns 2004). Sind die SSRI einmal in den Blutkreislauf eingegangen, erreichen sie rasch das Gehirn wie auch erneut die Leber, die Nieren und andere stark durchblutete Organe. Am Ende (nach wenigen Minuten bis mehreren Stunden) sind zudem Muskelfasern, der übrige Verdauungstrakt, die Haut und das Körperfett vom Wirkstoff durchdrungen (Wilkinson 2001). Fluoxetin beispielsweise findet auf diese Art weite Verbreitung im Körpergewebe und sammelt sich in erheblichen Konzentrationen auch in der Lunge an (Hiemke und Härtter 2000).

Allerdings ist der Übergang eines SSRI vom Blutkreislauf ins Gehirn ein komplexer Vorgang. Denn das Gehirn schützt sich durch die Blut-Hirn-Schranke vor einem direkten Eintritt grosser Moleküle und potenziell giftiger, gelöster Stoffe aus dem Blut (Begley 2003). Eine Funktionsweise der Blut-Hirn-Schranke ist schlicht die eines Hindernisses: Die Wandzellen der Gehirnkapillaren sind so dicht gepackt, dass auch Medikamente nicht so einfach zwischen ihnen hindurch ins Hirngewebe eindringen können wie in andere Körperteile. Da dem Wirkstoff also der Weg zwischen den Zellen hindurch versperrt ist, muss er die Zellen selbst durchdringen. Eines der gängigsten Verfahren, Medikamente durch die Blut-Hirn-Schranke zu transportieren, besteht darin, sie fettlöslich zu machen (Wilkinson 2001). Das geschieht beispielsweise bei den verwandten Präparaten Morphium, Kodein und Heroin, die alle in unterschiedlichem Mass fettlöslich sind. Morphium gelangt in relativ geringen Mengen durch die Blut-Hirn-Schranke. Indem man seine chemische Zusammensetzung geringfügig abwandelt (eine Hydroxygruppe durch eine Methylgruppe ersetzt), erhält man Kodein. Dadurch erhöht sich zugleich die Fettlöslichkeit, und die Aufnahmefähigkeit des Gehirns wird verzehnfacht. Steigert man die Fettlöslichkeit des Kodeins weiter (durch das Hinzufügen zweier Acetylgruppen), so entsteht Heroin, das vom Gehirn in dreissigfacher Menge aufgenommen werden kann (Begley 2003). Weil auch SSRI kleine, lipophile Moleküle sind, durchdringen sie die Blut-Hirn-Schranke mühelos (Brøsen und Rasmussen 1996). Dort angekommen, erhöhen sie mutmasslich die für die Neurotransmission abrufbare Menge an Serotoninen (indem sie die Serotoninaufnahme in der Synapse unterbinden). Darauf beruht angeblich ihre stimmungsaufhellende Wirkung. SSRI werden anschliessend über Nieren, Leber oder Darm ausgeschieden.

Von dieser pharmakologischen Darstellung der SSRI und ihrer Wirkungsweise existieren zahlreiche Versionen. Erhebliche pharmakokinetische Abweichungen gibt es zwischen den fünf meistuntersuchten SSRI Citalopram / Celaxa, Fluoxetin / Prozac, Fluvoxamin / Luvox, Paroxetin / Paxil und Setralin / Zoloft (Baumann 1996; Hiemke und Härtter 2000; Schatzberg und Nemeroff 2006). Zuallererst unterscheiden diese sich dahin gehend, welche Menge des Wirkstoffs nach der Aufnahme durch Darmlumen und die Leber in den Blutkreislauf eintritt, d. h. hinsichtlich ihrer Bioverfügbarkeit.[4] Diese Bioverfügbarkeit beträgt bei Paroxetin rund 50 Prozent und bei Fluoxetin relativ hohe 70 Prozent. Bei Fluvoxamin erreicht sie sogar über 90 Prozent (DeBattista 2012). Ein Medikament wie Fluvoxamin kreist also in deutlich höheren Konzentrationen im Blut als etwa Paroxetin. Hinzu kommt, dass die Produkte der Verstoffwechslung von SSRI ebenfalls antidepressiv wirken und so den Effekt erhöhter Bioverfügbarkeit noch verstärken können (Leonard 1996). Allerdings gilt das nur für die Metabolite von Fluoxetin und Citalopram; die von Paroxetin und Fuvoxamin sind psychopharmakologisch inaktiv. Ein bestimmter Metabolit von Fluoxetin (Norfluoxetin) hat als Serotonin-Wiederaufnahmehemmer sogar eine ebenso starke Wirkung wie das Ausgangsmedikament selbst (Zahajsky, Rosenbaum und Tollefson 2009). Sowohl bei Fluoxetin als auch bei Citalopram lässt sich die Wirkung nicht eindeutig dem Wirkstoff oder seinen Nebenprodukten zuordnen. In solchen Fällen ist daher die Abgrenzung von Medikamenten- und Nebenwirkung, vorausgehender Verstoffwechslung und Psychoaktivität, Verteilung und Ausscheidung noch nicht abschliessend bestimmt. Auch Psychopharmaka sind also keine alleinherrschenden Substanzen mit einseitiger Wirkung auf Körper und Geist, sondern sie entfalten ihre Heilwirkung im Zuge ihrer Wanderung, Zirkulation, chemischen Veränderung und Zerlegung durch den Körper.

Drittens unterscheiden sich die fünf wichtigsten SSRI erheblich in ihren Halbwertszeiten (d. h., wie lange es dauert, bis die Konzentration des Medikaments im Blut um die Hälfte abgenommen hat). Die Halbwertszeit von Fluvoxamin beträgt 15 Stunden, bei den meisten anderen SSRI etwa das Doppelte. Dagegen hat Fluoxetin eine Halbwertszeit von bis zu 72 Stunden, die von Norfluoxetin beträgt bis zu 16 Tagen (Hiemke und Härtter 2000). Daraus folgt, dass der Körper unter Umständen viel Zeit braucht, bis die letzten Einwirkungen von Fluoxetin und Norfluoxetin abgeklungen sind. Während

Fluvoxamin also eine hohe Bioverfügbarkeit nach der First-Pass-Clearance aufweist, wird es vom Körper sehr viel rascher ausgeschieden als Fluoxetin. Die medikamentöse Wirkung der SSRI wird somit vom Körper (Leber, Blut, Enzyme) erheblich stärker beeinflusst, als man zunächst erwarten könnte. Die Körperperipherie ist nicht einfach nur Transportmittel für ein SSRI, sondern hat entscheidenden Anteil an der psychischen Schlagkraft des Medikaments.

Eine vierte Ursache von Abweichungen in der Wirkung ist, dass das Verhältnis zwischen Dosierung und Plasmakonzentrationen unter den verschiedenen Medikamenten in der Klasse der SSRI erhebliche Unterschiede aufweist. Bei Sertralin und Citalopram ist dieses Verhältnis linear (d. h. die Menge des im Körper verteilten Medikaments verhält sich direkt proportional zur Dosis). Bei Fluoxetin, Fluvoxamin und Paroxetin ist das Verhältnis nichtlinear, was bedeutet, dass Erhöhungen der Dosis zu einer unverhältnismässig stark ansteigenden Plasmakonzentration des Medikaments führen (Hiemke und Härtter 2000). Der nichtlineare Anstieg hat zum Teil mit Besonderheiten der Enzymverstoffwechslung im Darm zu tun. Ein Medikament wie Paroxetin ist sowohl Ziel der Tätigkeit von Stoffwechselenzymen als auch Hemmer ebendieser Enzyme, also werden gerade die Enzyme, die das Paroxetin zerlegen sollen, von diesem in ihrer Wirkung ausser Kraft gesetzt. Das hat ein kompliziertes Geflecht von

Ursache-Wirkungs-Ketten zur Folge, in denen das Paroxin zugleich Steuerer und Objekt des Enzymverhaltens ist. Zu den von psychoaktiven Metaboliten hervorgerufenen Wechselwirkungen kommt noch, dass es bei manchen SSRI anscheinend keine klare Abgrenzung zwischen Wirken und Verarbeitetwerden gibt. Neben der erheblichen Schwierigkeit, Struktur und Funktionsweise des jeweiligen Medikaments zu erfassen, existieren auch noch voneinander abweichende SSRI-Verstoffwechslungen, die auf verschiedene genetische Prägungen, Geschlechts- und Altersunterschiede sowie auf Faktoren wie den Mageninhalt zum Zeitpunkt der Einnahme, die Tageszeit oder die aktuelle körperliche Verfassung der behandelten Person (z. B. Flüssigkeitszufuhr) zurückzuführen sind.

Alle diese Erkenntnisse deuten darauf hin, dass der Stoffwechsel im Darm aktiv auf die pharmazeutische Regulierung des Gemüts Einfluss nimmt. Üblicherweise geht man aber (in Beiträgen zur Biopsychiatrie ebenso wie in kritischen Texten, die gegen diese polemisieren) davon aus, dass der natürliche und wichtigste Ansatzpunkt eines Antidepressivums die Hirnsynapse ist. (So schreibt Begley 2003, 85: «Die Blut-Hirn-Schranke ist das entscheidende Hindernis für einen Wirkstoff auf dem Weg zum Zentralnervensystem.») Jedoch weisen die pharmakologischen Daten ganz klar darauf hin, dass Antidepressiva auf den gesamten Körper wirken.[5] Zwar wurden

SSRI wie Fluoxetin mit dem Ziel entwickelt, die Andockstellen im Zentralnervensystem gezielt anzusprechen, doch inwieweit sie das wirksam leisten können, hängt auch davon ab, wie der Darm diese anspricht. Eine pharmazeutisch erzielte Linderung (oder Verschlechterung) von Depressionssymptomen kann man jedenfalls nicht allein der Wirkung des Präparats auf die Hirnrinde oder die subkortikalen Teile des Gehirns zuschreiben. Es gilt dabei auch, das Einwirken von Enzymen auf die Lumenwand des Dünndarms und die Verstoffwechslungskapazität der Leber zu berücksichtigen. Eine philosophische Streitfrage ist die, ob wir diese Wirkungen als ergänzend zur Medikamentenwirkung oder als gleichursprünglich mit dieser betrachten, ob also die Körperperipherie dem Geist äusserlich ist oder ihn massgeblich bedingt. Um an den Gedanken von Ferenczi aus Kapitel 2 anzuknüpfen: Lässt sich bereits die Verstoffwechslung eines SSRI im Darm als ein antidepressiver Wirkungszusammenhang denken? Sollten wir also nicht der Frage nachgehen, inwieweit die Körperperipherie ein beseeltes Gebiet darstellt, anstatt einfach davon auszugehen, dass sich jegliche stimmungsaufhellende Wirkung der Medikamente erst jenseits der Blut-Hirn-Schranke entfaltet?

Innerhalb des beschriebenen psychokinetischen Resonanzraums lässt sich eine geradlinige Wirkung vom Medikament über das Gehirn zum Gemüt nur schwer nachvollziehen. Tatsächlich verläuft in einem menschlichen Körper rund um die Aufnahme, Absorption und Verteilung eines SSRI so vieles kreuz und quer, dass auch meine schematische Darstellung am Beginn dieses Kapitels (vom Mund in den Magen zum Dünndarm zur Leber durch den ganzen Körper und das Gehirn zu den Nieren) allzu sehr vereinfacht. Ich habe bislang auch nur die Pharmakokinetik der vorbereitenden Etappen in der Verstoffwechslung des Medikaments berücksichtigt. Daran schliessen sich viele weitere komplexe Wirkungsweisen an, sobald ein SSRI eine Synapse des Zentralnervensystems erreicht hat. Beispielsweise finden sich in einer menschlichen ZNS-Synapse sieben unterschiedliche Arten von Serotoninrezeptoren, und jede davon weist mehrere Unterarten auf, sodass es sich bei der Neurotransmission von Serotonin zur Synapse um ein äusserst differenziertes Geschehen handelt (Szabo, Gould und Manji 2009). Angesichts dieser Datenlage bin ich der Auffassung, dass eine kritische oder politische Position, die sich gegenüber einer angeblich homogenen und beherrschenden Gattung von Antidepressiva ablehnend positioniert, nur wenig Rücksicht auf Sachverhalte nimmt.

Am Beispiel einer feministischen Kritik der Depression möchte ich zeigen, welche Wege dies unter Umständen nimmt. Kimberly Emmons (2010) versucht sich an einer kritischen Darstellung des Verhältnisses von Depression und Geschlecht, indem sie der Frage nachgeht, wie bestimmend Metaphern für unser Verständnis der Depression sind. Sie behauptet, dass die einschlägigen Metaphern unsere Auffassung von Depressionen oft auf ein individuelles, häusliches, privatisiertes Erleben beschränken. Insbesondere mechanistische Metaphern für das Verhalten der SSRI in der Synapse des Zentralnervensystems (z. B. «Schloss und Schlüssel») erzeugen demnach ein falsches, nämlich allzu schlichtes Bild der Wirkungszusammenhänge in der medikamentösen Behandlung von Depressionen.[6] Rhetorik dieser Art «reduziert die Depression auf eine chemische oder mechanische Fehlfunktion» (110). Mechanistische Metaphern, so Emmons, nähren die Vorstellung, dass eine Depression durch den regelnden Eingriff in das ZNS einfach behandelt und gelindert werden kann: «Anstelle eines ganzkörperlichen Herangehens an die Krankheit zielt die chemische Metapher der Depression allein auf die Neurotransmitter. Zur Korrektur der vermeintlichen Unausgewogenheiten entwickelte Medikamente wirken in der allgemeinen Wahrnehmung ausschliesslich auf die Andockstellen von Nervenzellen im Gehirn. Das Reparieren der Hirnmaschine – und sei es, indem man sie mit Chemie bombardiert – wird so zum vorrangigen Ziel des Handelns. Ansätze zum Umbau oder zur Stärkung der Gesellschaft, die ihre Fehlfunktion zuallererst begünstigt hat, werden gar nicht mehr in Betracht gezogen.» (109 f.). Emmons' Versuch, den biochemischen Reduktionismus auszuhebeln, verbaut sich seine eigenen Erfolgsaussichten. Ein Hauptgrund dafür ist, dass Emmons die psychopharmazeutische Wirkung für einen kinetisch reduzierten und reduzierenden Vorgang hält. Von vornherein problematisch kann die rhetorische Verknüpfung von Depression und chemischen Substanzen eigentlich nur sein, wenn wir davon ausgehen, dass chemische Vorgänge einfach und eng auf ein einziges biologisches System beschränkt sind. Anhand meiner vorbereitenden Darstellung der Metabolisierung von SSRI sollte inzwischen deutlich geworden sein, dass diese Medikamente chemisch sehr viel komplexer sind und tatsächlich ganzkörperlich ansetzen.

Vielleicht löst ja Emmons' Schwenk zur «Gesellschaft» das Problem von zu viel Chemie in der Rhetorik der Behandlung von Depressionen (obwohl ich nicht einsehe, warum chemische Denkansätze und mechanische Metaphern problematischer sein sollen als etwa die Rhetorik der Natürlichkeit und inneren Ausgeglichenheit).[7] Doch Emmons weicht dadurch einer sehr viel gravierenderen konzeptuellen Unzulänglichkeit der Suche nach einer einzigen Ursache der Depression aus. So weit ich sehe, ist das Hauptproblem der pharmazeutischen Logik von «Schloss und Schlüssel» nicht, dass sie Maschinenmetaphern bemüht (immerhin können Maschinen sehr verschieden konstruiert sein), sondern dass sie versucht, einen körperlichen Herd der Depression einzugrenzen: dieses eine

Schloss, jener dazu passende Schlüssel. Unwillkürlich offenbart Emmons' Sicht der Dinge die ebenso unausgesprochene wie weit verbreitete Hoffnung (von Befürwortern der chemischen wie auch der sozialkritischen Ansätze), dass der Ursprung der Depression ein für allemal ausfindig zu machen ist und man ebendort ansetzen kann («Umbau», «Stärkung»), um das Wohlbefinden wiederherzustellen. Solchen Deutungen gelten «Synapse» und «Gesellschaft» als monophone Benennungen – sie schwingen nur auf einer Frequenz und bezeichnen jeweils nur eine einzige mögliche Herleitung der Depression. Dementsprechend gibt es dann ausserhalb von «Synapse» und «Gesellschaft» keinerlei begrifflichen oder materiellen Raum für etwas anderes mehr. Emmons eröffnet einen Raum für Kritik, in dem unsere Erfassung der depressiven Landschaften sich zumeist auf diese beiden Optionen (die synaptische und die gesellschaftliche) beschränken. Keine Berücksichtigung finden dabei andere Körperteile, die Symptome von Depressionen aufweisen (wie die Verdauung) oder auch die inneren psychischen Topografien, die das Erleben von Depressionen für unterschiedliche Menschen unterschiedlich tönen, noch irgendwelche verstärkende oder einander aufhebende Wechselwirkungen zwischen diesen Faktoren. Die Verstoffwechslung von SSRI interessiert mich, weil sie ein Pfad ist, der verschiedene Terrains (Synapse, Darm, Seele, Gesellschaft) miteinander verbindet, die meist für separate oder einander ausschliessende Bezirke gehalten werden. Sich mit den metabolischen Verwandlungen eines Antidepressivums auseinanderzusetzen könnte uns Deutungen des Seelischen eröffnen, die zwar biologisch sind, aber keinen spezifischen Ort im Körper haben, die chemisch und doch nicht deterministisch, innerlich und doch auf die Welt bezogen sind. Damit stünde uns beinahe schon eine pharmazeutische Beschreibung dessen zur Verfügung, was Sándor Ferenczy «Materialisierungen» nannte (siehe Kapitel 2): Eingeweide mit der Fähigkeit zu Dynamik, Motivation und Beseeltheit.

Am Ende ist das Entmutigendste an Emmons' Argumentation die Art und Weise, in der sie die Pharmazeutik gegen eine allgemeinere Wandelbarkeit und Beweglichkeit der Dinge abschottet (vgl. den sehr ähnlichen Ansatz bei Davis 2013). Enzymaktivität, chemische Absorption, Lebermetabolismus – all das birgt aus ihrer Sicht keinerlei politisches Potenzial. Und leider macht sich Emmons damit selbst zu einem Teil genau jener rhetorischen Ökonomie, die sie verurteilt. Würde die Firma Eli Lilly (Fluoxetin) nicht ganz ebenso darauf beharren wollen, dass Medikamente und Politik in verschiedenen Welten zu Hause sind? Verringert diese Vertreibung der Biochemie von der politischen Bühne nicht auch die materiellen Spielräume, die eine feministische Kritik ausloten könnte? Mein Vorschlag lautet demgegenüber: Die wirkungsvollste Replik auf den

Anspruch der Pharmakonzerne, Depression sei ein (im engeren Sinn verstandener) Serotoninmangel, wäre womöglich nicht die Behauptung, dass die Gleichsetzung der Depression mit einer chemischen Verbindung falsch ist. Sie bestünde eventuell darin zu zeigen, dass ebendiese chemischen Vorgänge facettenreich sind und viele Umwege nehmen, dass ihre Nähe zur Depression vielleicht eine Art und Weise sind, in der Beseeltheit im Körper sich ausbreitet, vermehrt, in Bewegung gerät.

Übertragung

Noch fehlt uns ein begrifflicher Rahmen, um dieser Vermutung weiter nachzugehen. Die Heterogenität der Biochemie ist nur schwer in Übereinstimmung mit der Heterogenität des seelischen oder sozialen Raums zu bringen, obwohl beide in ihrer jeweiligen Vielschichtigkeit schon sachkundig beschrieben worden sind und dementsprechend auch die Nichtlinearität pharmakokinetischer, psychischer und gesellschaftlicher Vorgänge gut belegt ist. Jedoch sind Ansätze, diese Nichtlinearitäten in Verbindung miteinander zu bringen, noch in weiter Ferne. Ihre komplexen Zusammenhänge lassen sich wahrscheinlich nicht direkt schematisch übereinander legen, weil die daraus hervorgehenden Entsprechungen zu einfach wären und der verworrenen Realität kaum gerecht würden. Ein angemessener

Begriffsrahmen müsste stattdessen damit umgehen können, dass und wie die Bereiche der Pharmakokinetik, der Psychologie und der Gesellschaft teils aufeinander passen und teils voneinander abweichen, dass und wie sie antagonistisch aneinander gebunden sind. Übereinstimmung kann dabei kein sinnvolles Ziel des Vorgehens sein (E. A. Wilson 2011). Stattdessen könnte man das, was wir suchen, Übertragung nennen.

Nähern wir uns der Frage der Übertragung zunächst anhand einer vielleicht unerwarteten Quelle, nämlich der formalen psychiatrischen Kriterien für die Depression im DSM. Diese Kriterien stellen überwiegend auf somatische Symptome ab. Anstatt mich nun aber mit dem reduktiven Charakter solcher Massstäbe aufzuhalten, möchte ich herausarbeiten, wie sich diese zur vielschichtigen Problematik der Übertragungen verhalten. Eine chronische, aber weniger akute Depression (Dysthymie) wird diagnostiziert, wenn zwei oder mehr der folgenden Symptome in einem Zeitraum von zwei Jahren auftreten: Appetitlosigkeit oder Überessen, Schlaflosigkeit oder Schlafsucht, geringes Selbstwertgefühl, Konzentrations- und Entscheidungsschwierigkeiten, Hoffnungslosigkeit. In der Psychiatrie wird seit einiger Zeit diskutiert, ob sich die im DSM beschriebenen Symptome der Dysthymie nicht zu sehr an körperlichen Erscheinungen orientieren (Appetit, Schlaflosigkeit, Müdigkeit). In einem offiziellen Handbuch zum DSM-IV-TR

(2000) wurde argumentiert, dass «die dysthymische Störung besser anhand einer grösseren Bandbreite kognitiver und zwischenmenschlicher Symptome beschrieben werden könnte, insbesondere: allgemeine Freud- und Lustlosigkeit, subjektive Gefühle der Reizbarkeit und übermässigen Zorns, reduzierte Aktivität, Leistungsfähigkeit oder Produktivität» (First, Frances und Pincus 2004, 203). Das 2013 erschienene DSM-5 führte die Dysthymie und die chronische, schwere depressive Störung aus dem DSM-IV zusammen und nannte dieses neue Krankheitsbild «persistierende depressive Störung (Dysthymie)». Die Kriterien der chronischen, schwach ausgeprägten Depression blieben aber gegenüber dem Stand von 1994 unverändert (DSM-IV). Insbesondere stehen auch hier die körperlichen Beeinträchtigungen noch diagnostisch im Vordergrund. Die Betonung körperlichen Unwohlseins hat meiner Ansicht nach den Vorteil, die Sichtbarkeit der organischen Peripherie (besonders des Darms) in der Psychiatrie zu gewährleisten. Sie verbindet diese Diagnosekriterien auch mit älteren psychodynamischen Prinzipien, die auf die Erkennung und Behandlung von Übertragungen ausgerichtet waren.

Das lässt sich am ehesten historisch erklären. Das DSM wird seit seinem ersten Erscheinen 1952 regelmässig überarbeitet, und es kam in dieser Zeit auch zu einer erheblichen Neuausrichtung der ursprünglich Freud'schen Nosologie (deren

Beschreibung hier zu sehr ins Detail ginge). Beispielsweise wurden Hysterien und Depressionen anfangs als getrennte Kategorien behandelt – die Hysterie als eine «Übertragungsneurose» (Libido wird in problematischer Form und im Wege der Besetzung auf ein äusseres Objekt übertragen), die Melancholie als eine «narzisstische Neurose» (Libido wird von der Welt abgezogen und ins Ich verlegt).[8] Dementsprechend sind Depressionen im DSM-1 (American Psychiatric Association, APA 1952) und DSM-II (APA 1968) als psychotische Störungen (zu verschlossen, um sich auf die Welt einzulassen) eingestuft und zu den schizophrenen Zuständen gerechnet. Diese Unterscheidung verschwindet im DSM-III (APA 1980), und zugleich werden hier depressive Störungen formell von Schizophrenien getrennt und nicht länger als psychotisch angesehen. Diese Trennung wird im DSM-IV (APA 1994) bekräftigt, indem sich die Depressionen nunmehr als Gemütsstörungen eingestuft finden, und erneut im DSM-5 (APA 2013), wo die gesonderte Einstufung als «depressive Störungen» eingeführt wird. Dass die Unterscheidung zwischen Übertragungs- (hysterischen) und narzisstischen (depressiven) Zuständen bröckelt, hat zur Folge, dass bestimmte, ursprünglich als übertragungsursächlich (hysterisch) verstandene körperliche Symptome sich in der Beschreibung nun etwas wahllos verteilt auf andere Zustände wie Depressionen, somatische Störungen und Persönlichkeitsstörungen finden. Als Somatisierungen sind sie nicht länger auf einige wenige neurotische/hysterische Zustände eingegrenzt, sondern weit über den Diagnosebereich verteilt. Wie es scheint, wurden manche körperlichen Symptome der persistierenden depressiven Störung über diese nosologische Verschiebung weitervererbt, und infolgedessen wirken in den neuesten Symptombeschreibungen der Depression im DSM-5 noch die neurotischen und hysterischen Zustände nach, die aus der psychiatrischen Diagnose schon explizit entfernt wurden. Wichtig ist nun, dass diese Spuren des Somas auch einen wesentlichen Aspekt der klassischen Behandlung von Hysterien in sich tragen: den Umgang mit der Übertragung. Weiter unten versuche ich zu zeigen, dass die Psychiatrie gegenwärtig zwar hauptsächlich auf die Biochemie der Gemütsstimmungen abstellt (Fehlleitungen des Serotonins, Wanderung der SSRI durch den Körper), deshalb aber um nichts weniger in Probleme der Übertragung verstrickt ist. Der Wechsel von der somatischen zur biologischen Symptomologie hat die Wirkung der Übertragung bei depressiven Störungen in ihrer Form gewandelt, aber als solche nicht gemindert. Eine Ahnung sagt mir, dass diese ineinander verflochtenen Stränge (Soma, Übertragung, Melancholie) zum Ausgangspunkt eines anderen Verständnisses von biochemischer Variabilität gemacht werden und so auch dazu beitragen könnten, dass etwas mehr Beweglichkeit in die zeitgenössische Kritik am Einsatz von Antidepressiva einkehrt.

Als Erstes brauchen wir dafür ein klares Verständnis der Übertragung. Neben der allgemeinen Bedeutung einer «Handlung oder eines Prozesses, in dem etwas von einem Ort, einer Person, einem Gegenstand zum anderen übermittelt wird», meint sie im Freud'schen Sinn «das Projizieren wiedererweckter und starker Gefühle, die zuvor (in der Kindheit) jemandem oder etwas anderem galten und seither unterdrückt waren, auf den Analytiker durch den Patienten [...] allgemeiner: die emotionale Seite der Beziehung zwischen Patient und Analytiker» (*Oxford English Dictionary*). Mir scheint es wichtig, diese beiden Bedeutungen der Übertragung im Bewusstsein zu halten und aufeinander zu beziehen: sich klarzumachen, dass ein überführendes Handeln (von einer Person zur anderen oder einem Ort zum anderen) auch in der psychoanalytischen Vorstellung von Übertragung (als einer intensiven emotionalen oder zwischenmenschlichen Begegnung) noch gegenwärtig ist, dass aber umgekehrt ebenso das Weitertragen eines Dings (z. B. der Transport einer Pille durch den Körper) denkbar ist als ein Geschehen lebhafter Relationalität, als ein Vorgang, der die Souveränität von Personen und Orten konstituieren (ebenso wie zersetzen) kann. Freud arbeitete mit beiden Bedeutungen von Übertragung. Gelegentlich meint er (insbesondere im Frühwerk und in der Auseinandersetzung mit Träumen) damit einfach eine Verschiebung oder Verdrängung. Beispielsweise wird die Verlagerung psychischer Intensität von einer unbewussten Vorstellung zur vorbewussten Idee in der *Traumdeutung* (1900) als Übertragung bezeichnet. Erstmals taucht der Begriff in einem eigentlich Freud'schen Sinn in den Studien über Hysterie (1895) auf, wo Freud beschreibt, wie sich der unbewusste Wunsch einer Patientin, von einem Mann geküsst zu werden, auf den Arzt übertrug. Freud nennt dieses Weitertragen der Fantasievorstellung von dem früheren Mann auf ihn selbst eine «Mesalliance – die ich falsche Verknüpfung heiße» (Freud 1895, 267) und betrachtet diese als Behinderung einer erfolgreichen Analyse. «Die Kranken lernten auch allmählich einsehen, dass es sich bei solchen Uebertragungen auf die Person des Arztes um einen Zwang und um eine Täuschung handle, die mit Beendigung der Analyse zerfliesse.» (Freud 1895, 268). Der Fall Dora führt ihn zu einer komplexeren Auffassung des Übertragungsvorgangs. Nun wird Freud klar, dass die Übertragung nicht einfach nur ein Hindernis in der Analyse, sondern ein notwendiger Teil jeder Behandlung ist: «Die Übertragung, die das größte Hindernis für die Psychoanalyse zu werden bestimmt ist, wird zum mächtigsten Hilfsmittel derselben, wenn es gelingt, sie jedesmal zu erraten und dem Kranken zu übersetzen.» (Freud 1905, GW V, 281). Um 1905 gelten ihm die von der Übertragung entborgenen Assoziationen nicht länger als irrig; im Gegenteil ebnet gerade die Analyse solcher abwegigen, ambivalenten oder absurden Verknüpfungen der erfolgreichen Behandlung ihren Weg.

Wie allgemein bekannt, erfuhr dieser Begriff der Übertragung im Lauf des 20. Jahrhunderts erhebliche Neudeutungen. Im Rahmen einer klassisch Freud'schen Metapsychologie ist Übertragung eine einseitige Angelegenheit: Die Patientin verlagert alte Erinnerungen auf den Analytiker: «Übertragungen ... sind Neuauflagen, Nachbildungen von den Regungen und Phantasien, die während des Vordringens der Analyse erweckt und bewußt gemacht werden sollen, mit einer für die Gattung charakteristischen Ersetzung einer früheren Person durch die Person des Arztes.» (Freud 1905, GW V, 279). Mit der Idee der Gegenübertragung (von unbewussten Reaktionen des Analytikers auf den Patienten) begann eine Neubewertung der Person des Analytikers, die nun zunehmend nicht mehr als leeres und rein aufnehmendes Behältnis für Übertragungsgefühle gesehen wurde. Es setzte sich die Auffassung durch, dass die Psychoanalyse als Behandlungsform eine Beziehung darstellt (Laplanche und Pontalis 1988). Ferenczis Experimente in diese Richtung (die berüchtigte «mutuelle Analyse», in der die Übertragung des Analytikers zu den Daten gehört, die zu deuten sind) und spätere, an Freud anknüpfende Arbeiten zur analytischen Zweierbeziehung (z. B. von Michael Balint, Heinz Kohut, Stephen A. Mitchell) waren wegbereitend für ein Verständnis der Behandlung, in dem die Beziehung (das intersubjektive Feld der analytischen Sitzung) im Vordergrund steht.

Diese methodischen Veränderungen schufen eine breitere Basis für die psychoanalytische Therapie und ermöglichten es ihr, über die klassischen Übertragungsneurosen hinauszugehen und damit auch Zustände wie die Melancholie und Persönlichkeitsspaltungen besser zu behandeln. Anders gesagt brachte die Neufassung der Übertragung Abgrenzungen zwischen neurotischen, melancholischen und psychotischen Krankheiten in der psychoanalytischen Theorie gehörig durcheinander. Inzwischen gilt manchen Analytikern die Übertragung nicht einfach nur als Wiederbelebung einer Beziehung aus der Vergangenheit – sondern als ein für die analytische Dyade charakteristisches Verhältnis, das als solches Aufmerksamkeit erfordert: «Die relationale Herangehensweise, die ich hier vertrete, betrachtet die Beziehung zwischen Analytiker und Patienten als eine, die sich fortlaufend durch laufende gegenseitige Einflussnahme aufeinander neu begründet. Dabei wirken Patient und Analytiker systematisch aufeinander und erfahren das Einwirken des anderen auf sich. Zwischen ihnen entsteht ein Kommunikationsprozess, in dem die Einflussnahme in beide Richtungen verläuft.» (Aron 1991, 248). Es fällt auf, dass Übertragung hier wieder mehr den Eindruck eines Überbringens oder auch einer Schiebung erweckt.

Zu den sprachgewandtesten gegenwärtigen Theoretikern der Übertragung gehört Thomas Ogden (1994).[9] Sein bedeutender Text über das «analytische Dritte» beginnt mit einer Betonung der tiefen gegenseitigen Verstrickung zwischen Analytiker und Analysand: «Mir scheint es angemessen zu sagen, dass das heutige psychoanalytische Denken an einem Punkt angelangt ist, an dem man nicht mehr einfach vom Analytiker und Analysanden als zwei getrennten, sich zueinander wie zu Objekten verhaltenden Subjekten sprechen kann.» (3). Ogden wendet sich nicht nur gegen die klassische Vorstellung vom Analytiker als einer leeren Projektionsfläche, sondern er entwickelt davon ausgehend eine komplexere Auffassung der Gegenübertragung. Dabei hat er nicht zwei separate Ströme psychischen Geschehens (des Analytikers und des Analysanden), sondern das intersubjektive, in der Sitzung entstehende Erleben (eines analytischen Dritten) vor Augen. Dieses Dritte, diese Intersubjektivität gehört keinem von beiden an und existiert in einem dynamischen Spannungsverhältnis zu den Subjektheiten von Analytiker und Analysand: «Das Intersubjektive und das jeweilige Subjektive erzeugen, negieren und bewahren einander.» (4). Aufgabe der Analyse ist es nicht, die Bestandteile dieses Dritten zu sortieren (Wie viel von dem gemeinsam Erleben gehört mir, wie viel dir?), sondern das im Raum aufkommende Spiel zwischen den einzelnen Subjektheiten und der Analytiker-Analysand-Intersubjektivität zu entfalten: «Das analytische Dritte ist kein einzelnes, von zwei Menschen identisch erfahrenes Ereignis. Es ist eine unbewusste, asymmetrische gemeinsame Schöpfung von Analytiker und Analysand, das die Struktur der analytischen Beziehung entscheidend prägt.» (Ogden 1999, 487).[10]

Eine Analyse dieses Dritten erfordert oft das Einbeziehen von banalen, kaum wahrnehmbaren Ereignissen im Raum, die einer analytischen Betrachtung gewöhnlich entgehen oder aus dieser bewusst ausgeschlossen werden. (Dabei kann es sich um den Stempeldruck eines Briefumschlags auf dem Schreibtisch handeln, oder auch um eine rein gewohnheitsmässige Änderung der Körperhaltung.) Ogden (1994) behauptet, dass (in einer bestimmten Sitzung) ein kleiner, beiläufiger Gegenstand wie ein Briefumschlag als neues analytisches Objekt geschaffen wurde. Dass der Briefumschlag als ein solches Objekt in Erscheinung trat, war nicht einfach die Beseitigung einer Verdrängung (aufseiten Ogdens) in Bezug auf das Objekt, sondern dieses entstand aus dem gemeinsamen Erleben des analytischen Dritten. Anhand dieses ersten Fallbeispiels erläutert Ogden die zwischen ihm und dem Patienten aufkommende «Enttäuschung über das Fehlen eines Gefühls von Angesprochenwerden, von persönlichem Gemeintsein». Sie kreiste unbewusst zwischen Ogden und dem Patienten, in Ogden und im Patienten, um sich zu sammeln und aus dem

Briefumschlag (mit seiner unpersönlichen, bis dahin unbemerkten maschinellen Frankierung) etwas ganz anderes als bisher zu machen. Dieser Umschlag war nicht einfach nur ein Adressat von Ogdens Fantasie, und Ogdens Gefühle bezüglich des Umschlags waren nicht nur Nachbildungen älterer Gefühle, sondern das Hin und Her des Analysedritten (des Wunsches, persönlich gemeint zu sein) verwandelte den Umschlag ebenso wie Ogden und den Patienten. Indem er nun das Auf und Ab dieses Erlebens reflektiert, kann Ogden dem Patienten eine Deutung (von dessen Gefühlen, erstickt zu werden) anbieten, und diese Deutung erreicht ihren Zweck: «Die Stimme von Herrn L. wurde lauter und voller, wie ich sie zuvor noch nicht gehört hatte.» (7). Anhand eines zweiten Falls (in dem eine Patientin sich plötzlich auf der Couch umdreht und Ogden direkt ansieht, weil dieser seine Haltung im Sessel verändert hat), führt Ogden vor, wie sowohl er selbst als auch die Patientin unbewusst Ogdens Bewegung im Sessel als ein Zeichen verstanden, dass er sterbe: «Erst in dem eben beschriebenen Moment wurde das Geräusch meiner Unrast zu einem ‹analytischen Objekt› (einem Träger intersubjektiv erzeugter analytischer Bedeutung), das es vorher so nicht gegeben hatte. Meine Fähigkeit und die der Patientin, als separate Individuen zu denken, wurde von der Eindringlichkeit einer gemeinsamen, unbewussten Fantasie bzw. somatischen Wahnvorstellung, in der wir uns beide wie in einem Netz verfingen, in Beschlag genommen. (15). Ogden dokumentiert hier eine Relationalität, in der die Beteiligten zutiefst (und asymmetrisch) durchlässig für einander und ihr gemeinsam geschaffenes Drittes sind. Viele derartige Durchdringungen können in einer analytischen Sitzung stattfinden. Sie können schöpferisch und bereichernd, oder auch einengend und destruktiv sein, doch verbannen lassen sie sich aus der Analysesituation nicht.[11]

Mit dieser Idee des analytischen Dritten eröffnet Ogden uns die Möglichkeit, konventionelle Paarkonstellationen wie die zwischen Analytiker und Analysand, Selbst und Anderem, Innerlichkeit und Welt in ihrer Beschaffenheit vielschichtiger zu denken. Seine Behauptung erschöpft sich nicht darin, dass es ohne Analysanden keinen Analytiker (und umgekehrt) geben kann. Er sagt, dass diese Parteien gemeinsam Streuungszustände von Beseeltheit erzeugen, die (obgleich ohne eigenen Ort) erhebliche, Sinn stiftende Wirkungen auf den Geist des Analytikers wie des Analysanden haben können. Daraus entsteht ein Paradoxon der zeitlichen Ordnung: Denken und Fühlen des Analytikers wie des Analysanden gehen dem von ihnen geschaffenen Dritten nicht voraus, sondern diese drei Subjektheiten erzeugen, erhalten und löschen einander aus. Sie gründen auf einer radikalen, ursprungslosen Durchlässigkeit, die klare Abgrenzungen zwischen Ganzheiten nicht zulässt, und entsprechen etwa dem, was Karen Barad (2007) mit «Verwicklung» meinte oder Ferenczi (1924) eine «Amphimixis» genannt hätte.

Insbesondere herauslösen möchte ich aus Ogdens bemerkenswerter Neubeschreibung der Analysebeziehung eine Strategie, mit der sich die Übertragung eines Medikaments im menschlichen Körper denken lässt. Es geht mir nicht darum, den Verlauf eines SSRI direkt auf die von Ogden entfaltete, vielfältige Struktur umzulegen, und ebenso wenig darum, eine Übereinstimmung zwischen Ogdens Drittem und pharmakologischen Daten herzustellen. Aufgreifen will ich stattdessen die Idee der Durchlässigkeit für Übertragungen als eine Art und Weise, sich auch die Verstoffwechslung von SSRI vorzustellen. Wir denken bei einem Antidepressivum gewöhnlich an eine souveräne Einheit, die ihren Weg durch den Körper zum Gehirn findet: zwei voneinander unterscheidbare Entitäten (Tablette, Synapse), und zwei gegeneinander abgrenzbare Aufgaben (Verstoffwechslung, Gemütsaufhellung). Ogden gibt uns nun ein Schema an die Hand, mit dem wir uns anstelle dieser Zwieschlächtigkeit eine wechselseitige Verstrickung von Tablette und Darm und Synapse denken können. Mit seiner Hilfe will ich zeigen, dass die Behandlung einer Depression durch ein Medikament nicht als das Wirken eindeutig zentraler (pharmazeutischer) und peripherer (metabolischer) Prozesse betrachtet werden sollte, sondern dass jede Seite der Behandlung mit der anderen verhaftet ist und sich so die medikamentöse Wirkung über das gesamte klinische Spektrum des Geschehens verteilt. Insbesondere zieht die Metabolisierung eines Medikaments überall im Körper psychische Folgen nach sich: Beseeltheit entspringt keinem einzelnen, bestimmten Ort und hat keine abgeschlossene Disposition – sie gehört zum Darm ebenso wie zum Gehirn, zur Leber und zum Blut.

Ihr Wirkungspotenzial als Antidepressivum entfaltet die Pille nicht durch enggeführtes, deterministisch verstandenes oder einseitiges Agieren, sondern durch das Walten der Übertragung – und das heisst: auf dem Wege biochemischer Relationalität. In dieser Hinsicht unterscheidet sich das, was ein Antidepressivum leistet, vielleicht nicht erheblich von den Wirkungen eines humoralen, psychotherapeutischen oder kulturellen Systems. Gezielte politische Kritik am Einsatz von SSRI könnte diese Homologien in Betracht ziehen. Anstatt etwa den Gegensatz zwischen einer pharmazeutischen und einer zwischenmenschlichen Behandlung zu überzeichnen, wäre es zum gegenwärtigen Zeitpunkt vielleicht überzeugender, beider Beteiligung an Vorgängen der Verschiebung und Übertragung zu ermitteln. Mir scheint, dass die gegenwärtige psychopharmazeutische Stimmungslage nach Deutungsansätzen verlangt, die mit chemischen Übertragungsbeziehungen sympathisieren oder sogar ganz in die chemischen Bande der Übertragung geschlagen sind.

Dank Hannah Landeckers (2013) akribischer Forschung zur Geschichte und Philosophie des Stoffwechsels kann ich hier genauer auf das Wesen einer SSRI-Übertragung eingehen. Der Begriff des Stoffwechsels entstand in seiner heute gängigen Form im 19. und 20. Jahrhundert und gibt Antwort auf die Frage, wie ein Organismus Nahrung in Energie verwandelt: «Der Körper wurde gewöhnlich in Analogie zu einem Verbrennungsmotor betrachtet, den man mit Treibstoff betankt. Heerscharen von Laborforschern untersuchten Menschen und Tiere, als wären sie Bilanzen, in denen alle Ausgaben und Einnahmen verzeichnet sind.» (194). Wie nicht anders zu erwarten, lassen sich diese konventionellen Darstellungen hauptsächlich als «Zweierprobleme» denken (196): Organismus und Umwelt, Körper und Nahrung, innen und aussen. Landecker beschreibt die Arbeit eines Physiologen (Claude Bernard), eines Biochemikers (Rudolf Schönheimer) und eines Philosophen (Hans Jonas), die sich den Stoffwechsel anders, nämlich «als ein drittes Konzept» (195) vorstellten: Jeder dieser drei erkannte auf seine Weise den Stoffwechsel als Prozess, der einfache, scheinbar selbstverständliche Unterscheidungen zwischen Organismus und Umwelt infrage stellte. Bernard konnte zeigen, dass Tiere den aus ihrer Umwelt aufgenommenen Zucker zerlegen (übereinstimmend mit der konventionellen Physiologie), zugleich aber selbst zuckerähnliche Substanzen erzeugen. So konnte die Leber eines Hundes selbst dann noch Zucker herstellen, als sie dem Körper entnommen (d. h. von jeder Mechanik der Nahrungsaufnahme getrennt) und vollständig ausgeblutet worden war. Eine Substanz (Zucker), die eigentlich nur von ausserhalb des Körpers stammen und in dessen Innerem zu Treibstoff hätte werden sollen, wurde tatsächlich im und vom Körper, nämlich in der Leber, selbst erzeugt. Funktionen des Äusseren fanden sich im Körperinneren wieder. Psychodynamisch formuliert: Die Welt wird introjiziert, und wie die seelischen Introjektionen bringt auch die Verstoffwechslung des Zuckers ein *milieu intérieur* hervor (d. h. die Fähigkeit von Lebewesen, stabile und von den Strömen der Umwelt einigermassen unabhängige Zustände zu erhalten). Landecker stellt fest, dass Bernards Erforschung des Zuckers «sich zum Fundament einer Lebensphilosophie fügte, die dem ‹dualistischen› Schema von Energie erzeugenden Pflanzen und Energie verbrauchenden Tieren völlig entgegengesetzt war» (200). Die Gewissheit des Zwieschlächtigen beginnt sich aufzulösen, sobald man von der Umwelt nicht mehr mit Sicherheit sagen kann, dass sie sich ausserhalb des Körpers befinde. Ein Jahrhundert später und über Vermittlung einiger theoretischer und experimenteller Brückenbauer arbeitete der Philosoph Hans Jonas den wesentlich dynamischen Charakter des Stoffwechsels heraus, wie Bernard ihn erkannt hatte. Für Jonas stellte sich die Beziehung zwischen Innen und Aussen, die ein Stoffwechsel unterhält, als Verstrickung dar: «JONAS» (216). In dieser Denktradition ist Stoffwechsel das, wie Landecker schreibt, was ein Innen und Aussen erst möglich macht. Es gibt nicht «eine Grenze zwischen zwei Dingen, sondern zunächst einmal eine dynamische Produktion des Seins von zwei Dingen. Ohne Stoffwechsel gäbe es keine Notwendigkeit für Innen und Aussen, Organismus und Umwelt, Tier und Welt. Wir haben es, mit anderen Worten, nicht mit zwei in Wechselwirkung tretenden Entitäten zu tun, die zu ihrer Unterscheidung eine Grenze benötigen, sondern mit einem dritten Ding, dem Stoffwechsel, der die Zweiheit von Organismus und Umwelt hervorbringt.» (217).

Die Beiträge von Landecker und Ogden zu einer Analyse der SSRI sind unschätzbar wertvoll. Sie geben uns hinreichend Anlass zur Vermutung (aus physiologischer wie aus psychologischer Sicht), dass die Wirkung einer Tablette nicht unabhängig von den somatisch, emotional und umweltlich eigenwilligen Landschaften ausfällt, die das Medikament auf seinem Weg durchquert. Wir Menschen unterscheiden uns erheblich voneinander in unserer metabolischen Kinetik, und der Stoffwechsel jedes Einzelnen verändert sich unter dem Einfluss von Bedingungen wie Alter, Temperatur, Gewicht und Aktivität. Während die Psychoanalyse oft für eine verallgemeinernde Deutungsweise gehalten wird, beruht ihre

Heilwirkung doch gerade auf der Einsicht, dass sich unbewusste Sinnstrukturen im Laufe einer Sitzung und über längere Zeit verändern, dass sie sich wiederholen und auf sich selbst zurückfallen (und sich im Zuge dessen selbst umbilden). Wir haben es mit Struktur- oder Systemmodellen zu tun, die ihre Wirkung innerhalb der jeweiligen Bindungen und Wandlungen einer ärztlichen Begegnung entfalten. Ich nutze hier den Zugang von Landecker und Ogden zu derartigen Systemen, um darzulegen, dass eine Tablette kein autonomer (vorher schon vorhandener) Akteur ist, sondern als SSRI erst in und durch Wechselwirkung mit dem Körper erzeugt wird. Das habe ich «Übertragung» genannt, im Doppelsinn des Überführens eines Dings von einem Ort zum anderen und der therapeutischen Art und Weise, in der eine Tablette in und durch ihr kinetisches Verhältnis zu diesen Umwelten bzw. anderen erst wirksam werden kann. Wenn ein SSRI erst eigentlich im Wege der chemischen Übertragung entsteht, so ist auch jede Parteinahme für oder gegen Behandlungen mit Antidepressiva unweigerlich eine gegen die Übertragung (d. h. reduktiv). Beide Haltungen setzen nämlich voraus (und erfordern geradezu), dass die Tabletten nur eine bestimmte, entweder extrem enge oder viel zu weit gefasste Disposition aufweisen. Erkundungen wie die von Landecker und Ogden widmen sich der Aufgabe, neue Wege (in Richtung des Dritten) zu gehen, auf denen wir vielleicht zu einem umfassenderen Verständnis der Schauplätze unserer Übertragungen gelangen.

Deutungen

In einer seiner wichtigsten Fallgeschichten beschreibt Peter Kramer (1993) eine Patientin, der sowohl die Psychotherapie als auch SSRI-Antidepressiva enorm halfen.[12] Mithilfe der Therapie erlangte Lucy ein gewisses Mass an Einsicht in die Ordnung der Gefühle, auf der ihre Erfahrung der Welt gründete – sie war äusserst empfindlich für Zeichen der Ablehnung und verhielt sich bisweilen selbstzerstörerisch. Trotz des erfolgreichen therapeutischen Bündnisses mit Kramer gab es in ihrer emotionalen Konstitution aber Bereiche rettungsloser Verzweiflung, in denen die Psychotherapie nichts bewegen konnte. In einer Phase besonders schwerer Niedergeschlagenheit verschrieb Kramer ihr Fluoxetin, und Lucy sprach zunächst gut darauf an. Das Medikament schien sie in ihrem Studium und im Verhältnis zu ihrem Freund zu stabilisieren. Sie fühlte sich eher mit der Welt verbunden und infolgedessen seelisch widerstandsfähiger. Wie andere Patienten auch war sie aber nach einiger Zeit immer häufiger emotional aufgewühlt, und man beschloss, das Fluoxetin abzusetzen. Kramer schreibt, dass er Lucy auf ein anderes Medikament hätte umstellen können, ihr Zustand sich aber weiterhin auch ohne Medikamentenbehandlung verbesserte.

Anscheinend hatte Lucy aus der kurzen Episode mit dem Fluoxetin eine Einsicht mitgenommen: «Man könnte sagen, dass die medikamentöse Behandlung eine ähnliche Wirkung hatte wie eine Deutung in der Psychotherapie.» (Kramer 1993, 103). Lucy empfand sich dadurch in einer Weise geborgen und auf einen neuen Weg gebracht, die Ähnlichkeiten mit einer auf Empathie gründenden, psychotherapeutischen Interpretation aufwies. Die Deutung der Chemie überzeugte. Aus Kramers Sicht zeigten Medikation und Interpretation sogar eine weitgehend gleichartige Wirkung: «Heute kann man bisweilen mit einer Medikation erreichen, was bisher nur mit Psychotherapie möglich war – in das Innere einer Person zu dringen und einen bestimmten Aspekt ihres Charakters zu verändern. Bei der Abwägung, das zu tun oder zu lassen, muss sich ein Psychopharmakologe auf Fähigkeiten stützen, die wir gewöhnlich mit der Psychotherapie verbinden.» (Kramer 1993, 97).

Wir sind es gewohnt, Medikation und Psychotherapie als Gegensätze zu sehen. Politische Auseinandersetzungen über die Behandlung von Depressionen entzünden sich oft an der Uneinigkeit darüber, welche der beiden Methoden (psychologisch und/oder wirtschaftlich betrachtet) effektiver oder offener für die kulturelle Dimension seelischen Leidens sei. In solchen Fällen ist eine Entscheidung zu treffen: Medikamente oder Worte? Jacquelyn Zita (1998) versteht Kramers

Einstimmung auf Fluoxetin als den Wunsch, die zwischenmenschliche psychotherapeutische Bindung durch pharmazeutische Behandlungen zu ersetzen: Kramer «deutet die Rolle des Psychotherapeuten, der immer noch im Medium des Wortes und mit den Mitteln der Analyse arbeitet, dahingehend um, dass das Verfahren der medikamentösen Übertragung sie am besten erfüllt» (65). Das stimmt meiner Ansicht nach nicht. Zita hat die Übertragungsbeziehung, die Kramer zu beschreiben versucht, nicht verstanden. Im Zusammenhang mit einer anderen Patientin (Susan) sagt er: «Grösstenteils agierte ich in meiner Rolle als Psychotherapeut wie ein Medikament – etwa Fluoxetin – insofern, als ich die Anfälligkeit meiner Patientin für Verlustempfindungen abzumildern versuchte.» (286). Kramer erscheint das Medikament wie eine Interpretation und der Therapeut als jemand, der wie ein Medikament wirken kann. Er behauptet keine Vorherrschaft der Biologie und Pharmazeutik über die Deutung und Analyse, sondern er beobachtet eine Ähnlichkeit zwischen Worten und Pillen, die so weit geht, dass die einen wirken können wie die anderen. Wenn ein erfolgreicher Pharmakologe manchmal wie ein feinfühliger Psychotherapeut vorgehen muss und wenn emotionale Einsicht sich andererseits manchmal auf dem Weg durch den Körper gewinnen lässt, so deutet das nicht einfach auf eine strukturelle Entsprechung zwischen diesen beiden Vorgängen hin, sondern auf eine innigere Gemeinsamkeit zwischen Biochemie und Psyche. Eingriffe in einem dieser beiden Register wird die Struktur des anderen umbauen, und das nicht, weil das eine das andere bestimmt, sondern weil beide ontologisch betrachtet eng verwandt sind.

Chemie und Psyche sind nach Kramer (1993) insoweit vom gleichen Stamm, als er nicht eindeutig zuordnen konnte, ob Lucys Erregungszustand («objektloses Verlangen», 106) während der Einnahme von Fluoxetin auf eine (bekannte) unerwünschte Nebenwirkung des Medikaments zurückging oder einem deutlicheren, nunmehr für sie emotional stärker gegenwärtigen Erleben der Sehnsucht nach ihrer – schon in ihrer Kindheit ums Leben gekommenen – Mutter entsprang.

Es geht also hier nicht eigentlich darum, sich auf die Seite des Medikaments oder des Wortes zu schlagen (oder das eine durch das andere zu ersetzen), sondern dem Sympathiebezug oder Naheverhältnis (einer Ähnlichkeit des Gefühls) zwischen Worten und Tabletten nachzugehen.[13] Noch etwas anders gesagt: Deutungen sind keine Ereignisse, die sich auf Begegnungen der psychologischen (oder kognitiven) Art beschränken. Sie sind auch nicht einfach Eingriffe eines kognitiven Systems in ein somatisches (dies eine allzu schlichte Vorstellung). Auch der Körper kann entziffern, zergliedern, auswerten. Das Sinnieren einer Darmwand, das Handeln der Leber beim Herausfiltern eines bestimmten

Prozentsatzes eines Antidepressivums aus dem Blut, das Abzählen der Aminosäuren an der Blut-Hirn-Schranke – all das sind Momente, in denen der Körper seine seelischen Bedürfnisse und Grenzen erkundet. Wenn Lucy sich durch einen kurzfristigen Behandlungszyklus mit (nicht nur in ihrem Gehirn, sondern im ganzen Körper verbreiteten) Fluoxetin geborgener und emotional widerstandsfähiger fühlte, so lag das daran, dass die Interpretationsfähigkeiten ihres Körpers und ihrer Seele einander ähnlich waren.

Diese Sicht der Dinge wird durch einen Teil der konventionellen empirischen Forschung auf dem Gebiet der Behandlung von Depressionen gestützt. In der Literatur finden sich zwei ziemlich gut belegte Erkenntnisse. Erstens scheint eine Kombination von medikamentöser und psychotherapeutischer Behandlung (im Durchschnitt) besser zu wirken als eine entweder nur auf Arzneimittel oder Psychotherapie abstellende (de Jonghe u. a. 2004; Keller u. a. 2000; Pampallona u. a. 2004; Thase u. a. 1997). So berichtet ein Aufsatz im *New England Journal of Medicine* aus dem Jahr 2000 über eine Untersuchung, die an 600 Patientinnen und Patienten mit chronischen Formen schwerer Depressionen durchgeführt wurde. Patienten, die sowohl psychotherapeutisch (kognitiv-behaviorale Analysetherapie in Kurzform) als auch medikamentös (mit Nefazodon, einem Antidepressivum ohne SSRI) behandelt wurden, sprachen erheblich besser darauf an als diejenigen, die nur entweder die therapeutische oder die pharmazeutische Behandlung erhielten: 85 Prozent der Probanden in der Gruppe mit der Kombinationsbehandlung zeigten symptomatische Verbesserungen nach zwölf Wochen, bei denjenigen, die nur entweder mit dem Medikament oder der Therapie behandelt wurden, waren es 55 bzw. 52 Prozent (Keller u. a. 2000).

Um es gleich vorwegzunehmen: Gegen diese Studie lassen sich eine ganze Menge Einwände vorbringen. Ein Leitartikel in derselben Ausgabe des *New England Journal of Medicine* von Marcia Angell (2000) zitiert sie als Beispiel für den überwältigenden Einfluss von Geldern aus der Pharmaindustrie auf die psychiatrische Forschung: Von den zwölf Autoren des genannten Aufsatzes unterhielt nur ein einziger keine Verbindungen zum Hersteller von Nefazodon. Die aufgedeckten finanziellen Verbindungen zwischen den Autoren und diesem wie auch anderen Pharmaunternehmen waren so umfangreich und bedenklich, dass der Artikel nicht in die Druckausgabe der Zeitschrift aufgenommen wurde, sondern nur online verfügbar war.[14] Auch eine nur kursorische Befassung mit dieser Studie böte Anlass zu etlichen sehr entschiedenen politischen Reaktionen: etwa zu einer Verurteilung der Einflussnahme von Pharmaunternehmen auf die psychiatrische Forschung; einer Forderung nach vielfältigerer Zusammensetzung der Probandengruppen; einer Kritik an der Verkürzung und

Straffung psychotherapeutischer Behandlungen auf die zwölfwöchige kognitive Verhaltenstherapie. Alle diese Kritikpunkte sind wichtig. Mir geht es hier aber darum, dem eine andere Art von politischer Reaktion hinzuzufügen, die sich mehr auf die eigentlichen Daten konzentriert. Wie gehen wir um mit der (unzählige Male bestätigten) Erkenntnis, dass Tabletten und Worte einander bei der Behandlung einer Depression gegenseitig in ihrer Wirkung verstärken?[15] Vielleicht erweist sich die Entscheidung zwischen Freud und Fluoxetin, zwischen Reden und Schlucken als eine ideologisch wie biologisch weniger klare, als wir auf dem Höhepunkt der Arzneimittelgläubigkeit in den Jahren nach dem Zweiten Weltkrieg anzunehmen geneigt waren. Und wenn wir nun von einer Haltung ausgingen, die Psychoanalyse und Psychopharmakologie nicht als Konkurrenzideologien in Sachen Depressionserkrankungen wertet, sondern als verschiedene taktische Herangehensweisen an dasselbe bioaffektive System? Einiges deutet darauf hin, dass die politische Auseinandersetzung für und wider Freud, für und wider Arzneimittel seit der Antipsychiatriebewegung der 1960er-Jahre an Schwung verliert: Vielleicht ist der Gegensatz zwischen biochemischen und psychologischen bzw. kulturellen Ansätzen in der Behandlung von Depressionen weniger schwerwiegend, als wir heute meinen. Damit will ich nicht behaupten, dass Tabletten und Worte sich wertneutral zueinander verhalten (das tun sie offenkundig nicht, weder in wirtschaftlicher noch in sonst irgendeiner Betrachtung), oder dass Tabletten und Worte sich nahtlos zu einer einzigen fortgeschrittenen Behandlungsmethode fügen. Mir geht es um die Einsicht, dass wir zu einer ziemlich spannenden Auffassung der Zusammenhänge gelangen, wenn wir uns darauf einlassen, Worte und Tabletten als intensiv, asymmetrisch miteinander verschränkt zu denken: Arzneimittel können interpretieren, Behandlungen von Depressionen erfordern die Körperperipherie, Worte wirken serotonerg, Inkorporation steht nicht nur in einer metaphorischen Beziehung zur Ein- und Aufnahme, der Geist ist sprachlich wie pharmazeutisch kinetisch, die angesprochenen Subjektheiten der Behandlung sind zahlreich und vielfältig, die Angriffspunkte der Behandlung sind psychosomatisch verstreut. Unsere Politik der Depression muss in der Lage sein, der Resonanz zwischen Pillen und Worten mehr Raum zu geben (anstatt einen Kordon um sie zu ziehen).

Die zweite wichtige Erkenntnis in der Forschungsliteratur betrifft die Therapiebeziehung als solche: Mit die wichtigste Variable in der Erfolgsprognose einer psychotherapeutischen Behandlung von Depressionen ist nicht die Art der psychologischen Methode (z. B. kognitive oder psychodynamische Therapie), sondern die Qualität der Therapiebeziehung (Flückiger u. a. 2012; Horvath u. a. 2011; Daniel Klein u. a.

2002; Krupnick u. a. 1996; Martin, Garske und Davis 2000). Es gibt eine umfangreiche, bis in die 1970er-Jahre zurückreichende Forschung, die sich dem Bündnis zwischen Patient und Arzt als einer entscheidenden Determinante für die Erfolgschancen einer Behandlung widmet (Horvath u. a. 2011). Der Begriff des Bündnisses zwischen Patient und Arzt wurde von Elizabeth Zetzel (1956) geprägt und gründet direkt auf Freuds Theorien der Übertragung. Heutzutage wird dieses Bündnis eher vage als «eine entstehende Qualität partnerschaftlicher und wechselseitiger Zusammenarbeit zwischen Therapeut und Klient» (Horvath u. a. 2011, 11) aufgefasst und orientiert sich mehr an Bewusstheitskriterien als an solchen des Unbewussten. Empirische Daten lassen vermuten, dass ein belastbares Arbeitsverhältnis in moderater (aber stabiler und verlässlicher) Weise zu guten klinischen Resultaten beiträgt. Unabhängig davon, ob ein Arzt eher kognitiv oder analytisch orientiert ist, kann man mit einem überdurchschnittlichen Behandlungsergebnis rechnen, wenn sich zum Patienten oder der Patientin eine solide Arbeitsbeziehung einstellt.[16]

Psychoanalytisch ausgedrückt heisst das: Übertragung heilt. Eine Linderung der Depression, ob im Zuge kognitiv-verhaltenspsychologischer oder psychodynamischer oder jeder anderen Herangehensweise, entsteht durch das Eingreifen in die Beziehungsmuster des Patienten. Ogden erinnert uns daran, dass dieses Eingreifen konstitutive Wirkung auf Arzt und Patienten hat: Beide finden sich durch die Eigendynamik ihres Arbeitsbündnisses für den Augenblick und im Anschluss daran mitunter auch dauerhaft in ein anderes Verhältnis zu einander gebracht. Das Heilende an solch einem Bündnis ist nicht der Aufbau in sich abgeschlossener Subjektheiten, sondern eine daraus entstehende Befähigung zur Durchlässigkeit.[17] Daran zeigt sich nun, wie die Untersuchung dieses Bündnisses uns zugleich hilft, die Forschungen zu Kombinationstherapien besser zu verstehen: Beide Ansätze erkunden, wie das In-Beziehung-Sein uns formt, und vielleicht spielt es dabei keine so grosse Rolle, ob es sich um Beziehungen zwischen zwei Seelen, zwei Subjektheiten und einer Intersubjektivität, zwischen Tabletten und Darm, Peripherie und Zentrum, Serotonin und Worten handelt. Mich hat an den Daten über SSRI angesprochen, dass diese Medikamente (sogar dann, wenn sie nicht anschlagen) ein serotonerges Netz spannen, das sich durch den gesamten Körper zieht, und Affinitäten zwischen Organen wie auch zwischen Körper- und Bewusstheitszuständen wiederbeleben. Wirksam eingesetzt können SSRI eine tiefgreifende, lang anhaltende Durchlässigkeit des Organischen und Seelischen begünstigen. Wir könnten also sagen, dass diese Arzneimittel manchmal wie eine Interpretation wirken – und dass Organismus und Psyche einer gemeinsamen, relationalen (Übertragungs-)Logik folgen.

Zusammenfassung

Dieses Kapitel ist der Versuch, mehr Zuneigung zu Arzneimitteln in feministischen und kritischen Auseinandersetzungen mit der Depression zu erwirken. Die am Beginn des Kapitels genannten kritischen Texte zielen in eine ganz andere Richtung, indem sie die gesellschaftliche Bedingtheit der Depression und das sträfliche Handeln der psychopharmazeutischen Industrie ins Visier nehmen. Im Meinungsklima dieser Kritik war es bislang schwierig, sich unvoreingenommen für die Launen serotonerger Systeme zu interessieren, ohne gleich den Argwohn zu erregen, man wolle sich der Rhetorik, den Interessen und der Politik der Pharmaindustrie andienen. Ich behaupte nicht, dass jegliches Interesse an der Kinetik von Serotoninbehandlungen frei von derartigen Einflussnahmen ist, meine aber, dass wir die Biochemie und Physiologie diesen Konzernen nicht als deren rechtmässiges Eigentum überlassen, sondern mehr Neugier für die Pharmakologie des Gemüts entwickeln und die Biologie für die feministische Theorie zurückgewinnen sollten. Wenn Depressionen ihrem Wesen nach so unlösbar mit Arzneimittelbehandlungen verflochten sind, muss eine konzeptuelle und politische Auseinandersetzung mit der Depression Grundkenntnisse der Biochemie beinhalten und sich dieser aktiv zuwenden. Ein Feminismus, der sich über die Natur chemischer Übertragungen im Klaren ist, wäre besser gerüstet, um das gegenwärtige Geschehen auf dem Gebiet der Psychopharmazeutik kritisch zu bewerten. In den folgenden beiden Kapiteln zeige ich, welchen Weg eine solche Herangehensweise in Bezug auf zwei besonders umstrittene Aspekte der medikamentösen Behandlung von Depressionen nehmen könnte: die Bedeutung von Placebos und das Auftreten von Selbstmordgedanken.

KAPITEL 4 — ENDNOTEN

• 1 In diesem Kapitel konzentriere ich mich auf die selektiven Serotonin-Wiederaufnahmehemmer (SSRI) und übergehe einerseits die vorangegangene Generation von Antidepressiva (z. B. MAOI und trizyklische Antidepressiva), andererseits auch neuere, atypische Antidepressiva, die die Wiederaufnahme nicht nur von Serotonin, sondern auch von Norepinephrin und/oder Dopamin hemmen (z. B. Bupropion, Venflafaxin). Aus zwei Gründen nehme ich diese Einschränkung vor: Erstens entstand ein Grossteil der kritischen und feministischen Literatur, auf die ich mich beziehe, als unmittelbare Reaktion auf die SSRI (insbesondere Fluoxetin). Zweitens treten allein in der Medikamentenklasse der SSRI so viele pharmakokinetische Variationen auf, dass es schwierig wird, noch weitere Daten zu anderen Wirkstoffen einzubeziehen. Unverzichtbar ist es daher, meine Analyse eng an die Besonderheiten von SSRI und ihrer Wirkung zu binden. Ich lasse damit zugleich die Möglichkeit offen, dass sich aus anderen pharmazeutischen Wirkungen anderer Medikamentenklassen auch andere analytische Herangehensweisen ergeben.

• 2 In dieser Hinsicht war die Forschung von Ann Cvetkovich (2012) zur Depression vorbildlich. In einer frühen Darstellung aus der Anfangszeit ihres Depressionsprojekts schrieb sie: «Ich halte nichts von Fluoxetin. Nein, ich halte es für einen Schwindel, auch wenn ich nun dastehe als einer dieser Quacksalber, die nicht glauben wollen, dass Aids von HIV-Erregern verursacht wird. Debatten über biochemische Ursachen von Depressionen mögen plausibel erscheinen, doch mir erscheinen sie trivial. Ich will wissen, welche umweltlichen, gesellschaftlichen und familiären Faktoren solche körperlichen Reaktionen auslösen — hier erst wird es interessant.» (15). Mit Fortschreiten des Projekts wurde ihr Manifest im Ton verhaltener: «Ich bin nicht gegen Medikamente für diejenigen, bei denen sie anschlagen. [...] Mir ist aber sehr wohl daran gelegen, die Biologie als letzte Instanz aller Erklärungen und Lösungen, Ursachen und Wirkungen differenzierter zu sehen.» (16). Für meine Argumentation in diesem Kapitel ist wichtig, dass solches «differenziertes Sehen» so gut wie immer bedeutete, sich von der Biologie ab- und den umweltlichen, gesellschaftlichen und familiären Umständen zuzuwenden. Entgegen dieser Tendenz will ich zeigen, wie komplex die Biochemie tatsächlich ist. Für mich ist das der Punkt, an dem es interessant wird. Siehe, in diesem Sinn, auch die hervorragende Forschung von Mariam Fraser (2001, 2003, 2009) zu Serotonin.

• 3 Fluoxetin wird auch in flüssiger Form hergestellt, die SSRI und die anderen atypischen Antidepressiva dagegen nur in Tablettenform (Potter und Hollister 2001). Unter den verbreiteten trizyklischen Antidepressiva (z. B. Imipramin, Amitriptylin) können einige auch injiziert werden: «Intramuskuläre Verabreichung einiger trizyklischer Antidepressiva (insbesondere Amitriptylin und Clomipramin) ist unter besonderen Umständen möglich, etwa bei schwer depressiven, anorektischen Patienten, die eine orale Einnahme oder eine EKT verweigern.» (Baldessari 2001, 463).

• 4 Die Bioverfügbarkeit eines oral verabreichten Medikaments (d. h. seine Konzentration im Blutplasma) wird als Prozentanteil an der Bioverfügbarkeit desselben Medikaments beschrieben, wäre dieses intravenös verabreicht worden. Definitionsgemäss beträgt die Bioverfügbarkeit eines intravenös verabreichten Medikaments also 100 Prozent, da es auf diesem Weg Magen, Darm und Leber umgangen hat und in voller Menge ins Blut eingegangen ist. In der Regel erhält eine Gruppe von Probanden zu verschiedenen Zeiten je eine einzige intravenöse und orale Medikamentengabe. Die Bioverfügbarkeit der Tablettenform wird dann einfach als Anteil der Bioverfügbarkeit nach intravenöser Verabreichung berechnet.

• 5 Für Kritiker wie Peter und Ginger Breggin (1994) ist diese Verteilung der antidepressiven Wirkung im Gehirn jenseits der Serotoninbahnen im engeren Sinn einer von mehreren Hinweisen darauf, dass es sich bei Fluoxetin um eine giftige Substanz handelt. Sie betrachten die Verbreitung dieses Arzneimittels als eine Art Tyrannei: «Prozac stört erwiesenermassen die Funktionen des Serotonins überall im Körper, darunter auch in den Blutplättchen, was zum Teil seine zahlreichen Nebenwirkungen erklärt. Insgesamt sollten die Werbesprüche von Eli Lilly über die selektive Wirkung von Prozac auf das Nervensystem mit Vorsicht und Skepsis betrachtet werden. Niemand, der heute dieses Arzneimittel verschreibt, weiss wirklich, was es insgesamt im Gehirn und im ganzen Körper bewirkt, weil all das sich unserem wissenschaftlichen Verständnis noch entzieht.» (26). Diese Art von Behauptung bleibt in meinen Augen wirkungslos, weil sie die Verteilung der Medikamentenwirkung nicht dazu nutzt, konventionelle Vorstellungen eines biologischen Substrates und psychischer Ursachen und Wirkungen infrage zu stellen. Am Ende sind die angeblichen Giftwirkungen von Antidepressiva um nichts erhellender als deren angebliche therapeutische Wirkungen, wenn es darum geht,

Leib-Seele-Wechselwirkungen besser zu verstehen. Insoweit die Breggins ein Modell sehr direkter, geradliniger Wirkung des Medikaments auf das Verhalten übernehmen, stehen sie der etablierten Biopsychiatrie viel näher, als sie selbst meinen.

• 6 Maria Hernández und Appu Rathinavelu (2006, 198) schreiben: «Das Binden eines Medikaments an ein Rezeptormolekül entspricht einem Schlüssel (der Arznei), der in ein Schloss passt (die Andockstelle des Rezeptors), und die Fähigkeit des Liganden, den Rezeptor zu aktivieren, lässt sich mit der Eignung des Schlüssels zum Öffnen eines passenden Schlosses vergleichen. [...] Damit ein Ligand (Arzneimittel) auf die Andockstelle passt, muss er also eine passende oder kompatible Struktur und die für die Bindung nötige dreidimensionale Konfiguration aufweisen. Sind diese Voraussetzungen erfüllt, so passt der Ligand an Ort und Stelle wie ein Schlüssel in sein Loch. Danach ist dieses Interaktionsmodell auch als *Schlüssel-Schloss-Modell* benannt.» SSRI passen wie Schlüssel in Boten, die die Aufnahme von Serotonin in die Synapse begünstigen, doch sie «öffnen» das Schloss nicht. Vielmehr hindern sie die Fähigkeit des Boten, Serotonin aus der Synapse abzutransportieren. Demgegenüber werden die Serotoninrezeptoren («Schlösser») in den prä- und postsynaptischen Membranen von einem Wirkstoff wie Lysergsäurediethylamid oder LSD direkt in Aktion versetzt (Szabo, Gould und Manhi 2009).

• 7 Emmons' ganzheitlicher Ansatz mit «der naturnäheren Vorstellung eines Gleichgewichts, wie sie in Humoral- oder Homöopathielehren gängig ist» (109), zieht eine allzu klare (und konventionelle) Grenze zwischen Natürlichem und Unnatürlichem, zwischen menschlich und nicht menschlich (mechanisch oder chemisch). Indem sie den Menschen derart von der Mechanik absondert, bereichert (und bekräftigt) Emmons selbst die allzu schlichten mechanistischen Metaphern, die sie doch in Abrede stellen will. Auch unterschätzt ihre Bezugnahme auf ein natürliches Gleichgewicht die Bedeutung von Ungleichgewichten (Differenzen, Asynchronien, Asymmetrien, Reibungen) für das seelische Wohlbefinden (siehe Kapitel 3). Ich behaupte, dass psychische Stabilität aus Unterschieden zwischen allen Membranen, zwischen (beispielsweise) dem Bewussten und Unbewussten, sowie zwischen kognitiven Strategien und Affektwallungen und hormonalen Justierungen entsteht.

• 8 Kapitel 3 erörtert, dass dieses sich Abwenden von der Welt in der Melancholie nie vollständig ist (d. h. ein Teil der Libido wird auch als Aggression gegen äussere Objekte gerichtet). Aufgrund dieser Differenz zwischen inneren und äusseren Libidobesetzungen galten bestimmte narzisstisch/psychotische Störungen anfangs als mit psychoanalytischen Mitteln nicht behandelbar. (Die Melancholikerin wäre in ihrer Unfähigkeit, die Welt zu besetzen, auch nicht in der Lage, den Arzt lange genug für sich zu interessieren, sodass auch keine Übertragungsbeziehung wachsen kann.) Diese klinische Unterscheidung in der Behandlung ist überholt (Laplanche und Pontalis 1988).

• 9 Er ist auch einer der einflussreichsten. Stand Juli 2014 war sein Aufsatz zum «analytischen Dritten» der am zweithäufigsten zitierte in den 20 Jahren der Psychoanalytic Electronic Publishing Database (ein ausserordentlich umfangreicher englischsprachiger Bestand an psychoanalytischem Schrifttum, der unter anderem die vollständige *Standard Edition of the Complete Psychological Works of Sigmund Freud* und sämtliche Nummern von über fünfzig psychoanalytischen Zeitschriften enthält). Diese Rangfolge rückt Ogden in unmittelbare Nähe der Arbeit von Bion und seinem Text über «Angriffe auf Beziehungen», von Winnicott zu den Übergangsobjekten und von Klein zu schizoiden Mechanismen.

• 10 Ohne Zweifel lohnt hier die Erinnerung daran, dass die Subjektheiten des Analytikers und des Analysanden nicht allein für sich stehen und abgrenzbar sind. Sie sind innerlich gespalten durch das Unbewusste, und sie introjiziern die Aussenwelt. In der analytischen Sitzung sind diese Subjektheiten auch asymmetrisch aufgestellt. Ogden spricht sich nicht für ein Offenbaren von Gefühlen und Gedanken der Gegenübertragung aus.

• 11 Nachdem beispielsweise die Patientin mit «einem Anflug von Panik im Gesicht» (14) auf Ogdens Bewegung reagiert, schreibt er weiter: «Erst in der Intensität dieses Augenblicks, in dem mich ein Gefühl des Erschreckens darüber einholte, dass mir etwas so Katastrophales widerfuhr, fand ich eine Bezeichnung für den anderen Schrecken, den ich seit einiger Zeit mit mir herumtrug. Mir wurde klar, dass die Furcht, die ich seit Längerem empfand, und ebenso die (überwiegend unbewusste und primitiv symbolisierte) Furcht vor dem Zusammentreffen mit Frau B. (die sich in meinem Trödelverhalten äusserte), unmittelbar mit einer unbewussten Empfindung/Fantasie verbunden war, derzufolge meine somatischen Symptome des Unwohlseins, der Übelkeit und der Schwindelgefühle von Frau B. ausgelöst wurden und sie mich allmählich umbrachte.» (14 f.). Das Problem der Destruktivität und Aggression ist in diesem Kapitel nur beiläufig angesprochen. Ausführlich befasse ich mich damit in Kapitel 3. Hier möchte ich nur festhalten, dass die hier beschriebenen durchlässigen Beziehungen nicht immer gutartiger Natur sind.

• 12 Peter Kramers Buch *Listening to Prozac* (1993) war eine der ersten Untersuchungen der Veränderungen in der Seelenlandschaft nach Markteinführung von Prozac in den USA 1988. Wiewohl oft zitiert, wurde dieser Text in der Regel als Bekenntnis zu einer simplifizierenden, biologistischen Sicht der Depression missverstanden. *Listening to Prozac* beschreibt differenziert, wie Fluoxetin durch seine Verbreitung auf konzeptuelle, klinische und politische Erfordernisse wirkt, mit denen wir zu leben gelernt haben: «Diese Veränderung dreht sich nicht darum, die ‹Biologie mit zu bedenken›, als könnte man ansonsten an überkommenen Vorstellungen von Verhalten und Charakter festhalten und eine davon gesonderte biologische Sichtweise hinzufügen. Medikamente üben eine anhaltende Wirkung aus. Sie verändern unsere Sicht auf Menschen und unser Verständnis von deren Zwangslagen.» (285). Den Fall Lucy bespreche ich eingehend in *Psychosomatic. Feminism and the Neurological Body* (Wilson 2004).

• 13 «Sympathy» [Mitgefühl] ist im *Oxford English Dictionary* definiert als «ein (tatsächliches oder vermeintliches) Naheverhältnis zwischen Dingen, infolgedessen diese vom selben Einwirken, Affekt oder Einfluss ähnlich oder in entsprechender Weise betroffen sind (besonders in einer okkulten Form) oder einander anziehen oder zuneigen», ausserdem in der Pathologie als eine «Beziehung zwischen zwei Körperorganen oder -teilen (oder zwischen zwei Menschen) von der Art, dass eine Störung oder andere Befindlichkeit im einen den entsprechenden Zustand im anderen hervorruft».

• 14 Angell schreibt in anderem Zusammenhang, dass ein Autor dieser Studie im betreffenden Jahr angeblich eine halbe Million Dollar mit der Beratung von Antidepressiva erzeugenden Pharmaunternehmen verdiente (Angell 2005). Auch ist die Probandengruppe in ihrer Zusammensetzung vielleicht typisch für die Auswahl von Studienteilnehmern in der psychiatrischen Erforschung der Depression, nicht aber repräsentativ für die Bevölkerung insgesamt. So waren die Patienten überwiegend weiblich (65 Prozent) und Weisse (90 Prozent), und die meisten hatten eine lange Geschichte der Behandlung von Depressionen hinter sich (nur zehn Prozent waren zuvor nie dagegen behandelt worden). Die Studie definierte zahlreiche Ausschlusskriterien, was die Symptome anging (auch das üblich in der psychiatrischen Forschung): Patienten wurden ausgeschlossen, wenn es Begleiterkrankungen mit Erscheinungen wie Krämpfen, Schizophrenie, Manien und Zwangsstörungen, bipolaren Störungen, Essstörungen, Borderline-Persönlichkeitsstörungen, posttraumatischen Belastungsstörungen, Soziophobie oder Angststörungen gab, ebenso wenn sie positiv auf Drogen getestet wurden oder in einer früheren Studie entweder auf Nefazodon oder Psychotherapie nicht angesprochen hatten. Probanden durften nicht zugleich angstlindernde Medikamente oder Beruhigungsmittel zum Schlafen nehmen, und Frauen im gebärfähigen Alter mussten sich bereit erklären, Verhütungsmittel zu nehmen, um einer Schwangerschaft innerhalb des Studienzeitraums vorzubeugen.

• 15 Diese allgemeinen Erkenntnisse zur Wirksamkeit der «Kombinationsbehandlung» sind naturgemäss heterogen. Beispielsweise hätte die Art der Therapie in der Studie Einfluss darauf, wie viele Probanden darauf ansprechen. Dasselbe gilt für den Schweregrad der Depressionen bei den Studienteilnehmern. Dessen ungeachtet empfehlen das National Institute for Health and Clinical Excellence (GB), die American Psychological Association, die American Psychiatric Association, das International College of Neuropsychopharmacology und die British Association for Psychopharmacology allesamt Kombinationstherapien zur Behandlung mässiger bis schwerer Depressionen (Anderson, Nutt und Deakin 2000; Sartorius u. a. 2007).

• 16 Selbstverständlich bedeutet ein gutes Arbeitsbündnis nicht immer einen Fluss guter Gefühle. Wahrscheinlich ist es sogar gerade die Fähigkeit der Dyade zur Anerkennung und Metabolisierung böser Gefühle und Brüche in der Einstimmung aufeinander, die Therapieerfolge begünstigt. Auch die Frage, was einen Therapieerfolg ausmacht, hängt sehr von den jeweiligen Umständen der Behandlung ab.

• 17 Neue Befähigung zur Durchlässigkeit kann alles auch schlechter machen: Permeabilität kann mutieren, denaturieren oder sich zersetzen. Im letzten Kapitel beschreibe ich, dass ein Heilmittel (*pharmakon*) nie einfach nur wohltuend ist, sondern immer auch eine Form von Schädigung mit sich bringt.

EIN BASTARD NAMENS PLACEBO

Ein Placebo (vom lateinischen «placebo»: «ich werde gefallen») ist ein Scheinmedikament oder Präparat, das früher verschrieben wurde, um einen Patienten zufriedenzustellen, und heute unter anderem in kontrollierten Studien eingesetzt wird, um die Wirkung von Arzneimitteln zu ermitteln.

Newman Dorlan,
The American Illustrated Medical Dictionary

Das gepanschte Placebo, das falsche Placebo – man könnte es auch einen Bastard nennen.

DR. EUGENE DUBOIS in: Harold Wolff und Eugene DuBois,
The Use of Placebos in Therapy

Um 1951 geschah etwas Merkwürdiges mit Placebos. Bis zu diesem Zeitpunkt hatten Ärzte jahrzehntelang gewohnheitsmässig Placebos anstelle wirksamer Arzneimittel verschrieben. Beispielsweise erinnerte sich der in den 1940ern in den USA ausgebildete Gastroenterologe Howard

Spiro, dass in den damaligen Arzneimittelkatalogen seitenweise Placebos angeboten wurden. «Es gab sie in Grün und Gelb und noch anderen Farben, und die Ärzte waren froh, dass es sie gab.» (Harrington 1997, 237). Diese Präparate hatten Namen wie «Kondurando-Tinktur» oder «Flüssiger Auszug von Cimicifuga nigra» (Pepper 1945). Manchmal hiessen sie auch einfach nur Brotpillen oder Vitamine oder Tonika (Handfield-Jones 1953). Aus einem Leitartikel im *British Medical Journal* von 1952 ergibt sich, dass etwa 40 Prozent der in britischen allgemeinmedizinischen Praxen verschriebenen Medikamente Placebos waren. Es war alltägliche Routine, sie zu verschreiben, und dies nach weit verbreiteter Ansicht zum Wohl der Patienten. In dem genannten Leitartikel heisst es: «Unumstritten sind der Nutzen von Placebos in Behandlungen sowie die Tatsache, dass sie in einigen Fällen besser wirken als bekannte pharmazeutische Wirkstoffe.» (149)

Obwohl die Verschreibung von Placebos also allgemein üblich war, galt sie dennoch als anrüchig. In einem heute oft zitierten Artikel von 1945 nennt Oliver Pepper (ein Professor für Medizin an der University of Pennsylvania) den Einsatz mit Placebos ein offenes Geheimnis: «Wir alle haben […] schon Placebos verschrieben» (409), und dennoch sei es «nicht salonfähig, darüber zu reden» (411). Pepper selbst bekennt sich zu Placebos, meint aber, es sei erhebliches ärztliches Urteilsvermögen nötig, um sie gut einzusetzen.

Das verschriebene Präparat darf keinen Wirkstoff enthalten (beispielsweise kein Beruhigungsmittel), sein Name sollte dem Patienten unbekannt sein, und sein Einsatz sollte nur unter bestimmten, einigermassen eng umschriebenen Umständen erfolgen – etwa während jemand auf die Ergebnisse einer Untersuchung wartet oder in «hoffnungslosen, unheilbaren» Fällen (411) vor der palliativen Sedierung. Andere Ärzte vertraten die durchaus umstrittene Auffassung, dass sich Placebos vor allem für bestimmte Kategorien von Patienten eigneten. So schlug ein Dr. A. Barham Carter vom Ashfield Hospital im englischen Middlesex in einer Kolumne für die Zeitschrift *The Lancet* Baldrian als bestes Placebo für psychoneurotische Patienten vor, und Dr. R. P. C. Handfield-Jones, Allgemeinmediziner aus Gloucestershire, meinte: «Einige Patienten sind so unintelligent, neurotisch oder gestört, dass man sie nicht heilen kann, und ein Placebo erleichtert ihnen das Leben.» (825)

Dieser routinemässig klinische Einsatz von Placebos änderte sich in den ersten Jahren nach dem Zweiten Weltkrieg grundlegend (Kaptchuk 1998; Shorter 2011). Zwar wurden Scheinmedikamente weiterhin jeden Tag verschrieben, doch es wuchsen die Bedenken hinsichtlich der ethischen Vertretbarkeit und wissenschaftlichen Haltbarkeit dieses Vorgehens. Das Placebo sei «ein Mittel der Täuschung mit negativer moralischer Wertigkeit» (Shorter, 2011, 195). Placebos erschienen zunehmend als Quacksalberei und ein Vorgehen, das viele einer strenger wissenschaftlichen Medizin nicht mehr als angemessen empfanden. Dr. Eugene DuBois nennt Placebos «die mutmasslich verlogenste von Ärzten eingesetzte Klasse von Medikamenten» (Wolf und DuBois 1946, 1718). Eine wichtige Komponente dieses Gesinnungswandels war die Einführung von klinischen Studien als neuem «Goldstandard» medizinischer Erkenntnis und Praxis. Vorläufer unserer heutigen klinischen Studien lassen sich in die Anfänge des 20. Jahrhunderts zurückverfolgen. In den 1920er- und 1930er-Jahren erprobten Ärzte erstmals systematisch die Wirksamkeit gängiger psychiatrischer Behandlungsmethoden und untersuchten beispielsweise, ob die Entfernung von Zähnen tatsächlich Symptome der Depression oder Psychose linderte oder ob Benzedrin besser gegen Narkolepsien half als Ephedrin (Shorter 2011). Wesentliche Bestandteile der modernen klinischen Studie gehen ebenfalls auf diese frühen Ansätze zurück. So wurden die behandelten Patientengruppen mit nicht behandelten verglichen, und die Beteiligten erfuhren vorher nicht, welcher Gruppe sie angehörten (das so genannte Einfachblindverfahren). Doppelblindverfahren (bei denen weder Patienten noch Ärzte wissen, wer welche Art von Behandlung erhält), Randomisierung (Patienten werden nach dem Zufallsverfahren den Probandengruppen zugewiesen) und die verpflichtende Einführung von klinischen Studien (vor der Zulassung eines auf dem Markt erhältlichen Arzneimittels) folgten erst in den 1960er- und 70er-Jahren. Das Zitat am Beginn dieses Kapitels aus dem *American Illustrated Medical Dictionary* macht deutlich, dass um 1951, als sich das Verfahren der klinischen Studie durchzusetzen begann, Placebos in zwei unterschiedlichen Registern zugleich fungierten: als gezielt verschriebenes Medikament (im Sinne Peppers) und als Nichtbehandlung (einer Vergleichsgruppe) in klinischen Tests. Dem verwirrenden Sachverhalt, dass eine Substanz zugleich behandelt und nicht behandelt, werde ich in diesem Kapitel mit Bezug auf Antidepressiva nachgehen. Zuvor will ich aber die Art dieser Verwirrung noch genauer darlegen und im Anschluss daran auf Einzelheiten der Beziehung zwischen Antidepressiva und Placebos eingehen.

Nach konventioneller Auffassung macht der Einsatz von Placebos in klinischen Studien die althergebrachte Art und Weise ihrer Verschreibung obsolet. So behaupten Arthur und Elaine Shapiro in ihrem Standardwerk zu Placebos in der medizinischen Praxis, das Ende der Placebos auf Verschreibung markiere einen Wendepunkt in der Geschichte der Medizin.[1] Um die Mitte des 20. Jahrhunderts «kam es zu sehr allmählichen Verfahrensfortschritten bei klinischen Studien: zunächst mit der Einführung des Einfachblindverfahrens und der Placebo-Kontrollgruppen und schliesslich, in den 1950er-Jahren, zur wachsenden Akzeptanz und Übernahme des Doppelblindverfahrens. Dessen Entwicklung sowie weitere Fortschritte in der Methodik klinischer Studien waren wichtige Schritte zur Überwindung der Hegemonie des Placeboeffekts.» (Shapiro und Shapiro 1997, 229). Den Shapiros zufolge verschrieben Ärzte bis zu den 1950er-Jahren gewohnheitsmässig Placebos, ob sie es wussten oder nicht. Insofern diese Präparate irgendeine messbare Wirkung auf den Patienten hatten, ging das auf Wunschdenken zurück (eben das meint der «Placeboeffekt»). Hier stehen wir vor einem weiteren Rätsel, dem dieses Kapitel auf den Grund geht: Nicht nur sieht es so aus, als könnten Placebos gleichzeitig wirken und nicht wirken, sondern es können anscheinend auch eigentlich wirkungslose Placebos mittels Suggestionskraft wirkmächtig werden. Wenn aber eine inerte Substanz durch Wunschdenken zu einer reaktionsfreudigen wird, wenn sich ein Nichtmedikament unter dem Eindruck ärztlicher Zuwendung, Autorität, väterlicher Güte oder Aufmerksamkeit in ein Medikament verwandelt: Haben wir es dann nicht mit einem (für meine Zwecke vielversprechenden) Durcheinander von Handlungen des Körpers und des Geistes zu tun? Kann es sein, dass Medikament und Nichtmedikament (Physis und Suggestion) ontologisch betrachtet auf derselben Ebene ansetzen?

Daraus ergibt sich sofort eine dritte Unklarheit: Warum haben Placebos nicht wie die

Blutegel, die Trepanation und die Lobotomie das Zeitliche gesegnet, obwohl man doch weiss, dass sie als Behandlungsmethode so etwas wie Lug und Trug sind? Die merkwürdigste Wendung der Dinge um das Jahr 1951 war diese: Placebos wurden am Ende zu einem festen Bestandteil ebenjener Verfahren, die man vorgeblich entwickelt hatte, um ihnen ihre Bedeutung zu nehmen oder sie ganz abzuschaffen. Heute gehört es zu den Merkmalen einer verlässlichen klinischen Studie, dass sie in irgendeiner Form den Vergleich zwischen dem Medikament und einem Placebo anstellt: «Gleichzeitige Überprüfung anhand eines Placebos sollte als Standardverfahren zur Kontrolle genutzt werden, wann immer sie durchführbar ist, um die Wirksamkeit und Sicherheit eines neuen Therapieverfahrens zu bewerten.» (Chow und Liu 2009, 103). Das Placebo hat in der randomisierten Doppelblindstudie (RCT), die heute Standard ist, eine neue Heimat gefunden. Die klinische Studie hat es nicht ausgesondert, sondern introjiziert. Ob das nun die Placebos als parasitär gegenüber Arzneien oder umgekehrt die Arzneien als parasitierend an Placebos erscheinen lässt, ist eine der Fragen, denen ich in diesem Kapitel nachgehe. Einstweilen können wir festhalten, dass die Shapiros (und andere) zum Zweck der Abwehr dieses Abhängigkeitsverhältnisses zwischen Medikament und Placebo verschiedene einander ausschliessende Argumente anführen, wie wir das von Freuds Geschichte vom geborgten Kessel her kennen: Placebos sind inert und medizinisch wirkungslos. Placebos wirken, aber nur ersatzweise. Placebos wirken stark und müssen ausgemerzt werden.[2] Anne Harrington (2006) stellt zu diesen drei Weisen des Placebos (kurzfristig und illusorisch, Kontrolle in klinischen Studien, wirkungsmächtige Körper-Geist-Kopplung) richtig fest, dass sie miteinander unvereinbar sind. Sie hält diese unterschiedlichen Formen des Placebos jedoch für eine Folge einzelner, historischer Kontingenzen («liegen gebliebene Arbeit aus der Vergangenheit», 191) und nicht (wie ich hier) für eine Folge voneinander abhängiger Reaktionen auf ein einziges Problem (die Wechselseitigkeit von Geist und Körper, Seele und Leib).

Zu dieser Verwirrung in der Literatur kommt noch, dass Placebos manchmal eingesetzt werden, nicht weil sie inert sind, sondern weil sie unerwünschte Nebenwirkungen des zu untersuchenden Medikaments nachahmen (die sogenannten aktiven Placebos). So kann beim Testen eines Antidepressivums ein bestimmtes Placebo zur Anwendung kommen, das die anti-cholinerge Wirkung des Medikaments (z. B. erhöhter Puls, verminderte Schweissbildung und Beweglichkeit des Magen-Darm-Traktes, Konzentrationsprobleme) aktiv nachahmt, weil Patienten und Ärzte auf diese Weise weniger leicht erraten, ob jemand zur behandelten oder zur Kontrollgruppe gehört. Das aktive Placebo dient also zur

Absicherung des Doppelblindheitsprotokolls der Studie und weitgehenden Ausschaltung von Suggestivkräften. Die Verwicklung wird hierdurch nur noch grösser: Man nehme ein Placebo, dessen Wirkung man genauso erlebt wie die des Medikaments, um festzustellen, inwieweit das Medikament dieses Erleben am Ende wirkungsvoller beeinflusst als das Placebo. Klinische Versuche, in denen Medikament und Placebo mehr oder weniger identisch sein müssen, damit wir sie besser gegeneinander abgrenzen können, folgen einer merkwürdigen Logik. Mich besorgt dabei nicht, dass klinische Versuche inkohärente oder fruchtlose Mühen wären, sondern dass wir uns nicht hinreichend mit der Frage beschäftigt haben, wie und warum ihre Fähigkeit, Unterschiede zwischen Substanzen herauszuarbeiten, gerade davon abhängt, dass diese Substanzen aufs Engste miteinander wechselwirken. Die wechselseitige Bedingtheit von Medikament und Placebo und die (erfolglosen) Bemühungen, sie zu entwirren, sind Gegenstand dieses Kapitels.

Ein häufiger Grund für die Verschreibung von Placebos ist die Schmerzlinderung. Wie es scheint, ist die analgetische Wirkung von Placebos zuverlässig und stark. So beschreiben Louis Lasagna und Kollegen (1954), dass manche Patienten nach Operationen durch subkutane Salzwasserinjektionen ebenso grosse Schmerzstillung erfuhren wie durch entsprechende Morphiumgaben. Ausserdem (und darauf komme ich in diesem

Kapitel später noch zurück) sprechen Patienten, die gut auf Placebos ansprechen, auch besser auf Morphium an (d. h. das Morphium beschert ihnen eine erheblich grössere Schmerzlinderung als anderen, die nicht auf das Placebo ansprechen). Seit 1954 gelangt die Forschung immer wieder zu dem Ergebnis, dass Placebos bei manchen Menschen sehr gute analgetische Wirkung entfalten (Levine, Gordon und Fields 1978; Turner u. a. 1994; Enck, Benedetti und Schedloswki 2008). Mich interessieren in diesem Kapitel Placebos und Antidepressiva. Zweierlei gilt es diesbezüglich festzuhalten: Erstens kam die erste Generation stimmungsaufhellender (trizyklischer und die Monoaminoxidase hemmender) Antidepressiva (MAOI) in der Zeit auf, mit der ich mich hier befasse. Das heisst, Antidepressiva und randomisierte Doppelblindstudien (RCT) sind verwandte Neuerungen aus den 1950er-Jahren (Healy 1997). Während andere Arzneien (wie Schmerzstiller) eine Tradition ärztlicher Anwendung haben, die zeitlich weit hinter die Einführung der Studien zurückreicht, entwickelten sich Antidepressiva tatsächlich in enger Wechselwirkung mit diesen. Meines Erachtens gibt es eine enge Übereinstimmung zwischen Placebos und Antidepressiva in den RCT, die noch eingehender zu erkunden ist. Denn diese Ähnlichkeit untergräbt jede politische Forderung, sich gegen den Einsatz von Antidepressiva zu stellen, weil diese pharmakologisch schwach seien (Healy 2004; Kirsch 2010), ebenso wie jede gegenläufige Forderung der Pharmaindustrie, wir sollten für Antidepressiva aufgrund ihrer eindeutigen Wirksamkeit eintreten. Keine der beiden Seiten in dieser Auseinandersetzung hat ausreichend berücksichtigt, wie sehr Medikamente und Placebos historisch und pharmakologisch miteinander verstrickt sind und wie sehr jedes das andere von Beginn an für seine Wirksamkeit zur Voraussetzung hatte.

Zweitens schlug die Wechselbeziehung zwischen Placebos und Antidepressiva um die Jahrtausendwende in eine Art Krise um (Harrington 2006). Nach einer Serie von Fachartikeln, die Daten aus doppelblinden klinischen Studien über die Wirksamkeit von Antidepressiva analysierten, erlangte die Schlussfolgerung, Letztere überträfen in ihrer Wirkung Placebos nicht, eine breitere Öffentlichkeit.[3] Es war die grosse Ernüchterung nach einem Jahrzehnt sprunghaft steigender Verkaufszahlen bei Antidepressiva (Metzl 2003). Prozac und Zoloft, bis dahin Wunderheilmittel in den USA, waren entzaubert. In diesem Kapitel will ich zeigen, dass wir aus dieser Krise nicht etwa die über Wirkung oder Nichtwirkung von Antidepressiva, sondern über die wechselseitige Bedingtheit von Medikament und Nichtmedikament (Physis und Suggestion) am meisten gelernt haben, wenngleich der Moment der Offenbarung nur kurz anhielt und viele Menschen davon beunruhigt, verärgert oder enttäuscht, aber nur selten zu Neugier (oder Verwunderung) angeregt wurden. Die unordentliche Wechselbeziehung zwischen Antidepressivum und Placebo will ich hier eingrenzen und deutlich herausarbeiten, um meine Thesen zur Übertragung und Pharmakologie in diesen letzten drei Kapiteln zu entfalten.

Die Schlacht um Placebos

Im Jahr 2002 veröffentlichte die Zeitschrift *Prevention and Treatment* eine Studie zur Wirksamkeit antidepressiver Medikamente. Die Autoren analysierten dafür publizierte und unpublizierte Daten, die der US Food and Drug Administration (FDA) im Zuge von Genehmigungsanträgen für neue Antidepressiva von Arzneimittelherstellern übermittelt worden waren. Erhoben wurden Daten aus 47 klinischen Testreihen in der Zeit von 1987 bis 1999, in denen die Wirksamkeit der sechs meistverschriebenen Antidepressiva untersucht worden waren: Fluoxetin, Paroxetin, Sertralin, Venlafaxin, Nefazodon und Citalopram. Aus der Metaanalyse der Daten ergaben sich einige überraschende Schlussfolgerungen: 80 Prozent der Verbesserungen bei Patienten, die das Medikament erhielten, traten auch bei den Patienten der Kontrollgruppe auf; im Durchschnitt machte die Verbesserung des Zustands zwischen den Patienten in der Medikamenten- bzw. Placebogruppe nur wenige Punkte auf der Hamilton-Skala (Hamilton Depression Rating Scale) aus.[4] Anscheinend ergab es für die Teilnehmer an diesen klinischen Studien kaum Unterschiede, ob sie ein Antidepressivum oder Placebo einnahmen. Daraus folgerten die Autoren, dass die Wirkung der untersuchten Medikamente «gering und von zweifelhaftem klinischen Wert» sei (Kirsch u. a. 2002).

Diese Studie von 2002 folgte auf einen älteren Aufsatz in derselben Zeitschrift und vom selben Hauptautor, der zu ähnlichen Ergebnissen gelangt war: Die Metaanalyse von 19 klinischen Testreihen durch Kirsch und Sapirstein (1998) war zu dem Ergebnis gekommen, dass 75 Prozent des Ansprechens auf antidepressive Arzneimittel tatsächlich auf einer Placebowirkung beruhten. Dasselbe Muster ergab sich bei den SSRI und MAOI, bei trizyklischen und noch anderen Präparaten (wie Lithium), die gegen Depressionen verschrieben wurden. Die Autoren resümierten auch in diesem Fall, dass «der Anteil der Medikamentenreaktion, der auf die Placebowirkung entfällt, erheblich grösser ist als jener der pharmakologischen Wirkung».

Die Stellungnahmen der Gutachter beider Studien fielen leidenschaftlich aus. So äusserte sich Donald Klein (ein angesehener amerikanischer Psychiater und Psychopharmakologe und führender Mitarbeiter am DSM-III) sehr kritisch über die Studie von 1998. Seiner Ansicht nach waren die von Irving Kirsch und Guy Sapirstein benutzten Auswahlverfahren nicht repräsentativ und ihre Analysen statistisch fehlerhaft. Energisch fasste Klein seine Einschätzung zusammen:

Die Ergebnisse beruhten auf «einer winzigen Gruppe nicht repräsentativer, nicht folgerichtig, fehlerhaft und willkürlich ausgewählter, nach einer obskuren, irreführenden Wirkungsgrösse analysierter Artikel» (Donald Klein 1998, o. S.). Jamie Horder, Paul Matthews und Robert Waldmann (2011) nannten eine ähnlich angelegte Studie von Kirsch aus dem Jahr 2008 «eine gravierend mangelhafte Analyse, die unter Nutzung ungewöhnlicher und potenziell vorurteilsgeleiteter statistischer Verfahren irreführende Schlüsse zieht» (1278).[5] Andere Wissenschaftler waren dagegen von Kirschs Arbeit begeistert. So jubelten David Antonuccio, David Burns und William Danton (2002), «die Analyseergebnisse [von Kirsch und Kollegen] sind erstaunlich und bergen das Potenzial eines Paradigmenwechsels, was unsere Einschätzung der Wirksamkeit von Antidepressiva angeht». Sie gelangen zu dem Schluss, dass nicht die Verschreibung von Medikamenten, sondern Psychotherapie das Mittel der Wahl zur Behandlung dieser Krankheit sein sollte. Seit 2002 sind die Placebo-Studien von Kirsch auch in den Zitierhorizont kritischer und feministischer Forschung mit Vorbehalten gegenüber der pharmazeutischen Behandlung von Depressionen geraten (Cvetkovich 2012; Davis 2013; Emmons 2010; Ussher 2010). Da diese Forschung solche Daten gewöhnlich nicht selbst eingehend befragt, dienen die Kirsch-Studien in einschlägigen Publikationen seither stillschweigend als

Bestätigung, dass an der pharmazeutischen Behandlung von Depressionen etwas nicht stimmt, sogar grundsätzlich faul ist.

Die Placebo-Studien von Kirsch dienen so seit einiger Zeit als empirische Absicherung in politischen Auseinandersetzungen über den Einsatz von Antidepressiva der neuesten Generation. Seit 1998 wird laufend diskutiert, ob diese Medikamente Selbstmordgedanken verstärken oder sogar auslösen können (Healy und Whitaker 2003). Verschiedene Behörden in Nordamerika, Grossbritannien, Kontinentaleuropa und Australasien warnen davor, Antidepressiva Kindern, Jugendlichen und in einigen Fällen auch Erwachsenen zu verschreiben (siehe Kapitel 6), und Kulturkritiker behaupten, dass Pharmaunternehmen vorsätzlich unspezifisches Unwohlsein pathologisieren (Bell 2004; Elliott 2002; Healy 1997, 2004).[6] Zunehmend laufen Debatten über Antidepressiva nach einem Schema streng gegensätzlicher politischer Bekenntnisse ab: Ist man für oder gegen den Einsatz dieser Medikamente? Sogar empirische Untersuchungen lassen sich in der Regel dem einen oder dem anderen Lager zuordnen. Auf der einen Seite finden sich Studien, die Daten im Interesse von Pharmaunternehmen und oft nur zu dem Zweck sammeln, bei der FDA eine Genehmigung zu erwirken. So finden die meisten klinischen Versuche zu Antidepressiva mit finanzieller Unterstützung der Pharmaindustrie statt (Charney u. a. 2002; Walsh u. a. 2002).

Demgegenüber gibt es Studien, die von vornherein darauf angelegt sind, den Umgang mit der Depression und ihre Behandlung aus dem klinischen, politischen und paradigmatischen Würgegriff der Konzerne zu lösen. Die Kirsch-Studien sind offensichtlich von der zweiten Art. Wie John Salamone (2002) schreibt:

> Mir scheint, dass dieser Grundzug polemischer Übertreibung [bei Kirsch] im Zusammenhang mit der Entwicklung des «Placebo»-Problems von einer wissenschaftlichen Debatte zu einer Art politischer Kampagne zu sehen ist. […] Ich fürchte, dass in diesem politischen Kesseltreiben und auch unter dem Eindruck breiter Medienaufmerksamkeit für das Thema einige wesentliche wissenschaftliche Überlegungen unterbewertet oder ganz übergangen werden. Diese Sorge wird um nichts geringer, wenn ich einen Artikel mit dem Titel «Des Kaisers neue Pillen» lese, der sich offenkundig mehr an Boulevardzeitungen als an wissenschaftliche Kreise richtet. (o. S.)

Auch mir war es kaum möglich, eine feministische Stellungnahme zum Thema zu finden, die nicht von vornherein auf eine der beiden Seiten im Streit um Antidepressiva festgelegt war. Eine feministische Haltung zur Behandlung von Depressionen erweist sich mit grösster

Wahrscheinlichkeit als eine solche in der Ablehnung biochemischer Ansätze und der Forderung nach einem eher gesellschaftlich oder kulturell orientierten Handeln, das der politischen oder wissenschaftlichen Autorität der Pharmakonzerne entgegentritt. Auch wenn feministische Forschung versucht, aus dem Entweder-Oder zwischen kulturellen und biologischen Deutungen der Depression auszubrechen, etwa indem sie umfassende (biomedizinische, psychologische, soziokulturelle) Daten mit einbezieht und ausdrücklich weder materialistischen noch diskursiven noch intrapsychischen Ansätzen den Vorzug gibt, kann sie immer noch an der Aufgabe scheitern, die wechselseitige Durchdringung (und Bedingung) dieser Teilbereiche durchgängig zusammenhängend darzustellen. Ein Beispiel dafür sind Jane Ussher (2010) und ihr Modell der Depression. Nach Ussher berücksichtigt dieses «die Materialität körperlichen, seelischen und gesellschaftlichen Erlebens», doch zugleich behauptet sie, dass diese Materialität «von Kultur, Sprache und Politik vermittelt» sei (23). Politik wird hier als unterschiedlich von (vielleicht auch als kritisch eingestellt zur) Materialität hingestellt, und Handlungsimpulse (die Vermittlungsleistung) gehen stets von Politik, Kultur, Sprache aus. Diesem «materiell-diskursiv-intrapsychischen Modell» zugrunde liegt die Überzeugung, dass Biologie und Pharmakologie Bereiche sind, die zuerst von der Politik (der Sprache, der Kultur) dienstbar gemacht werden müssen, bevor sie der Feminismus für sich nutzen kann. Obwohl Ussher also ausserhalb der Beschränkungen des Positivismus oder des Konstruktivismus denken will, reproduziert sie eines der Vorurteile, das beiden gemein ist: dass Biologie und Politik sich auseinanderhalten lassen (und es Aufgabe einer kritischen Feministin oder Forscherin sei, abzuwägen, welcher Schwerpunkt auf beide in der Ätiologie oder Behandlung zu legen ist).

Anders gesagt: Dass Kultur und Sprache und Politik eventuell von einer Pille vermittelt (belebt, umstrukturiert, modifiziert) werden könnten, ist ausUsshers Sicht eindeutig die weniger interessante Option. So kommt sie zum Schluss, dass Arzneimittel vielleicht in einigen Fällen «äusserster seelischer Qualen» hilfreich sein können, im Umgang mit Schwierigkeiten des täglichen Lebens aber «weder notwendig noch angemessen» (25) wären. Medikamente werden hier von den Widrigkeiten des Alltags gänzlich abgesondert und nehmen eine Aura des Aussergewöhnlichen an (aussergewöhnlich wirksam vielleicht, aussergewöhnlich fragwürdig ganz sicher). Die Trennung der Arzneimittel (und der Materialität, die umzuformen ihnen nachgesagt wird) von gewöhnlicher Politik ist nur eine von mehreren Arten, in denen feministische und kritische Forschung bisher einer umfassenden Auseinandersetzung mit der für Depressionszustände konstitutiven wechselseitigen Bedingung und Bedingtheit aus dem

Weg gegangen ist. Unter diesen Umständen wird es über die Massen schwierig, sich Medikamente und Placebos anders denn als separate Grössen vorzustellen, die (jeweils) entweder physisch oder psychisch wirken. Es steigt der Druck, sich zwischen den beiden Formen von Wirkung zu entscheiden. Demgegenüber wird dieses Kapitel Daten heranziehen, die bei näherer Betrachtung den Schluss nahelegen, dass es gerade die Wechselwirkung zwischen Arzneimittel und Placebo ist, die das Wirken von Antidepressiva im Kern ausmacht. Anstelle entweder das eine oder das andere zum alleinigen Urheber der antidepressiven Wirkung bzw. zum klinischen Schwindel erklären zu müssen, können wir so vielleicht auf die Suche nach Systemen heilender Wirkung gehen, in denen Medikament und Placebo einander passend und unbekümmert verfälschen.

Die Kirsch-Studien weisen ebenso wie die Kommentare, die sie nach sich zogen, auf eine Merkwürdigkeit in der Literatur zu Antidepressiva und Placebos hin: Während die Daten ausgehend von immer stärker divergierenden politischen und wirtschaftlichen Interessen erzeugt und ausgedeutet werden, gibt es zugleich einen gewaltigen interpretativen und empirischen Lärm um nichts. Die aus den Daten gezogenen Schlüsse, die Anregungen für weitergehende Forschung, die Kritik an Methoden und Design sowie die Daten selbst sind aussergewöhnlich heterogen. Variablen, die das Ansprechen auf Placebos bei depressiven Versuchspersonen beschreiben sollten, machen einen unordentlichen oder schlampigen Eindruck. Sie haben auch mit den Jahren keine zuverlässigen Muster ergeben, aus denen sich sorgfältig abgewogene Behandlungsansätze oder tragfähige Studiendesigns ableiten lassen würden. Beispielsweise erzeugen der Behandlungsort (stationär oder ambulant), das Alter der Versuchspersonen, die Dauer der Studie und die Art und Weise der psychologischen Bewertung allesamt verschiedene Muster einer Placeboantwort, und alle diese Variablen können sich von einem Antidepressivum zum nächsten ändern. Auch die Verabreichungsart (intravenös oder oral), Marken oder Generika und sogar die Farbe von Tabletten haben Einfluss auf die in klinischen Tests ermittelte Placeboantwort. Ebenso scheinen unterschiedliche Arten von Depression verschiedene Placeboantworten zu generieren: Patienten mit dysthymischer bzw. dauerhafter Depression niedriger Intensität sprechen meist besser auf Placebos an als solche mit schweren depressiven Störungen. Problematisch ist nicht nur, dass sich manche Studien direkt widersprechen, sondern dass auch ihre Variablen in verschiedenster Weise korrelieren, auseinanderstreben, sich doppeln und zu vielfältigen Kausalzusammenhängen fügen. Harrington (2006) hat solche Muster historisch und epistemologisch beschrieben und hervorragend gezeigt, wie sie zum Aufkommen der Placebos beitrugen. In diesem

Kapitel beginne ich mit Ausreissern, die vermeintlich Harringtons (oder andere) Bemühungen ins Leere laufen lassen, Ordnung und Struktur in die Daten zu bringen. Bei einer ersten Annäherung wirkt das empirische Feld jedenfalls ausgesprochen informativ, was das eigenwillige Verhalten von Medikamenten und Placebos angeht.

Um ein Beispiel für ungewöhnliche psychopharmazeutische Systembildungen zu geben, die sich aus solchen Daten ergeben: Timothy Walsh, Stuart Seidman, Robyn Sysko und Madelyn Gould (2002) untersuchten Daten aus 75 Placebo-kontrollierten Tests zur Wirksamkeit von Antidepressiva bei schweren depressiven Störungen aus den Jahren 1981 bis 2000. Ihr Artikel ist eine sorgfältig angelegte und oft zitierte Analyse klinischer Studien zu Antidepressiva, in der die Autoren zu zwei wesentlichen Schlussfolgerungen gelangen. Deren erste stimmte mit den Ergebnissen anderer Studien in der Fachliteratur überein: In den Testreihen trat eine ganz erhebliche Placeboantwort auf (10 bis 50 Prozent der Probanden sprachen klinisch signifikant darauf an). Die zweite Schlussfolgerung war jedoch neu: «In den letzten 20 Jahren hat der Anteil der Patienten, die auf Placebos ansprachen, eindeutig zugenommen, nämlich um etwa 7 Prozent pro Jahrzehnt, und auch der Anteil an Patienten, die auf Wirkstoffe ansprechen, ist in vergleichbarem Ausmass gestiegen.» (1844). Es gibt, mit anderen Worten, heute wesentlich mehr Probanden, die in klinischen Studien auf Placebos ansprechen als noch vor 20 Jahren, und ebenso eine grössere Zahl, bei denen Antidepressiva anschlagen. Walsh und Kollegen fassen ihre Ergebnisse in der Formulierung zusammen, die Placeboantworten seien «variabel, substanziell und im Ansteigen begriffen» (1845). Es gab mehrere Stellungnahmen zu dieser Untersuchung, denen zufolge die Steigerung der Placeboantwort im Lauf der Jahre künstlich erzeugt, nämlich ein Resultat bestimmter Vorgehensweisen bei klinischen Tests sei. Beispielsweise heisst es bei Brigde u. a. (2007), dass unterschiedliche Einstufungen des Schweregrades einer Depression oder auch die Dauer einer Studie Auswirkungen auf den Placeboanteil an der Wirkung haben. Auch steige die Placeborate, wenn die Daten einer Studie von zu vielen verschiedenen Orten stammen (vermutlich weil sich die Auswahl der Probanden und die Art und Weise ihrer Behandlung weniger einheitlich gestaltet) (Khan u. a. 2010).

Mein eigentliches Anliegen ist hier nicht, mich zu den Einzelheiten dieser empirischen Untersuchungen zu äussern, sondern festzuhalten, dass die Wechselwirkung zwischen Medikament und Placebo verschiedene Formen annehmen kann und anscheinend kaum unter Kontrolle zu bringen ist. Anstatt nun aber statistische oder theoretische Modelle dieser Variabilität zu erarbeiten, beschränkt man sich meist darauf, sie wegzuerklären und weiter die Erwartung zu nähren, man werde eines Tages die Arzneimittelantwort von der Placeboantwort unterscheiden und beide separat beobachten können. Ein Beispiel für diese Versuche, mit der Wirkstoff-Placebo-Variabilität umzugehen, ist die Forderung, in klinischen Studien so wenig Placebos wie möglich einzusetzen (um zuverlässig die Medikamentenwirkung erfassen zu können), in der klinischen Praxis dagegen so viele Placebos wie möglich zu verabreichen (da sie offensichtlich zu guten klinischen Ergebnissen beitragen) (z. B. Rief u. a. 2009). Um die bisweilen irrläufigen Daten besser zu zügeln, plädieren einige Forscher dafür, zum Stand von 1951 zurückzukehren, als Placebos zugleich wirkten und nicht wirkten.

Zweck der Datenrezension von Walsh und Kollegen war es, dem wechselhaften Verhalten von Placebos und ihrem launischen Verhältnis zu den Wirkstoffen besser gerecht zu werden. Ihre Daten zeigen aber gerade, dass und wie sehr Arzneimittel seit Langem im Verein mit Placebos wirken. Medikamentenwirkungen erweisen sich, nicht anders als die von Placebos, als variabel, erheblich und stetig ansteigend. Auf diese wechselseitige Resonanz zwischen Medikament und Placebo sowie den verfälschenden Einfluss, der sich daraus für die Ermittlung der reinen Medikamenten- bzw. Placebowirkung ergibt, kommt es mir hier an. Während die Forschungsliteratur darauf fixiert ist, Arzneimittel- und Placeboantwort säuberlich voneinander zu trennen, will ich zeigen, dass es zwischen diesen beiden Geschehnissen eine grundsätzliche und wesentliche Affinität gibt. Die Geschichte dieses Naheverhältnisses ist gut dokumentiert: Jedes neue Antidepressivum definiert sich im Verhältnis zu einem Placebo, und es ist mittlerweile Standard in der Branche, dass man, um die Wirkung eines neuen Medikaments akkurat festzustellen, immer auch den Placebovergleich anstellen muss. Meine Behauptung in diesem Kapitel ist, dass dies nicht einfach nur einer Übereinkunft folgt oder sauberem methodischen Vorgehen entspricht, sondern dass es darüber hinaus einem unausgesprochenen Eingeständnis gleichkommt: Medikamenten- und Placeboantwort stehen zueinander in einem parasitären Verhältnis.

Schmarotzer

Kaum jemand, der über Placebos schreibt, vergisst zu erwähnen, dass der Begriff von der einleitenden Formel katholischer Totenmessen abstammt: «Placebo Domino in regione vivorum» («Dem Herrn werde ich gefallen im Land der Lebenden»). In früheren Zeiten war es durchaus üblich, in Ermangelung von Angehörigen oder echten Trauergästen andere für das Singen der Totenmesse zu bezahlen. Solche ersatzweise Betenden erhielten mit der Zeit den Namen «Placebo». Von dieser Bedeutung des Scheintrauerns abgeleitet fand das Wort Eingang in den medizinischen Sprachgebrauch als Bezeichnung einer bloss vorgetäuschten Behandlung (Shapiro und Shapiro 1997). Noch eine zweite, mittlerweile veraltete Bedeutung des Wortes möchte ich anführen, die in der kritischen Literatur weniger Aufmerksamkeit erhält: Im 15., 16. und 17. Jahrhundert nannte man jemanden «Placebo», um zu sagen, dass er ein Schmeichler, Heuchler oder Schmarotzer sei.

Im allgemeinen Sprachgebrauch ist «Schmarotzer» eine abfällige Bezeichnung. Sie meint jemanden, der auf Kosten anderer lebt, Leichen fleddert oder Schwächere auslaugt (Serres 2007). In der Biologie beschreibt der Schmarotzer oder Parasit eine Vielfalt von Ko-Abhängigkeitsbeziehungen. Es gibt Organismen, die auf physische Beihilfe anderer angewiesen sind, diesen aber keine Nährstoffe entnehmen (etwa Mispeln). Andere gehen symbiotische Beziehungen ein, die ihnen einen Ernährungsvorteil bringen, ohne den anderen zu schädigen (wie die Darmflora). Und schliesslich gibt es Organismen, die sich zu Ernährungszwecken verbinden und dabei gegenseitig Vorteile verschaffen (beispielsweise das berühmte Zusammenspiel von Hülsenfrüchten und Knöllchenbakterien im Boden). Die klinische Forschungsliteratur zu Antidepressiva und Placebos verwirft energisch jede Ahnung, dass Medikamente und Placebos sich (etwa wie Leguminosen und Rhizomien) mit- und aneinander entwickelt haben und ein wechselseitig vorteilhaftes Bündnis eingegangen sein könnten. Auch wo die Daten genau eine solche Schlussfolgerung nahelegen, beharrt der politische Imperativ anscheinend immer darauf, Arznei- und Placebowirkung als separate Ereignisse darzustellen. Betrachten wir zunächst diesen Vorgang anhand einiger Forschungen zur Neurobiologie der Placebos.

Am Neuropsychiatric Institute der University of California in Los Angeles (UCLA) arbeitet eine hochmotivierte Forschungsgruppe, die sich besonders für Placebos und Antidepressiva interessiert.[7] Sie will nicht nur verstehen, wie Placebowirkungen entstehen, sondern auch (und ich behaupte, dass dieses zweite Ziel dem ersten unaufhebbar entgegensteht) Placeboantworten und Arzneimittelwirkungen voneinander unterscheiden. Zu diesem Zweck suchen die Forscher nach einem biologischen Marker (einer spezifischen neuronalen Antwort), die es erlauben würde, unabhängig von klinischen Studien oder Verhaltensdiagnostik das Ansprechen auf eine Behandlung entweder dem Placebo oder dem Antidepressivum zuzuordnen. Gäbe es einen solchen neuronalen Marker, dann könnten Ärzte die so genannten «echten» oder reinen Wirkstoff-Antworten herausfiltern, ohne auf psychologische Tests wie HAM-D (Hamilton 1960) zurückgreifen zu müssen, die ursprünglich zur Anwendung durch einen Facharzt entwickelt wurden und ihrem Wesen nach interaktiv gestaltet sind. Ein Hauptantrieb zu dieser Suche nach biologischen Markern der Depression ist die Hoffnung, dass sich derartige intersubjektive und dadurch angeblich unzuverlässige Erhebungsmethoden umgehen lassen. Meine Vermutung ist allerdings, dass der Anspruch, die Relationalität von Erhebungen und Daten zu umgehen, in die Irre führt (Barad 2007). Eine Relation ist nicht nur die kleinste mögliche Einheit der Analyse (Haraway 2003), sondern überhaupt die einzig mögliche Einheit der Analyse.

Der biologische Marker, für den sich die UCLA-Forschergruppe am meisten interessiert, ist die zerebrale Perfusion (der Blutfluss im Hirn). Inzwischen gibt es jede Menge Belege dafür, das dieser Blutfluss bei depressiven Menschen anders verläuft als bei nicht depressiven. Insbesondere im präfrontalen Kortex weisen Untersuchungen mit Verfahren der funktionellen Bildgebung des Gehirns erhebliche Unterschiede in der Verstoffwechslung zwischen depressiven und nicht depressiven Patienten aus. Der präfrontale Kortex gilt als die an einer grossen Bandbreite sozialer und zwischenmenschlicher Funktionen vorrangig beteiligte Gehirnregion (Schore 1994). Neurologische und klinische Erkenntnisse belegen, dass der präfrontale Kortex wesentlich für die Gesichtserkennung, das Bindungsverhalten, die Fähigkeit zur Mentalisierung und die Affektregulierung zuständig ist: «Der präfrontale Kortex kommt einem neuralen

Träger des sozialen Wesens am nächsten.» (Goldberg 2001, in: Fonagy u. a. 2002, 434). Klinische Studien zeigen auch, dass Antidepressiva die metabolische Aktivität des präfrontalen Kortex bei Patienten mit Depressionen so weit verändern können, dass diese sich den Mustern nicht depressiver Menschen weitgehend annähert (Brody u. a. 2001). Anstelle von Verfahren zur Bildgebung des Gehirns nutzen die Forscher des Neuropsychiatric Institute qualitative Elektroenzephalogramme (QEEG), von denen sie zuvor gezeigt haben, dass sie einen engen Zusammenhang mit der Perfusion im präfrontalen Kortex aufweisen.

2002 veröffentlichte eine Forschungsgruppe am Neuropsychiatric Institute Elektroenzephalogramme (EEG), die Unterschiede zwischen Arzneimittel- und Placebo-Respondern aufwiesen (Leuchter u. a. 2002). Ihre Untersuchung führte Daten von 51 ambulanten Teilnehmern an klinischen Studien der UCLA zusammen, die (ähnlich denen in der Walsh-Studie) den Kriterien einer schweren depressiven Störung entsprachen.[8] Diese Patienten wurden nach dem Losverfahren der Medikamenten- und Placebogruppe zugeteilt. Die Elektroenzephalogramme wurden über einen Zeitraum von acht Wochen in regelmässigen Abständen durchgeführt. Nach der achtwöchigen Behandlung fielen die Beteiligten in vier verschiedene Kategorien:

1. Spricht auf Placebos an
2. Spricht auf den Wirkstoff an
3. Spricht nicht auf Placebos an
4. Spricht nicht auf den Wirkstoff an.

In dieser Studie ging es (anders als in den üblichen klinischen Tests zur Ermittlung der Wirksamkeit eines Medikaments) nicht um den Unterschied zwischen Respondern und Nicht-Respondern. Nur die Responder wurden im nächsten Schritt genauer untersucht. Erlaubten es die Elektroenzephalogramme, Probanden dahingehend zu unterscheiden, ob sie auf ein Medikament oder ein Placebo angesprochen hatten? War es möglich, sie auseinanderzuhalten, selbst wenn sie klinisch betrachtet dasselbe Behandlungsergebnis aufwiesen und vielleicht sogar ihre Verfassung als gleich gut erlebten? Die Antwort war eindeutig Ja. Vom Ende der zweiten Woche und bis zum Abschluss des Behandlungszeitraums zeigten sich auffällige und anhaltende Unterschiede in den EEG-Auswertungen zwischen Probanden, die auf das Placebo, und solchen die auf den Wirkstoff ansprachen. Obwohl die Responder unter den Patienten klinisch dasselbe Bild abgaben (und vielleicht auch ähnliche HAM-D-Punktezahlen erreicht hätten), konnte man sie anhand spezifischer funktioneller Veränderungen im Blutfluss des präfrontalen Kortex auseinanderhalten.

Den wichtigsten Beitrag ihrer Studie von 2002 sahen die Autoren darin, dass diese einen

Unterschied sichtbar macht, der sich weder anhand einer Stimmungsskala noch durch grössten ärztlichen Scharfsinn ermitteln lasse: «Diese Untersuchung zeigt, dass Behandlungen mit Medikamenten oder Placebos ähnliche Symptomverbesserungen erwirken können und physiologisch dennoch nicht gleichwertig sind. Beide Methoden zielen auf die Funktion des präfrontalen Kortex, doch ihre Wirkungsweisen unterscheiden sich sowohl von der Art als auch hinsichtlich des zeitlichen Verlaufs.» (125). Die Autoren interessieren sich kaum für die Frage, ob die präfrontale Perfusion und die therapeutischen Verbesserungen bei den Patienten in einem Kausalverhältnis zueinander stehen. An einer biologischen Theorie der Depression oder des Placebos ist ihnen nicht gelegen. Ihre Erkenntnisse stellen sie in einen Bezug zu privatwirtschaftlichen und gesundheitspolitischen Anliegen. Ein hohes Mass an Placeboantworten in klinischen Studien sind der Entwicklung neuer Medikamente abträglich – denn neue Antidepressiva gelangen nie zur Marktreife, wenn sie nicht höhere klinische Wirksamkeit als Placebos beweisen. Da klinische Tests von Antidepressiva aber oft nicht zuverlässig zwischen Medikamenten- und Placebo-Respondern unterscheiden können, gelingt es ihnen immer seltener, die notwendige Legitimation für die Markteinführung eines Medikaments beizubringen. Ein belastbarer biologischer Marker, der zwischen Placebo- und Arzneiantwort differenziert, böte eine Möglichkeit, in klinischen Tests die «echte» Medikamentenwirkung (122) deutlicher einzugrenzen. Das Verfahren würde es ermöglichen, so die Behauptung, die Wirkung des Antidepressivums von jener des Placebos gesondert zu erfassen.

Dieser Anspruch verrät einiges über wirtschaftliche und institutionelle Einflussnahme auf die medizinische Forschung (Rutherford und Rose 2013). Er beruht anscheinend auch auf einer Grundsatzentscheidung, Placebos als parasitär (im abwertenden Sinn) gegenüber Antidepressiva zu betrachten. Anders gesagt: Die Forscher setzen voraus, dass eine zuverlässige Epistemologie antidepressiver Arzneiwirkung erst begründbar wird, wenn Placeboantworten ausfindig gemacht und herausgerechnet worden sind. In klinischen Studien geht man üblicherweise davon aus, dass das Placebo und seine übel beleumdeten Geschwister (Einbildung, Hysterie) vom pharmakologischen Geschehen im eigentlichen Sinn getrennt werden können – oder werden sollten. Doch in dieser Annahme, dass sich ein strukturell reichhaltiges psychosomatisches Geschehen (wie die Linderung depressiver Symptome) in seine Einzelteile – Biologie oder Psychologie, Physiologie oder Milieu, Pharmakologie oder Gespräch – zerlegen lässt, erweist sich die Placebo-kontrollierte klinische Studie als ein wesentlich Boole'sches Verfahren. Entgegen Autoren wie Leuchter, die behaupten, eine

Medikamentenantwort müsse vom verunreinigenden Mitmischen des Placebos gereinigt werden, ist eine Medikamentenantwort nach meiner Auffassung dann am besten (am meisten «echt»), wenn sie auf Placebofaktoren feinabgestimmt ist. Als Paradoxon formuliert: Ein Antidepressivum ist dann ganz es selbst und kann eigentlich nur dann ganz es selbst sein, wenn es von einem Placebo verunreinigt wird.

Hätte es die Forschung des Neuropsychiatric Institute dabei belassen, so lohnte sie kaum die kritische Aufmerksamkeit. Denn am Ende ist der Versuch, Medikamenten- und Placebowirkungen zu trennen, um verlässliche Daten über die Depressionen zu erhalten, zwar empirisch kunstreich, aber konzeptuell bieder. Doch dann ergaben sich aus einer späteren Untersuchung derselben Forschungsgruppe (Hunter u. a. 2006) Schlussfolgerungen, die diesen konventionellen Anspruch in sein Gegenteil verkehrten. Auf derselben Datengrundlage betrachtete diese zweite Untersuchung das Geschehen während der einwöchigen Placebo-Vorbereitungsphase der vorangegangenen klinischen Studie. Diese Vorbereitungsphase ist ein etwa einwöchiger Zeitraum am Beginn einer klinischen Studie, in dem Probanden Placebos erhalten und alle anderen psychoaktiven Medikamente abgesetzt werden. Sie ist einfachblind: Den Patienten wird gesagt, dass sie aktive Medikation erhalten, das ärztliche Personal dagegen weiss, dass sie Placebos nehmen.

Teilnehmer, die sich in dieser Phase gleich viel besser fühlen, werden aus der Studie genommen (weil sie nicht mehr deprimiert genug sind, um die symptomatischen Voraussetzungen für eine Teilnahme zu erfüllen). Die übrigen Probanden mit zuverlässigen und anhaltenden Depressionserscheinungen werden nun per Zufallsverteilung der Placebo- oder medikamentösen Behandlung zugeführt.

Die Studie von 2006 konzentriert sich auf Letztere – Probanden, die die erste Auslese hinter sich gebracht haben und mit dem Medikament behandelt wurden. Sie analysiert Unterschiede zwischen ihren Elektroenzephalogrammen vom Beginn und Ende der einwöchigen Placebo-Vorbereitungsphase – mit überraschendem Ergebnis: Der biologische Marker eines guten Ansprechens auf das Medikament (Abnahme der präfrontalen Perfusion, wie 2002 dargelegt) tritt bereits während der Einführungsphase zutage, also *bevor ein aktives Medikament verabreicht wurde*. Genauer: Schon im Zuge der Placebo-Vorbereitung nehmen die Gehirne der späteren Wirkstoff-Responder neurophysische Veränderungen vorweg, die sich einstellen, nachdem das Arzneimittel verabreicht wurde. Die Gehirne späterer Nicht-Responder auf das Medikament weisen dagegen in der Vorbereitungsphase keinerlei Veränderungen auf. Aus dieser Interpretation der Daten ergibt sich der Schluss, dass, wer gut auf ein Medikament anspricht, auch gut auf ein Placebo anspricht. Ein gutes Ansprechen auf ein Medikament bringt anscheinend eine ebensolche Antwort auf Placebos mit sich, und umgekehrt wird auch jemand umso weniger auf ein Medikament ansprechen, je weniger ein Placebo bei ihm oder ihr anschlägt (ein Ergebnis, wir erinnern uns, zu dem bereits Lasagna und Kollegen 1954 gelangten). Ausserdem wurden diese Daten an Probanden mit mittleren bis schweren Depressionen erhoben, bei denen wir geringere Schwankungen der Symptome und ebenso geringere Empfänglichkeit für Placebos erwarten würden als bei Teilnehmern mit schwachen oder dysthymischen Depressionen.

Hunter und Kollegen ringen sichtlich darum, aus ihren eigenen Ergebnissen schlau zu werden. Indem sie die Einflussnahme durch einen pharmazeutischen Wirkstoff ausschliessen (der erst später verabreicht wurde), spekulieren sie, dass die neurophysischen Veränderungen in der Vorbereitungsphase mit den «Umständen der Behandlung» (1429) zu tun haben könnten. Das Umfeld der Klinik und die Interaktion mit ihrem Personal, die Auseinandersetzung mit Anamneseprotokollen, eigene Überzeugungen und Erwartungen, vorangegangene Erfahrungen mit Antidepressiva werden als mögliche Einflüsse auf die geistig-seelische Verfassung der Studienteilnehmer angeführt. Vorerst ungeachtet der Frage, ob diese schlichte Unterscheidung zwischen pharmazeutischem Wirkstoff und psychosozialen Begleitumständen so zu halten ist (was anderes wäre ein Placebo, wenn nicht die Verbindung von beidem), erklären diese eingangs angestellten Mutmassungen nicht, warum diese «Behandlungsumstände» bei den späteren Wirkstoff-Respondern anschlagen, bei den künftigen Nicht-Respondern aber nicht. Das eigentliche Rätsel des Ansprechens auf eine Behandlung stellt sich unvermindert: Warum treten neurophysische Veränderungen bei manchen Patienten auf, aber nicht bei anderen, obwohl in der Vorbereitungsphase alle denselben pharmazeutischen und psychosozialen Einwirkungen ausgesetzt sind?

Als Erstes muss man festhalten: Dass manche Probanden auf Placebos ansprechen und andere nicht, lässt sich nicht auf einschlägige Charaktermerkmale zurückführen. Umfangreiche klinische Untersuchungen konnten weder eine verlässliche demografische Variable (wie Geschlecht oder Klasse) noch eine psychologische Variable (wie Charakterzüge oder Intelligenzquotient) herausfiltern, die eine Placeboantwort wahrscheinlicher macht (Shapiro und Shapiro 1997). Es gab Versuche, andere Faktoren ausfindig zu machen, die eine Placeboantwort erwarten lassen (etwa das Ausmass ängstlicher Erwartungen eines Patienten oder die Qualität des Verhältnisses zum behandelnden Arzt), doch aus der Literatur hierzu ergeben sich keine eindeutigen Schlüsse (Kaptchuk u. a. 2008; Shapiro und Shapiro 1997). Die

Pharmakogenetik sucht nach genetischen Markern, die es vielleicht ermöglichen, Arznei-Responder von Nicht-Respondern zu unterscheiden (Hosboer 2008). Ich müsste mich aber sehr irren, wenn die aus der Studie von 2006 hervorgehenden Unterschiede durch genetische Variationen unter den Probanden irgendwie schlüssiger erklärt werden könnten als durch Charakterzüge.[9] Die Schwierigkeit scheint eher theoretischer als empirischer Natur zu sein: Was uns fehlt, sind nicht genügend Daten. Das Problem ist, dass wir so gut wie keine Begriffsrahmen haben, mit denen sich die angesammelten Daten interpretieren lassen. Auch noch mehr pharmakogenetische, in hochentwickelten biomedizinischen Verfahren gewonnene Daten werden aus sich heraus nicht die Deutungsmuster hervorbringen, die wir zum Verständnis des vorliegenden Geschehens brauchen. Gefordert ist eine umfassendere Theorie der ursächlichen Zusammenhänge, die weder einen Gegensatz zwischen Physis und Suggestion konstruiert noch pharmazeutische Wirkungen von Behandlungsumständen trennt, sondern stattdessen begreiflich macht, wie das Einnehmen von Tabletten, körperliche Aktivität, Gemütsstimmung und das therapeutische Bündnis sich zu einem System ergänzen. Der Ursprung der Placeboantwort (und somit auch der Ursprung der Arzneimittelantwort) findet sich nicht an einem bestimmten Ort (in einem Gen, einem Persönlichkeitsmerkmal), sondern verteilt auf ein Netz psychisch, genetisch, institutionell, pharmazeutisch agierender Faktoren. Das Ansprechen auf Antidepressiva ist schwer zu fassen, nicht weil die Medikamente oder die randomisierten Doppelblindstudien zu ihrer Bewertung unwirksam wären, sondern weil Arzneimittelwirkungen systemisch entstehen. Sie sind keine autonomen Urheber ihrer eigenen Wirkung, sondern fordern, und bedingen in weiter Folge, das Einwirken vieler anderer (ebenso nichtautonomer, aus Wechselwirkungen hervorgehender) Akteure. Hunter und Kollegen meinen, dass Behandlungsumstände eine von Placebowirkungen verfälschte Medikamentenantwort bewirken. Doch sie müssten dazu auch festhalten, dass solche Faktoren den Pillen nicht äusserlich sind (als blosse Umwelteinflüsse), sondern ein unablösbarer Bestandteil von deren Ontologie.

Der Anspruch von 2002, eine klare Grenze zwischen Medikamentenantwort und Placeboantwort zu finden, lief 2006 ins Leere. Eine genauere Betrachtung der Neurophysiologie der Medikamentenantwort zeigte nämlich, dass sie unlösbar in Placebowirkungen bzw. in das verstrickt sind, was Hunter und Kollegen ein nicht pharmakodynamisches Umfeld nannten. Obwohl die Forscher alles daran setzen, ein «rein nichtpharmakodynamisches Geschehen von einem Geschehen mit einer pharmakoydynamischen Komponente» (1430) zu unterscheiden, geht aus der Studie von 2006 klar hervor, dass die aktiven oder dynamischen Komponenten eines Antidepressivums nicht alle in einer SSRI-Tablette enthalten sind. Es gibt keine rein pharmakodynamischen, von jedem nicht-pharmakodynamischen Umfeld losgelösten Wirkstoffe. Sondern ein Medikament wird in einer klinischen Studie gerade dadurch pharmakodynamisch und psychoaktiv, dass es in Wechselwirkung mit Placebo und Behandlungsumfeld tritt. Antidepressiva sind immer schon von der Welt rundherum verunreinigt und ihr Schmarotzer. Angesichts der beschriebenen Daten ist fraglich, welchen Wert und Vorteil es noch haben soll, weiter auf einer strikten Trennung zwischen Medikament und Placebo zu beharren.

Zusammenfassung

Die meisten Stellungnahmen zu Placebos erwähnen einen grundlegenden Artikel von Henry Beecher aus dem Jahr 1955, also aus der Zeit, in der die Notwendigkeit der Erprobung von Medikamenten in randomisierten, placebokontrollierten Studien erstmals diskutiert wurde. Beecher zitiert einleitend den Pharmakologen John Gaddum: Placebos «haben zwei reale Funktionen: pharmazeutische Wirkungen von Suggestivwirkungen zu unterscheiden, und unvoreingenommene Bewertungen von Versuchsergebnissen zu ermöglichen» (Gaddum, in: Beecher 1955, 1602). Wenn es Sinn und Zweck der Placebos war, uns den Unterschied zwischen Physis und Suggestion beizubringen und vorurteilsfreie Erhebungen der Wirksamkeit von Medikamenten in klinischen Studien zu belegen, dann haben die Placebos auf durchaus lehrreiche Art versagt. Noch fünfzig Jahre nach Beecher konnte Forschung wie die am Neuropsychiatric Institute der UCLA betriebene Körperliches und Geistiges nicht zuverlässig voneinander trennen. Je detaillierter und technisch ausgefeilter und statistisch raffinierter diese Forschung wird, umso mehr sprechen die von ihr gewonnenen Daten für eine innige Beziehung zwischen Antidepressiva und Placebos. Wir kehren zu einer Einsicht zurück, die es schon einmal gab. 1946 bewies eine Gruppe von Ärzten (des Cornell University Medical College und des New York Hospital) anlässlich einer Debatte über den klinischen Einsatz von Placebos bemerkenswerte Einsicht in das komplizierte Verhältnis zwischen Medikamenten und ihren Placebos: «Mir gefällt diese Verbindung [...] von Placebos mit Reinheit nicht» (Dr. Henry Richardson, in: Wolff und DuBois 1946, 1725); «jede Tablette, ob Zucker oder Medikament, ist zum Teil ein Placebo» (Wolff und DuBois 1946, 1721). Auch ohne QEEG-Vermessung wussten diese Ärzte bereits, dass «jedes Arzneimittel, das einem Patienten verschrieben wird, ein Element von Suggestion enthält. Das suggestive Element verstärkt die spezifische Wirkung des Mittels.» (Wolff und DuBois 1946, 1723). Ein halbes Jahrhundert später grübeln die UCLA-Forscher über dieselbe Wechselwirkung zwischen Psyche und Soma wie diese Ärzte nach dem Ende des Zweiten Weltkriegs.

Wenn Feministinnen und andere Kritiker sich vorschnell von pharmazeutischen Behandlungen abwenden, verschenken sie Möglichkeiten, die sich aus siebzig Jahren der empirischen Forschung ergeben. So kritisch *Eingeweide, Pillen, Feminismus* auch die oft ohne grosse Skrupel betriebenen Studien, Werbekampagnen, Vermarktungen und Verschreibungen von Antidepressiva betrachtet, so sehr spricht sich dieses Buch dennoch für einen anderen politischen Umgang mit dem bastardisierten Wesen dieser Arzneien aus. Anstatt weniger kompromittierte Behandlungsformen zu fordern, scheint es mir wichtig, gerade diese kontaminierte Natur pharmazeutischer Wirkstoffe zu erforschen und zu bekräftigen. Ich behaupte hier nicht weniger, als dass diese Kontamination (die ich in vorangegangenen Kapiteln unter den Rubriken der Übertragung oder Amphimixis erörtert habe) Triebkraft jedweder Behandlung ist. Jedes Medikament braucht sein Placebo. Antidepressiva deswegen als in ihrer Wirkung kompromittiert, als schwach (oder Lug und Trug) abzutun, verfehlt den entscheidenden Punkt: Jede Behandlung erfordert einen Wirkstoff, der von vornherein über Grenzen geht, die nie etwas anderes waren als verschiebbar und vielleicht auch gefährlich. Der Wunsch nach einer reinen, von keinem Placebo kontaminierten

Arznei oder der nach einer von keinem Arzneimittel kontaminierten Behandlung sind in meinen Augen eine politische Selbstbeschränkung, eine übertriebene Sehnsucht nach Reinheit im Handeln. Im folgenden Kapitel geht es um die Frage, wie man damit umgehen soll, dass ein Antidepressivum Heilmittel und Schadsubstanz zugleich sein kann.

KAPITEL 5 — ENDNOTEN

• 1 Sie erklären dies ausdrücklich zu einem Gegensatz zwischen primitiver und moderner Heilkunst. «Aus der Erforschung von Urgesellschaften und frühmittelalterlichen Quellen lässt sich vernünftigerweise der Schluss ziehen, dass Placebos in ihnen die vorherrschende Behandlungsform waren.» (3); «Im 17. Jahrhundert dümpelte das medizinische Behandlungswissen auf einem primitiven Stand dahin: Schwindsüchtigen verabreichte man die Lungen von Füchsen, einem Tier mit langem Atem; das Fett des Bären wurde wegen dessen starkem Pelz gegen Glatzköpfigkeit verschrieben» (22); «Primitive Kulturen unterschieden bei der Behandlung nicht zwischen körperlichen, Gemüts- und Geisteskrankheiten» (53).

• 2 Anhand der Geschichte vom geborgten Kessel erläuterte Freud eine erstmals in der *Traumdeutung* beschriebene Art der psychischen Abwehr. In der Analyse seines eigenen Traums (des inzwischen berühmten Traums von Irmas Injektion) schreibt er: «Das ganze Plaidoyer — nichts anderes ist dieser Traum — erinnert lebhaft an die Verteidigung des Mannes, der von seinem Nachbarn angeklagt war, ihm einen Kessel in schadhaftem Zustande zurückgegeben zu haben. Erstens habe er ihn unversehrt zurückgebracht, zweitens war der Kessel schon durchlöchert, als er ihn entlehnte, drittens hat er nie einen Kessel vom Nachbarn entlehnt.» (Freud 1900, GW II/III, 125).

• 3 «Placebo Nation», *New York Times*, 21.3.1999; «No Prescription for Happiness. Could It Be That Antidepressants Do Little More Than Placebos?», *Boston Globe*, 17.10.1999; «Against Depression, A Sugar Pill Is Hard to Beat. Placebos Improve Mood, Change Brain Chemistry in Majority of Trials of Antidepressants», *Washington Post*, 7.5.2002; «Make-Believe Medicine. Do Placebos Work? New Research Suggests They Work Surprisingly Well — in Fact Better than Some Conventional Drugs», *The Guardian*, 20.6.2002; «Anti-Depressants Have Little More Effect than Placebos, Claims Study», *Sydney Morning Herald*, 21.10.2002.

• 4 Die Hamilton Depression Rating Scale (HAM-D) ist eine der verbreitetsten Methoden zur psychologischen Erfassung von Depressionen in klinischen Studien (Hamilton 1960). Es gibt sie in verschiedenen Fassungen, als Fragebogen mit 16, 17, 19, 21 oder 24 Punkten. Die HAM-D wird vom Arzt ausgefüllt. Sie dokumentiert den Schweregrad somatischer und psychischer Symptome wie Schlaflosigkeit, Verdauungsstörungen, Erregungszustände, Gemütsstimmung, Selbstmordgedanken, Schuldgefühle und Ängste. Die britische Regulierungsbehörde National Institute for Clinical Excellence (NICE) definiert als Kriterium einer klinischen Verbesserung eine Erhöhung um drei Punkte auf dieser Skala (Khan u. a. 2010).

• 5 Die Studie von 2008 verwendet die Daten von 1998, fragt aber insbesondere danach, wie unterschiedliche Arten von Depression auch verschiedene Placeboantworten aufweisen. Sie kommt zum Schluss, dass die Differenz zwischen Medikamentenwirkung und Placeboantwort vom Schweregrad der Depression abhängt. D. h., die RCT-Daten weisen bei geringfügigen Depressionen kaum eine Abweichung zwischen Medikamenten- und Placeboantwort auf, während sich bei Patienten mit schweren Depressionen ein relativ geringer Unterschied zeigt. Diese Unterschiede mögen in den einzelnen Studien statistisch relevant sein, erfüllen aber nicht das Kriterium erheblicher klinischer Wirksamkeit (drei Punkte auf der HAM-D). Klinisch signifikant wird dieser Unterschied in Studien mit «den am schwersten deprimierten Patienten» (1280). Und selbst in diesen Fällen entsteht der Unterschied nach Kirsch u. a. nicht aufgrund der erhöhten Medikamentenwirksamkeit, sondern wegen der herabgesetzten Placeboantwort in diesem Probandenkreis (Kirsch u. a. 2008).

• 6 Diese Autoren behaupten, dass Pharmafirmen aus gewöhnlichen Charakterzügen (Schüchternheit) Krankheiten (z. B. Sozialphobie) machen, um einen grösseren Markt für ihre Produkte zu erschliessen: «So galt die Sozialphobie — die Angst, in der Öffentlichkeit beschämt oder gedemütigt zu werden — als seltene Störung, bis Ärzte um die Mitte der 1980er-Jahre begannen, sie mit Phenelzin und später mit SSRI wie Paroxetin zu behandeln. Inzwischen gilt Sozialphobie weithin als dritthäufigstes seelisches Leiden in den Vereinigten Staaten.» Ähnliche Geschichten könnte man über die manische Zwangsstörung und Panikanfälle erzählen (Letztere waren Mitte der 1980er-Jahre unter Ärzten als «Upjohn-Krankheit» nach dem Hersteller des Mittels Xanax) bekannt. Wie David Healy richtig sagt, ist der Schlüssel zum Verkauf von psychoaktiven Medikamenten, zuerst psychische Störungen zu verkaufen (Elliott 2004, 5).

• 7 Siehe die Seite http://www.Placebo.ucla.edu.

• 8 Eine schwere Depression beinhaltet gemäss der Definition im DSM-IV (an die sich Leuchters Forschung hielt) fünf oder mehr der folgenden Symptome innerhalb eines zweiwöchigen Zeitraums: niedergeschlagene Stimmung, kein Interesse an irgendwelchen oder den allermeisten Tätigkeiten, erhebliche Gewichtszunahme oder -abnahme, Schlaflosigkeit oder Schlafsucht, psychomotorische

Verlangsamung oder Beschleunigung, Erschöpfung, Schuldgefühle oder mangelndes Selbstwertgefühl, Unfähigkeit zur Konzentration und zum Nachdenken, Selbstmordgedanken.

• 9 Florian Holsboer (2008, 641) schreibt: «Die vielen Wechselwirkungen innerhalb der Gene und zwischen diesen, ausserdem Einfügungen und Entfernungen, Kopienzahlvariationen und vor allem Variationen in nichtkodierenden DNA-Sequenzen laufen nach Steuerungsprinzipien ab, die wir noch längst nicht verstehen. Bestätigt wird das durch die Tatsache, dass ererbte Variationen sowohl der Genregionen als auch der Nicht-Genregionen von DNA stark von epigenetischen Veränderungen beeinflusst werden, die entweder ererbt sind oder nach der Empfängnis auftreten. Daher ist das Übersetzen einer einzigen genetischen Variation in Arzneimittelforschungsprogrammen womöglich kein gangbarer Weg, wenn es um individualisierte Medikamente geht. Das gilt insbesondere für Antidepressiva, weil einzelne Gene mit grosser Wirkung wie die BRCA-Genvariation, mit der das Risiko für Brustkrebs um bis zu 85 Prozent steigt, bei der Depression wahrscheinlich keine Rolle spielen.»

PHARMAKOLOGIE DER DEPRESSION

Es gibt kein harmloses Heilmittel. Das *pharmakon* kann nie einfach nur wohltuend sein.

Jacques Derrida,
Dissemination

Am 2. Februar 2004 tagte bei der amerikanischen Food and Drug Administration (FDA) ein beratender Ausschuss. Es ging um Hinweise, dass selektive Serotonin-Wiederaufnahmehemmer (SSRI) als Antidepressiva bei Kindern und Jugendlichen Selbstmordgedanken und -versuche auslösen könnten. Insbesondere sollte die Anhörung klären, ob es zu erhöhten Selbstmordraten oder verstärkten Selbstmordgedanken gekommen war – und zwar nicht in der allgemeinen ärztlichen Anwendung, sondern im Rahmen von Studien zur Wirksamkeit von SSRI bei Kindern und jugendlichen Patienten, die von der FDA selbst anerkannt waren (Leslie u. a. 2005). Die Beratungen fanden im Bethesda Holiday Inn bei Washington statt und sammelten Aussagen von Fachleuten (Biostatistikerinnen, Psychiatern, Epidemiologinnen) sowie aus der Öffentlichkeit (Eltern von Jugendlichen, die während der Einnahme von SSRI Selbstmord begangen hatten, jugendliche Patientinnen und Patienten, die während der Einnahme von SSRI schwere Nebenwirkungen erlitten hatten, Aktivisten auf dem Gebiet der Psychotherapie, Kinderärztinnen, Juristen). Die Vertreter der Öffentlichkeit erhielten jeweils zwei Minuten Redezeit. Als Erste äusserten sich die Psychologen Dr. Irving Kirsch und Dr. David Antonuccio, die in mehreren Forschungsberichten SSRI als nicht wirksamer als Placebos dargestellt hatten (siehe Kapitel 5). In ihren zwei Minuten wiederholten Kirsch und Antonuccio ihre Behauptung, dass «der therapeutische Nutzen von Antidepressiva bei Kindern im besten Fall vernachlässigbar ist» (US Food and Drug Administration 2004, 80).

Zwar fühlten sich Kinder tatsächlich oft besser, wenn sie Antidepressiva nehmen, so Kirsch und Antonuccio, doch diese Verbesserungen gingen anscheinend zum grössten Teil auf Placebowirkungen zurück. Ihr Appell an den FDA-Ausschuss lautete: «Um die Vor- und Nachteile des Einsatzes von Antidepressiva bei Kindern abzuwägen, muss sich dieses Gremium mit Nutzen und Risiken gleichermassen auseinandersetzen. Bei Kindern mit Depressionen wurde ein klinisch bedeutsamer Nutzen solcher Medikamente bisher nicht entsprechend belegt.

Deshalb rechtfertigen diese keine zusätzlichen Risiken. Angesichts der geringen Wirkung ist es keinesfalls vertretbar, dafür die Gefahr von suizidalem Verhalten in Kauf zu nehmen. Ebenso wenig vertretbar sind die belegten Risiken durch andere häufig berichtete Nebenwirkungen wie Erregungszustände, Schlaflosigkeit und Verdauungsprobleme.» (81)

Auf diesen Ausschuss und seine Empfehlungen komme ich später in diesem Kapitel noch einmal zurück. Zuvor möchte ich aus der Aussage von Kirsch und Antonuccio einige gedankliche Festlegungen herauslösen, die solche Auseinandersetzungen über Selbstmordgefährdung und SSRI wesentlich prägen (und den inneren Zusammenhang dieser Debatte mit meiner vorangegangenen Argumentation zu Placebos herstellen). Kirsch und Antonuccio stellen zwei Behauptungen auf, die sich zumindest auf den ersten Blick widersprechen: (1) SSRI sind wirkungslos, und (2) SSRI sind gefährlich. Um diesen Widerspruch – insbesondere im Rahmen einer zweiminütigen Präsentation – glaubhaft aufzulösen, mussten sich Kirsch und Antonuccio wie auch ihre Zuhörer bereits auf eine gedankliche Vorentscheidung geeinigt haben: Wir kennen den Unterschied zwischen Heil- und Nebenwirkung eines Medikaments. Kirsch und Antonuccio vertreten die Auffassung, dass die therapeutische Wirkung eines SSRI (die beabsichtigte Regulierung des Serotonins im ZNS und die daraus resultierende Stimmungsaufhellung) geringfügig, die unerwünschten Nebenwirkungen dagegen umfangreich und potenziell gefährlich seien: Erregungszustände, Schlaflosigkeit, Verdauungsprobleme, Selbstmordgefährdung. Ungefähr um diese Zeit und mit Bezug auf dieselbe Streitfrage berief sich ein Leitartikel in der Zeitschrift *Lancet* auf die gleiche Vorausannahme: «Diese Arzneien waren bei Kindern sowohl wirkungslos als auch schädlich.» (*Lancet,* 2004, 1335). Der Wunsch nach scharfer Trennung der Heilwirkung eines Medikaments von seinen schädlichen Nebenwirkungen und die darauf gründende Politik der Antidepressiva und Suizidalität stehen im Mittelpunkt dieses Kapitels. Zum Ausgangspunkt meiner Analyse wähle ich Jacques Derridas Text über das *Pharmakon.*

Derridas (1995) Interpretation von Platons *Phaidros* geht der Mehrdeutigkeit des griechischen Wortes *pharmakon* nach, das verschiedentlich als «Arznei», «Medikament», «Heilmittel», «Gift», «Rezeptur» oder «Trank» (mit angeblicher Zauberwirkung) übersetzt wird. Derrida interessiert sich für die Frage, wie die Schrift im Text von Platon als *pharmakon* dient, wie sie zugleich eine Kur gegen das Vergessen und eine Vergiftung der Erinnerung ist, wie sie den Geist zugleich stärkt und schwächt. Mir geht es in diesem Kapitel nicht so sehr um Schrift und Gedächtnis, sondern allgemeiner um die dekonstruierende Logik, die wir von Derridas Lesart unter der

Bezeichnung *pharmakon* übernommen haben und die uns helfen wird, einen der am meisten umstrittenen Aspekte der Behandlung mit SSRI besser zu verstehen. Einfach gesagt, richtet Derridas Analyse des *pharmakon* unsere Aufmerksamkeit darauf, dass dieses Wort stets in mehr als nur eine Richtung weist: Es kann nie einfach nur «Heilmittel» bedeuten, ohne nicht zugleich auch «Gift» und «Trank» zu meinen. Derrida will damit nicht sagen, dass Platons Gebrauch des Wortes *pharmakon* inkohärent sei, sondern «der schmerzhafte Genuss ist bereits an sich ein *pharmakon*. Er partizipiert gleichzeitig am Guten und am Bösen, am Angenehmen und am Unangenehmen.» (1995, 111). Daraus ergibt sich, dass es entgegen der Absicht und Mühe Platons unmöglich ist, eindeutig zwischen der Giftnatur des *pharmakon* und seiner Befähigung zum Heilen zu unterscheiden. Dennoch beruht die Suche nach einem ausschliesslich heilenden Mittel (oder wenigstens nach einem besseren, weniger schädlichen Mittel) gewöhnlich auf der Voraussetzung, dass man Gift und Kur klar voneinander abgrenzen kann.

Derrida behauptet demgegenüber, dass jeder Versuch, die Ambivalenz des *pharmakon* zu bewältigen, kaum etwas anderes hervorbringen kann als eine Abfolge althergebrachter Gegensätze: nützlich und schädlich, innen und aussen, natürlich und künstlich. Derart eingefahrenes Denken fordert von uns nicht nur, dass Heilmittel und Schadstoff einen Gegensatz bilden, sondern dass sie auch restlos voneinander getrennt sind. Damit etwas Heilwirkung entfalten kann, muss es demgemäss vom Schädlichen gesondert (diesem fremd) sein: Verletzung, Beeinträchtigung, Misshandlung müssen einem Heilmittel äusserlich bleiben. Diesem konventionellen Schema zufolge beschädigt Schädlichkeit die Kur und muss daher aus jeder Bestimmung oder Anwendung der Kur entfernt werden: Richte zuallererst keinen Schaden an.

Wie genau diese sich selbst als klar abgrenzbar behauptenden Gegensätze beschaffen sind – daran entzündet sich Derridas Wissbegier. Entgegen allem Anschein, schreibt er, sind Heilmittel und Schadstoff keine zwei verschiedenen Dinge, sondern es gibt ein fortwährendes Gezerre zwischen dem Heilmittel und seinen Schadwirkungen, dergestalt, dass die Arznei immer auf dem Ausschluss von Schadwirkungen beruht. Eine Kur muss Schädigung (materielle, begriffliche, epistemologische, experimentelle, ärztliche Schädigung) ausmerzen, um sich als solche bemänteln zu können. Dieses Ausschliessen geht unaufhörlich vor sich und ist unerlässlich, konstitutiv. Wenn die Schädigung der Kur äusserlich werden muss (damit diese eindeutig wohltun kann), so zeigt sich gerade darin, dass Schädigung wesentlich zur Kur gehört: «Das Draußen [Übel] ist bereits in [dem Heilmittel].» (1995, 121). Das meint nicht, dass eine Schädigung irgendwie und insgeheim doch heile (und daher in Wirklichkeit gar keinen Schaden zufüge), sondern dass Schädigung eine unerlässliche Voraussetzung für jedes Heilbemühen ist. Am *pharmakon*, das sorglos immer zugleich als Kur und Gift und Zaubertrank durchgeht, kann Derrida zeigen, dass Schädigung stets im Zentrum jedes wiedergutmachenden Handelns steht. Eine Heilung ist stets gespalten durch das, was ihrem Selbstverständnis äusserlich bleibt: «Das *pharmakon* ist jenes gefährliche Supplement, das per Einbruch genau in das hinein eintritt, was auf jenes gerade nicht hatte angewiesen sein wollen und was sich zugleich eben durch die Spur, wodurch die Gegenwart erweitert wird, wiewohl sie darin verschwindet, eine Bahn anweisen, Gewalt antun, erfüllen und ersetzen, vervollständigen lässt.» (123).

Für Derrida bleibt der innere Gegensatz, der aus konventionellen Darstellungen des *pharmakon* hervorgeht, stets dekonstruierbar. Wir sollten demnach erkennen können, dass dieser Gegensatz (die scheinbare Äusserlichkeit des einen Begriffs gegenüber dem anderen) tatsächlich ein fortwährendes, ursprüngliches Naheverhältnis ist. Heilung ist immer schon von Schädigung durchsetzt, aufgemischt, ausgefüllt, verdrängt. Natürliche Behandlungen müssen sich künstlicher Verfahren bedienen. Die Aussenwelt ist Bestandteil der einverleibten Pille. Barbara Johnson, die Derridas Text ins Englische übersetzt hat, sagt von dieser kritischen Strategie: «Es handelt sich nicht um die Untersuchung von Fehlern oder Unvollkommenheiten [eines theoretischen Systems]. Dies ist keine Serie kritischer Anmerkungen mit dem Zweck, das System zu verbessern. Es ist eine Analyse, die sich die Bedingung der Möglichkeit dieses Systems vornimmt. Kritik arbeitet sich im Rückgang von allem scheinbar Natürlichen voran.» (Johnson 1981, xv). Was Kirsch und Antonuccio natürlich erscheint und was auch in den meisten anderen Stellungnahmen zu SSRI und Suizidgefährdung den Eindruck einer Selbstverständlichkeit erweckt, ist die Überzeugung, dass eine Arznei eine Heilwirkung hat, die sich von ihren unerwünschten Nebenwirkungen trennen lässt, dass jede gute Psychopharmazeutik die Heilwirkung eines Mittels hervorkehren, seine Schädlichkeit jedoch so weit wie möglich verringern (externalisieren) wird, dass ein Medikament ohne diese Trennlinie klar zu ziehen für uns gewiss ein schlechtes Medikament sein muss. Ebendiese Voraussetzungen möchte ich im Folgenden ihres Anscheins von Natürlichkeit entkleiden.

Zu beobachten ist eine Neigung, Derridas Dekonstruktion des *pharmakon* im Licht von nur zwei Begriffen zu verstehen: Gift und Heilmittel. Ein Beispiel dafür sind Asha Persson (2004) und ihre hervorragende Untersuchung der damaligen pharmakon-typischen HIV-Therapien. Antiretrovirale Behandlungen retten vielen Patienten das Leben, entstellen sie aber oft auch oder schädigten sie massiv (etwa durch die Nebenwirkung der

Lipodystrophie, die zum Aufbau von Fettgewebe an ungewöhnlichen Stellen wie am Rücken oder auch zu stark eingefallenen Wangen führt, mithin zu einer Physiognomie, wie sie für die Patienten in den frühen Phasen der Aids-Epidemie kennzeichnend war). Diese Behandlungen «können derselben Person nutzen und schaden zugleich» (49). Persson unternimmt eine erhellende Deutung von Patientenberichten, in denen es darum geht, wie es sich anfühlt, mit einer derartigen Therapie zu leben («Ich hasse meine Pillen. Sie sind Gift. Und doch nehme ich sie jeden Tag [...] Ich meine, ich liebe diese Pillen, immerhin retten sie mir das Leben» [53]), und wie die unerwünschten Nebenwirkungen dem Körper das Stigma der HIV-Infektion sichtbar aufprägen («Während das Virus im verborgenen *Inneren* von jemandes Blut mit den üblichen Verfahren vielleicht gar nicht mehr nachweisbar ist, macht es sich paradoxerweise an der *Oberfläche* des Körpers bemerkbar.» [52]). Dennoch neigt Persson stellenweise dazu, ihre Deutung auf konventionelle Gegensatzpaare von Möglichkeiten zu verengen, etwa wenn sie schreibt, dass antiretrovirale Medikamente «manche Menschen sichtbar machen und andere nicht» (62). In solchen Momenten zwingt sie die systemische oder grammatologische Struktur, die sich in Derridas Deutung des *pharmakon* entfaltet, in einen orthodoxen politischen Gegensatz: Ist das Sichtbarwerden gut oder schlecht? Während dieser

Gestus politischer Selbstbeschränkung in Perssons Argumentation nur ansatzweise spürbar wird, kommt er in einer (nicht an Derrida angelehnten) Interpretation von Michael Montagne (1996) deutlicher zum Tragen. Montagne prophezeit, dass die Ambivalenz des *pharmakon* von Heilmittel und Gift irgendwann aufgelöst wird: «Erst dann wird die Gesellschaft auf ihrer Suche nach den sichersten und wirkungsvollsten Arzneien ein Stück vorangekommen sein.» (23).

Je mehr aber das *pharmakon* im Sinne eines vernähten Paradoxons (Heilung und Schädigung) interpretiert wird, umso mehr läuft es auf eine Politik der Vereindeutigung und auf Heilungen hinaus, die von Schadwirkungen abgeschnitten sind. Dabei ist die Semiologie des *pharmakon* umfassender (systemischer) als das. Sie erzeugt Gift und Kur und Trank und Rezeptur und Verzauberung. Das Schädlichste an der Aufteilung des *pharmakon* in Gift und Arznei ist, so behaupte ich, nicht der Zwiespalt, sondern das Spalten an sich. Derartige Verteilungen, ob auf zwei, drei, fünf oder noch mehr Terme, wollen immer eine umfassende Systemhaftigkeit begrenzen, eine oder mehrere Bedeutungen aus dem Feld der Verstrickungen und Muster verbannen (Barad 2007; Kirby 2011). Ein gemeinsames Anliegen der Politik der Antidepressiva besteht darin, psychoaktive Arzneimittel aus der Behandlung von Depressionen auszuschliessen (weil, wie es heisst, Tabletten und Serotonin mit den Bedingungen, die Depressionen hervorrufen, von vornherein nichts zu tun hätten). Ebendas ist ausdrückliches Anliegen von Kirsch (2001): «Ich bin nach wie vor davon überzeugt, dass Antidepressiva keine wirksame Behandlungsmethode sind und dass die Vorstellung, Depression sei ein chemisches Ungleichgewicht im Gehirn, ein Mythos ist» (4). Entgegen dieser Haltung bin ich dafür, Antidepressiva als einen Modus von Arznei-Gift innerhalb eines Systems von Depressionen erzeugenden Differenzierungen, Bündnissen, Einseitigkeiten und Disjunktionen zu verstehen, in dem keinerlei Einzelmodus (Pille, Neuron, Synapse, Stimmung, Psyche, subkortikale Ganglien, Chemikalie, Wirtschaft, Institution, Diskurs, Geschlecht) und keine Einzelfunktion (Arznei/Gift) vollständig von irgendeiner der anderen Modalitäten und Funktionen (oder vom System insgesamt) isoliert werden und souverän alleinherrschen kann. Ich behaupte nicht, dass SSRI nur Gutes tun. Noch behaupte ich, dass sie Selbstmordneigungen verursachen. Sondern ich stelle mir die Wirkung von SSRI als Teil eines grammatologischen Feldes vor, in dem sich Heilmittel immer schon selbst brechen an ihrer eigenen Fähigkeit, auch zu schaden. Mein Ziel ist also nicht, für oder gegen SSRI zu sein, sie gegenüber der Vorstellung, die wir uns von ihnen machen, als besser oder schlechter darzustellen. Mich interessiert, wie sich eine Politik der Antidepressiva gestalten könnte, wenn wir einsähen, dass es keinen sicheren Hafen der Erkenntnis gibt, in dem sich die SSRI als nur entweder positiv wirkende oder schädliche Arzneien kalibrieren lassen.

Was ich behaupte ist, dass nicht einmal die klügsten Auseinandersetzungen mit dem Zusammenhang zwischen SSRI und Selbstmordneigungen bei Kindern und Jugendlichen bis jetzt die systemische (pharmakologische) Natur von Behandlungen gegen Depressionen angemessen erforscht haben. Für einen ersten Schritt in diese Richtung beginne ich mit einem der kompetentesten Wissenschaftler auf dem Gebiet der Wirksamkeit psychologischer Behandlungen: Peter Fonagy (derzeit Freud Memorial Professor of Psychoanalysis und Leiter des Research Department of Clinical, Educational and Health Psychology am University College London, ausserdem Leiter des Anna Freud Centre ebendort). Fonagys Werk gehört zum Besten, was psychologische und psychoanalytische Reflexion derzeit zu bieten haben. Sein Scheitern beim Versuch, eine Theorie der Behandlung zu errichten, lehrt uns einiges über gedankliche Sackgassen, in denen wir uns dabei bislang verirren.

Pharmakologische Behandlung

In einem Interview über den neuesten Stand der Psychoanalyse plädiert Peter Fonagy leidenschaftlich für mehr Austausch zwischen den einzelnen

Schulen psychologischer Theorie. Die Psychoanalyse bleibt hinter ihren Möglichkeiten zurück, sagt er, insoweit es ihr nicht gelingt, sich der kognitiven Verhaltenstherapie, der experimentellen Methoden in den Neurowissenschaften oder der Beobachtungspraxis qualitativer Sozialwissenschaften zu öffnen bzw. so lange sie versucht, all das von sich fernzuhalten (Jurist 2010). Fonagy ist derzeit vermutlich der wichtigste Forscher auf dem Gebiet der Psychodynamik in der englischsprachigen Welt. Seine Ziele für die Psychoanalyse sind sehr weit gesteckt und ohne Zweifel manchmal schwindelerregend. Er fordert nicht nur, die verschiedenen Kämpfe zwischen psychologischen Schulen ruhen zu lassen (Fantasie gegen Verhalten, Biologie gegen Kultur, Kognition gegen das Unbewusste, Triebe gegen Affekte, Objektivität gegen Phänomenologie), sondern auch einen aktiven Dialog dieser scheinbar gegensätzlichen Theorien über die Frage, wie man Patienten am besten behandelt. Er will das nicht als Aufruf zum strategischen Methodenpluralismus oder gar zum ineffizienten Verrühren von Kernelementen der wichtigsten Schulen (Kognition + Unbewusstes! Biologische und kulturelle Interaktion!) verstanden wissen. Er behauptet aber, dass es Bruchstücke psychologischer Theorie und Praxis gibt, die man trotz ihrer scheinbaren historischen und begrifflichen Unvereinbarkeit durchaus zusammensetzen und zu einer leistungsfähigen Theorie der

Seele (mit- und gegeneinander) ins Werk setzen könnte. So gibt es an den kurzzeitig angelegten, auf rasche Veränderung zielenden Methoden der kognitiven Verhaltenstherapie einiges, das sich in psychoanalytische Behandlungsansätze einbauen liesse und deren orthodoxe Therapieabläufe zum Vorteil der Betroffenen verbessern könnte. Umgekehrt hat das traditionell eingehende psychoanalytische Interesse am Entstehen des Gefühlslebens einer Person inzwischen auch Eingang in neuere Versionen der kognitiven Verhaltenstherapie gefunden und auch diesen neue Wege zur effizienteren Behandlung eröffnet. Auf einer bestimmten Ebene entzieht Fonagy den Gegensätzen, die diese Schulen unter- und gegeneinander seit so langer Zeit kultivieren, den Boden, in dem er sagt, dass unsere Theorien der Seele einander brauchen, Antworten auf die Fragen der anderen geben und oft ohnehin schon vom selben Schlage sind. Der sektiererischen Gefechte zwischen den Schulen der Psychoanalyse und narzisstischen Hervorkehrung winziger Unterschiede zwischen ihnen überdrüssig, arbeitet Fonagy seit geraumer Zeit an einer bahnbrechenden interdisziplinären Theorie der Psyche, Pathologie und Behandlung. Ein wichtiger Teil dieser Erneuerung besteht darin, die verschiedenen psychologischen Theorien und Praktiken ausgehend von den Punkten zu denken, an denen sie sich treffen – nicht im Sinn nahtloser, passgenauer Übergänge zwischen ihnen, sondern als Beantwortung der Frage, wie man sie aufsprengen, aufmischen, ausfüllen oder auch durch andere ersetzen kann. Fonagys Arbeit scheint mir so bedeutend, weil er eine von Grund auf andere Vorstellung davon entwickelt, wie die verschiedenen Stränge psychologischen Wissens sich verbinden, einander infrage stellen oder auch bestärken könnten.

Und doch scheut auch Fonagys Argumentation bestimmte Richtungen der Psychologie oder bleibt zumindest konventionellen Vorstellungen von Seele und Geist verpflichtet. Das Problem beginnt bei der Frage, wie wir mit neurologischen Daten umgehen sollen. Fonagy ist zwar ausgesprochen zuversichtlich, was den möglichen Beitrag der Neurowissenschaften zu neuen Theorien des Geistes und neuen Therapieverfahren betrifft, doch er begrenzt dieses Potenzial zugleich auf einen sehr engen Bereich: «Nach meinem Dafürhalten wird die Neurowissenschaft in ihrer weiteren Entwicklung mehr und mehr herausfinden, wie unser Geist arbeitet. Weil das Gehirn Organ des Geistes ist, erfahren wir durch die Neurowissenschaft, wie der Geist funktioniert. Ich glaube nicht, dass die Neurowissenschaft neue Behandlungsarten entwickeln wird, doch sie wird Behandlungen allein dadurch wirkungsvoller machen, dass wir mehr über den Geist wissen.» (Jurist 2000, 5). Mit der Gleichsetzung von Geist und Gehirn («das Gehirn ist Organ des Geistes») lädt Fonagy sich und seiner

Argumentation eine Reihe von Schwierigkeiten auf. Denn er betrachtet andere Systeme als die des Gehirns, was immer sie sonst leisten, von vornherein als dem Geist äusserliche und hinzutretende. Die Nervensysteme der Körperperipherie und des Darms finden ebenso wie Hormonhaushalt, Herz-Kreislauf-System, Skelett, Verdauung, Immunsystem, Atmung, Fortpflanzungsorgane, Muskeln, Haut und Ausscheidungsorgane (also all das, was man insgesamt vielleicht den «biologischen Körper» nennen könnte) einen Platz nur an den Rändern des Geistes. Diese Systeme können auf Geist und Seele einwirken, aber selbst nie im eigentlichen Sinn Teil von ihnen sein (Glannon 2000). Mit diesem Denkakt scheidet Fonagy den Körper ohne Notwendigkeit in eine von Geist erfüllte und eine geistlose Substanz, und er bindet zugleich eine Theorie des Geistes an mannigfache fragwürdige Unterscheidungen zwischen Vernunft und Leidenschaft, männlich und weiblich, Ursache und Wirkung. Insbesondere unterläuft die althergebrachte Vorstellung, Geist lasse sich in einem einzigen Organ lokalisieren, die Möglichkeit, sich das Leib-Seele-Problem als systemisches Rätsel vorzunehmen. Sie verengt das weite Land des Geistes als vielfältiges, überdeterminiertes System (als asymmetrische und asynchrone Wechselseitigkeit von Gemüts-Objekts-Institutions-Neurotransmitter-Hormon-Kognitions-Wirtschafts-Affekt-Bindungs-Tränen-Drüsen-Bild-Wort-Eingeweiden) zu einem Geschehen, in dem das Gehirn als Souverän über psychisches Geschehen wacht). Sie hat etwas Gewaltsames gegenüber dem Rest des Körpers und gegenüber anderen natürlichen und sozialen Systemen – nicht zuletzt auch gegenüber der Neurologie. Sie entfernt das Neuron, die Synapse, den Rezeptor, den Neurotransmitter, die kortikalen und basalen Ganglien aus einem weiter ausgreifenden Feld der Reziprozität und wechselseitigen Beeinflussung und reduziert sie damit auf eine Art isolierte Staatsführung, die nur noch aus Regulierung und Steuerung besteht und kein Empfinden mehr für die wechselseitige Einwirkung hat, die doch Lebensader des Geistes ist.

An Fonagys Schlussbemerkung in dem Interview zeigt sich dieses Dilemma in konzentrierter Form. Er sei, sagt er, selbst unter den Autoren eines Artikels in der Zeitschrift *Lancet* gewesen, der sich mit den Risiken von SSRI-Antidepressiva in der Behandlung von Kindern und Jugendlichen befasste (Whittington u. a. 2004). Der Artikel – eine Metaanalyse veröffentlichter und unveröffentlichter Daten aus randomisierten, kontrollierten Studien (RCT) – spricht sich insgesamt für die Anwendung von Fluoxetin bei Jugendlichen aus und stellt zugleich Kontraindikationen bei vier anderen SSRI (Paroxetin, Sertralin, Citalopram, Venlafaxin) fest.[1] Letztere Medikamente zeigten nicht nur keine bessere Wirkung als Placebos bei Kindern und Jugendlichen mit Depressionen, sondern schienen im

Gegenteil gefährliche Episoden von Erregungszuständen, Aggressionen, Impulsivität und Selbstmordgedanken auszulösen. Der Artikel in *Lancet* verstärkte Bemühungen um strengere gesetzliche Auflagen gegen die Verschreibung von SSRI-Antidepressiva zur Behandlung von Pädiatriepatienten (mehr dazu weiter unten). Fonagy verweist in dem Interview auf diese Untersuchung, um seine Präferenz für psychologische gegenüber biochemischen Behandlungen von Depressionen zu unterstreichen. Er meint, dass neurowissenschaftliche Forschung den Mechanismus von Depressionsstörungen zwar aufklären könne, biologische Behandlungsansätze (wie hier der Einsatz von Psychopharmaka) aber im Umgang mit Depressionen nicht hilfreich seien: «Wenn wir den Mechanismus einer Störung auf der untersten, also auf der Ebene der Körpernatur und der Neurowissenschaft verstehen, erkennen wir zugleich, dass uns die Psychopharmakologie hier überhaupt nicht helfen wird, dass nur ein psychologisches Vorgehen zu Verbesserungen führen kann. Die Therapien werden viel zielgenauer sein, aber sie werden eben auf der Ebene der Psyche ansetzen.» (Jurist 2010, 7).

Zweierlei (mindestens) geschieht hier zugleich. Einerseits versucht Fonagy, einem gewissen biologischen Reduktionismus auszuweichen, in dem neurologische Daten und Theorien den klinischen Bereich auf Kosten anderer Behandlungsformen dominieren. Andererseits hält er (in einer Weise, die seinen Widerstand gegen den biologischen Reduktionismus schwächt) an der konventionellen Vorstellung fest, es gebe für eine psychische Störung eine biologische Grundlage. Neurowissenschaftliche Daten sind für ihn die Grundlage oder «unterste Ebene» all dessen, was wir über Depressionen wissen und tun, um sie zu behandeln. Das ist eine merkwürdige Auffassung: Das Nervensystem ist zwar die Grundschicht alles Geistig-Seelischen, doch eine Veränderung neuronalen Geschehens (durch ein Arzneimittel) kann den Geist nicht sinnvoll beeinflussen («Psychopharmakologie wird uns hier überhaupt nicht helfen»). Unklar bleibt, wie Geistesakte von ihrem neuronalen Fundament und von pharmazeutischer Einwirkung so vollkommen getrennt sein können. Fonagy wird kaum annehmen, dass die nervliche, pharmazeutische und psychische Sphäre jeweils autonom voneinander sind, dennoch fehlt in seinem Entwurf ein klares Bild davon, wie diese verschiedenen Register von Seele und Geist aneinander anschliessen oder nicht, wie sie einander vereinnahmen und einbinden, sich verflechten, verzweigen, aufspalten. Und doch entfernen wir um dieser Trennung willen Psychopharmazeutika – die winzigen Pakete Biochemie und Placebo und Wirtschaft – aus dem Behandlungsgeschehen? Geben sie uns nicht ein Mittel an die Hand, über die Frage nachzudenken, wie der Geist sich materialisiert (entwickelt, erweitert, besänftigt, Schaden nimmt oder

Zertrümmerung erleidet) im Verkehr zwischen Körper und Hirn und Welt?

Dabei sind Fonagys Ziele durchaus nachvollziehbar: Ihm ist daran gelegen, in einem Zeitalter psychopharmazeutischer Vorherrschaft und einem klinischen Umfeld, das vom immensen Reichtum der Pharmaindustrie bis zur Unkenntlichkeit überformt wurde, die Legitimität psychologischer Behandlungen von Depressionen zu erhalten (Healy 1997; Angell 2005; Petryna 2009; Petryna, Lakoff und Kleinmann 2006). Besonders dringend sind diese Probleme seit den 1980er-Jahren und dem Aufkommen der SSRI auf dem Gebiet der Depression. Es ist und bleibt wichtig, darauf kritisch, politisch und medizinisch zu reagieren, aber mir scheint, dass gerade kritische Ansätze oft unwillkürlich eben die Autorität der Neurologie und Pharmakologie bekräftigen, die sie eigentlich aus den Angeln heben wollen. Die entscheidende Frage lautet für mich nicht, wie wir es mit der Pharmaindustrie halten, als wäre es möglich, sich entweder ganz von diesen Gewalten zu lösen oder sich gemütlich mit ihnen einzurichten. Mich interessiert eher, welche in sich geschlossenen Handlungskreisläufe der Pharmakologie wir den von ihr dargelegten Fakten und Theorien entnehmen können.[2] Wenn Neurologie, Darm, Geist, Worte und Tabletten – immer schon – mit- und ineinander verstrickt sind, dann ist keines dieser Elemente (epistemologisch oder ontologisch) grundlegender für das Problem der Depression als die anderen. Auch geht keines den anderen als vermeintliche Ursache von Depressionen oder Selbstmordabsichten voraus. Keines ist die eigentliche Basis, auf der eine Behandlung aufbauen kann. Und ebenso kann keines dem Behandlungsfeld äusserlich bleiben.

Entlang dieser Logik möchte ich Fonagys Drang zur Einigung der psychologischen Schulen dahingehend erweitern, dass diese auch ein umfassenderes Bündnis zwischen Psyche und Arzneimittel umfasst. Zu Beginn des genannten Interviews sagt Fonagy: «Es gibt nur ein Gehirn, nicht eines für die kognitive Verhaltenstherapie und eines für die Psychoanalyse und eines für die systemische Psychologie und eines für Kleinianer – sondern nur ein einziges Gehirn.» (Jurist 2010, 6). Dieses Festhalten an der Singularität des Gehirns (sein Herausnehmen aus diskursiver Infragestellung, sein Sonderstatus als Träger des Geistes) unterläuft Fonagys eigene, sorgfältige epistemologische und politische Erforschung der psychologischen Theorien. Es erweckt den Eindruck, dass Theorien des Geistes mannigfach, divergent, strittig, ineinander verstrickt und wandelbar, der Stoff des Geistes (nach Fonagy das Nervensystem) aber stabil und einheitlich seien. Das lässt unser Gehirn als isoliertes Ausnahmeorgan erscheinen (Singh und Rose 2006; Wilson 2011). Dieses Kapitel nimmt zunächst die verbreiteten Meinungen über die Äusserlichkeit und Gefährlichkeit von Arzneimitteln in der Behandlung von Depressionen bei Kindern und Jugendlichen beim Wort. Insbesondere interessiert mich, wie unerwünschte Nebenwirkungen zum wichtigsten Aufhänger der kritischen wie auch der klinischen Beschreibung von Antidepressiva in der Pädiatrie geworden sind. Die Debatte über die Schädlichkeit von Antidepressiva scheint mir wie geschaffen dafür, der Frage nachzugehen, wie eine Behandlung von Depressionen verstärkt in Begriffen der Pharmakologie zu denken sei.

Selbstmordgedanken

Ein Organ der Agentur, der Ausschuss für Humanarzneimittel, kam in seinen Beratungen vom 19. bis 22. April 2005 zu dem Ergebnis, dass suizidales Verhalten (Selbstmordversuche und -gedanken) und Feindseligkeit (vorwiegend aggressives Weigerungsverhalten und Wut) in klinischen Studien bei Kindern und Jugendlichen, die mit solchen Antidepressiva behandelt wurden, im Vergleich zur Placebo-Kontrollgruppe gehäuft auftrat. Daher empfiehlt der Ausschuss der Agentur, in der gesamten Europäischen Union Ärzte und Eltern eindringlich vor diesen Gefahren zu warnen. Ärzten und Eltern wird auch geraten, diese Produkte Kindern und Jugendlichen ausschliesslich bei den zugelassenen Indikationen zu verabreichen.

EUROPÄISCHE ARZNEIMITTEL-AGENTUR, *European Medicine Agency Finalises Review of Antidepressants in Children/Adolescents*

Antidepressiva erhöhten in Kurzzeitstudien zu schweren depressiven und anderen psychiatrischen Störungen gegenüber Placebos die Gefahr von Selbstmordgedanken und -gefährdungen (Suizidalität) bei Kindern, Jugendlichen und jungen Erwachsenen. Wer immer die Anwendung von [hier Markennamen einfügen] oder anderen Antidepressiva bei Kindern, Jugendlichen oder jungen Erwachsenen in Erwägung zieht, hat zwischen diesem Risiko und dem klinischen Nutzen sorgfältig abzuwägen. […] Patienten aller Altersstufen, denen eine Behandlung mit Antidepressiva verordnet wird, sollten dementsprechend eng überwacht und genau auf allfällige Hinweise auf Verschlechterung ihres Zustands, Selbstmordneigungen oder ungewöhnliche Verhaltensänderungen hin beobachtet werden. Angehörige und Pflegepersonal sollten über die Notwendigkeit aufmerksamer Beobachtung und Rückmeldungen an den verschreibenden Arzt informiert werden. [Bezeichnung des Arzneimittels einfügen] gilt als ungeeignet für die Anwendung in der Pädiatrie.

US FOOD AND DRUG ADMINISTRATION,
«Revisions to Product Label»

Im Jahr 2007 erneuerte die FDA obige «black box»-Warnung vor SSRI-Antidepressiva als möglichen Auslösern von Selbstmordneigungen bei Kindern und Jugendlichen.[3] Die Warnung war weiter gefasst als die vorangegangene von 2004. Infolge der Anhörungen im Bethesda Holiday Inn hatte die FDA zunächst eine Warnung vor möglichen unerwünschten Nebenwirkungen von SSRI bei Pädiatriepatienten (d. h. unter Achtzehnjährigen) ausgesprochen und noch im Verlauf desselben Jahres mit der «black box»-Warnung einen weiteren Schritt unternommen, die Verschreibungen von SSRI in dieser Altersgruppe einzuschränken. 2007 erweiterte die FDA die von Nebenwirkungen betroffene Altersgruppe. Bis zu einem Alter von 25 Jahren seien Patienten demnach besonders anfällig für eine der alarmierendsten Nebenwirkungen von SSRI: Selbstmordgedanken. Zwar fand die FDA in den überprüften Studiendaten keine Selbstmorde, doch sie zeigte sich besorgt, dass Selbstmordgedanken bei jungen Patienten infolge der Einnahme von SSRI über das vertretbare Mass hinaus auftraten. Aus der statistischen Analyse ergab sich, dass diese Medikamente in Verbindung mit einem «moderat höheren Risiko der Selbstmordneigung» bei Pädiatriepatienten standen (Hammad, Laughren und Racoosin 2006, 332).[4] Die FDA riet Ärzten und Angehörigen, besonders auf andere mögliche schädliche Nebenwirkungen wie Erregungszustände, vermehrte Angstneigung, Panikanfälle, Schlaflosigkeit, Reizbarkeit, Impulsivität und manisches Verhalten zu achten. In Grossbritannien hatte das National Institute for Health and Clinical Excellence (NICE) schon 2003 eine entsprechende Warnung vor SSRI ausgegeben. Ein Leitfaden zur

Behandlung von Depressionen bei Kindern und Jugendlichen empfahl auf dieser Grundlage, in Fällen mittlerer bis schwerer Depressionen Antidepressiva nur in Kombination mit einer psychologischen Therapieform zu verschreiben und die jugendlichen Patienten sorgfältig (wöchentlich) auf Anzeichen schädigender Nebenwirkungen zu untersuchen (NICE 2005). Bei leichten Formen von Depression empfahl das NICE, von derartigen Medikamenten als Therapie erster Wahl abzusehen. Die Canadian Psychiatric Association und das College of Family Physicians of Canada unterstützten in der Substanz diese Richtlinien aus Europa und den USA und nahmen eine Mittlerposition ein: SSRI seien «weder Allheilmittel noch Kontraindikation [bei Pädiatriepatienten] … Bei sachgemässer Anwendung und Beobachtung kann die medikamentöse Behandlung für einige Patienten substanzielle Verbesserungen bewirken.» (Garland, Kutcher und Virani 2009, 164). Unmittelbar nach Veröffentlichung dieser amtlichen Vorbehalte gingen die Verschreibungen von Antidepressiva für Kinder und Jugendliche um 40 bis 50 Prozent in Grossbritannien und 10 bis 20 Prozent in den USA zurück (Gibbons u. a. 2007; Wheeler u. a. 2008). 2007 herrschte bereits der Eindruck vor, dass diese Arzneien in jungen Jahren mehr schaden als nutzen. Anders gesagt: Die vereindeutigende Trennung in Schaden und Nutzen wurde zementiert, für pharmakologische Ambivalenz blieb immer weniger Raum.

Anscheinend sind es die unerwünschten Nebenwirkungen (nicht mangelnde klinische Wirksamkeit), die den Einsatz von SSRI zurückgehen lassen. Das war 1989, als Fluoxetin (Prozac) auf den amerikanischen Markt kam, so kaum vorherzusehen, denn zu dieser Zeit waren das Besondere an diesem Medikament gerade die relativ geringen nachweisbaren Nebenwirkungen. In meiner Einleitung zu diesem Buch erläutere ich, dass Antidepressiva vor Fluoxetin mit einer Reihe von Nebenwirkungen einhergingen, die ihre Anwendung auf bestimmte Kategorien von Patienten beschränkte. Fluoxetin und verwandte Präparate waren zunächst nicht vorrangig wegen ihrer erhöhten Wirksamkeit interessant (sie funktionierten klinisch ungefähr so gut wie die ältere Generation psychoaktiver Medikamente), sondern wegen des anscheinenden Ausbleibens unerwünschter Nebenwirkungen. Infolgedessen wurden sie einem viel grösseren Patientenkreis verschrieben als die älteren Präparate und kamen auch für schwächer ausgeprägte Formen der Depression infrage. Das wiederum bedeutete, dass der Absatzmarkt für Antidepressiva nun sehr schnell sehr viel grösser wurde und fortan auch zahlreiche Fälle dysthymischen Unwohlseins, die so genannten «worried well» oder gesunden Grübler mit umfasste (Bell 2005).

Fluoxetin war kaum auf dem Markt, als bei einigen damit behandelten Patienten ernsthafte unerwünschte (suizidale) Nebenwirkungen auftraten. In einem oft zitierten Aufsatz dokumentierten Teicher, Glod und Cole (1990) anhand von sechs kurzen klinischen Vignetten Fälle von Patienten, deren Zustände sich infolge der Einnahme von Prozac drastisch verschlechterten. Nun geht mit jedem Antidepressivum anfänglich ein erhöhtes Selbstmordrisiko einher (anscheinend weil es die bei Depressionen herabgesetzte psychomotorische Aktivität steigert und so das für einen Selbstmordversuch nötige entschlossene Handeln begünstigt). Doch war laut Teicher, Glod und Cole bis dahin kein Psychopharmakum bekannt, das «in Patienten mit Depressionen ohne vorherige Selbstmordgedanken intensive und anhaltende Suizidalität auslöste» (207). So traten bei einer 62-jährigen Patientin in der zweiten Woche der Behandlung mit Fluoxetin «zwanghafte, gesteigerte Selbstmordgedanken» auf, und ein 39-jähriger Patient hatte im zweiten Monat seiner Behandlung «fast ständig Gedanken an Selbstmord, gewalttätige Fantasien der Selbstzerstörung und eine Neigung, sich in die Unausweichlichkeit seines Selbstmordes zu ergeben» (207). Eine ebenfalls 39-jährige Patientin, die von einem MAOI auf Fluoxetin umgestellt worden war, verfiel in Depressionen, und je mehr sich ihre Stimmung verschlechterte, umso mehr «spielte sie erstmals mit dem Gedanken, sich eine Schusswaffe zu kaufen» (208).

Aus derartigen Beschreibungen entsteht der überzeugende Eindruck, dass dieser Typ von

Arzneimittel schweren Schaden anrichtet. Allerdings wiesen sämtliche der hier beschriebenen Patienten komplizierte psychiatrische Krankengeschichten auf – darunter lange Perioden der Behandlung mit anderen Antidepressiva, Lithium und Elektroschocktherapien im ersten Fall, vorangegangene ernsthafte Nebenwirkungen wie passive Selbstmordgedanken nach der Einnahme eines MAOI bei dem 39-jährigen Mann und mehrere andere mit der Depression einhergehende Krankheitsbilder (Borderline-Persönlichkeitsstörung und Schläfenlappenepilepsie) bei der 39-jährigen Frau. Angesichts dieser Vorgeschichten erscheint die aussergewöhnliche Reaktion auf das Medikament nicht mehr ganz so überraschend. Wenn wir unser Bedürfnis nach klaren Urteilen (Ist das Medikament gut oder schlecht?) für den Moment hintanstellen, ermöglichen uns diese toxischen Antworten, das Problem der Schädlichkeit differenzierter zu denken. Aufgrund der Komplexität dieser Fälle (tief sitzender psychischer Verletzungen) ist es hier nicht möglich, den Schaden in einem bestimmten Bereich festzumachen. Das seelische Leid war nicht allein im Inneren der Pille versiegelt. Es liess sich über ein weites Feld emotionaler, ökonomischer, psychischer und körperlicher Ereignisse verfolgen. Das Schädliche am Fluoxetin ist zugleich das Schädliche an der psychokulturellen Landschaft überhaupt. Eine absolute Unterscheidung zwischen der Tablette und der

Welt oder zwischen Heilmitteln und den Verletzungen, die sie verursachen, ist unmöglich. Das Fluoxetin tritt zum Geschehen dieser Behandlungen nicht von aussen hinzu und bringt nicht das Leid mit sich wie eine bis dahin unbekannte Plage, sondern die Fähigkeit des Fluoxetin, in manchen Fällen Missstimmungen und Leiden zu verstärken, hat mit der bereits vorhandenen engen Wechselwirkung zwischen Tabletten und Gemütsverfassungen zu tun. Tabletten sind (ob zum Besseren oder Schlechteren der Betroffenen) mit den Stimmungen so sehr vertraut, weil beide in derselben psychisch-materiellen Welt zu Hause und eng miteinander verwandt sind.

Damit will ich nicht sagen, man müsse einfach hinnehmen, dass es nichts gibt, das nur Vorteile hat (Liebert und Gavey 2009). Sondern ich behaupte, dass an keinem Punkt wirklich klar wird, ob ein bestimmtes Geschehen gut oder schlecht für die Betroffenen ist, und dass gerade diese Ambivalenz auch die Grundlage für ein erfolgreiches Eingreifen in Depressionszustände darstellt. Wollte man beispielsweise eine entschiedene antipsychiatrische Haltung einnehmen, pharmazeutische Behandlungen insgesamt verwerfen und statt der Einnahme von Tabletten beispielsweise Naturheilmittel oder den Einsatz für politische Veränderungen favorisieren, so verringert man das Potenzial an Schädlichkeit dadurch nicht im Mindesten. Solche Neuausrichtungen verteilen den Schaden nur auf andere Register, wenngleich manchen Menschen der Umgang mit diesen deterritorialisierten (Griggers 1997), kulturellen (Davis 2013) oder schöpferisch / spirituellen Beeinträchtigungen womöglich leichter fällt. Die Behauptung, dass manche Formen von Depressionen «erst verschwinden werden, wenn es echte wirtschaftliche Gerechtigkeit und eine bessere Aufarbeitung vergangener Gewalt» gibt (Cvetkovich 2012, 206), geht mit den Pharmakonzernen immer noch darin überein, dass sich Heilmittel und Schädigungen voneinander trennen und in Silberkugeln (Serotoninpegel, soziale Gerechtigkeit) giessen lassen. Um es so pointiert wie möglich zu sagen: Ich behaupte, dass es nicht möglich ist, ein erfolgreiches Regime der Behandlung von Depressionen zu schaffen, das nicht notwendigerweise auch einen gewissen (serotonergen, sozialen) Schaden anrichtet.

Während Berichte wie die von Teicher, Glod und Cole aus dem Jahr 1990 weithin (oft sensationslüstern) verbreitet und begierig aufgenommen werden, waren die Nebenwirkungen, die Patienten in den frühen Tagen der SSRI am häufigsten beeinträchtigten, viel banaler, nämlich die bei vielen oral verabreichten Medikamenten auftretenden Verdauungsstörungen (Übelkeit, Verstopfung) und die quälende Unzufriedenheit angesichts verringerten Lustempfindens und verzögerter Orgasmen. Irgendwann wurde die Beweislage für höhere Selbstmordneigung bei Erwachsenen durch die Einnahme von SSRI dünner, und so hat beispielsweise auch die FDA nie eine Warnung vor Selbstmordneigungen bei erwachsenen Patienten ausgegeben (Hammad, Laughren und Racoosin 2006). Da aber die Zahl der Kinder und Jugendlichen, denen Antidepressiva verschrieben werden, gestiegen ist, sind auch die alten Befürchtungen über diese Medikamente zurückgekehrt – dass sie untypische, furchterregende und lebensgefährliche Gedanken auslösen können.[5]

Mehrere Dinge gilt es über Depressionen bei nicht erwachsenen Patienten festzuhalten, die alle in das Problem der durch Arzneimittel ausgelösten Suizidalität hineinspielen. Zunächst sind die Kriterien einer Depression bei Kindern und Jugendlichen im DSM-5 so gefasst, dass Depression auch als Reizbarkeit auftreten kann: «Bei Kindern und Jugendlichen kann sich statt einer traurigen oder niedergeschlagenen Stimmung auch eine reizbare oder übellaunige ausbilden.» (APA 2013, 163). SSRI-Präparate erzeugen also womöglich nicht eine Stimmung aus dem Nichts, sondern verstärken das typische Erscheinungsbild einer Depression in der Kindheit und Jugend und verschlimmern es dadurch. Wenn wir behaupten wollen, dass Erregtheit eine unerwünschte Nebenwirkung von SSRI ist, dürfen wir nicht vergessen, dass ebendiese Erregtheit auch eine unerwünschte Nebenwirkung der Depression in der Kindheit und Jugend als solcher ist. Zu sagen, dass eine Tablette Erregungszustände verstärken kann, ist nicht dasselbe wie die Behauptung, sie löse solche Zustände aus. Aus diesem Grund sind Ort und Ursprung der Erregtheit bei Pädiatriepatienten in Doppelblindstudien unmöglich festzustellen. Zweitens hat das britische Comittee on Safety of Medicines (CSM) festgestellt, dass die Körper von Kindern und Jugendlichen Antidepressiva wahrscheinlich anders verstoffwechseln als erwachsene Körper und dass Umweltfaktoren sich bei Depressionen in der Kindheit und Jugend vermutlich stärker niederschlagen. Diese Umweltfaktoren sind in der Welt von Kindern und Jugendlichen wahrscheinlich andere als in Erwachsenenwelten, und daher wird auch die Abstimmung von Innen- und Aussenwelt aufeinander etwas anders ausfallen. In entscheidenden Hinsichten sind Nicht-Erwachsene viel enger an den ständigen Austausch zwischen Ich, anderen und der Welt gebunden. Als einen Indikator dieser stärkeren Verankerung in der Welt können wir festhalten, dass Kinder und Jugendliche in RCT-Studien meist auch stärker auf Placebos ansprechen als Erwachsene (Bridge u. a. 2009). Vielleicht schöpfen depressive Kinder und Jugendliche aus der Anordnung einer klinischen Studie eher Lebensmut (oder können diese wenigstens besser introjizieren) und sind daher auch besser in der Lage, das Verabreichen von Tabletten und Hoffnungen zur Linderung ihrer aufgewühlt-depressiven Gemütszustände zu nutzen. Bei Kindern und Jugendlichen scheint Depression eine besondere Art von psychosomatischer Reaktion zu sein: vielgestaltiger, sprunghafter und auch weniger abgekoppelt von der Welt.

Aus allen diesen Gründen überrascht es nicht, dass Depressionen bei jungen Patienten eher launisch auf pharmazeutische Eingriffe reagieren. Die von Arzneimitteln ausgelösten Selbstmordgedanken müssen vor dem Hintergrund dieser Art von System betrachtet werden, bei der Körper und Welt und Stimmung sehr viel näher aneinander liegen, als viele Erwachsene es noch in Erinnerung haben. Je mehr wir uns nicht-adulte Depressionen als fortlaufende Ablagerungen von Affekt und Kognition und Sozialverhalten und Nerven und Blut und Knochen vergegenwärtigen, umso unwahrscheinlicher wird es, dass wir ein Arzneimittel als den Auslöser von Selbstmordgedanken betrachten, und umso wahrscheinlicher, dass wir es uns als eine besondere Art von Modulator innerhalb eines komplexen bio-semiologischen Systems denken. Wir wissen bereits, dass die Ursache-Wirkungs-Verläufe zwischen Tablette und Geist sich nicht linear nachzeichnen lassen (Kapitel 4). Nicht nur gibt es viele Pfade, deren komplexe Überkreuzungen die Forschung erst noch verzeichnen muss. Sondern, wie ich in den vergangenen drei Kapiteln immer wieder betont habe, es gibt auch eine Wechselseitigkeit zwischen Medikament und Geist, in der beide einander zu ihrer jeweiligen Gestalt verhelfen.

Die Tablette wirkt auf Gedanken nicht direkt ein. Sie muss zuvor eingenommen, absorbiert, bis zur Unkenntlichkeit transformiert und durch den Blutstrom zur Leber transportiert werden, wo sie verstoffwechselt und danach im ganzen Körper verteilt wird (Fett, Muskeln, Haut, Blut-Hirn-Schranke). Einmal ins Gehirn eingedrungen, gelangt der SSRI zur zerebralen Synapse und moduliert dort die Aufnahme eines Neurotransmitters unter den unzähligen Peptiden, Aminosäuren und Monoaminen, die den chemischen Verkehr im Zentralnervensystem des Menschen steuern. Und hier, so heisst es, finde auch das Denken statt. Entgegen dieser Mär von der «wunderbaren Reise» einer Tablette vertrete ich die Auffassung, dass der SSRI sein Einwirken auf Gedanken und Vorstellungen (sein Heil- und Schadpotenzial) im Zuge seiner Verbreitung im Körper und seiner Wechselwirkung mit vielen verschiedenen organischen Abläufen entfaltet.[6] Wie ich in Kapitel 4 darlege, ist ein SSRI keine Pille, die sich auflöst, sobald sie im Magen gelandet ist, sondern er wird zu einem Psychopharmakum (er gerinnt zu einem therapeutischen Mittel) erst dadurch, dass er sich über Darm und Leber und Kreislauf und Synapsen im ganzen Körper verteilt. Die Tablette, die sich eben nicht einfach auflöst, sondern im Zuge der Auflösung erst zu einem Stoff wird, erzeugt Gedanken und Vorstellungen nicht an einem bestimmten Ort (in einer Synapse des Zentralnervensystems), sondern ausgehend von der Gesamtheit des Körpers. Was dann bei manchen Jugendlichen unter dem Titel «Selbstmordgedanken» in Erscheinung tritt, ist eine Art Vergeistigung (ohne Zweifel eine anfällige, wütende, verzweifelte Art von Vergeistigung), die systemisch verankert ist und von der wir nicht endgültig sagen können, ob sie heilend oder schädigend wirkt. Selbstmordgedanken sind kein isoliertes, aussergewöhnliches Kognitionsgeschehen, sondern ein aus dem Lot geratenes pharmazeutisch-neuronales-ideal-affektives System, dem man eine Stimme gegeben hat.

Wenn der vermeintliche Auslöser der Selbstmordgedanken in dieser Weise gestreut ist, so muss auch die Selbstmordneigung als solche in ähnlicher Weise im Körper verteilt sein. Aus den Berichten über einschlägige RCT-Studien geht auch nicht klar hervor, was Selbstmordgedanken bei Kindern und Jugendlichen genau und jenseits der kargen Bestimmung durch die FDA eigentlich sind – «passive Vorstellungen, tot sein zu wollen, oder aktive Vorstellungen, sich selbst zu töten, jedoch von keinem vorbereitenden Verhalten begleitet» (Bridge u. a. 2007, 1684). In Doppelblindstudien oder auch in Überprüfungen von deren Resultaten werden keine phänomenologischen Daten verarbeitet. In den meisten Fällen werden solche Daten auch nicht erhoben, da man die Depressionen der Patienten anhand einheitlicher psychometrischer Skalen wie des Beck Depression Inventory erfasst, die mit wöchentlich vorgelegten Fragebögen arbeiten. In Ermangelung genauerer, qualitativer Angaben zur Selbstmordneigung bat die FDA die Hersteller der wichtigsten SSRI-Antidepressiva um «zusammenfassende Patientenberichte» (Hammad, Laughren und Racoosin 2006, 333) über die suizidrelevanten unerwünschten Vorfälle in ihren Studien. Diese Beschreibungen wurden nicht mit Bezug auf irgendwelche aus diesen Patientengeschichten hervorgehende nähere Umstände erstellt, sondern durch die elektronische Suche mithilfe von trunkierten Schlagwörtern wie «suic-, overdos-, cut, hang, self harm, self damag-». Die Zusammenfassungen wurden anschliessend durch eine Gruppe von Suizidexperten im Bereich der Pädiatrie der Columbia University in fünf Klassen suizidaler Vorfälle unterteilt. Dadurch gelang es vielleicht, die Daten studienübergreifend so weit zu vereinheitlichen, dass sie sich mit statistischen Mitteln sinnvoll vergleichen liessen. Hilfreiche Antworten auf die Frage, wie diese Depressionen sich anfühlten und worin sie sich eventuell voneinander unterschieden, konnte dieses Verfahren jedoch nicht geben. Auch über die Frage, was Selbstmordgedanken genau sind und was sie bewirken können, wissen wir nicht mehr als zuvor. Hinzu kommt noch das Problem, dass Selbstmordneigungen in klinischen Studien wahrscheinlich oft nicht angegeben werden. Im Bevölkerungsdurchschnitt stehen Selbstmordgedanken zu tatsächlichen

Selbstverletzungen anscheinend in einem Verhältnis von etwa 5:1, in klinischen Studien beträgt dieses Verhältnis zwischen dokumentierten Fälle von Selbstmordabsichten und -versuchen näher bei 1:1 (Committee on Safety of Medicines 2004). Vielleicht sind nicht nur die Verfahren zur Erhebung von Daten zur Suizidneigung in klinischen Studien zu grobmaschig. Es kann auch sein, dass die Patienten selbst im Rahmen von Studien eine andere Auffassung vom Bezug zwischen Selbstmordgedanken, -neigungen, -handlungen und -artikulationen entwickeln.

Unter diesen Umständen fällt es äusserst schwer, das subjektive Empfinden von Kindern und Jugendlichen einzuschätzen, das zu so viel Gesetzesmassnahmen, politischer Rhetorik, Aktivismus und klinischer Theorie Anlass gibt.[7] Unter anderem könnte es sein, dass bei Patienten, die während der Einnahme von SSRI in klinischen Studien vermehrt Selbstmordneigungen ausbilden, die Arznei die ganze Phänomenologie des klinischen Tests durchbricht (in Unordnung bringt, durch eine andere ersetzt). Selbstmordgedanken wären dann eine Art disruptiver Auseinandersetzung mit dem starr durchorganisierten System der medizinischen Versorgung, in dem sich die Patienten für die Dauer von vier bis 16 Wochen wiederfinden. Sind dies nun schädliche oder schädigende Antworten? Oder haben sie eine heilende Wirkung? Anhand welcher Kriterien könnten wir das eine vom anderen unterscheiden?

David Brent und Kollegen (2009) fanden diesbezüglich Erstaunliches heraus: dass nicht-suizidale Selbstverletzungen im Rahmen ihrer Studien umso mehr auftraten, je mehr sie versuchten, diese systematisch zu erfassen. Während der ersten Hälfte der Studie wurden Fälle von Selbstverletzungen nur dokumentiert, wenn sie die Patienten (zwölf- bis 18-jährige Jugendliche mit leichten bis schweren depressiven Störungen) selbst gemeldet hatten. In der zweiten Hälfte wurden die Patienten, veranlasst von den Warnungen der FDA bezüglich der Selbstmordneigungen unter Kindern und jugendlichen Patienten, «einer systematischen, proaktiven Erhebung von Selbstmordgedanken, Selbstmordversuchen und nicht-suizidalen Selbstverletzungen unterzogen» (419). Mit anderen Worten, es wurde zu einem Bestandteil des klinischen Protokolls, Patienten über ihre Selbstmordgedanken zu befragen. Daraufhin stellte man nicht-suizidale Selbstverletzungen bei 17,6 statt bisher 2,2 Prozent der Probanden fest. Auch Selbstmordversuche traten etwas häufiger auf, seit sie systematisch erfasst wurden (eine allerdings geringfügige Erhöhung von 3,9 auf 6,5 Prozent). Und sowohl nicht-suizidale Selbstverletzungen als auch Selbstmordversuche wurden innerhalb der zwölfwöchigen Studiendauer früher als zuvor berichtet (nach weniger als zwei statt weniger als fünf Wochen). War es am Ende erhöhte Aufmerksamkeit (mehr verbales Nachhaken, mehr standardisiertes Fragen, mehr Schreibarbeit) eher als eine höhere Medikamentendosis (oder das Zusammenwirken beider), die vermehrte Suizidneigungen auslösten?

Ob Brent und Kollegen (2009) hier Zwischenfälle aufgriffen, die bis dahin niemandem zur Kenntnis gebracht worden waren, oder ob schon allein der Versuch einer Erhebung unerwünschter Nebenwirkungen diese eigentlich erst ausbrütet, scheint hier weniger von Bedeutung. Interessanter wäre die Frage, ob die Daten ein nichtlineares System von Kausalbeziehungen enthüllen, in dem sich Medikamente und Beurteilungsskalen und Stimmungen wechselseitig aufrufen, anstiften oder verstärken. Im vorliegenden Fall beherrscht weder ein Medikament noch ein Studienprotokoll das Geschehen. Und wie sollen wir ohne erfahrungsbezogene Daten entscheiden, ob das, was von den Änderungen im klinischen Ablauf hervorgerufen wurde, einfach nur selbstzerstörerisch (und eng vom Krankheitsbild der Depression bestimmt) ist oder einen (wie immer unangemessenen, gefährlichen und alarmierenden) Versuch darstellt, dem Depressionszustand und dem pharmakologischen (vergiftend-heilenden) Erlebnis klinischer Therapiestudien einen anderen Erlebnisgehalt abzugewinnen? Wenn der Einsatz von Antidepressiva im Rahmen klinischer Studien die Wahrscheinlichkeit von Selbstmordgedanken erhöht, nicht aber die Zahl der ausgeführten Selbstmorde, dann sind solche Gedanken vielleicht weniger verheerend, als viele Forscher fürchten.[8] Eventuell gehören das Reden über Selbstmord und Selbstverletzung, das Äussern von fehlendem Selbstwert, das Ausführen von Selbstverletzungen sogar zu den Gewinnen, die Patienten aus solchen Studien (und Antidepressiva) manchmal ziehen. Könnten solche Selbstschädigungen nicht auch auf einen Behandlungsfortschritt hinweisen? Dass ein Jugendlicher zunehmende Fähigkeiten entwickelt, mit dem Feuer zu spielen, liesse sich als Anzeichen einer verschlechterten Stimmung deuten, könnte aber ebenso gut ein Hinweis auf erwachende Neugier (mehr Flexibilität, Mut, innere Stärke) sein – oder beides. Um Fragen wie diese zu beantworten, bräuchte es genauere klinische Daten. Ich versuche hier zu zeigen, dass wir eine grundsätzlich andere Herangehensweise benötigen, um solche Daten erstens zu erheben und zweitens einen entsprechenden Umgang mit ihnen zu finden.

Bei allen empirischen und konzeptuellen Schwierigkeiten des Datenmaterials scheint klar, dass SSRI-Präparate in manchen Pädiatrie-Patienten bestimmte Gedanken verstärken. Aber was heisst es überhaupt, solche Gedanken auszubilden? Die FDA und die Literatur zu RCT-Studien scheinen davon auszugehen, dass es sich in erster Linie um Kognitions- und (im traditionellsten Sinn) Sprechakte handelt. Dass Gedanken anfällig für krankhafte Verzerrungen sind, bekräftigt nur, dass man sich zumindest im Rahmen solcher Studien das Denken als etwas eigentlich und ursprünglich Besonnenes, Vernünftiges, Gesundes vorstellt. Der *Oxford English Dictionary* führt dies etymologisch auf das 19. Jahrhundert zurück, als die «ideation» oder Gedankenbildung «das Ausprägen von Vorstellungen oder inneren Bildern zu Dingen, die den Sinnen nicht gegenwärtig sind» meinte. Weil sich auch die heutige psychologische Forschung noch mit Nachdruck auf solche Auffassungen stützt (indem sie sich den Geist als weitgehend unabhängig von Sinnesapparat, Körper und leiblicher Umgebung denkt), ist es vielleicht hilfreich, sich zu vergegenwärtigen, was alles zu dem Konstrukt gehört, das in RCT-Studien «Gedanken» (an Selbstmord oder anders) heisst. Diesbezüglich finde ich Silvan Tomkins und seine Definition einer Affekttheorie hilfreich. Tomkins nennt eine Theorie das, womit wir unsere Affekterlebnisse, und hier insbesondere die schmerzhaften unter ihnen, einordnen. Theorien in diesem Sinn sind «ideo-affektive Strukturen» (Konglomerate aus einem Affekt und Kognitionen, Wahrnehmungen, Erinnerungen, Handlungen, Körperhaltungen), die das Individuum mit einer Strategie zur Bewältigung des alltäglichen Stroms affektiver Ereignisse ausstatten (Tomkins 1963, 304). Ein Affekt (beispielsweise Scham) kann meinen Umgang mit bestimmten Ereignissen prägen – indem ich etwa meine Fähigkeit zum Abregeln und Zerstreuen toxischer Gefühle der Demütigung einbüsse. Tomkins nennt eine solche Theorie «monopolistisch». Mit der Zeit kann meine monopolistische Scham-Demütigungs-Theorie zu einer inneren Lawine anwachsen und meinen Charakter insgesamt verschütten. Ich werde beschämt durchs Leben gehen – nicht nur in diesem Moment, sondern in allen Momenten meines Lebens. Ich bin von da an beherrscht von einer herrischen Theorie der Scham, mit der ich mich irgendwie durchs Leben schlage.

Meine Schamtheorie könnte aber auch schwach sein, und in diesem Fall wäre meine Scham gesellschaftlich normalisiert und kraft verschiedener kognitiver, ideologischer und zwischenmenschlicher Vermittlungen heruntergeregelt, mithin hinreichend strukturiert, sodass man mich vielleicht sogar für einen selbstsicheren und gefestigten Menschen halten könnte. Nach Tomkins sind Affekttheorien Ablagerungen der Vergesellschaftung von Affekten und Kognitionen von Affekten und Körperzuständen (einschliesslich Neuronenfeuern und Gesichtsausdrücken). Wenn wir uns nun die Selbstmordgedanken als eine derartige Theorie (und nicht als unerklärliche, vereinzelte Eingebungen) vorstellen, nehmen sie einen ganz anderen Charakter an. Vor allem sind wir nun in der Lage, die verschiedenartigen Ausprägungen solcher aufkommender kognitiv-affektiver Ordnungen zu erkunden: Sind sie verhalten, zornig, furchtsam, besonnen, flüchtig, situationsbezogen, sarkastisch? Gibt es ein

Spektrum von Möglichkeiten, passiv darüber nachzudenken (zu theoretisieren), dass man tot sein wollen könnte? In solchen Fällen scheint es nicht plausibel, dass ein einziges Medikament alle diese verschiedenen ideo-affektiven Ereignisse anstiften soll. Wir brauchen eine Vorstellung davon, dass nicht ein Ding (Arzneimittel) ein anderes (die Ideenbildung) hervorruft, sondern wie die Arznei im Kontext einer klinischen Studie bestimmte Arten von ideo-affektiven Ordnungen in jungen Menschen verstärkt. Ich fasse die Daten über Selbstmordgedanken nicht so sehr als Warnungen vor latenten, undokumentierten Gefahren für das Wohlergehen von Menschen auf, die sich biochemischen Behandlungen unterziehen (Healy 2004; Liebert und Gavey 2009), sondern als Zeichen der Bewegung und Neuordnung innerhalb eines stark von Affekten gefärbten Systems, in dem sich der Unterschied zwischen einem Heilmittel und einer Schadsubstanz unablässig verschiebt.

Was wir wie mit Pillen anstellen

Die Monoamin-Hypothese der Depression besagt, dass Niedergeschlagenheit eine Folge des Mangels an Serotonin im Zentralnervensystem sei. SSRI als Antidepressiva helfen dem angeblich ab, indem sie den Pegel des für die Neurotransmission verfügbaren Serotonins erhöhen. Selbstverständlich gibt es auch hier ein Zuviel des Guten. Das «Serotoninsyndrom» ist eine solche unerwünschte Nebenwirkung, an der ein serotonerger Wirkstoff beteiligt ist. Charakteristische klinische Merkmale dieses Syndroms sind geistige Verwirrung, Erregtheit, Muskelzuckungen (Myoklonie, Hyperreflexie), Frösteln, Zittern, Schweissausbrüche, Fieber, Durchfall und / oder Koordinationsstörungen, die allesamt einen toxischen Überschuss von Serotonin im zentralen, enterischen und peripheren Nervensystem zur Ursache haben (Sternbach 1991). Das Syndrom entsteht meist durch Überdosierung eines serotonergen Arzneimittels oder unerwünschte Wechselwirkungen zwischen einem serotonergen Wirkstoff und einem anderen Medikament. Es wird in einen Zusammenhang mit den SSRI gebracht (und sein vermehrtes Auftreten in den vergangenen Jahrzehnten hat ohne Zweifel mit der sehr viel häufigeren Verschreibung von serotonergen Antidepressiva zu tun), aber ebenso mit trizyklischen Antidepressiva, MAOI, rezeptfreien Hustensäften, Antibiotika, Krampflösern, Migränetabletten, kräutermedizinischen Produkten und Modedrogen (Boyer und Shannon 2005). Das Syndrom ist bisher bei Neugeborenen, Kindern, Erwachsenen und älteren Menschen aufgetreten und kann von schwachen (Zittern und Durchfall) bis tödlichen Formen (Delirium, neuromuskuläre Erstarrung, Hyperthermie) alle möglichen Schweregrade annehmen (Boyer und Shannon 2005).[9]

Probleme durch Serotoninüberschüsse sind mindestens seit den 1960er-Jahren bekannt, als John Oates und Albert Sjoerdsma (1960) toxische Wirkungen von Tryptophan bei Patienten dokumentierten, die MAOI-Antidepressiva erhielten. Der Grossteil der diesbezüglichen Fachliteratur will Ärzte auf die einschlägigen Symptome aufmerksam machen und diskutiert geeignete Kriterien für die Diagnose des Syndroms (Birmes u. a. 2003; Boyer und Shannon 2005; Dunkley u. a. 2003). Für meine Zwecke verdient das Serotoninsyndrom aus zwei Gründen Beachtung: (1) seine verschiedenartigen Symptome – betroffen sind das vegetative Nervensystem, Muskeln, das Integument, der Kognitionsapparat und die Verdauung – zeigen, dass manche weit entlegene Körperfunktionen unter Einwirkung des Serotonins tatsächlich eng aufeinander abgestimmt sind; (2) es verunklart allzu eindeutige Vorstellungen vom Serotonin als entweder einem Gift oder einem Heilmittel.[10] Jede Monoamin-Behandlung der Depression muss mit dem körperweiten pharmazeutischen Geschehen übereinstimmen und sich darauf einlassen, anstatt es zu ignorieren. Dass SSRI nicht ausschliesslich nützlich und in ihrer Wirkung lokal beschränkt sind, liesse sich auch als Massstab ihrer Effizienz betrachten in dem Sinn, dass ihre Unzulänglichkeiten und Schadwirkungen gerade richtig – nämlich gut genug – sind, um Resonanzen zu dem System zu bilden, in dem sie sich befinden. Bei der

Vorstellung eines Antidepressivums ohne jegliche unerwünschte Nebenwirkungen könnten wir uns sogleich fragen, ob es überhaupt wirken würde. Wäre es in der Lage, ein aus unerwünschten Ereignissen, Enttäuschungen und Verletzungen bestehendes Depressionssystem zu regulieren? Wie könnte sich ein durch und durch rechtschaffenes, eigenständiges Medikament überhaupt auf Verhältnisse depressiver Verzweiflung einlassen?

Wirksam kann eine Neurowissenschaft der jugendlichen Depression nur sein, wenn sie ein dem Krankheitsbild ähnliches pharmazeutisches Profil aufweist. Anita Miller (2007) entwirft in diesem Sinn ein sozial-neurowissenschaftliches Modell der Depression bei Kindern und Jugendlichen, an dem anschaulich wird, wie eine solche Nichtlinearität aussehen könnte, wenn sie in die Begriffe traditioneller Wissenschaft gefasst wird. Miller trägt Daten aus verschiedenen Studien zusammen und weist auf ein umfassendes, (im medizinischen Sinn) sympathisches Netz depressiver Manifestierungen bei Kindern und Jugendlichen hin. Zunächst fällt auf, dass die meisten schweren Depressionen in dieser Altersgruppe (90 Prozent) mit anderen psychischen Störungen (Dysthymie, Angstzustände, bipolare Persönlichkeitsstörung) einhergehen und dass das Muster dieser Mehrfacherkrankungen geschlechtsabhängig ist. Depression in der Kindheit und Jugend beeinträchtigt zumeist auch die soziale, emotionale, kognitive und somit schulische

Entwicklung, und dieses Zurückfallen wirkt sich wiederum verstärkend auf die Depressionszustände aus. 94 Prozent der Kinder mit schweren Depressionen stammen aus Familien, in denen bereits psychische Störungen aufgetreten sind, und genetische Untersuchungen zeigen, dass bei entsprechender Veranlagung sich die Depressionen nicht nur von einer Generation zur nächsten verstärken, sondern auch früher auftreten (die sogenannte genetische Antizipation). Anhand dieser Daten lässt sich feststellen, dass Depressionen bei Kindern und Jugendlichen weit ausgreifende, systemische Vorfälle sind, die sich weder auf spezifische Biomarker noch auf eindeutige Symptomparameter noch auf feststehende demografische Variablen eingrenzen lassen. Ausgerechnet die Genforschung, von der wir so oft glauben, dass sie sozusagen der Pulsschlag des biologischen Reduktionismus sei, eröffnet Miller einen Weg, die dynamischen und wesentlich überdeterminierten Systeme zu erfassen, in denen sich Depressionen herausbilden. Miller berichtet von genetischen Untersuchungen am Wachstumsfaktor BDNF, einem Protein, das Wachstum und Reifung von Neuronen, die Neuroplastizität im Gehirn von Erwachsenen und die Stressresistenz steuert. Ähnlich wie Serotonin ist der neurotrophe Faktor BDNF anscheinend beteiligt an der Neurophysiologie depressiver Störungen wie auch an deren pharmazeutischer Behandlung. Im Tierversuch führt chronische Belastung zum

Herunterregeln des BDNF im Hippocampus, was wiederum neuronale Atrophie und eingeschränkte Neurogenese nach sich ziehen kann (Duman 2002).

Chronische Einnahme von Antidepressiva hat eine Hochregelung des neurotrophen Faktors im Hippocampus und Frontalkortex zur Folge, was möglicherweise die Wirkung von SSRI und anderen Antidepressiva intensiviert. Also schafft ein und dieselbe Substanz günstige Bedingungen sowohl für die Depression als auch für ihre Behandlung. Der Wachstumsfaktor BDNF wirkt systemisch als Gift und als Kur.

Diese Daten belegen keinen statischen Krankheitsherd (kein «fokal-neurologisches Defizit»), sondern ein dynamisches Geschehen. Sie sollten unsere Aufmerksamkeit weg von einer Interaktion bereits gegebener Faktoren (Nervenzelle und Umwelt) und mehr darauf lenken, wie Gene und Umwelt sich als gemeinsame, aus derselben intra-aktiven Verflechtung hervorgehende Akteure abheben. Neuronen und Umwelt sind verschwistert und gleichursprünglich, keine Fremden, die einander angelegentlich auf den Schauplätzen des Leides über den Weg laufen. Ähnlich argumentiert Miller, dass auch der psychosoziale Kontext (etwa Streitigkeiten in der Familie) keine statische Variable sei, die Depressionen bei Kindern vorherbestimmt, sondern vielmehr ein Modus eines dynamischen Entwicklungssystems, innerhalb dessen sich eine frühe emotionale Dysregulation bei manchen kindlichen und jugendlichen Hochrisikopatienten mitunter zu einer Depression steigert. Miller zufolge können Studien «isolierter Prozesskomponenten oft diesen Wesenszug früh einsetzender Gemütsstörungen nicht erfassen» (51).

Insbesondere hält Miller Systeme des Gefühlshaushalts für wichtige Herde der Intensivierung kindlicher und jugendlicher Depressionen. Es gibt vermehrt Hinweise darauf, dass die Art und Weise der Gefühlsregulierung grossen Einfluss darauf hat, wie Verhalten, zwischenmenschliche Beziehungen und kognitive Fähigkeiten insgesamt auf einen Depressionszustand hinwirken. «Viele von Depressionen geplagte Jugendliche sind sehr auf sich bezogen und grübeln über ihre Gefühle und Unzulänglichkeiten [...] Sie stecken anscheinend in einem Muster negativer Gefühle fest, indem sie dysfunktionales emotionales Verhalten fortsetzen oder wiederholen, auch nachdem emotional herausfordernde Ereignisse längst vergangen sind.» (51). Trostlose Umstände wie zerbrochene Beziehungen, Gewalterlebnisse in der Familie und körperlicher oder sexueller Missbrauch verursachen nicht als solche unmittelbar Depressionen, sondern sie erzeugen in manchen Fällen die anhaltenden Affektbelastungen, die Jugendliche und besonders Kinder dann nicht in den Griff bekommen und auch nicht mehr auflösen können. Erst diese dynamische Erstarrung ist es (im Zusammenwirken mit anhaltender emotionaler Belastung), die in manchen Fällen schwerwiegende Gemütsstörungen auslöst. Die neurobiologische Forschung zur Depression in Kindheit und Jugend bekräftigt die These, dass der fehlgehenden Affektregulierung hier eine Schlüsselrolle zukommt. Miller führt dazu Belege aus der Neuroendokrinologie, aus elektroenzephalografischen Untersuchungen und aus Bildgebungen des Nervensystems an, die zeigen, dass im Kindesalter und in der Jugend auftretende Depressionen zum Teil von Störungen der Gefühlsregelung in Nervensystemen herrühren. Insbesondere die Neurobiologie emotionaler Vorgänge, die sich in der Entwicklung des Kindes oder Jugendlichen verändert, erweist sich in depressiven Episoden als anfällig, und die Prozesse im Nervensystem stehen in enger Verbindung zu anderen Systemen wie der Schlafregulierung, Nahrungsaufnahme und Stressregelung. Miller zieht aus all dem eine systemische Schlussfolgerung: «Nicht so sehr in der Korrektur fokal-neurologischer Defizite besteht die eigentliche Aufgabe, als vielmehr darin, in dynamische, inhärent umweltgeprägte biologische Prozesse einzugreifen.» (57).

Diese «Inhärenz» ist es, auf der in Millers Schlussfolgerung die Hauptlast der Argumentation ruht, und sie ist auch für meine Zwecke entscheidend. Wenn die «Umwelt» (und das meint in diesem Zusammenhang jeglichen vermeintlich nicht-neuronalen Prozess, also etwa Hormone,

Blutzucker, Atmung, Mutter und Geschwister, die Schule oder auch den sozio-ökonomischen Status) immer schon (oder «inhärent») Teil der Dynamik neuronaler Vorgänge ist, dann geht es nicht mehr um eine Theorie, die verschiedene Komponenten addiert (Neuronen + Familie + Gewalt), um daraus ein Depressionsergebnis zu errechnen. Miller sieht ihre Aufgabe darin, «weder die Depression im Kindheits- und Jugendalter auf isolierte neurobiologische Vermessungen zu reduzieren, noch sich anhand metaphorischer Terminologie in breiten Verallgemeinerungen zu ergehen» (57). Könnten wir vielleicht einen Mittelweg unseres gedanklichen Vorgehens finden, auf dem die Metaphernhaftigkeit der Depression und ihre Neurobiologie zueinander finden, sich verflechten, einander inhärent gegenseitig formen? Miller schafft einen dynamischen, flexiblen Systemrahmen, in dem Belohnungssysteme des Gehirns, das Geschlecht, die körperlichen Veränderungen der Pubertät, die Ausbildung der Fähigkeit zum abstrakten Denken, die kortikale Regulierung von Gefühlen und Aufmerksamkeitsdefizite insgesamt die Voraussetzungen dafür schaffen, dass eine Depression in jungen Jahren aufkommen kann. Obwohl Miller dazu neigt, «Ursachen und Wirkungen [...] auseinanderzuhalten» (47) und obwohl sie sich weitgehend auf die Tätigkeit des Zentralnervensystems beschränkt, anstatt dem beseelten Charakter des Nervensystems insgesamt nachzugehen, gelangt sie doch zu einem Schema der Wechselseitigkeit organischer Vorgänge, das für uns in den Geistes- und Sozialwissenschaften enorm hilfreich ist, wenn wir frei nach J. L. Austin (1962) wissen wollen, «was wir wie mit Pillen anstellen».

Angesichts der Komplexität des von Miller umrissenen Systems neuronaler Entstehungsbedingungen von Depressionen fragt sich, ob irgendetwas daraus – medikamentöse Behandlung, Gesprächstherapie, kulturelle Vielfalt, Neurotransmission, Metapher – mit Fug und Recht auszuschliessen wäre. Peter Fonagys (eingangs erwähntes) Bemühen, eine nicht-pharmazeutische psychologische Behandlung abzusichern, erscheint isolationistisch angesichts der natürlichen Fähigkeit des Nervensystems, sich Äusserliches anzuverwandeln, und inkongruent auch mit Fonagys eigenem Streben nach einem besseren Zusammenspiel der verschiedenen Theorien des Geistes und der Seele. Meine Behauptung in diesem Kapitel lautet, dass der Versuch, Arzneimittel aus der Behandlung von Depressionen so weit wie möglich auszuschliessen, als Zügelung der aggressiven Ambivalenz des *pharmakon* wirkt – und dass dies wiederum in einer Weise auf Behandlungsregimes zurückwirkt, die Behandlungen vielleicht weniger direkt schädlich, dafür aber zugleich auch weniger leistungsfähig, robust und somit weniger heilsam macht.

Zusammenfassung

Es fällt ohne Zweifel besonders schwer, die Schädigung und ihren Bezug zur heilenden Behandlung von kindlichen und jugendlichen Patienten auch nur in Betracht zu ziehen. Dabei denke ich nicht in erster Linie an die Abneigung, Kindern zu schaden, sondern an die noch viel grössere Abneigung dagegen, sich Kinder als Schädiger ihrer selbst vorzustellen. In dieser Hinsicht ist Donald Winnicott (1949) durchaus hilfreich. Zwar wurde er durch seine Arbeit zu Übergangsobjekten bekannt (seine Schriften rufen Bilder von abgewetzten Decken und zerrupften Teddybären und zur Zufriedenheit genährten Kinder in uns hervor). Winnicott ist unter Ärzten ausserdem weithin bekannt für einen Aufsatz über die heilende Wirkung von Wut und Hass auf die eigenen Patienten.[11] «Hate in the Counter-Transference» (Hass in der Gegenübertragung) beginnt mit einer Unterscheidung nicht zwischen Heilung und Schädigung, sondern zwischen zwei verschiedenen Arten von Schäden, die Therapien anrichten können. Einerseits kritisierte Winnicott Elektroschockbehandlungen und psychochirurgische Eingriffe bei psychisch Kranken. Er konnte vielleicht «denjenigen vergeben, […] die furchtbare Dinge tun» (69), weil er sich über die von psychotischen Patienten ausgehende emotionale Belastung im Klaren war. Doch er erkannte derartige Behandlungen als brutale, unheilvolle

Eingriffe, die eingestellt werden sollten. Andererseits gibt es nach Winnicott Verletzungen, die ein Analytiker nicht vermeiden kann: «So sehr er seine Patienten auch liebt, so wenig ist es ihm möglich, sie nicht zu hassen und sich nicht vor ihnen zu fürchten.» (69). Winnicott sagt, dass einige besonders schwierige Patienten (wie die von Teicher, Glod und Cole 1990 beschriebenen) in einem Zustand der «Hassliebe» (70) gefangen sind und darin fürchten, dass ein Analytiker, der sie so lieben kann, auch in der Lage sein muss, sie mörderisch zu hassen. Das fordert vom Analytiker, sich seinem eigenen Hass zu stellen: «Vor allem darf er nicht den Hass leugnen, der tatsächlich in ihm ist.» (70).

Eines der wichtigsten Beispiele in Winnicotts Aufsatz handelt von einem ziemlich giftigen Kind, das in seine Obhut gelangte: «Der Junge war das liebenswerteste Kind überhaupt und trieb einen zugleich zum Wahnsinn. Oft war er einfach völlig verrückt.» (72). Der Junge war ein Kriegsflüchtling und wurde wegen Schulschwänzens zu Winnicott geschickt. Dieser beschreibt die Zeit, in der der Junge bei ihm und seiner Frau wohnte, als «drei Monate in der Hölle» (72). Mit anderen Worten, Winnicott hatte eine Mordswut auf den Jungen. Wie in jeder Auseinandersetzung mit einem psychotischen Patienten musste er die Fähigkeit erlernen, mit seiner Abscheu umzugehen und ihr Ausdruck zu verleihen: «Jedes Mal, wenn ich ihn vor die Tür setzte, sagte ich etwas zu ihm; ich sagte, dass das, was passiert war, mich dazu gebracht hatte, ihn zu hassen. Das war nicht schwer, weil es so sehr der Wahrheit entsprach. Ich denke, diese Worte waren aus Sicht seines Behandlungsfortschritts wichtig, aber sie waren vor allem wichtig, weil sie es mir ermöglichten, die Situation zu ertragen, ohne durchzudrehen, ohne meine Fassung zu verlieren und ihn hin und wieder umzubringen.» (73). Da Winnicott der Versuchung widerstand, das Innenleben des Jungen zu verklären, konnten sein eigener Hass und der Hass des Jungen sich aufeinander einstimmen («Er braucht Hass, um zu hassen», [74]). Die drei Monate des Elends wirkten nicht durch das Vermeiden von Verletzungen, sondern durch den Umgang mit ihnen. Winnicott hat uns mit diesem Aufsatz ein klinisches Idiom für die heilend-vergiftende Natur gesprächsbasierter Therapien hinterlassen. Für ihn lautete die Frage nicht, ob man einen Patienten hasst oder nicht (man hasst ihn), sondern inwiefern eine sich aus der Zweierbeziehung vielleicht ergebende Heilwirkung davon abhängt, dass solche Schädigungen (ob in der Fantasie oder real) möglichst gut verarbeitet werden.

Ob Winnicotts Gedanken über Feindseligkeit uns den Weg zu einer Politik pharmazeutischer Behandlungen weisen können? Dass SSRI in Kindern und Jugendlichen Selbstmordgedanken verstärken oder hartnäckig verstetigen können, ist kein Beleg dafür, dass diese Antidepressiva immer schon und notwendig eine Giftwirkung auf die Seelen junger Menschen haben, etwa im Sinne von toxischen Eindringlingen in ein ansonsten ruhendes und unschuldiges System. Vielmehr ist eine unerwünschte Nebenwirkung Hinweis darauf, dass solche Seelen nicht von vornherein gutmütig sind und dass auch Selbstmordgedanken nicht einfach nur eine Selbstschädigung, sondern auch eine Aggression gegenüber denjenigen sind, die einem am nächsten stehen (siehe Kapitel 3). Die Welt kindlicher und jugendlicher Patienten ist auch unter den günstigsten Umständen eine verletzende Welt voller Verletzungen. Eine der wichtigsten Lehren aus den Erfolgen und Misserfolgen pharmazeutischer Behandlung von Depressionen in dieser Altersgruppe lautet: Man nähre zuallererst die eigenen Ressourcen im Umgang mit dem, was schadet.

Eben das gilt für die feministische Theorie. Eine feministische Theorie, die der in ihrer eigenen gedanklichen und politischen Stossrichtung enthaltenen Schädigungen gewahr wird, ist viel besser aufgestellt als eine, die sich vergeblich ein unbeflecktes Gewissen verschaffen will. Eine solche theoretische Haltung beansprucht mehr Raum und gebiert mehr Möglichkeiten (und bringt daher auch mehr Gefahren mit sich): Sie hat mehr Biss. In diesem wie in den vorangehenden Kapiteln lautet meine Behauptung nicht, feministische Theorie solle Schädigungen erkennen und ausser Kraft setzen, oder solche

Schädigungen hätten einen Wert an sich. Ich will die Negativität der Aggression bewahren, weil ich der Auffassung bin, dass Politik ein im Grossen und Ganzen in Bitterkeit gegründetes Handeln darstellt, dass Politik nicht einfach ein anderes Wort für Fortschritt und Besserstellung ist. Es geht nicht so sehr darum, zwischen Schädigung und Heilung zu wählen oder auch zu erwägen, wie viel Feindseligkeit wir vermeiden oder Veränderung zum Besseren wir erwirken. Die anspruchsvollere Aufgabe feministischer Theorie ist es, solche politischen Gelände zu besetzen und zu erweitern, die ihrem Wesen nach immer schon pharmakologisch sind.

KAPITEL 6 — ENDNOTEN

• 1 Kontraindikation bedeutet in Grossbritannien und in den Vereinigten Staaten nicht ganz dasselbe. In England (wo der Artikel von Whittington geschrieben wurde) meint Kontraindikation, dass Pädiatriepatienten ein Medikament nur von einem Facharzt mit hoher Spezialisierung verschrieben werden darf (mithin so selten wie möglich und nach genauen Regeln eingesetzt werden sollte). In den USA heisst Kontraindikation, dass das Medikament von Pädiatriepatienten überhaupt nicht genommen werden sollte (Leslie u. a. 2005).

• 2 Karen Barad definiert die Intra-Aktion in Abgrenzung vom vertrauteren Begriff der Interaktion. Danach meint Intra-Aktion «die wechselseitige Konstitution miteinander verstrickter Aktanten. Im Gegensatz zur gewohnten ‹Interaktion›, die gesonderte, ihrer Wechselwirkung vorausgehende Akteure annimmt, anerkennt die Intra-Aktion, dass verschiedene Aktanten nicht vorher schon da waren, sondern sich in eben dieser Intra-Aktion erst herausbilden. Wichtig ist der Hinweis, dass ‹verschieden› hier nur in einem relationalen, keinem absoluten Sinn des Wortes gemeint ist, dass die Verschiedenheit von Aktanten in Bezug auf ihre Verwicklung miteinander in Betracht kommt, dass sie nicht als Einzelelemente existieren.» (Barad 2007, 33).

• 3 So genannte «black box»-Warnungen finden sich gedruckt auf den Packungsbeilagen von verschreibungspflichtigen Medikamenten in den USA. Der Name «schwarzer Kasten» bezieht sich auf einen schwarzen Textrahmen, der Warnungen vor möglichen gravierenden unerwünschten Nebenwirkungen des

Medikaments enthält. Es handelt sich um Warnungen auf der höchsten Dringlichkeitsebene der Patientenaufklärung, die die FDA ausgeben kann (abgesehen vom Verkaufsverbot für eine Arznei).

• 4 Die Studie von Tarek Hammrad, Thomas Laughren und Judith Racoosin untersuchte 2006 Daten zu «4582 Patienten [in] 24 kindermedizinischen Studien mit 9 Antidepressiva. Die meisten Studien stammten aus den 1990er-Jahren und dauerten zwischen vier und 16 Wochen» (335). Unter diesen Patienten fanden sie 120 suizidale Vorfälle (z. B. Selbstmordversuche, Selbstmordgedanken, Selbstmordvorbereitungen), jedoch keinen einzigen ausgeführten Selbstmord.

• 5 Studien zum pädiatrischen Einsatz von SSRI-Antidepressiva zeigen durchgängig eine zunehmende Verschreibung von Antidepressiva an Kinder und Jugendliche während der 1990er-Jahre (Delate u. a. 2004; Zito u. a. 2003). Ebenso gibt es aber erhebliche Abweichungen von dieser allgemeinen Tendenz: Vor der Pubertät erhalten etwa gleich viele Mädchen und Jungen Antidepressiva, doch nach ihrem Einsetzen werden Mädchen sehr viel häufiger Antidepressiva verschrieben als Jungen (eine Unausgewogenheit, die sich bei der erwachsenen Bevölkerung verstetigt); einer erheblichen Minderheit von Pädiatriepatienten wird das Medikament anscheinend nur einmal verschrieben; viele Verschreibungen von Antidepressiva erfolgen zulassungsüberschreitend (z. B. als Mittel gegen Angst oder nächtliches Einnässen); ungefähr die Hälfte der Pädiatriepatienten brechen die Einnahme von Antidepressiva nach zwei Monaten ab (Murray, deVries und Wong 2004).

• 6 Der Film *Fantastic Voyage* erzählt von einem bemannten Atom-Unterseeboot, das auf mikroskopische Grösse geschrumpft und in die Blutbahn eines Patienten injiziert wird. Die Mannschaft hat eine Stunde Zeit, das Hirn des Patienten zu erreichen und dort ein Blutgerinnsel zu zerstören. Erwartungsgemäss begegnen sie verschiedenen Hindernissen und erleiden Rückschläge, doch am Ende wird ein Heilmittel gefunden und der Patient gerettet.

• 7 Ein überzeugender ethnografischer Versuch, ebendiese Vielschichtigkeit bei Jugendlichen in pharmazeutischer Behandlung (mit Buprenorphin) wegen Drogenabhängigkeit darzustellen, findet sich bei Meyers 2013.

• 8 So ergeben sich aus RCT-Studien zwar Hinweise darauf, dass Antidepressiva bei Kindern das Risiko von Selbstmordneigungen verstärken, doch Autopsiestudien liefern keine Belege für einen Zusammenhang zwischen Antidepressiva und vollzogenen Selbstmorden bei Kindern und Jugendlichen. Ausserdem sind Selbstmorde bei männlichen Jugendlichen seit den frühen 1990er-Jahren in erheblichem Mass (31 Prozent) zurückgegangen (Hammad, Laughren und Racoosin 2006).

• 9 Diese spezifischen Sedimentierungen sind nicht den Menschen vorbehalten: Serotonin (5-Hydroxytryptamin) findet sich als Neurotransmitter bei zahlreichen Tierarten (z. B. in Insektengift) und bei Pflanzen (in Samen und Früchten). Auch im menschlichen

Körper ist Serotonin an der Materialisierung vieler verschiedener Vorgänge beteiligt: Stimmung, Appetit, Schlaf, Schmerz, Migräne und Erbrechen.

• 10 Lennard Davis hinterfragt in einem Kapitel seines Buchs (2013) das «kaputtes Gehirn»-Modell der Depression und bemerkt nebenbei, «im Fall von Serotonin gilt wohl, dass es ein Zuviel davon nicht gibt» (49). Davis' rhetorischer Nebensatz ist ein gutes Beispiel dafür, dass Aufmerksamkeit für empirische Einzelheiten (in diesem Fall die Folgen eines Zuviels an Serotonin) uns ganz andere politische und konzeptuelle Argumente liefern könnte. Meine eigene Behauptung in diesem Buch lautet durchgängig, dass ein gewisses Mass an Auseinandersetzung mit der empirischen Forschung einer in der eigenen Routine und antipsychiatrischen Rhetorik erstarrten (und wirkungslosen) Auseinandersetzung mit SSRI-Antidepressiva auf die Sprünge helfen könnte.

• 11 Winnicotts Aussage zum Hass bezieht sich auf psychotische Patienten (die er von neurotischen abgrenzt). Die Kategorie der Psychose war 1949 umfangreicher als heute und beinhaltete in der Praxis auch melancholische Zustände (siehe Kapitel 3).

FAZIT

Was übrig blieb, war das offen oder leichte Beute sein für die Begegnung und für alles, was daran unerträglich sein mochte.

Lauren Berlant und Lee Edelman
Sex, or The Unbearable

Im Januar 2014 veröffentlichten zwei Forscher des Alimentary Pharmabiotic Centre an der University of Cork einen kurzen Artikel in der populärwissenschaftlichen Zeitschrift *New Scientist* über «Darmbakterien, die das Denken verändern» (Cryan und Dinan 2014, 28). Darin behaupten sie, dass bestimmte Darmbakterien sich positiv auf das Gemüt auswirken. Wenn Mäuse chronisch mit dem probiotischen *Lactobacillus rhamnosus* behandelt wurden, liessen sie in ihrem Verhalten und in der biochemischen Untersuchung weniger Hinweise auf Stress erkennen. Wie genau diese Beeinflussung abläuft, ist unklar, doch die Forscher vermuten, dass einige der von ihnen «Psychobakterien» genannten

Mikroorganismen den Neurotransmitter Gamma-Aminobuttersäure (GABA) über den (Gehirn und Darm verbindenden) Vagusnerv ansprechen. GABA wirkt hemmend auf das Nervensystem von Säugetieren. Man vermutet, dass diese speziellen Darmbakterien Einfluss darauf haben, wie GABA im Gehirn zum Ausdruck gelangt, und dadurch bei den in dieser Studie untersuchten Tieren eine anxiolytische (angstlösende) Wirkung entfalteten. John Cryan und Timothy Dinan äussern sich zurückhaltend über die möglichen Schlussfolgerungen aus ihrer Forschung. Einerseits lassen ihre Daten das Potenzial «neuartiger Behandlungen von verhaltensneurologischen Störungen wie Depressionen und Zwängen» erkennen (2014, 28). Andererseits seien wir «noch weit von der Entwicklung klinisch erprobter Psychobiotika entfernt, und es ist längst nicht absehbar, ob diese wie ein Antidepressivum wirken oder es sogar ersetzen könnten» (2014, 19).

Etliche Bekannte haben mir diesen Artikel zugeschickt, weil sie wissen, dass ich mich für die Zusammenhänge zwischen Darm und Gemüt interessiere. In der Forschung, über die er berichtet, geht es zwar mehr um Angstzustände und GABA als um Depressionen und Serotonin. Dennoch scheint mir diese probiotische Forschung bei allen Unterschieden den Anliegen von *Eingeweide, Pillen, Feminismus* nahe genug, um ihr Hinweise zu entnehmen, wie sich meine Behauptungen zur Biologie, Feindseligkeit,

Arzneimittel und Beseeltheit über die letzten Seiten dieses Buchs hinaus entfalten, verflechten und anders verknüpfen lassen könnten. Beispielsweise beginnen Cryan und Dinan, die Argumente in meinem Buch mit Daten über andere biologische Systeme abzugleichen und zu fragen, ob diese sich auch dort bewähren, also nicht nur für den Fall des Serotonins, sondern auch für die GABA, und nicht nur beim Nervensystem, sondern auch für das Immun- und Hormonsystem, nicht nur für die Darm-Hirn-Verbindung, sondern auch für die Hypothalamus-Hypophysen-Nebennierenrinden-Achse, nicht nur für Menschen, sondern auch für Bakterien und Nagetiere (allesamt Gegenstand der Forschung von Bravo u. a. [2011], die dem populärwissenschaftlichen Artikel zugrunde lag). Ich würde eher davon ausgehen, dass meine in den vorangegangenen Kapiteln erarbeitete Deutung nicht zur Gänze auf andere empirische Bereiche übertragbar ist. Dieses Buch bietet keine Schablonen. Es gibt Beispiele und schreibt nichts vor. Die Besonderheiten biologischer Systeme wirken sich auf die gedankliche Arbeit aus, die man mit ihnen anstellen kann. Auf die Daten kommt es an, ebenso wie auf die Methoden, mit denen sie erzeugt werden.

In meinen Augen sind mehr oder weniger grosse Unterschiede zwischen bestimmten empirischen Feldern nicht etwas, das man als Problem betrachten und lösen muss, sondern Denkanstösse zum Aufgreifen und Ausarbeiten.

In diesem Sinn ist *Eingeweide, Pillen, Feminismus* empirisch wie politisch entschieden auf Nicht-Übereinstimmung angelegt. Dieses Buch will das vorliegende Material nicht vereinheitlichen, miteinander in Einklang bringen, integrieren. Die «Verknüpfung von Tatsachen und tatsachenbasierten Theorien über Disziplinengrenzen hinweg, um einen gemeinsamen Boden für Erklärungen zu schaffen» (E. O. Wilson 1998, 6), ist nicht mein Anliegen. Stattdessen habe ich die Sekundärquellen in jedem Kapitel genutzt, um eine Reihe dissonanter Thesen aufzustellen, die sich versuchsweise auf andere feministische Terrains übertragen liessen: Niologische Substrata eröffnen fantastische Möglichkeiten; die Körperperipherie ist an beseelten Zuständen beteiligt; der Feminismus geht seinen eigenen Feindseligkeiten aus dem Weg; Arzneimittelbehandlungen sind etwas, dem wir mit Neugierde begegnen sollten; Heilung lässt sich von Schädigung nicht trennen; Negativität macht nichts wieder gut.

Bevor ich mich zu diesen Behauptungen und im Besonderen zur probiotischen Forschung weiter äussere, möchte ich ein paar Worte über das gedankliche Umfeld sagen, in das dieses Buch eingeht und das vermutlich die kritische Halbwertszeit seiner Argumente beeinflussen wird. Ich meine die sogenannte neurologische Wende in den Geistes- und Sozialwissenschaften. In den letzten Jahren wächst das Interesse an der Frage, wie sich Geistes- und Sozialwissenschaften eingehender mit den Naturwissenschaften auseinandersetzen könnten. Die Neurowissenschaften sind unter den Datenlieferanten zurzeit die womöglich begehrtesten: Neuroästhetik, Neuroökonomie, Neurohistorie, Neurophilosophie, Neuropsychoanalyse. In einem ausgezeichneten Überblick über die neurologische Wende in den Sozialwissenschaften beschreiben Des Fitzgerald und Felicity Callard (2015) zwei der weithin üblichen Formen, mit neurologischen Daten umzugehen: Die einen sprechen kritisch von «neurobiologischem Chauvinismus» (9) und bekennen sich zu Relevanz (oder Primat) der sozio-kulturellen Analyse; die anderen nehmen vor lauter wissenschaftlichem Überschwang «Versuchsergebnisse und theoretische Aussagen der Neurowissenschaften mehr oder weniger für bare Münze» (11). Neuroskeptiker und Neuroanhänger: zwei Seiten einer Medaille. Zwar befasst sich *Eingeweide, Pillen, Feminismus* über weite Strecken mit den Schwächen der ersten Position und kritisiert, dass feministische Biologiefeindlichkeit unsere begrifflichen und politischen Welten eher verengt als erweitert, doch das bedeutet nicht, dass ich mich der zweiten Haltung zuschlage. Während der Entstehung dieses Buchs bin ich sogar zur Einsicht gelangt, dass viele unter den neuen Synthesen von Neuro- und Geisteswissenschaften in ihrem Anspruch zu einfarbig sind (Wilson 2011). Die neuen interdisziplinären Ansätze (darunter einige feministische) streben nach nahtlos ineinander übergehenden Wissensformen und einheitlicher Politik. Wie Fitzgerald und Callard feststellen, folgte solche Forschung dem emsigen Wunsch, neurowissenschaftliche Daten zur «Klärung von Dingen» heranzuziehen (20). Daraus entstehen zunehmend eintönige Untersuchungen, in denen neurowissenschaftliche Daten zementieren sollen, was als das Unbewusste, als Narrativ, als ökonomisches Verhalten oder als seelische Belastung durchgehen darf. Sie erzeugen etwas, das für die Landschaft des Denkens ebenso verheerend ist wie die Debatten über die «zwei Kulturen»: eine konzeptuelle Monokultur.

Mit Fitzgerald und Callard und im Sinn einer anderen Art von Interdisziplinarität verbinde ich hier Biologie und feministische Theorie in einer Weise, die hoffentlich beide in der Begegnung ein wenig aus den Angeln hebt. Mir geht es nicht darum, wie die biologische Forschung umzuleiten und ausgehend von feministischer Kritik neu aufzustellen wäre (obwohl das ein wichtiges Vorhaben bleibt), sondern um die Frage, wie feministische Theorie in einer Auseinandersetzung mit der Biologie durchgerüttelt und wiederbelebt werden könnte – insbesondere mit einer fantastischen Biologie und einer Biologie der Körperperipherie. Gelegentlich rüder Umgang miteinander scheint mir unerlässlich für jedes vielversprechende Bündnis zwischen Geistes- und Neurowissenschaften. Beide müssen spüren, dass in dem Aufeinandertreffen etwas Wichtiges in Bewegung gerät. Ein Bündnis sollte Schwindelgefühle erzeugen und nicht fälschlich für gutes Einvernehmen, Solidarität oder Ausbesserungsarbeit gehalten werden. Einer der wichtigsten Beiträge, den *Eingeweide, Pillen, Feminismus* zu dieser Art von dissonantem Einvernehmen leisten kann, ist der Gedanke der biologischen Fantasie (der andere ist ein besseres Verständnis der Feindseligkeit, hierzu weiter unten mehr). Sándor Ferenczis wilde Spekulationen über körperliche Materialisierungen (einen Kloss im Hals, ein Kind im Magen, einen Penis im Rektum) und Amphimixis (anal- und urethalerotische Zusammenspiele) waren entscheidend für die Entdeckung, dass unser Organismus noch etwas anderes sein kann als ein Träger oder Substrat. Seine «dritte Dimension» des Biologischen (einer körpereigenen Motivation und Denkfähigkeit) bilden ebenso wie Melanie Kleins unorthodoxe Schilderung einer urkörperlichen Natur der Fantasie wichtige Ansatzpunkte für meine eigene Deutung der Körpernatur als etwas, das mehr ist als ein leidenschaftsloses Urgestein, ohne dass man deswegen die Biologie insgesamt verwerfen müsste. Erst ein Denken der Fantasie hat es mir also ermöglicht, an die Biologie anders als in einem juridischen Register anzuknüpfen. Es hat mir die Mittel an die Hand gegeben, um an die Stelle einer gebieterischen, unnachgiebigen Biologie eine solche zu setzen, die (um nichts weniger kompliziert und vielleicht auch nicht weniger bösartig) umtriebig, vernetzt und beweglich ist. Diese Biologie-plus-Fantasie ist eine Herausforderung für Neuroskeptiker und Neuroenthusiasten aller Disziplinen und Interdisziplinaritäten. *Eingeweide, Pillen, Feminismus* stellt sich der Auseinandersetzung mit der Körpernatur und widersetzt sich zugleich allen Konventionen, die sie sich als determinierte Materie zurechtlegen. Dieses Buch bricht so zugleich mit den Logiken des Antibiologismus und der Einheitlichkeit des gesellschaftlichen und biologischen Wissens.

Inwiefern prägt nun die neurologische Wende die Rezeption von Forschungen über Bakterien und Gemüt? Auf den ersten Blick gibt es vieles, woran sich die Neuroskeptikerin stossen würde. So orientiert sich die Forschung von Javier Bravo und Kollegen (2011) eng am Zentralnervensystem, und das nicht einfach zulasten der Gesellschafts- oder Kulturanalyse, sondern auch unter Verzicht auf eine Auseinandersetzung mit Seele und Geist vom Hals abwärts. Obwohl GABA im gesamten Körper verteilt ist (Watanabe u. a. 2002 führen Belege für GABA in Magen und Dünndarm, Nieren, Bauchspeicheldrüse, Hypophyse, Reproduktionsgewebe, Lunge, Speicheldrüsen und Sehnerv an), halten Bravo und Kollegen Angstzustände für nichts weiter als hirngesteuerte Vorgänge. Dieser ZNS-Chauvinismus zeigt sich gerade an einem ihrer überzeugendsten Versuchsergebnisse. Um die These zu prüfen, dass *L. rhamnosus* durch Regulierung des GABA-Verhaltens im Gehirn das Gemüt beeinflusst, durchtrennten Bravo u. a. den Vagusnerv bei ihren Mäusen (Vagotomie). Der Vagus ist die wichtigste Nervenverbindung zwischen Darm und Hirn und laut Bravo u. a. auch der Weg, den *L.-rhamnosus*-Bakterien nehmen, um das Gemüt zu regulieren. Die Folgen der Vagotomie waren eindeutig: «Sie unterband bei den Mäusen die anxiolytische Wirkung von *L. rhamnosus* (JB-1).» (16052). Mäuse ohne vagalen Verbindungsstrang zwischen Darm und Gehirn sprachen also weniger auf die anxiolytische Wirkung von Probiotika an als solche mit intaktem Vagusnerv. Laut Bravo u. a. bestätigen diese Befunde, dass Angstzustände zentral (im Gehirn) und nicht in der Körperperipherie (im Darm) gesteuert werden. Trotz ihres rhetorischen Bekenntnisses zur wechselseitigen Beeinflussung von Körper und Geist, so könnte die Skeptikerin einwenden, zementieren Bravo u. a. das Primat des Zentralnervensystems über die Körperperipherie und ersetzen letzten Endes nur ein Leib-Seele-Problem durch ein Leib-Hirn-Problem.

Diese konventionelle Theorie des Geistes zeigt sich auch, wie die Neuroskeptikerin weiter einwenden könnte, an der Art, in der Bravo u. a. Angst und Depression bei Mäusen operationalisieren und sich dabei auf die eindimensional behavioristische Logik der Kognitionswissenschaften und Pharmakologie stützen. So ist einer ihrer wichtigsten Verhaltensindikatoren für Angst das Verhalten der Tiere im «erhöhten Plus-Labyrinth» (EPM). Das EPM ist ein vierarmiges Labyrinth mit der Grundform eines Plus-Zeichens. Die Arme des Labyrinths sind lang und schmal (jeweils 50 × 10 cm). Zwei gegenüberliegende Arme sind vollständig offen, die anderen beiden mit hohen Wänden umschlossen (aber ungedeckt). Das Labyrinth steht auf Stützen 50 cm über dem Boden. Es gilt seit Langem als verlässliches Instrument zur Messung der Anxiolysewirkung von GABAergen Medikamenten (wie Benzodiazepinen) bei Nagern (Pellow u. a. 1985). Das EPM erzeugt Angst, weil unter sonst gleichbleibenden Umständen Nager offene Räume und Höhen meiden und sich bevorzugt im engen Körperkontakt mit schützenden Strukturen wie Wänden aufhalten. Wie oft eine Maus sich mit allen vier Beinen in den offenen Bereich des Labyrinths wagte und wie lange sie sich dort aufhielt, werteten Bravo u. a. als Mass ihrer Verängstigung. Mäuse, denen *L. rhamnosus* verabreicht wurde, betraten die offenen Arme des Labyrinths öfter und hielten sich länger in diesen Bereichen auf als Mäuse ohne Behandlung mit Probiotika. *L. rhamnosus* ermöglicht es manchen Mäusen, ihre Angst (oder Furcht?) so weit herunterzuregeln, dass sie in der Lage sind, eine ihnen unbekannte feindliche Umgebung zu erkunden. Mit einiger Wahrscheinlichkeit wird die Neuroskeptikerin (oder die feministische Antibiologistin oder die

Anti-Psychopharmaka-Aktivistin) Vorbehalte gegenüber dieser Versuchsanordnung vorbringen. Sie wird die im EPM operationalisierte Theorie des Geistes wahrscheinlich für phänomenologisch allzu vereinfachend und für neurophysiologisch zu sehr beschränkt halten, um einen Vergleich mit dem kulturell kontingenten und emotional vielfältigen Phänomen der Angst bei Menschen zu rechtfertigen. Für die Skeptikerin sieht diese Art Experiment nach dem gewohnten Handwerk der neurowissenschaftlichen Reduktion aus.

Neurobegeisterte werden die Ergebnisse dieser Forschung schon eher ohne solche Vorbehalte annehmen und vor allem das Potenzial der Daten für ein Zusammendenken von Natur und Kultur im Blick haben. Fitzgerald und Callard (2015) schreiben, dass solche Autoren «den Natur- oder experimentellen Wissenschaften gern die Aufgabe zuweisen, Erkenntnisse bereitzustellen, die Einsichten von Kultur- und Sozialtheorien bestätigen, verifizieren und/oder zur Geltung bringen» (12 f.). So könnten die Daten von Bravo und Kollegen auf Möglichkeiten einer ernährungsbasierten oder homöopathischen Regulierung psychischer Belastungszustände hinweisen (als Ersatz für deren Behandlung mit Psychopharmaka). Lassen sich derartige Versuche also auch zur Absicherung bestimmter Arten von (körperorientierter) Alternativmedizin nutzen? Und könnte die Mikrobiom-Darm-Hirn-Achse ein psychosomatisches Bündnis zwischen Neurobiologen und Kulturtheoretikern begründen? Eben diese Hoffnungen nähren Cryan und Dinan mit ihrem Artikel im *New Scientist*: «Da heute so viele Antidepressiva wie nie zuvor verschrieben werden, wären wirkungsvolle alternative Naturheilmethoden mit weniger Nebenwirkungen durchaus willkommen.» (29).

Derart enthusiastische Herangehensweisen an Darm und Gehirn sind nicht weniger problematisch als die neuroskeptischen. Von neurologischen Daten wird unter anderem auch eifrig Gebrauch gemacht, um alternative Sichtweisen auf Geist oder Gemüt zu verbreiten. Oft jedoch geschieht das auf Basis von so orthodoxen Versuchsanordnungen, dass schon eine oberflächliche Betrachtung den Wert der Erkenntnisse als Grundlage einer anderen Vorstellung von psychischer Belastung infrage stellt. Lassen sich psychosomatische Ereignisse wirklich anders denken, indem man beispielsweise Daten verwendet, die den konventionellen Parametern des erhöhten Plus-Labyrinths abgewonnen werden (und das Verhalten von umher rennenden Mäusen mit Gefühlen gleichsetzen sowie auf wenig hilfreiche Art den Unterschied zwischen Angst und Furcht verwischen)? Begrenzt nicht auch die versuchsbedingte Verengung auf die Linearität und Ausschliesslichkeit des vagalen Traktes den Körper der Nager zu sehr (auf das Zentralnervensystem), um aus den Ergebnissen eine Theorie der Psychosomatik abzuleiten? Überschwängliche

Erwartungen an neurowissenschaftliche Daten haben auch in die umgekehrte Richtung gewirkt: Als Ergebnisse neurologischer Forschung wurden sie in den Geistes- oder Sozialwissenschaften oft in einer Weise benutzt, die überkommene Gegensätze (etwa zwischen Medikament und Nahrung, natürlich und künstlich, Heilmittel und Schadstoff) verdinglichte, weil man gar nicht erkannte, dass die Daten im Einzelnen solche Abgrenzungen gerade nicht bestätigten. Wenn beispielsweise GABAerge Systeme nicht ausschliesslich hemmend wirken, sondern manchmal auch anregend (Schuske, Beg und Jorgensen 2004), so fragt sich, wie eindeutig die Unterscheidung zwischen Angst erzeugenden und Angst lösenden Wirkungen oder zwischen Heilmitteln und Giften, die aus der pharmazeutischen Regulierung von GABA resultieren, noch aufrechterhalten werden kann. In beiden Fällen, so meine ich, verfehlt die mit Erwartungen überfrachtete Begegnung zwischen Neurowissenschaften und Kulturkritik ihr Ziel, wenn sie empirische Details unzureichend ausdeutet, nur um eine Position politischer oder theoretischer Einheitlichkeit zu gewinnen.

Neuroskepsis und Neuroenthusiasmus sind am besten vorstellbar als Haltungen, die jede Argumentation (nicht zuletzt meine eigene) mit verschiedener Absicht oder Intensität einnehmen können. Anspruch von *Eingeweide, Pillen, Feminismus* ist es, die erheblichen Schwächen beider Lesarten zu verdeutlichen und biologische

Daten vielleicht besser für kritische Zwecke zu erschliessen. Inwieweit es meiner Untersuchung gelingt, sich den Verlockungen von Skepsis hier und Enthusiasmus dort zu entziehen, kann auch ich nicht mit Sicherheit sagen. Jede begriffliche Trennung ist zugleich eine Fessel. Mein Misstrauen gegenüber der Neuroskepsis und dem Neuro-Überschwang schlägt mich zugleich unausweichlich beiden zu. Zu diesen Fallstricken der Kritik komme ich gleich noch. Zuvor möchte ich noch kurz auf einen Untersuchungsansatz im Zusammenhang mit den GABA hinweisen, der mit den etablierten Gewissheiten der Skepsis und des Enthusiasmus über Kreuz liegt. Da GABA im menschlichen Körper fast überall vorkommen, wurde ihre mögliche Beteiligung an so verschiedenen Krankheitsbildern wie Entwicklungsstörungen, Schlafstörungen, Alkoholsucht, Angstzuständen, Schizophrenie und Parkinson untersucht (Olsen und Li 2012). Die weit reichende Einflussnahme der GABA lässt sich ausserdem nicht auf den menschlichen Körper beschränken, denn sie lässt sich wie erwähnt auch bei anderen Wirbel- und wirbellosen Tieren sowie bei Pflanzen beobachten. Kim Schuske, Asim Beg und Erik Jorgensen (2004) haben das Nervensystem des Fadenwurms *Caenorhabditis elegans* (er ist ein bevorzugtes Versuchstier für die GABAerge Forschung) untersucht und einen Weg gefunden, anhand der GABA die grosse Ähnlichkeit von Nerventätigkeiten über enorme Zeiträume der Erdgeschichte und auch zwischen ansonsten sehr verschieden entwickelten biologischen Systemen hinweg aufzuzeigen. Während sich die Entwicklungslinien von Würmern und Wirbeltieren vor 800 Millionen Jahren trennten, sind ihre Nervensysteme (und besonders ihre GABAergen Kapazitäten) immer noch eng verwandt: «Nicht die einzelnen Komponenten des Nervensystems entwickelten sich mit der Entstehung immer komplexerer Organismen entsprechend weiter. Sondern es entstand ein kompliziertes Nervensystem, das sich der gesamten verfügbaren Palette an Neurotransmittern bediente. […] Aus einem einfachen Organismus, etwa einem Wurm, entstanden komplexere, deren Nervensysteme sich ausser in ihrer Grösse aber kaum von denen des Wurms unterscheiden.» (413).

Wie Ferenczi in diesem Zusammenhang sagen würde, hat der menschliche Geist eine Menge Wurmartiges an sich, und es gibt psychische Funktionen (wie Angstzustände), die sich wie ein Riss durch die organische Welt ziehen und dabei keinerlei Gemeinsamkeit von Art, Geschlecht, Stamm, Ordnung, Klasse oder Phyle respektieren. Eventuell besteht in sämtlichen organischen Substraten eine Tendenz zur GABAergen «Übererregbarkeit» (Olsen und Li 2012, 367). Könnte uns die Verbreitung von GABA nun auch bei der Vorstellung helfen, dass es vielleicht nicht den einen Herd für Angst auslösende oder angstlösende Ereignisse (Darm, Hirn, Umwelt, Mutter) gibt, sondern eine verstreute, biologisch zwischen Darm und Hirn verkehrende Nervosität, und dass diese nicht nur die genannte Verzweigung in der Evolution zwischen Wirbeltieren und Wirbellosen überspringt, sondern sogar die einander entlegenen Reiche von Fauna, Flora und Bakterien miteinander verbindet? Liesse sich insbesondere die Allgegenwart von GABA als die Zumutung einer Beseelung der Biologie, als eine fantastische Befähigung organischer Materie zu Erregtheit und Loslösung verstehen? Ich will damit nicht sagen, dass die neurowissenschaftliche Erforschung GABAerger Funktionen solche Fähigkeiten belegt (und so die Frage nach dem Bezug zwischen Nervensystem und Angst beilegt). Vielmehr behaupte ich, dass eingehende Betrachtung einiger Daten über GABA in der Unruhe einen systemischen Verkehr aufdecken, der weder in neurowissenschaftlichen noch in kulturkritischen Texten zutage tritt, dafür aber an den Brüchen und Überschneidungen neurologischer Daten und kritischer Untersuchung momentweise zu erahnen ist.

In *Eingeweide, Pillen, Feminismus* ging es aber um mehr als eine nicht wissenseinheitliche Biologie – nämlich vor allem auch um Mittel und Wege, wie feministische Theorie sich anders und nicht mehr nur als Forderung nach politischer Gleichsinnigkeit und Besserstellung denken lässt. Ich habe hier besonders darauf geachtet, wie feministische Politik (und überhaupt jede Politik) intrinsisch, immer schon, den Objekten, Menschen und Orten, die sie liebt, auch feindselig begegnet. Nun ist der Feminismus wissentlich Systemen der Ungerechtigkeit (Sexismus, Homophobie, Rassismus, Einkommensungleichheit) feindlich gesinnt. Aber er ist auch – in unauslöschlicher Weise – feindselig gegenüber dem, was ihm lieb und teuer ist. Das beschränkt empfindlich die Möglichkeiten feministischer Politik, angenehm oder ermutigend zu wirken. Feminismus erreicht am meisten vielleicht gerade dort, wo es ihm weniger darum geht, etwas gutzumachen. Und mit dieser Position findet dieses Buch wohl auch noch in einem anderen Kontext kritische Aufnahme, nämlich in der aktuellen Diskussion über die so genannte «reparative Wende» (Berlant und Edelman 2013; Hanson 2011; Love 2010; Wiegman 2014).

Eve Kosofsky Sedgwick schreibt in einem viel gelesenen Aufsatz von 1997, dass die Szene der queeren, feministischen und poststrukturalistischen Kulturkritik von paranoiden Lesarten gesättigt sei, nämlich von «subversiver und entmystifizierender Parodie, misstrauischen Archäologien der Gegenwart, Aufdeckung verborgener Muster der Gewalt» (21). Ausgehend von der Unterscheidung zwischen paranoiden und depressiven Positionen im Werk von Melanie Klein wirbt Sedgwick für eine Sicht der Dinge, die auf wiedergutmachende Methoden der depressiven Position zurückgreift: «Von dieser Position aus ist es möglich, die eigenen Reserven auszuschöpfen und die mörderischen Teilobjekte zu so etwas wie einem Ganzen zusammenzusetzen oder zu ‹reparieren›. […] Dieses befriedigendere Objekt steht für eine Identifikation zur Verfügung, und umgekehrt geht davon für uns auch etwas Nährendes und Tröstendes aus.» (8). Eine wiedergutmachende Lesart wäre mehr mit Lust als Misstrauen, mit Verbesserung als mit Entlarvung befasst. Heather Love (2010) stellt hierzu fest, dass Sedgwick die wiedergutmachende Lesart der Seite von «Fülle, Überraschung, reicher Vielfalt, Trost, Kreativität und Liebe zuschlägt» und die paranoide dem Hausieren mit «rigiden, grimmigen, störrischen, selbstlähmenden, in sich kreisenden, reduktiven, misstrauischen, gründlich ausmerzenden, verächtlichen, höhnischen, risikoscheuen, grausamen, monopolistischen und furchtbaren» Betrachtungsweisen (237). Dass Sedgwick forderte, paranoide Deutungen durch wiedergutmachende aufzulockern, hat zweierlei kritische Reaktionen nach sich gezogen: erstens die Einsicht, dass und worin sich das Spaltende und die Feindseligkeit der Paranoia von dem weltverbessernden Gestus wiedergutmachender Lesarten unterscheidet, und zweitens das Gefühl, dass wiedergutmachende Deutung ein ethisch grosszügigeres oder barmherzigeres Vorgehen der Analyse sei. An diesem Punkt läuft etwas aus dem Ruder. Hier habe ich mit *Eingeweide, Pillen, Feminismus* einzugreifen versucht.

Dass das gesamte Begriffsfeld in dieser Weise (zwischen paranoid und wiedergutmachend) gespalten wurde, sollte niemanden überraschen, insbesondere niemanden, der oder die mit dem Werk von Melanie Klein vertraut ist. Sedgwick (1997) versucht, den schlimmsten Auswüchsen solcher Spaltung zu begegnen. Immer wieder weist sie darauf hin, dass paranoide und wiedergutmachende Lesarten eng miteinander verwandt sind. Während sie jedoch sagt, dass in paranoiden Deutungen auch «kraftvolles wiedergutmachendes Handeln» stecke (8), ist sie andersherum besonnener: Die anxiolytischen Tendenzen wiedergutmachender Deutungen seien «oft» (8), aber nicht immer, den Forderungen der Paranoia ausgesetzt. Sedgwick lässt also die Möglichkeit offen, dass es einen wiedergutmachenden Gestus gibt, der sich gar nicht auf «Hass, Neid und Angst» (8), die Struktur der Paranoia, einlässt. Diese Vorstellung einer Verbesserung ohne Feindseligkeit behauptete sich bald und allenthalben als Inbegriff der wiedergutmachenden Deutung. In einem Interview mit Sedgwick von 2000 erwähnten die Gesprächspartnerinnen beiläufig den «Begriff nichtparanoider, wiedergutmachender Arbeit» (Sedgwick, Barber und Clark 2002, 258), gingen also anscheinend davon aus, dass Wiedergutmachung abseits paranoider Neigungen stattfinden kann.

Lee Edelman zeigt in einer aufmerksamen Interpretation des Aufsatzes von Sedgwick, dass deren Wiedergutmachung sich nicht so ohne Weiteres von der paranoiden Feindseligkeit abgrenzen lässt. Sedgwicks anfängliche Inanspruchnahme eines eigenen begrifflichen und politischen Raums für die (tröstende, nicht verächtliche) Wiedergutmachung vollzieht einen analytischen Schnitt. Die oft bemühte Vorstellung von einem Hin und Her zwischen paranoider und wiedergutmachender Position mindert dabei nicht die Unvermeidlichkeit und Gewaltsamkeit dieses Trennungsaktes. Sondern die Eingängigkeit der Wiedergutmachung wurde durch eine Distanzierung von jenem mörderischen Spalten der Objekte erkauft, das bestimmend für die paranoide Position ist. Indem Sedgwicks Text zwischen der paranoiden Neigung zur Spaltung und der wiedergutmachenden Neigung zum Reparieren unterscheidet, wiederhole er «die schizoide Praxis, von der er sich angeblich löst» (Berlant und Edelman 2013, 44). Sedgwicks Aufruf zur Wiedergutmachung nimmt demnach seine eigene «mörderische Spaltung» (44) vor: In der Abspaltung von der Paranoia vollzieht er eine Geste, die sich in ihrer Abspaltung von der Abspaltung selbst in den Arm fällt. Unvermeidlich ist nach Edelman etwas zugleich wie auch immer Unerträgliches, nämlich dass Wiedergutmachung und Verbesserung sich in irgendeiner Form selbst zu einem klaren Schnitt durchringen müssen. Das Feindseligste an der Wiedergutmachung könnte am Ende ihre Negation der eigenen Feindseligkeit sein. So weit ich Edelmans Argumentation verstehe, meint er damit nicht, dass Sedgwick es besser oder anders hätte machen können. Er wirft ihr nicht vor, dass sie keine emsiger meliorisierende Lesart gefunden hat. Und mit Sicherheit redet er keiner oszillierenden Logik das Wort, aus der sich Interpretationen ergeben, die irgendwie zugleich paranoid und wiedergutmachend sind. Er veranschaulicht stattdessen die Unmöglichkeit, unsere kritischen und politischen Auseinandersetzungen in einem von Anfeindungen freien Raum stattfinden zu lassen. Das Streben nach Verbesserung als solches steht nicht infrage. Aber jede Verbesserung wird immer auch in irgendeiner Form Verletzungen zufügen.

Der Wunsch nach einer klaren Unterscheidung zwischen Wiedergutmachung und Paranoia (Heilmittel und Gift, Skepsis und Begeisterung) hat die feministische Auseinandersetzung mit Psychopharmazeutika stark eingeschränkt. Indem solche feministischen Deutungen an die Trennbarkeit von Heilmittel und Gift glauben (und das Streben nach Heilung ohne schädliche Nebenwirkung zum Ziel ihrer kritischen Einmischung erklären), fassen sie auch die aggressive, hasserfüllte Natur der Depression immer nur mit spitzen Fingern an und versagen sich selbst ein umfassenderes Verständnis dessen, was zu deren möglicher Behandlung und theoretischer Erfassung gehört. In dieser Hinsicht sind sie vom selben Schlag wie eine verbreitete, lähmende feministische Träumerei, derzufolge unser Handeln allein alles zum Guten wenden wird. Dagegen tritt *Eingeweide, Pillen, Feminismus* für einen Feminismus ein, der keine Reparaturanleitungen anzubieten hat – es sei denn die eines beharrlichen Ausdeutens unserer fortwährenden, angsterfüllten Verstrickung in unsere Scheelsüchte, Feindseligkeiten und Verletzungen. Indem ich diesen Weg beschreite, ist es mir hoffentlich gelungen, einige Neugier auf ein politisches Umfeld zu erwecken, in dem überkommene Weltverbesserungs- oder Wiedergutmachungswünsche restlos ausgeweidet sind.

LITERATURVERZEICHNIS

A

- Abraham, Karl. 1912/1971. «Ansätze zur psychoanalytischen Erforschung und Behandlung des manisch-depressiven Irreseins und verwandter Zustände», in: *Gesammelte Schriften in 2 Bänden*, hg. und eingel. von Johannes Cremerius, 2. erg. Aufl., Frankfurt am Main: Fischer, Bd. II.
- Abraham, Karl. 1924/1971, «Versuch einer Entwicklungsgeschichte der Libido, aufgrund der Psychoanalyse seelischer Störungen», in: *Gesammelte Schriften in 2 Bänden*, hg. und eingel. von Johannes Cremerius, 2. erg. Aufl., Frankfurt am Main: Fischer, Bd. II.
- Abraham, Karl, und Sigmund Freud. 2010. *Briefe 1907–1925. Vollständige Ausgabe*, 2 Bde., hg. von Ernst Falzeder und Ludger M. Hermanns, Wien: Turia und Kant.
- Agras, Stewart, Barbara Dorian, Betty Kirkley, Bruce Arnow und John Bachman. 1987. «Imipramine in the treatment of bulimia: A double-blind controlled study», *International Journal of Eating Disorders* 6.1, S. 29–38.
- Alaimo, Stacy. 2010. *Bodily natures. Science, environment, and the material self*, Bloomington: Indiana University Press.
- Alaimo, Stacy, und Susan Hekman. 2008. *Material feminisms*, Bloomington: Indiana University Press.
- Anderson, Ian M., David J. Nutt und John F. W. Deakin. 2000. «Evidence-based guidelines for treating depressive disorders with antidepressants. A revision of the 1993 British Association for Psychopharmacology guidelines», *Journal of Psychopharmacology* 14.1, S. 3–20.
- Angell, Marcia. 2000. «Is academic medicine for sale?», *New England Journal of Medicine*, 342.20, S. 1516–1518.
- Angell, Marcia. 2005. *The truth about the drug companies. How they deceive us and what to do about it*, New York: Random House.
- Antonuccio, David, David Burns und William Danton. 2002. «Antidepressants: A triumph of marketing over science?» *Prevention and Treatment* 5.1, o. S., online verfügbar über http://psycnet.apa.org/journals/pre/5/1/.
- APA (American Psychiatric Association). 1952. *Diagnostic and statistical manual of mental disorders* (*dsm-i*), Washington, DC: American Psychiatric Association.
- APA (American Psychiatric Association). 1968. *Diagnostic and statistical manual of mental disorders*, 2nd ed. (*dsm-ii*), Washington, DC: American Psychiatric Association.
- APA (American Psychiatric Association). 2000. *Diagnostic and statistical manual of mental disorders*, 4. überarb. Aufl. (*dsm-iv-tr*), Washington, DC: American Psychiatric Association.
- APA (American Psychiatric Association). 2013. *Diagnostic and statistical manual of mental disorders*, 5. Aufl. (*dsm-5*), Arlington, VA: American Psychiatric Association.
- Aron, Lewis. 1991. «The patient's experience of the analyst's subjectivity», in: Stephen Mitchell und Lewis Aron (Hg.), *Relational perspectives. The emergence of a tradition*, Hillsdale, NJ: Analytic Press, S. 243–268.

• Aron, Lewis, und Adrienne Harris (Hg.). 1993. *The legacy of Sándor Ferenczi*, Hillsdale, NJ: Analytic Press.
• Austin, John L. 1962. *How to do things with words*, Oxford: Clarendon.

B

• Bacaltchuck, Josué, und Phillipa Hay. 2003. «Antidepressants versus placebo for people with bulimia nervosa», *Cochrane Database of Systematic Reviews* 4, art. no. cd003391.
• Bachrach, Leona. 1976. *Deinstitutionalization. An analytical review and sociological perspective*, Washington, DC: Superintendent of Documents, US Government Printing Office.
• Baldessarini, Ross. 2001. «Drugs and the treatment of psychiatric disorders. Depression and anxiety disorders», in: Joel Hardman und Lee Limbird (Hg.), *Goodman and Gilman's «The pharmacological basis of therapeutics»*, 10. Aufl., New York: McGraw-Hill, S. 447–483.
• Balint, Michael. 1988. «Draft introduction», in: *The clinical diary of Sándor Ferenczi*, übersetzt von Michael Balint und Nicola Zarday Jackson, Cambridge, MA: Harvard University Press, S. 219 f.
• Balsam, Rosemary. 2007. «Toward less fixed internal transformations of gender commentary on. Melancholy femininity and obsessive-compulsive masculinity: Sex differences in melancholy gender by Meg Jay», *Studies in Gender and Sexuality* 8.2, S. 137–147.
• Barad, Karen. 2007. *Meeting the universe halfway. Quantum physics and the entanglement of matter and meaning*, Durham, NC: Duke University Press.
• Barham Carter, A. 1953. «The placebo. Its use and abuse», *Lancet* 262.6790, S. 823.
• Baumann, Pierre. 1996. «Pharmacokinetic-pharmacodynamic relationship of the selective serotonin reuptake inhibitors», *Clinical Pharmacokinetics* 31.6, S. 444–460.
• Beck, Aaron. 1967. *Depression. Causes and treatments*, Philadelphia: University of Pennsylvania Press.
• Beecher, Henry. 1955. «The powerful placebo», *Journal of the American Medical Association* 159.17, S. 1602–1606.
• Begley, David. 2003. «Understanding and circumventing the blood-brain barrier», *Acta Paediatrica Supplement* 92 .s443, S. 83–91.
• Bell, Gail. 2005. «The worried well. The depression epidemic and the medicalisation of our sorrows», *Quarterly Essay* 18, Sydney: Black.
• Berger, Douglas, und Isao Fukunishi. 1996. «Psychiatric drug development in Japan», *Science*, 273.5273, S. 318 f.
• Berlant, Lauren. 2011. *Cruel optimism*, Durham, NC: Duke University Press.
• Berlant, Lauren, und Lee Edelman. 2013. *Sex, or the unbearable*, Durham, NC: Duke University Press.
• Bersani, Leo. 1987. «Is the rectum a grave?», *October* 43, S. 197–222.
• Bersani, Leo. 1990. *The culture of redemption*, Cambridge, MA: Harvard University Press.
• Bion, Wilfred. 1959. «Attacks on linking», *International Journal of Psychoanalysis* 40, S. 308–315.
• Birke, Lynda. 2000. *Feminism and the biological body*, New Brunswick, NJ: Rutgers University Press.

• Birmes, Philippe, Dominique Coppin, Laurent Schmitt und Dominique Lauque. 2003. «Serotonin syndrome. A brief review», *Canadian Medical Association Journal* 168.11, S. 1439–1442.
• Bluhm, Robyn, Anne Jacobson und Heidi Maibom. 2012. *Neurofeminism. Issues at the intersection of feminist theory and cognitive science*, Houndmills, England: Palgrave Macmillan.
• Bonomi, Carlo. 1998. «Jones's allegations of Ferenczi's mental deterioration. A reassessment», *International Forum of Psychoanalysis* 7.4, S. 201–206.
• Bordo, Susan. 1993. *Unbearable weight, Feminism, Western culture, and the body*, Berkeley: University of California Press.
• Boyer, Edward, und Michael Shannon. 2005. «The serotonin syndrome», *New England Journal of Medicine* 352.11, S. 1112–1120.
• Bravo, Javier, Paul Forsythe, Marianne Chew, Emily Escaravage, Hélène Savignac, Timothy Dinan, John Bienenstock u. a. 2011. «Ingestion of *Lactobacillus* strain regulates emotional behavior and central gaba receptor expression in a mouse via the vagus nerve», *Proceedings of the National Academy of Sciences* 108.38, S. 16050–16055.
• Breggin, Peter, und Ginger Ross Breggin. 1994. *Talking back to Prozac. What doctors aren't telling you about today's most controversial drug*, New York: St. Martin's.
• Brent, David, Graham Emslie, Greg Clarke, Joan Rosenbaum Asarnow, Anthony Spirito, Louise Ritz, Benedetto Vitiello u. a. 2009. «Predictors of spontaneous and systematically assessed suicidal adverse events in the treatment of ssri-resistant depression in adolescents (tordia) study», *American Journal of Psychiatry* 166.4, S. 418–426.
• Bridge, Jeffrey, Boris Birmaher, Satish Iyengar, Rémy Barbe und David Brent. 2009. «Placebo response in randomized controlled trials of antidepressants for pediatric major depressive disorder», *American Journal of Psychiatry* 166.1, S. 42–49.
• Bridge, Jeffrey, Satish Iyengar, Cheryl Salary, Rémy Barbe, Boris Birmaher, Harold Alan Pincus, Lulu Ren u. a. 2007. «Clinical response and risk for reported suicidal ideation and suicide attempts in pediatric antidepressant treatment. A meta-analysis of randomized controlled trials», *Journal of the American Medical Association* 297.15, S. 1683–1696.
• Brierley, Marjorie. 1942. «‹Internal objects› and theory», *International Journal of Psycho-analysis* 23, S. 107–112.
• *British Medical Journal*. 1952. «Bottle of medicine», *British Medical Journal* 1.4750, S. 149 f.
• Brockbank, Edward M. 1907. «Merycism or rumination in man», *British Medical Journal* 1.2408, S. 421–427.
• Brody, Arthur, Sanjaya Saxena, Paula Stoessel, Laurie Gillies, Lynn Fairbanks, Shervin Alborzian, Michael Phelps u. a. 2001. «Regional brain metabolic changes in patients with major depression treated with either paroxetine or interpersonal therapy. Preliminary findings», *Archives of General Psychiatry* 58.7, S. 631–640.
• Br⊡sen, Kim, und Birgitte Buur Rasmussen. 1996. «Selective serotonin re-uptake inhibitors. Pharmacokinetics and drug interactions», in: John Feigher und W. F. Boyer

(Hg.), *Selective serotonin re-uptake inhibitors. Advances in basic and clinical practice*, 2. Aufl., Chichester: John Wiley, S. 87–108.
• Burton, Robert. 1621/1989. *The anatomy of melancholy*. New York: G. Bell and Sons.
• Butler, Judith. 1990. *Gender trouble: Feminism and the subversion of identity*, New York: Routledge.
• Butler, Judith. 1994. «Sexual traffic. Interview with Judith Butler», *differences. A Journal of Feminist Cultural Studies* 6.2–3, S. 62–99.
• Butler, Judith. 1997. *The psychic life of power. Theories in subjection*, Stanford, CA: Stan-ford University Press.
• Butler, Judith. 1998. «Moral sadism and doubting one's own love. Kleinian reflections on melancholia», in: Lyndsey Stonebridge und John Phillips (Hg.), *Reading Melanie Klein*, London: Routledge, S. 179–189.
• Butler, Judith. 2006. «Transgender and the spirit of revolt», in: Frank Wagner, Kasper König und Julia Friedrich (Hg.), *Das achte Feld. Geschlechter, Leben und Begehren in der Kunst seit 1960/The eighth square. Gender, life, and desire in the visual arts since 1960*, Ostfildern: Hatje Cantz S. 64–81.

C

• Cameron, H. C. 1925. «Lumleian Lectures. Some forms of vomiting in infancy», *British Medical Journal* 1.3358, S. 872–876.
• Capasso, Anna, Claudio Petrella und Walter Milano. 2009. «Pharmacological profile of ssris and snris in the treatment of eating disorders», *Current Clinical Pharmacology* 4.1, S. 78–83.
• Charney, Dennis, Charles Nemeroff, Lydia Lewis, Sally Laden, Jack Gorman, Eugene Laska, Michael Borenstein u. a. 2002. «National Depressive and Manic- Depressive Association consensus statement on the use of placebo in clinical trials of mood disorders», *Archives of General Psychiatry* 59.3, S. 262–270.
• Chen, Mel. 2012. *Animacies. Biopolitics, racial mattering, and queer affect*, Durham, NC: Duke University Press.
• Chesler, Phyllis. 1972. *Women and madness. A history of women and the psychiatric profession*, New York: Doubleday.
• Chow, Shein-Chung, und Jen-Pei Liu. 2008. *Design and analysis of clinical trials. Concepts and methodologies*, 2. Aufl., Hoboken: John Wiley and Sons.
• Cixous, Hélène, und Catherine Clément. 1985. «The untenable», in: Charles Bernheimer und Claire Kahane (Hg.), *In Dora's Case. Freud—hysteria—feminism*, New York: Columbia University Press, S. 276–293.
• Clouse, R., J. Richter, R. Heading, J. Janssens und J. Wilson. 1999. «Functional esophageal disorders», *Gut* 45. Suppl. 2, S. ii31–ii36.
• Committee on Safety of Medicines. 2004. *Report of the csm expert working group on the safety of selective serotonin reuptake inhibitor antidepressants*. http://www.mhra.gov.uk/home/groups/pl-p/documents/drugsafetymessage/con019472.pdf.
• Coole, Diana, und Samantha Frost (Hg.). 2010. *New materialisms. Ontology, agency, and politics*, Durham, NC: Duke University Press.
• Cooper, Melinda. 2008. *Life as surplus. Biotechnology and*

capitalism in the neoliberal era. Seattle: University of Washington Press.
• Corbett, Ken. 2009a. «Boyhood femininity, gender identity disorder, masculine presuppositions, and the anxiety of regulation», *Psychoanalytic Dialogues* 19.4, S. 353–370.
• Corbett, Ken. 2009b. «Melancholia and the violent regulation of gender variance. Reply to commentaries», *Psychoanalytic Dialogues* 19.4, S. 385–392.
• Crimp, Douglas. 2002. *Melancholia and moralism. Essays on aids and queer politics.* Cambridge, MA: MIT Press.
• Cryan, John, und Timothy Dinan. 2014. «A light on psychobiotics», *New Scientist* 221.2953, S. 28 f.
• Cvetkovich, Ann. 2007. «Public feelings», *South Atlantic Quarterly* 106.3. S. 459–468.
• Cvetkovich, Ann. 2012. *Depression. A public feeling*, Durham, NC: Duke University Press.

D

• Davis, Lennard. 2013. *The end of normal. Identity in a biocultural era*, Ann Arbor: University of Michigan Press.
• DeBattista, Charles. 2012. «Antidepressant agents», in: Bertram Katzung, Susan Masters und Anthony Trevor (Hg.), *Basic and clinical pharmacology*, 12. Aufl., New York: McGraw-Hill. de Jonghe, Frans, Mariëlle Hendriksen, Gerda van Aalst, Simone Kool, Viaap Peen, Rien Van, Ellen van den Eijnden u. a. 2004. «Psychotherapy alone and combined with pharmacotherapy in the treatment of depression», *British Journal of Psychiatry* 185.1, S. 37–45.
• Delate, Thomas, Alan Gelenberg, Valarie Simmons und Brenda Motheral. 2004. «Trends in the use of antidepressants in a national sample of commercially insured pediatric patients, 1998 to 2002», *Psychiatric Services* 55.4, S. 387–391.
• Derrida, Jacques. 1995. *Dissemination*, übersetzt von Michael Wetzel, Wien: Passagen.
• Deutsch, Felix. 1927/1964. «Psychoanalysis and internal medicine», in: Ralph Kaufman und Marcel Heiman (Hg.), *Evolution of psychosomatic concepts*, New York: International Universities Press, S. 47–55.
• DeVane, Lindsay. 2009. «Principles of pharmacokinetics and pharmacodynamics», in: Alan Schatzberg und Charles Nemeroff (Hg.), *The American psychiatric publishing textbook of psychopharmacology*, 4. Aufl., Arlington, VA: American Psychiatric Publishing, S. 181–199.
• Dignan, Fiona, Ishaq Abu-Arafeh und George Russell. 2001. «The prognosis of childhood abdominal migraine», *Archive of Diseases in Childhood* 84.5, S. 415–418.
• Dimen, Muriel, und Virginia Goldner. 2002. *Gender and psychoanalytic space. Between clinic and culture*, New York: Other Press.
• Dorlan, Newman. 1951. *The American illustrated medical dictionary*, 22. Aufl., Philadelphia: W. B. Saunders.
• Duman, Ronald. 2002. «Pathophysiology of depression. The concept of synaptic plasticity», *European Psychiatry* 2002.17 Suppl. 3, S. 306–310.
• Dunkley, E., Geoffrey Isbister, David Sibbritt, Andrew Dawson

und Ian Whyte. 2003. «The Hunter serotonin toxicity criteria. Simple and accurate diagnostic decision rules for serotonin toxicity, *qjm* 96.9, S. 635–642.
• Dupont, Judith. 1988. «Introduction», in: *The clinical diary of Sándor Ferenczi*, übersetzt von Michael Balint und Nicola Zarday Jackson, Cambridge, MA: Harvard University Press, S. xi–xxvii.
• Dutton, Yulia Chentsova. 2009. «Culture and depression», in: Rick E. Ingram (Hg.), *The international encyclopedia of depression*, New York: Spring, S. 194–199.

E

• Edelman, Lee. 2004. *No future. Queer theory and the death drive*, Durham, NC: Duke University Press.
• Elliott, Carl. 2003. *Better than well. American medicine meets the American dream*, New York: Norton.
• Elliott, Carl. 2004. «Introduction», in: Carl Elliott und Tod Chambers (Hg.), *Prozac as a way of life*, Chapel Hill: University of North Carolina Press.
• Emmons, Kimberly. 2010. *Black dogs and blue words. Depression and gender in the age of self-care*, New Brunswick, NJ: Rutgers University Press.
• Enck, Paul, Fabrizio Benedetti und Manfred Schedlowski. 2008. «New insights into the placebo and nocebo responses», *Neuron* 59.2, S. 195–206.
• Eng, David. 2000. «Melancholia in the late twentieth century», *Signs* 25.4, S. 1275–1281.
• Eng, David, und Shinhee Han. 2006. «Desegregating love. Transnational adoption, racial reparation, and racial transitional objects», *Studies in Gender and Sexuality* 7.2, S. 141–172.
• Eng, David, und David Kazanjian. 2003. *Loss. The politics of mourning*, Berkeley: University of California Press.
• Epstein, Steven. 2007. *Inclusion. The politics of difference in medical research*, Chicago: University of Chicago Press.
• European Medicines Agency. 2005. *European Medicines Agency finalises review of antidepressants in children/adolescents* http://www.ema.europa.eu/docs/en_GB/document_library/Referrals_document/SSRI_31/WC500013082.pdf (zuletzt aufgerufen: 2.8. 2013).

F

• Fakhoury, Walid, und Stefan Priebe. 2002. «The process of deinstitutionalization. An international overview», *Current Opinion in Psychiatry* 15.2, S. 187–192.
• Falzeder, E. 2002. *The complete correspondence of Sigmund Freud and Karl Abraham, 1907–1925*, New York: Karnac.
• Farquhar, H. G. 1956. «Abdominal migraine in children», *British Medical Journal* 1.4975, S. 1082–1085.
• Fausto-Sterling, Anne. 2000. *Sexing the body. Gender politics and the construction of sexuality*, New York: Basic Books.
• Fausto-Sterling, Anne. 2012. *Sex/gender: Biology in a social world*, New York: Routledge.
• Fausto-Sterling, Anne, Cynthia Garcia Coll und Megan Lamarre. 2012a. «Sexing the baby. Part 1–What do we really know about sex differentiation in the first three years of life?», *Social Science and Medicine* 74.11, S. 1684–1692.

• Fausto-Sterling, Anne, Cynthia Garcia Coll und Megan Lamarre. 2012b. «Sexing the baby. Part 2–Applying dynamic systems theory to the emergences of sex-related differences in infants and toddlers», *Social Science and Medicine* 74.11, S. 1693–1702.

• Ferenczi, Sándor. 1919/1964. «Hysterische Materialisationsphänomene–Gedanken zur Auffassung der hysterischen Konversion und Symbolik», in: *Bausteine zur Psychoanalyse III*, 2. Aufl., Bern: Huber, S. 129–147.

• Ferenczi, Sándor. 1923/1972. «Die ‹Materialisation› beim Globus hystericus», in: *Schriften zur Psychoanalyse*, Bd. II, hg. und eingel. von M. Bálint, Frankfurt am Main: S. Fischer, S. 132 f.

• Ferenczi, Sándor. 1924. *Versuch einer Genitaltheorie [Thalassa]*, Internationale Psychoanalytische Bibliothek XV., Leipzig: Internationaler Psychoanalytischer Verlag.

• Ferenczi, Sándor. 1932/1988. *Ohne Sympathie keine Heilung. Das klinische Tagebuch von 1932*, Frankfurt am Main: S. Fischer.

• Ferenczi, Sándor, und Sigmund Freud. 1996. *Briefwechsel*, Bd. II/1, 1914–1916, Bd. II/2, 1917–1919, hg. von Eva Brabant und Ernst Falzeder, Wien: Böhlau.

• Fichter, Manfred, und Karl Pirke. 1990. «Endocrine dysfunctions in bulimia (nervosa)», in: Manfred Fichter (Hg.), *Bulimia nervosa. Basic research, diagnosis and therapy*, Chichester, England: John Wiley, S. 235–257.

• First, Michael, Allen Frances und Harold Pincus. 2004. *dsm-iv-tr guidebook*, Washington, C: American Psychiatric Association.

• Fitzgerald, Des, und Felicity Callard. 2015. «Social science and neuroscience beyond interdisciplinarity. Experimental entanglements», *Theory, Culture and Society* 32.1, S. 3–32.

• Flückiger, Christoph, A. C. Del Re, Bruce Wampold, Dianne Symonds und Adam Horvath. 2012. «How central is the alliance in psychotherapy? A multilevel longitudinal meta-analysis», *Journal of Counseling Psychology* 59.1, S. 10–17.

• Fluoxetine Bulimia Nervosa Research Group. 1992. «Fluoxetine on the treatment of bulimia nervosa», *Archives of General Psychiatry* 49, S. 139–147.

• Fonagy, Peter. 2010. «The changing shape of clinical practice. Driven by science or by pragmatics?», *Psychoanalytic Psychotherapy* 24.1, S. 22–43.

• Fonagy, Peter, Mary Target, George Gergely, Jon Allen und Anthony Bateman. 2003. «The developmental roots of borderline personality disorder in early attachment relationships. A theory and some evidence», *Psychoanalytic Inquiry* 23.3, S. 412–459.

• Foucault, Michel. 1978. *The history of sexuality. Volume 1*, Harmondsworth, England: Penguin.

• Franco, Kathleen, Nancy Campbell, Marijo Tamburrino und Cynthia Evans. 1993. «Rumination. The eating disorder of infancy», *Child Psychiatry and Human Development* 24.2, S. 91–97.

• Frankel, Lois. 1991. *Women, anger and depression. Strategies for self-empowerment*, Deerfield Beach, FL: Health Communications.

• Franklin, Sarah. 2007. *Dolly mixtures. The remaking of genealogy*, Durham, NC: Duke University Press.

• Franklin, Sarah. 2013. *Biological relatives. Ivf, stem cells, and the future of kinship*. Durham, NC: Duke University Press.

• Fraser, Mariam. 2001. «The nature of Prozac», *History of the Human Sciences* 14.3, S. 56–84.

• Fraser, Mariam. 2003. «Material theory. Duration and the serotonin hypothesis of depression», *Theory, Culture and Society* 20.5, S. 1–26.

• Fraser, Mariam. 2009. «Standards, populations, and difference», *Cultural Critique* 71, S. 47–80.

• Freud, Sigmund. 1891. *Zur Auffassung der Aphasien. Eine kritische Studie*, Leipzig und Wien: Franz Deuticke.

• Freud, Sigmund. 1892. «Melancholia, Manuskript G», in: *Briefe an Wilhelm Fliess*, hg. von Jeffrey Moussaieff Masson, Bearbeitg. der dt. Fassung von Michael Schröter, Transkription von Gerhard Fichtner, Frankfurt am Main: Fischer, 1999. («Melancholia, Draft G» [1895], online verfügbar über chsi.harvard.edu/freud-melancholia [zuletzt aufgerufen: 12.2.2021]).

• Freud, Sigmund. 1893a (1893c). «Quelques considérations pour une étude comparative des paralysies motrices organiqüs et hystériqüs [in Französisch] [Vergleichung der hysterischen mit der organischen Symptomatologie], in: *Arch. Neurol.*, Bd. 26 (1893), S. 29–43. *Gesammelte Werke, hg. v. Anna Freud u. a. (1940–1952), 17 Bände, Registerband (Bd. XVIII) (1968), Nachtragsband (Bd. XIX) (1987), London: Imago/Frankfurt am Main: Fischer, 1980*, Bd. I, S. 39–55.

• Freud, Sigmund. 1893b (1896c). «Zur Ätiologie der Hysterie», in: *GW*, Bd. I, S. 425–459.

• Freud, Sigmund. 1900. «Die Traumdeutung / Über den Traum» [1900a/1901a], in: GW, Bd. II/III.

• Freud, Sigmund. 1905 (1905e 1901). «Bruchstück einer Hysterie-Analyse», in: *GW*, Bd. V, S. 1–119.

• Freud, Sigmund. 1909a (1909b). «Analyse der Phobie eines fünfjährigen Knaben», in: *GW*, Bd. VII, S. 241–377.

• Freud, Sigmund. 1909b (1909d). «Bemerkungen über einen Fall von Zwangsheurose», in: *GW*, Bd. VII, S. 379–463.

• Freud, Sigmund. 1915. «Das Unbewußte», in: *GW*, Bd. X, S. 264–303.

• Freud, Sigmund. 1917a (1916–1917g 1915). «Trauer und Melancholie», in: *GW*, Bd. X, S. 428–446.

• Freud, Sigmund. 1917b (1916–17a 1915–1917). «Die Wege der Symptombildung (23. Vorlesung)», in: *GW*, Bd. XI, *Vorlesungen zur Einführung in die Psychoanalyse*.

• Freud, Sigmund. 1920 (1920g). «Jenseits des Lustprinzips», in: *GW*, Bd. XIII, S. 1–69.

• Freud, Sigmund. 1931 (1931b). «Über die weibliche Sexualität», in: *GW*, Bd. XIV, S. 517–537.

• Freud, Sigmund. 1939 (1939a 1934–1938). «Der Mann Moses und die monotheistische Religion. Drei Abhandlungen», in: *GW*, Bd. XIV, S. 13–246.

G

• Gallop, Jane. 1988. *Thinking through the body*, New York: Columbia University Press.

• Gardiner, Judith Kegan. 1995. «Review: Can Ms. Prozac talk back? Feminism, drugs, and social constructionism», *Feminist Studies* 21.3, S. 501–517.

• Gardner, Paula. 2003. «Distorted packaging: Marketing depression as illness, drugs as cure», *Journal of Medical Humanities* 24.1–2, S. 105–130.
• Garland, E. Jane, Stan Kutcher und Adil Virani. 2009. «2008 position paper on using ssris in children and adolescents», *Journal of the Canadian Academy of Child and Adolescent Psychiatry* 18.2, S. 160–165.
• Geffen, Nathan. 1966. «Rumination in man. Report of a case», *American Journal of Digestive Diseases* 11.12, S. 963–972.
• Gibbons, Robert, Hendricks Brown, Kwan Hur, Sue Marcus, Dulal Bhaumik, Joëlle Erkens, Ron Herings u. a. 2007. «Early evidence on the effects of regulators' suicidality warnings on ssri prescriptions and suicide in children and adolescents», *American Journal of Psychiatry* 164.9, S. 1356–1363.
• Giffney, Noreen. 2008. «Queer apocal(o)ptic/ism. The death drive and the human», in: Noreen Giffney und Myra Hird (Hg.), *Queering the non/human*, Farnham, Surrey, England: Ashgate, S. 55–78.
• Giffney, Noreen, und Myra Hird. 2008. *Queering the non/human*. Farnham, Surrey, England: Ashgate.
• Glannon, Walter. 2002. «The psychology and physiology of depression», *Philosophy, Psychiatry, and Psychology* 9.3, S. 265–269.
• Goldstein, David, Michael Wilson, Richard Ascroft und Mahir Al-Banna. 1999. «Effectiveness of fluoxetine therapy in bulimia nervosa regardless of comorbid depression», *International Journal of Eating Disorders* 25.1, S. 19–27.
• Goldstein, David, Michael Wilson, Vicki Thompson, Janet Potvin, Alvin Rampey und die Fluoxetine-Bulimia-Nervosa-Research-Gruppe. 1995. «Long-term fluoxetine treatment of bulimia nervosa», *British Journal of Psychiatry* 166.5, S. 660–666.
• Gray, Henry. 1918. *Anatomy of the human body*, 20. Aufl., Philadelphia: Lea and Febiger.
• Griggers, Camilla. 1997. *Becoming woman*, Minneapolis: University of Minnesota Press.
• Griggers, Camilla. 1998. «The micropolitics of biopsychiatry», in: Margrit Shildrik und Janet Price (Hg.), *Vital signs. Feminist reconfigurations of the bio/logical body*, Edinburgh: Edinburgh University Press, S. 132–144.
• Grosz, Elizabeth. 2004. *The nick of time. Politics, evolution, and the untimely*, Durham, NC: Duke University Press.
• Grosz, Elizabeth. 2005. *Time travels. Feminism, nature, power*, Durham, NC: Duke University Press.

H

• Halberstam, Judith. 2006. «The politics of negativity in recent queer theory», *pmla* 121.3, S. 823–825.
• Halley, Ian. 2004. «Queer theory by men», *Duke Journal of Gender, Law, and Policy* 11, S. 7–53.
• Halley, Janet. 2006. *Split decisions. How and why to take a break from feminism*, Princeton, NJ: Princeton University Press.
• Hamilton, Max. 1960. «A rating scale for depression», *Journal of Neurology, Neurosurgery, and Psychiatry* 23.1, S. 56–62.
• Hammad, Tarek, Thomas Laughren und Judith Racoosin.

2006. «Suicidality in pediatric patients treated with antidepressant drugs», *Archives of General Psychiatry* 63.3, S. 332–339.
• Handfield-Jones, R. P. C. 1953. «A bottle of medicine from the doctor», *Lancet* 262.6790, S. 823–825.
• Hanson, Ellis. 2011. «The future's Eve. Reparative reading after Sedgwick», *South Atlantic Quarterly* 110.1, S. 101–119.
• Haraway, Donna J. 2003. *The companion species manifesto. Dogs, people, and significant otherness*, Chicago: Prickly Paradigm.
• Haraway, Donna J. 2007. *When species meet*, Minneapolis: University of Minnesota Press.
• Harrington, Anne (Hg.). 1997. *The placebo effect. An interdisciplinary exploration*, Cambridge, MA: Harvard University Press.
• Harrington, Anne. 2006. «The many meanings of the placebo effect. Where they came from, why they matter», *BioSocieties* 1.2, S. 181–193.
• Harrington, R., Michael Rutter und Eric Fombonne. 1996. «Developmental pathways in depression. Multiple meanings, antecedents, and endpoints», *Development and Psychopathology* 8. S. 601–616.
• Haynal, André. 2002. *Disappearing and reviving. Sándor Ferenczi in the history of psychoanalysis*, London: Karnac.
• Healy, David. 1997. *The antidepressant era*. Cambridge, MA: Harvard University Press.
• Healy, David. 2004. *Let them eat Prozac. The unhealthy relationship between the pharmaceutical industry and depression*, New York: New York University Press.
• Healy, David, und Chris Whitaker. 2003. «Antidepressants und suicide. Riskbenefit conundrums», *Journal of Psychiatry and Neuroscience* 28.5, S. 331–337.
• Hekman, Susan. 2010. *The material of knowledge. Feminist disclosures*, Bloomington: Indiana University Press.
• Hernández, María, und Appu Rathinavelu. 2006. *Basic pharmacology. Understanding drug actions and reactions*, Boca Raton, FL: crc Press / Taylor and Francis.
• Hiemke, Christoph, und Sebastian Härtter. 2000. «Pharmacokinetics of selective serotonin reuptake inhibitors», *Pharmacology and Therapeutics* 85.1, S. 11–28.
• Hinshelwood, Robert. 1991. *A dictionary of Kleinian thought*, Northvale, NJ: Jason Aronson.
• Hinshelwood, Robert, Susan Robinson und Oscar Zarate. 1997. *Introducing Melanie Klein. A graphic guide*, London: Icon.
• Hippocrates. 1978. *Hippocratic writings*, hg. von G. Lloyd; übersetzt von John Chadwick, William Mann, I. Lonie und E. Withington Harmondsworth, England: Penguin.
• Hird, Myra. 2009. *The origins of sociable life. Evolution after science studies*, Houndsmills, England: Palgrave Macmillan.
• Hirshbein, Laura. 2009. *American melancholy. Constructions of depression in the twentieth century*, New Brunswick, NJ: Rutgers University Press.
• Holsboer, Florian. 2008. «How can we realize the promise of personalized antidepressant medicines?», *Nature Reviews Neuroscience* 9.8, S. 638–646.
• Horder, Jamie, Paul Matthews und Robert Waldmann. 2011. «Placebo, Prozac and PLoS. Significant lessons for

psychopharmacology», *Journal of Psychopharmacology* 25.10, S. 1277–1288.
• Hornbacher, Marya. 1998. *Wasted. A memoir of anorexia and bulimia*, New York: Harper Flamingo.
• Horvath, Adam, A. C. Del Re, Christoph Flückiger und Dianne Symonds. 2011. «Alliance in individual psychotherapy», *Psychotherapy* 48.1, S. 9–16.
• Horwitz, Allan, und Jerome Wakefield. 2007. *The loss of sadness. How psychiatry transformed normal sorrow into depressive disorder*, Oxford: Oxford University Press.
• Hsu, L. K. G., Ross S. Kalucy, Arthur H. Crisp, J. Koval, C. N. Chen, M. E. Carruthers und K. J. Zilkha. 1977. «Early morning migraine: Nocturnal plasma levels of catecholamines, tryptophan, glucose, and free fatty acids and sleep encephalographs», *Lancet* 309.8009, S. 447–451.
• Hughes, Patrick, Lloyd Wells, Carol Cunningham und Duane Ilstrup. 1986. «Treating bulimia with desipramine. A double-blind, placebo-controlled study», *Archives of General Psychiatry* 43.2, S. 182–186.
• Hunter, Aimee, Andrew Leuchter, Melinda Morgan und Ian Cook. 2006. «Changes in brain function (quantitative eeg cordance) during placebo lead-in and treatment outcomes in clinical trials for major depression», *American Journal of Psychiatry* 163.8, S. 1426–1432.
• Hyman, Paul, Peter Milla, Marc Benninga, Geoff Davidson, David Fleisher und Jan Taminiau. 2006. «Childhood functional gastrointestinal disorders: Neonate/toddler», *Gastroenterology* 130.5, S. 1519–1526.

I

• Ingram, Rick. 2009. *The international encyclopedia of depression* New York: Springer.
• Isaacs, Susan. 1948. «The nature and function of phantasy», *International Journal of Psychoanalysis* 29, S. 73–97.

J

• Jackson, Stanley. 1986. *Melancholia and depression. From Hippocratic times to modern times*, New Haven, CT: Yale University Press.
• Jantzen, Gwen, und Joseph Robinson. 2002. «Sustainedand controlled-release drug-delivery systems», in: Gilbert Banker und Christopher Rhodes (Hg.), *Modern pharmaceutics*, 4. durchges. u. erw. Aufl., New York: Marcel Dekker, S. 501–528.
• Johnson, Barbara. 1981. «Translator's introduction», in: Jacques Derrida, *Dissemination*, Chicago: University of Chicago Press, S. vii–xxxiii.
• Jones, Ernest. 1955. *The life and work of Sigmund Freud.* Vol. 2: *Years of maturity, 1901–1919*, New York: Basic Books.
• Jones, Ernest. 1957. *The life and work of Sigmund Freud.* Vol. 3: *The last phase, 1919–1939*, New York: Basic Books.
• Jones, Ernest, und Sigmund Freud. 1993. *The complete correspondence of Sigmund Freud and Ernest Jones, 1908–1939.* Hg. von R. Andrew Paskauskas, London: Karnac.
• Jordan-Young, Rebecca. 2010. *Brain storm. The flaws in the science of sex differences.* Cambridge, MA: Harvard University Press.
• Jurist, Elliot. 2010. «Elliot Jurist interviews Peter Fonagy», *Psychoanalytic Psychology* 27.1, S. 2–7.

K

• Kaptchuk, Ted. 1998. «Powerful placebo. The dark side of the randomised controlled trial», *Lancet* 351.9117, S. 1722–1725.
• Kaptchuk, Ted, John Kelley, Aaron Deykin, Peter Wayne, Louis Lasagna, Ingrid Epstein, Irving Kirsch u. a. 2008. «Do ‹placebo responders› exist?», *Contemporary Clinical Trials* 29.4, S. 587–595.
• Katzung, Bertram. 2012. *Basic and clinical pharmacology*, New York: McGraw-Hill.
• Keller, Evelyn Fox. 2000. *Century of the gene*, Cambridge, MA: Harvard University Press.
• Keller, Evelyn Fox. 2002. *Making sense of life. Explaining biological development with models, metaphors, and machines*, Cambridge, MA: Harvard University Press.
• Keller, Evelyn Fox. 2010. *The mirage of a space between nature and nurture*, Durham, NC: Duke University Press.
• Keller, Martin, James McCullough, Daniel Klein, Bruce Arnow, David L. Dunner, Alan J. Gelenberg, John C. Markowitz u. a. 2000. «A comparison of nefazodone, the cognitive behavioral-analysis system of psychotherapy, and their combination for the treatment of chronic depression», *New England Journal of Medicine* 342.20, S. 1462–1470.
• Khan, Arif, Amritha Bhat, Russell Kolts, Michael Thase und Walter Brown. 2010. «Why has the antidepressant–placebo difference in antidepressant clinical trials diminished over the past three decades?», *cns Neuroscience and Therapeutics* 16.4, S. 217–226.
• Khan, Seema, Paul Hyman, Jose Cocjin und Carlo di Lorenzo. 2000. «Rumination syndrome in adolescents», *Journal of Pediatrics* 136.4, S. 528–531.
• King, Pearl, und Riccardo Steiner (Hg.). 1991. *The Freud-Klein controversies, 1941–45*, London: Routledge.
• King v. McInerney. 2009. «Complaint for wrongful death. Case no. 56-2009- 00337175 -cu-pp-vta. Superior Court of the State of California».
• Kipnis, Laura. 2006. «Response to ‹The traffic in women›», *Women's Studies Quarterly* 34.1–2, S. 434–437.
• Kirby, Vicki. 1997. *Telling flesh, The substance of the corporeal*, New York: Routledge.
• Kirby, Vicki. 2011. *Quantum anthropologies: Life at large*, Durham, NC: Duke University Press.
• Kirmayer, Laurence. 2002. «Psychopharmacology in a globalizing world. The use of antidepressants in Japan», *Transcultural Psychiatry* 39.3, S. 295–322.
• Kirsch, Irving. 2010. *The emperor's new drugs. Exploding the antidepressant myth*, New York: Basic Books.
• Kirsch, Irving, Brett Deacon, Tania Huedo-Medina, Alan Scoboria, Thomas Moore und Blair Johnson. 2008. «Initial severity and antidepressant benefits. A meta-analysis of data submitted to the Food and Drug Administration», *PLoS Medicine* 5.2, S. e45.
• Kirsch, Irving, Thomas Moore, Alan Scoboria und Sarah Nicholls. 2002. «The emperor's new drugs. An analysis of antidepressant medication data submitted to the US Food and Drug Administration», *Prevention and Treatment* 5.1, S. 23a.
• Kirsch, Irving, und Guy Sapirstein. 1998. «Listening to

Prozac but hearing placebo. A meta-analysis of antidepressant medication», *Prevention and Treatment* 1.2, o. S., online verfügbar über http://psycnet.apa.org/journals/pre/1/2/.

• Klein, Daniel, Joseph Schwartz, Neil Santiago, Dina Vivian, Carina Vocisano, Louis Castonguay, Bruce Arnow u. a. 2003. «Therapeutic alliance in depression treatment. Controlling for prior change and patient characteristics», *Journal of Consulting and Clinical Psychology* 71.6, S. 997–1006.

• Klein, Donald. 1998. «Listening to meta-analysis, but hearing bias», *Prevention and Treatment* 1.2, S. 6c, online verfügbar über http://psycnet.apa.org/journals/pre/1/2/.

• Klein, Melanie. 1935/1975. «A contribution to the psychogenesis of manic-depressive states», in: *Love, guilt, and reparation, and other works, 1921–1945*, New York: Free Press, S. 262--289.

• Klein, Melanie. 1936/1975. «Weaning», in: *Love, guilt, and reparation, and other works, 1921–1945*, New York: Free Press, S. 290–305.

• Klein, Melanie. 1940/1975. «Mourning and its relation to manic-depressive states», in: *Love, guilt, and reparation, and other works, 1921–1945*, New York: Free Press, S. 344–369.

• Kleinman, Arthur. 1986. *Social origins of distress and disease. Neurasthenia, depression, and pain in modern China*, New Haven, CT: Yale University Press.

• Kramer, Peter. 1993. *Listening to Prozac. A psychiatrist explores antidepressant drugs and the remaking of the self*, New York: Penguin.

• Kring, Ann, Sheri Johnson, Gerald C. Davison und John M. Neale. 2010. *Abnormal psychology*, 11. Aufl., Hoboken: John Wiley.

• Kristeva, Julia. 1989. *Black sun. Depression and melancholia*, übersetzt von Leon Roudiez, New York: Columbia University Press.

• Krupnick, Janice, Stuart Sotsky, Sam Simmens, Janet Moyer, Irene Elkin, John Watkins und Paul Pilkonis. 1996. «The role of the therapeutic alliance in psychotherapy and pharmacotherapy outcome. Findings in the National Institute of Mental Health Treatment of Depression Collaborative Research Program», *Journal of Consulting and Clinical Psychology* 64.3, S. 532–539.

• Kunzel, Regina. 2011. «Queer studies in queer times. Conference review of ‹Rethinking Sex›», University of Pennsylvania, 4.–6. März 2009, *glq* 17.1, S. 155–165.

L

• Lagassé, Paul (Hg.). 2000. *The Columbia encyclopedia*, 6. Aufl., New York: Columbia University Press.

• Lamb, Richard. 1998. «Deinstitutionalization at the beginning of the new millennium», *Harvard Review of Psychiatry* 61, S. 1–10.

• *Lancet*. 2004. «Depressing research» (Editorial), *Lancet* 363.9418, S. 1335.

• Landecker, Hannah. 2010. *Culturing life. How cells became technologies*, Cambridge, MA: Harvard University Press.

• Landecker, Hannah. 2013. «The metabolism of philosophy, in three parts», in: Bernhard Malkmus und Ian Cooper (Hg.), *Dialectic and paradox. Configurations of the third in*

modernity, Bern: Peter Lang, S. 193–224.
• Laplanche, Jean, und Jean-Bertrand Pontalis. 1988. *The language of psychoanalysis*, London: Karnac.
• Lasagna, Louis, Frederick Mosteller, John von Felsinger und Henry Beecher. 1954. «A study of placebo response», *American Journal of Medicine* 16.6, S. 770–779.
• Leader, Darian. 2008. *The new black. Mourning, melancholia and depression*, London: Penguin.
• Leibowitz, Sarah. 1990. «The role of serotonin in eating disorders», *Drugs*, Suppl. 3, S. 33–48.
• Leombruni, Paolo, Federico Amianto, Nadia Delsedime, Carla Gramaglia, Giovanni Abbate-Daga und Secondo Fassino. 2006. «Citalopram versus fluoxetine for the treatment of patients with bulimia nervosa. A single-blind randomized controlled trial», *Advances in Therapy* 23.3, S. 481–494.
• Leonard, Brian. 1996. «The comparative pharmacological properties of selective serotonin re-uptake inhibitors in animals», in: J. P. Feigher und W. F. Boyer (Hg.), *Selective serotonin re-uptake inhibitors. Advances in basic and clinical practice*, 2. Aufl., Chichester: John Wiley and Sons, S. 35–62.
• Leslie, Laurel, Thomas Newman, Joan Chesney und James Perrin. 2005. «The Food and Drug Administration's deliberations on antidepressant use in pediatric patients», *Pediatrics* 116.1, S. 195–204.
• Leuchter, Andrew, Ian Cook, Elise Witte, Melinda Morgan und Michelle Abrams. 2002. «Changes in brain function of depressed subjects during treatment with placebo», *American Journal of Psychiatry* 159.1, S. 122–129.
• Levine, Jon, Newton Gordon und Howard Fields. 1978. «The mechanism of placebo analgesia», *Lancet* 312.8091,S. 654–657.
• Lewis, Bradley. 2006. *Moving beyond Prozac, dsm, and the new psychiatry. The birth of postpsychiatry*, Ann Arbor: University of Michigan Press.
• Liebert, Rachel, und Nicola Gavey. 2009. «‹There are always two sides to these things›: Managing the dilemma of serious adverse effects from ssris», *Social Science and Medicine* 68.10, S. 1882–1891.
• Likierman, Meira. 2001. *Melanie Klein. Her work in context*, London: Continuum.
• Littlefield, Melissa, und Jenell Johnson (Hg.). 2012. *The neuroscientific turn. Transdisciplinarity in the age of the brain.* Ann Arbor: University of Michigan Press.
• Litvak, Joseph. 1997. *Strange gourmets. Sophistication, theory, and the novel*, Durham, NC: Duke University Press.
• Love, Heather. 2010. «Truth und consequences. On paranoid reading und reparative reading», *Criticism* 52.2, S. 235–241.

M

• Malabou, Catherine. 2008. *What should we do with our brain?* New York: Fordham University Press.
• Martin, Daniel, John Garske und Katherine Davis. 2000. «Relation of the therapeutic alliance with outcome and other variables. A meta-analytic review», *Journal of Consulting and Clinical Psychology* 68.3, S. 438–450.

• Martin, Emily. 1987. *The woman in the body. A cultural analysis of reproduction*, Boston: Beacon.

• McIvor, David. 2012. «Bringing ourselves to grief. Judith Butler and the politics of mourning», *Political Theory* 40.4, S. 409–436.

• McManus, Peter, Andrea Mant, Philip Mitchell, Helena Britt und John Dudley. 2003. «Use of antidepressants by general practitioners and psychiatrists in Australia», *Australian and New Zealand Journal of Psychiatry* 37.2, S. 184–189.

• Menking, Manfred, John Wagnitz, Josef Burton, Dean Coddington und Juan Sotos. 1969. «Rumination–a near fatal psychiatric disease of infancy», *New England Journal of Medicine* 280.15, S. 802–804.

• Metzl, Jonathan. 2003. *Prozac on the couch. Prescribing gender in the era of wonder drugs*, Durham, NC: Duke University Press.

• Meyers, Todd. 2013. *The clinic and elsewhere. Addiction, adolescents, and the afterlife of therapy*, Seattle: University of Washington Press.

• Milla, Peter, Paul Hyman, Marc Benninga, Geoffrey Davidson, David Fleischer und Jan Taminiau. 2006. «Childhood functional gastrointestinal disorders. Neonate/Toddler», in: Douglas Drossman, ed., *Rome III: The functional gastroin- testinal disorders*, 3rd ed., 687–722. McLean: Degnon Associates.

• Miller, Anita. 2007. «Social neuroscience of child and adolescent depression», *Brain and Cognition* 65.1. S. 47–68.

• Mitchell, James, Linda Fletcher, Karen Hanson, Melissa Pederson Mussell, Harold Seim, Ross Crosby und Mahir Al-Banna. 2001. «The relative efficacy of fluoxetine and manual-based self-help in the treatment of outpatients with bulimia nervosa», *Journal of Clinical Psychopharmacology* 21.3, S. 298–304.

• Mol, Annemarie. 2002. *The body multiple. Ontology in medical practice*, Durham, NC: Duke University Press.

• Montagne, Michael. 1996. «The pharmakon phenomenon. Cultural conceptions of drugs and drug use», in: Peter Davis (Hg.), *Contested ground. Public purpose and private interest in the regulation of prescription drugs*, New York: Oxford University Press, S. 11–25.

• Morgen, Sandra. 2002. *Into our own hands. The women's health movement in the United States, 1969–1990*, New Brunswick, NJ: Rutgers University Press.

• Mortimer-Sandilands, Catriona, und Bruce Erickson. 2010. *Queer ecologies. Sex, na ture, politics, desire*, Bloomington: Indiana University Press.

• Murphy, Michelle. 2012. *Seizing the means of reproduction. Entanglements of feminism, health, and technoscience*, Durham, NC: Duke University Press.

• Murray, M. L., Corinne de Vries und I. C. K. Wong. 2004. «A drug utilisation study of antidepressants in children and adolescents using the General Practice Research Database», *Archives of Disease in Childhood* 89.12, S. 1098–1102.

N

• nice (National Institute for Health and Clinical Excellence). 2005. *Depression in children and young people*.

Identification and management in primary, community and secondary care, September, http://www.nice.org.uk/guidance/cg28.
• Nolen-Hoeksema, Susan. 1990. *Sex differences in depression*, Stanford, CA: Stanford University Press.

O

• Oates, John, und Albert Sjoerdsma. 1960. «Neurologic effects of tryptophan in patients receiving a monoamine oxidase inhibitor», *Neurology* 10.12, S. 1076–1078.
• O'Brien, Michael, Barbara Bruce und Michael Camelleri. 1995. «The rumination syndrome. Clinical features rather than manometric diagnosis», *Gastroenterology* 108.4, S. 1024–1029.
• Ogden, Thomas. 1994. «The analytic third. Working with intersubjective clinical facts», *International Journal of Psychoanalysis* 75.1, S. 3–20.
• Ogden, Thomas. 1999. «Afterword», in: Stephen Mitchell und Lewis Aron (Hg.), *Relational psychoanalysis. The emergence of a tradition*, Hillsdale, NJ: Analytic Press, S. 487–492.
• Olden, Kevin. 2001. «Rumination», *Current Treatment Options in Gastroenterology* 4.4, S. 351–358.
• Olsen, Richard, und Guo-Dong Li. 2012. «gaba», in: Scott Brady, George Siegel, Wayne Albers und Donald Price (Hg.), *Basic neurochemistry principles of molecular, cellular and medical neurobiology*, 8. Aufl., Waltham, MA: Elsevier, S. 367–376.
• Oyama, Susan. 2000. *The ontogeny of information. Developmental systems and evolution*, Durham, NC: Duke University Press.

P

• Pampallona, Sandro, Paolo Bollini, Giuseppe Tibaldi, Bruce Kupelnick und Carmine Munizza. 2004. «Combined pharmacotherapy and psychological treatment for depression. A systematic review», *Archives of General Psychiatry* 61.7, S. 714–719.
• Parry-Jones, Brenda. 1994. «Merycism or rumination disorder. A historical investigation and current assessment», *British Journal of Psychiatry* 165.3, S. 303–314.
• Pellow, Sharon, Philippe Chopin, Sandra E. File und Mike Briley. 1985. «Validation of open:closed arm entries in an elevated plus-maze as a measure of anxiety in the rat», *Journal of Neuroscience Methods* 14.3, S. 149–167.
• Pepper, Oliver. 1945. «A note on the placebo», *American Journal of Pharmacy* 117, S. 409–412.
• Persson, Asha. 2004. «Incorporating *pharmakon*. HIV, medicine, and body shape change», *Body and Society* 10.4, S. 45–67.
• Petryna, Adriana. 2009. *When experiments travel. Clinical trials and the global search for human subjects*, Princeton, NJ: Princeton University Press.
• Petryna, Adriana, Andrew Lakoff und Arthur Kleinman (Hg.). 2006. *Global pharmaceuticals. Ethics, markets, practices*, Durham, NC: Duke University Press.
• Piaget, Jean. 1929/1997. *The child's conception of the world*, London: Routledge.
• Pope, Harrison, und James Hudson. 1986. «Antidepressant drug therapy of bulimia. Current status», *Journal of Clinical Psychiatry* 47.7, S. 339–345.

• Pope, Harrison, James Hudson, Jeffrey Jonas und Deborah Yurgelun-Todd. 1983. «Bulimia treated with imipramine. A placebo-controlled, double-blind study», *American Journal of Psychiatry* 140.5, S. 554–558.
• Potter, William, und Leo Hollister. 2001. «Antidepressant agents», in: Bertram Katzung (hg.)., *Basic and clinical pharmacology*, 8. Aufl., New York: McGraw-Hill, S. 498–511

R

• Rachman, Arnold. 1997. *Sándor Ferenczi. The psychoanalyst of tenderness and passion*, Lanham, MD: Jason Aronson.
• Radden, Jennifer (Hg.). 2000. *The nature of melancholy. From Aristotle to Kristeva*, Oxford: Oxford University Press.
• Radden, Jennifer. 2003. «Is this dame melancholy? Equating today's depression and past melancholia», *Philosophy, Psychiatry, and Psychology* 10.1, S. 37–52.
• Rasquin-Weber, Andree, P. E. Hyman, Salvatore Cucchiara, D. R. Fleisher, J. S. Hyams, P. J. Milla und A. Staiano. 1999. «Childhood functional gastrointestinal disorders», *Gut* 45.Suppl. II, S. ii60–ii68.
• Rentoul, Robert. 2010. *Ferenczi's language of tenderness. Working with disturbances from the earliest years*, Lanham, MD: Jason Aronson.
• Richardson, Sarah. 2013. *Sex itself. The search for male and female in the human genome*, Chicago: University of Chicago Press.
• Rief, Winfried, Yvonne Nestoriuc, Sarah Weiss, Eva Welzel, Arthur Barsky und Stefan Hofmann. 2009. «Meta-analysis of the placebo response in antidepressant trials», *Journal of Affective Disorders* 118.1, S. 1–8.
• Ritschel, Wolfgang, und Gregory Kearns. 2004. *Handbook of basic pharmacokinetics*, 6. Aufl., Washington, DC: American Pharmacists Association.
• Roberts, Celia. 2007. *Messengers of sex. Hormones, biomedicine and feminism*, Cambridge: Cambridge University Press.
• Robinson, Paul, und Letizia Grossi. 1986. «Gag reflex in bulimia nervosa», *Lancet* 328.8500, S. 221.
• Rose, Jacqueline. 1993. *Why war? Psychoanalysis, politics and the return to Melanie Klein*, Oxford: Blackwell.
• Rose, Nikolas. 2003. «Neurochemical selves», *Society* 41.1, S. 46–59.
• Rose, Nikolas. 2004. «Becoming neurochemical selves», in: Nico Stehr (Hg.), *Biotechnology. Between commerce and civil society*, New Brunswick, NJ: Transaction, S. 89–126.
• Rose, Nikolas. 2007. *The politics of life itself. Biomedicine, power, and subjectivity in the twenty-first century*, Princeton, NJ: Princeton University Press.
• Rosengarten, Marsha. 2009. *HIV interventions. Biomedicine and the traffic between information and flesh*, Seattle: University of Washington Press.
• Rubin, Gayle. 1975. «The traffic in women. Notes on the ‹political economy› of sex», in: Rayna Reiter (Hg.), *Toward an anthropology of women*, New York: Monthly Review Press, S. 157–210.
• Rubin, Gayle. 1984. «Thinking sex. Notes for a radical theory of the politics of sexuality», in:

Carole Vance (Hg.), *Pleasure and danger. Exploring female sexuality*, Boston: Routledge, S. 267–319.

• Rubin, Gayle. 1994. «Sexual traffic. Interview with Judith Butler». *differences. A Journal of Feminist Cultural Studies* 6.2–3, S. 62–99.

• Rudnytsky, Peter, Antal Bókay und Patrizia Giampieri-Deutsch (Hg.). 2000. *Ferenczi's turn in psychoanalysis* New York: New York University Press.

• Russell, Gerald. 1979. «Bulimia nervosa. An ominous variant of anorexia nervosa», *Psychological Medicine* 9.3, S. 429–448.

• Russell, Gerald. 1990. «The diagnostic status and clinical assessment of bulimia nervosa», in: Manfred M. Fichter (Hg.), *Bulimia nervosa. Basic research, diagnosis, and therapy*, New York: John Wiley, S. 17–36.

• Rutherford, Bret, und Steven Roose. 2013. «A model of placebo response in antidepressant clinical trials», *American Journal of Psychiatry* 170.7, S. 723–733.

S

• Salamon, Gayle. 2007. «Melancholia, ambivalent presence and the cost of gender. Commentary on paper by Meg Jay», *Studies in Gender and Sexuality* 8.2, S. 149–164.

• Salamon, Gayle. 2009. «Humiliation and transgender regulation. Commentary on paper by Ken Corbett», *Psychoanalytic Dialogues* 19.4, S. 376–384.

• Salamone, John. 2002. «Antidepressants and placebos. Conceptual problems and research strategies», *Prevention and Treatment* 5.1, o. S., Article 24, online verfügbar über http://psycnet.apa.org/journals//pre/5/1/.

• Sánchez-Pardo, Esther. 2003. *Cultures of the death drive. Melanie Klein and modernist melancholia.* Durham, NC: Duke University Press.

• Sartorius, Norman, Thomas Baghai, David Baldwin, Barbara Barrett, Ursula Brand, Wolfgang Fleischhacker, Guy Goodwin u. a. 2007. «Antidepressant medications and other treatments of depressive disorders. A cinp Task Force report based on a review of evidence», *International Journal of Neuropsychopharmacology* 10.1, S. 1–207.

• Schatzberg, Alan, und Charles Nemeroff (Hg.). 2009. *Essentials of clinical psychopharmacology*, 4. Aufl., Arlington, VA: American Psychiatric Publishing.

• Schiesari, Juliana. 1992. *The gendering of melancholia. Feminism, psychoanalysis, and the symbolics of loss in Renaissance literature*, Ithaca, NY: Cornell University Press.

• Schore, Allan. 1994. *Affect regulation and the origin of the self. The neurobiology of emotional development*, Hillsdale, NJ: Lawrence Erlbaum.

• Schuske, Kim, Asim Beg und Erik Jorgensen. 2004. «The gaba nervous system in *C. elegans*», *Trends in Neurosciences* 27.7, S. 407–414.

• Sedgwick, Eve Kosofsky. 1997. «Paranoid reading and reparative reading; or, you're so paranoid, you probably think this introduction is about you», in: Eve Kosofsky Sedgwick (Hg.), *Novel gazing. Queer readings in fiction*, Durham, NC: Duke University Press, S. 1–37.

• Sedgwick, Eve Kosofsky. 2007. «Melanie Klein and the difference affect makes», *South Atlantic Quarterly* 106.3, S. 625–642.

• Sedgwick, Eve Kosofsky, Stephen Barber und David Clark. 2002. «This piercing bouquet. An interview with Eve Kosofsky Sedgwick», in: Stephen Barber und David Clark (Hg.), *Regarding Sedgwick. Essays on queer culture and critical theory*, New York: Routledge, S. 243–262.
• Segal, Hanna. 1979. *Klein*, London: Karnac.
• Serres, Michel. 2007. *The parasite*, übersetzt von Lawrence R. Schehr, Minneapolis: University of Minnesota Press.
• Shapiro, Arthur, und Elaine Shapiro. 1997. *The powerful placebo. From ancient priest to modern physician*, Baltimore: Johns Hopkins University Press.
• Shapiro, Jennifer, Nancy Berkman, Kimberly Brownley, Jan Sedway, Kathleen Lohr und Cynthia Bulik. 2007. «Bulimia nervosa treatment. A systematic review of randomized controlled trials», *International Journal of Eating Disorders* 40.4, S. 321–336.
• Shell, Renee. 2001. «Antidepressant prescribing practices of nurse practitioners», *Nurse Practitioner* 26.7, S. 42–47.
• Shorter, Edward. 2011. «A brief history of placebos and clinical trials in psychiatry», *Canadian Journal of Psychiatry* 56.4, S. 193–197.
• Singh, Ilina, und Nikolas Rose. 2006. «Neuro-forum. An introduction», *BioSocieties* 1.1, S. 97–102.
• Smith, Barbara Herrnstein. 1988. *Contingencies of value. Alternative perspectives for critical theory*, Cambridge, MA: Harvard University Press.
• Spillius, Elizabeth Bott, Jane Milton, Penelope Garvey, Cyril Couve und Deborah Steiner. 2011. *The new dictionary of Kleinian thought*, London: Routledge.
• Squier, Susan. 2004. *Liminal lives. Imagining the human at the frontiers of biomedicine*, Durham, NC: Duke University Press.
• Stanton, Martin. 1991. *Sándor Ferenczi. Reconsidering active intervention*, Northvale, NJ: Jason Aronson.
• Steiner, Riccardo. 1991. «Background to the scientific controversies», in: *The Freud-Klein Controversies, 1941–1945*, London: Routledge, S. 227–263.
• Sternbach, Harvey. 1991. «The serotonin syndrome», *American Journal of Psychiatry* 148.6, S. 705–713.
• Stonebridge, Lyndsey, und John Phillips (Hg.), 1998. *Reading Melanie Klein*, London: Routledge.
• Sulloway, Frank. 1979. *Freud, biologist of the mind. Beyond the psychoanalytic legend*, New York: Basic Books.
• Symon, David, und George Russell. 1986. «Abdominal migraine. A childhood syndrome defined», *Cephalalgia* 6.4, S. 223–228.
• Szabo, Steven, Todd Gould und Husseini Manji. 2009. «Neurotransmitters, receptors, signal transduction, and second messengers in psychiatric disorders», in: Alan Schatzberg und Charles Nemeroff (Hg.), *The American psychiatric publishing textbook of psychopharmacology*, 4. Aufl., Arlington, VA: American Psychiatric Publishing, S. 3–58.
• Szekacs-Weisz, Judit, und Tom Keve (Hg.), 2012. *Ferenczi for our time. Theory and practice*, London: Karnac.

T

• Teicher, Martin, Carol Glod und Jonathan Cole. 1990. «Emergence of intense suicidal preoccupation during

fluoxetine treatment», *American Journal of Psychiatry* 147.2, S. 207–210.
- Thase, Michael, Joel Greenhouse, Ellen Frank, Charles Reynolds, Paul Pilkonis, Katharine Hurley, Victoria Grochocinski u. a. 1997. «Treatment of major depression with psychotherapy or psychotherapy-pharmacotherapy combinations», *Archives of General Psychiatry* 54.11, S. 1009–1015.
- Thurschwell, Pamela. 1999. «Ferenczi's dangerous proximities. Telepathy, psychosis, and the real event», *differences. A Journal of Feminist Cultural Studies* 11.1, S. 150–178.
- Tiefer, Leonore. 2010. «Beyond the medical model of women's sexual problems. A campaign to resist the promotion of ‹female sexual dysfunction›», *Sexual and Relationship Therapy* 25.2, S. 197–205.
- Tomkins, Silvan. 1963. *Affect, imagery, consciousness.* Vol. 2: *The negative affects*, New York: Springer.
- Tomkins, Silvan. 1991. *Affect, imagery, consciousness.* Vol. 3: *The negative affects. Fear and Anger*, New York: Springer.
- Trivelli, Elena. 2014. «Depression, performativity and the conflicted body. An auto-ethnography of self-medication», *Subjectivity* 7.2, S. 151–170.
- Tronick, Edward. 1989. «Emotions and emotional communication in infants», *American Psychologist* 44.2, S. 112–119.
- Turner, Judith, Richard Deyo, John Loeser, Michael Von Korff und Wilbert Fordyce. 1994. «The importance of placebo effects in pain treatment and research», *Journal of the American Medical Association* 271.20, S. 1609–1614.

U

- US Food and Drug Administration. 2004. *Transcript of February 2, 2004, meeting of the Pediatric Subcommittee of the Anti-Infective Drugs Advisory Committee.* http://www.fda.gov/ohrms/dockets/ac/04/transcripts/4006T1.htm.
- US Food and Drug Administration. 2007. «Revisions to product label», http://www.fda.gov/downloads/drugs/drugsafety/informationbydrugclass/ucm173233.pdf.
- Ussher, Jane. 2010. «Are we medicalizing women's misery? A critical review of women's higher rates of reported depression», *Feminism and Psychology* 20.1, S. 9–35.

W

- Waldby, Catherine, und Robert Mitchell. 2006. *Tissue economies. Blood, organs, and cell lines in late capitalism*, Durham, NC: Duke University Press.
- Walsh, Timothy, Stuart Seidman, Robyn Sysko und Madelyn Gould. 2002. «Placebo response in studies of major depression. Variable, substantial, and growing», *Journal of the American Medical Association* 287.14, S. 1840–1847.
- Watanabe, Masahito, Kentaro Maemura, Kiyoto Kanbara, Takumi Tamayama und Hana Hayasaki. 2002. «gaba and gaba receptors in the central nervous system and other organs», *International Review of Cytology* 213, S. 1–47.
- Wheeler, Benedict, David Gunnell, Chris Metcalfe, Peter Stephens und Richard M. Martin. 2008. «The population impact on incidence of suicide

and non-fatal self harm of regulatory action against the use of selective serotonin reuptake inhibitors in under 18s in the United Kingdom. Ecological study», *British Medical Journal* 336.7643, S. 542–545.
• Whittington, Craig J., Tim Kendall, Peter Fonagy, David Cottrell, Andrew Cotgrove und Ellen Boddington. 2004. «Selective serotonin reuptake inhibitors in childhood depression. Systematic review of published versus unpublished data», *Lancet* 363.9418, S. 1341–1345.
• Wiegman, Robyn. 2004. «Dear Ian», *Duke Journal of Gender, Law, and Policy* 11, S. 93–120.
• Wiegman, Robyn. 2014. «The times we're in. Queer feminist criticism and the reparative ‹turn›», *Feminist Theory* 15.1, S. 4–25.
• Wilkinson, Grant. 2001. «Pharmacokinetics. The dynamics of drug absorption, distribution, and elimination», in: Joel Hardman und Lee Limbird (Hg.), *Goodman and Gilman's «The Pharmacological basis of therapeutics»*, 10. Aufl., New York: McGraw-Hill, S. 3–30.
• Wilson, Edward O. 1998. *Consilience. The unity of knowledge*, London: Little, Brown.
• Wilson, Elizabeth A. 1998. *Neural geographies. Feminism and the microstructure of cognition* New York: Routledge.
• Wilson, Elizabeth A. 2004. *Psychosomatic. Feminism and the neurological body*, Durham, NC: Duke University Press.
• Wilson, Elizabeth A. 2011. «Another neurological scene», *History of the Present* 1.2, S. 149–169.
• Winnicott, Donald. 1949. «Hate in the counter-transference», *International Journal of Psychoanalysis* 30.2, S. 69–74.
• Wolff, Harold, und Eugene DuBois. 1946. «The use of placebos in therapy», *New York State Journal of Medicine* 46, S. 1718–1727.
• Wood, B. S. B., und Roy Astley. 1952. «Vomiting of uncertain origin in young infants», *Archives of Disease in Childhood* 27.136, S. 562–568.
• Worell, Judith (Hg.). 2001. *Encyclopedia of women and gender. Sex similarities and differences and the impact of society on gender*, Vol. 1, Amsterdam: Elsevier.
• Wyer, Mary, Mary Barbercheck, Donna Cookmeyer, Hatice Örün Öztürk und Marta L. Wayne (Hg.). 2013. *Women, science, and technology. A reader in feminist science studies*, New York: Routledge.

Z

• Zahajszky, Janos, Jerrold F. Rosenbaum und Gary D. Tollefson. 2009. «Fluoxetine», in: Alan Schatzberg und Charles Nemeroff (Hg.), *Essentials of clinical psychopharmacology*, 4. Aufl., Arlington, VA: American Psychiatric Publishing, S. 289–361.
• Zetzel, Elizabeth. 1956. «Current concepts of transference», *International Journal of Psychoanalysis* 37.4–5, S. 369–376.
• Zeul, Mechthild. 1998. «Notes on Ferenczi's theory of femininity», *International Forum of Psychoanalysis* 7.4, S. 215–223.
• Zhu, April J., und B. Timothy Walsh. 2002. «Pharmacologic treatment of eating disorders», *Canadian Journal of Psychiatry* 47.3, S. 227–234.
• Zita, Jacquelyn. 1998. *Body talk. Philosophical*

reflections on sex and gender, New York: Columbia University Press.
• Zito, Julie, Daniel Safer, James Gardner, Laurence Magder, Karen Soeken, Myde Boles, Frances Lynch u. a. 2003. «Psychotropic practice patterns for youth. A 10-year perspective», *Archives of pediatrics and adolescent medicine* 157.1, S. 17–25.

Eine frühe Version des zweiten Kapitels in diesem Buch erschien 2004 in der Zeitschrift *differences* unter dem Titel «Gut Feminism». In den kurzen Danksagungen am Ende dieses Aufsatzes schreibe ich, es handle sich dabei um die endgültige Fassung eines Arguments in meinem Buch *Psychosomatic. Feminism and the Neurological Body* von 2004. Wenn ich mich richtig erinnere, stellte ich mir damals vor, dass ich die Frage nach dem Darm, an die ich erst gegen Ende des Schreibens an *Psychosomatic* geraten war, damit noch etwas weiter gefasst, ansonsten aber mit dem Aufsatz in *differences* abschliessend beantwortet hatte. Es kam anders. 2004 trat ich ein Fünfjahresstipendium des Australian Research Council zum Thema Neurologie und Feminismus an. Dieses Projekt war nicht in erster Linie Fragen der Verdauung gewidmet, doch am Ende ergab es sich, dass diese alle meine Aufmerksamkeit in Anspruch nahmen. Dieses Buch ist das Ergebnis der geleisteten Forschung. Die Tatsache, dass sich 95 Prozent des Serotonins, das ein menschlicher Körper enthält, im Darm befinden (was mir erst zufällig beim Schreiben von *Psychosomatic* klar wurde), liess mich nicht mehr los. Unter Nutzung derartiger Daten enthält dieses Buch die besten Argumente, die ich derzeit anführen kann, um mithilfe der Körperperipherie psychologisch zu denken und anhand von Depressionszuständen die notwendige Aggressivität feministischer Theorie und Politik zu verstehen. Während die feministischen Fragen zur Biologie und Feindseligkeit mich weiter beschäftigen werden, glaube ich, dass ich diesen bestimmten, nun sehr viel umfangreicheren Teil des Projektes hiermit abgeschlossen habe.

Zahlreiche Institutionen, Kolleginnen und Kollegen haben mich in der Schreibphase unterstützt. Ich hatte das grosse Glück, vor etlichen gut informierten und lebhaft interessierten Versammlungen sprechen zu dürfen. Frühere Versionen dieser Forschung wurden an den folgenden Orten (auf Einladung der Genannten) präsentiert: Diane Weiss Memorial Lecture, Wesleyan University (Victoria Pitts-Taylor), Linda Singer Memorial Lecture, Miami University (Gaile Pohlhaus), University of California, Los Angeles (Rachel Lee und Hannah Landecker), Kings College und London School of Economics (Nikolas Rose), University of California, San Diego (Lisa Cartwright und Steven Epstein), Concordia University (Marcie Frank), Women's Studies, Rutgers University (Belinda Edmondson), Program in Women's Studies, Duke University (Ranji Khanna und Robyn Wiegman), University of Illinois, Urbana-Champaign (Bruce Rosenstock), Committee on Degrees in Studies of Women, Gender and Sexuality, Harvard University (Anne Fausto-Sterling), Center for the Humanities, Wesleyan University (Robert Reynolds), University of New South Wales (Vicki Kirby), St.

Thomas Aquinas College (Charles Shepherdson), MIT Program in Women's Studies (Evelyn Fox Keller), Rock Ethics Institute und Science, Medicine and Technology in Culture Program, Penn State University (Susan Squier), Pembroke Center for Research and Teaching on Women, Brown University (Elizabeth Weed), Centre for Women's Studies and Gender Research, Monash University (Maryanne Dever, JaneMaree Maher, Steven Angelides), Department of Gender Studies, University of Sydney (Elspeth Probyn), Australian Women's Studies Association und Society for Literature and Science and the Arts.

Die Arbeit an dem Buch begann ich mit Unterstützung eines Australian Research Council Fellowship (2004–2008) an der University of Sydney (Research Institute for Humanities and Social Sciences) und an der University of New South Wales (School of English, Media and Performing Arts). Das Australian Research Council war für mich eine enorm wichtige Finanzierungsquelle, und ich bin sehr dankbar für seine Unterstützung einer interdisziplinären Arbeit, die ohne Zweifel Anlass zur Sorge bot. Das Projekt wurde auch durch ein Jahresstipendium am Radcliffe Institute for Advanced Study, Harvard University (2011/12) unterstützt, wo mir bemerkenswerte Ressourcen und wunderbar anregende geistige Gesellschaft zuteil wurden.

Einige der folgenden Kapitel sind in frühen Phasen der Forschung als Aufsätze erschienen und wurden allesamt für das Buch überarbeitet. Kapitel 1 erschien in einer anderen Form als «Underbelly» in *differences. A Journal of Feminist Cultural Studies*, Jg. 21, Nr. 1 (2010), S. 194–208. Kapitel 2 erschien in anderer Form als «Gut Feminism» in *differences. A Journal of Feminist Cultural Studies*, Jg. 15, Nr. 3 (2004), S. 66–94. Fragmente aus «The work of antidepressants. Preliminary notes on how to build an alliance between feminism and psychopharmacology» *(BioSocieties. An Interdisciplinary Journal for the Social Studies of Life Sciences,* Jg. 1 [2006], S. 125–131) sowie aus «Organic empathy. Feminism, psychopharmaceuticals and the embodiment of depression» (in: Stacy Alaimo and Susan Hekman (Hg.), *Material Feminisms,* [Indiana University Press, Bloomington 2009], S. 373–399) finden sich verteilt auf Kapitel 4 und noch anderswo wieder. Eine frühe Version von Kapitel 5 erschien in anderer Form unter dem Titel «Ingesting placebo» in *Australian Feminist Studies,* Jg. 23 (2008), S. 31–42. Kapitel 6 erschien in anderer Form als «Neurological entanglements. The case of pediatric depression, SSRIs and suicidal ideation», in *Subjectivity,* Jg. 4, Nr. 3 (2011), S. 277–297.

Ich hatte die allerbesten Kolleginnen am Department of Women's, Gender, and Sexuality Studies an der Emory University. Mein grosser Dank geht an die beiden vorbildlichen Institutsleiterinnen Lynne Huffer und Pamela Scully, die die

Voraussetzungen dafür schufen, dass diese Forschung stattfinden konnte, an grossartige Mitarbeiterinnen (Berky Abreu, April Biagioni, Linda Calloway und Chelsea Long) sowie an meine Institutskolleginnen Rizvana Bradley, Irene Browne, Michael Moon, Beth Reingold, Deboleena Roy, Halloway Sparks und Rosemarie Garland Thomson. Besonderer Dank auch an Carla Freeman für ihre wunderbare Gesellschaft und schokoladenbasierte Ermutigung über einen ganzen langen Sommer, in dem keine von uns beiden noch glaubte, dass unsere Bücher jemals fertig würden. Ingrid Meintjes half ganz am Ende bei drögen Lektoratsarbeiten und war eine Lebensretterin.

Über viele Jahre, in denen dieses Buch gereift ist, hat sich mein Denken in Gesellschaft grossartiger Freundinnen, Unterstützer und Mitverschwörerinnen entwickelt: Steven Angelides, Karen Barad, Tyler Curtain, Guy Davidson, Penelope Deutscher, Richard Doyle, Anne Fausto-Sterling, Kim Fortun, Mike Fortun, Adam Frank, Jonathan Goldberg, Lynne Huffer, Annamarie Jagose, Lynne Joyrich, Helen Keane, Vicki Kirby, Neil Levi, Kate Livett, Elizabeth McMahon, Michael Moon, Brigitta Olubas, Isobel Pegrum, Marguerite Pigeon, Robert Reynolds, Jennifer Rutherford, Vanessa Smith, Colin Talley, Nicole Vitellone und Elizabeth Weed. Besonders hervorheben möchte ich auch einen Klein-Lesekreis, der sich jahrelang in Sydney traf. Mein Dank geht an Sue Best, Gillian Straker und kylie valentine nicht nur für ihre scharfsinnigen Gedanken und ihren tollen Humor, sondern auch für ihre Einsicht, dass Kuchen eine unbedingte Voraussetzung für anhaltende Erörterungen der Klein'schen Unterwelt ist. Robyn Wiegman war eine ganz wichtige Leserin des Manuskripts in späteren Phasen und half mir zu klären, worum es in dem Buch gehen sollte. Ich bin voller Dankbarkeit für ihre Begeisterung für intellektuelle und politische Abenteuer. Carla Freeman, Michael Moon und Vanessa Smith lasen Schnipsel der Endfassung des Manuskripts und erwiesen sich dabei als wunderbare Freunde und Gesprächspartner. Courtney Berger stand mir während des gesamten Schreib- und Publikationsprozesses hilfreich und leidenschaftlich zur Seite. Erin Hanas, Liz Smith und Christi Stanforth haben das Buch dann tatsächlich durch die Produktion gebracht. Ich bin besonders dankbar für die Unterstützung, die ich von der Duke University Press über die Jahre erfahren habe. Scott Conkright war mir eine wichtige, kraftspendende Stütze in den letzten Jahren des Projekts. Seine Einsicht, dass Gefühle und Denken fröhliche Bettgenossen sind, löste alle möglichen Probleme. Meine Familie in Neuseeland hat mich von jeher in meinen intellektuellen Abenteuern unterstützt. Besonders dankbar bin ich für den jahrelangen, lebendigen Briefverkehr mit Sarah Oram. Ashley Shelden hat ein so grosses Herz, dass ich jeden Tag von Neuem darüber staune. Um es so klar wie möglich zu sagen: Sie hat mich zurück ins Leben geholt. Ihr Scharfsinn war auch für dieses Buch unschätzbar wertvoll. Unsere Gespräche haben die hier präsentierten Argumente verbessert und verstärkt. Ich wünschte nur, dieses Buch könnte ihren anhaltenden geistigen und emotionalen Einfluss auf mich deutlicher zum Ausdruck bringen.